아브라함 카이퍼의
일곱 가지 삶

아브라함 카이퍼의
일곱 가지 삶

지은이 | 요한 스넬
옮긴이 | 최용준
펴낸이 | 원성삼
표지 디자인 | 안은숙
펴낸곳 | 예영커뮤니케이션
초판 1쇄 발행 | 2026년 3월 12일
등록일 | 1992년 3월 1일 제2-1349호
주소 | 03128 서울특별시 종로구 대학로3길 29, 313호(연지동, 한국교회100주년기념관)
전화 | (02)766-8931
팩스 | (02)766-8934
이메일 | jeyoung_shadow@naver.com
ISBN 979-11-24083-05-5 (93230)

값 37,000원

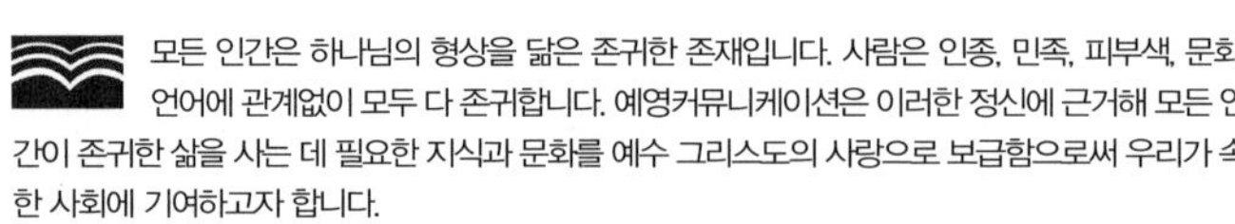

모든 인간은 하나님의 형상을 닮은 존귀한 존재입니다. 사람은 인종, 민족, 피부색, 문화, 언어에 관계없이 모두 다 존귀합니다. 예영커뮤니케이션은 이러한 정신에 근거해 모든 인간이 존귀한 삶을 사는 데 필요한 지식과 문화를 예수 그리스도의 사랑으로 보급함으로써 우리가 속한 사회에 기여하고자 합니다.

수수께끼 같은 한 네덜란드인의 초상

아브라함 카이퍼의 일곱 가지 삶

등산가 여행자 연설가 학자 활동가 언론인 정치가

De zeven levens van Abraham Kuyper

1837 – 1920

요한 스넬(Johan Snel) 지음 | **최용준**(John Choi) 옮김

예영

| 일러두기 |

* 본서의 원서는 2020년 암스테르담에서 『*De zeven levens van Abraham Kuyper*』(네덜란드 판)라는 제목으로 프로메테우스(Prometheus) 출판사가 처음 출판하였다. 완전히 개정된 확장판인 5판은 2024년 아머스포르트(Amersfoort)에서 드 퓌어박(De Vuurbaak) 출판사에 의해 출판되었다.

* 본서는 저자인 요한 스넬(Johan Snel)과의 한국어판 협의를 통해 출판되었다.

* 사진 및 삽화(모두 로열티 없음) 출처

암스테르담 자유대학교 역사자료센터(HDC: Historisch Documentatiecentrum) 컬렉션, IISH 암스테르담 컬렉션, 위키미디어, 암스테르담 국립미술관 컬렉션, 한스 세일하우어(Hans Seijlhouwer), 요한 스넬, 「드 텔레흐라프」, 「드 스피헐」, 「헷 레븐」, 「아윌른스피흘」.

띠느끄(Tineke), 까롤레인(Carolijn) 및

오스카(Oscar)를 위해

1897년, 헨드릭 하퍼만(Hendrik Haverman)이
그린 젊은 카이퍼의 초상화
(그는 10년 후 유화로도 카이퍼를 그렸다.)

인간은 자신의 행동을 통해 자신의 존재를 반영하도록 부름을 받았다. 그 자신은 소우주이지만, 전체 우주는 그 자신의 내면에서 반영된다. 따라서 우리의 임무는 위대하고 무한하며 성취할 수 없는 것이 아니다. 그것은 작은 지역에 한정되어 있다. 그 작은 규모에도 불구하고 우리는 동시에 더 큰 전체에 필수적인 기여를 할 것이다.

사람은 태어날 때부터 예술가다. 그렇기 때문에 그가 만들어내는 작품은 항상 완전한 전체, 올바르게 그려져 즉시 인식할 수 있는 이미지를 보여주어야 한다. 그래야 그의 작품은 영원할 수 있고, 그는 광대한 바다 속으로 사라지지 않으며, 개개인의 작품은 다른 모든 사람의 작품과 결합하여 아름답게 질서 정연한 전체를 이룬다.

— 카이퍼(익명으로 발표), 1870년

마음의 문은 거리로 향해 열려 있지 않다.

— 카이퍼, 1895년

목 차

제7장   정치가

제8장   노년의 카이퍼

1912년의 프롤로그

엘바(Elba)에서 돌아온 나폴레옹(Napoleon)처럼 차려입은 카이퍼: '형제들이여, 나를 다시 믿을 수 있겠소?'
검은 경비대: '진흙 속으로!'
(1912년, 알베르트 한[Albert Hahn, 1877–1918] 만평)

암스테르담 남쪽, 자유대학교 지하에는 이 대학의 설립자로 알려진 한 인물의 기록 보관소가 있다. 길이 10미터 남짓한 공간에 73개의 상자가 놓여 있고, 그 안에는 9천 통이 넘는 편지가 잠들어 있다. 그중 1912년 10월 21일 자, 프랑스어로 쓰인 짧은 편지 한 통이 있다. 그 편지에는 자서전 형식의 스케치가 함께 들어 있었다. 그것은 자서전적 개요와 10월 21일자 날짜가 적힌 간단한 편지를 포함하고 있으며, 둘 다 프랑스어로 쓰여 있다.

노트 종이에는 초안이 적혀 있으며, 정식 버전은 이미 발송된 것으로 보인다. 편지는 '*친애하는 각하*(*très cher Monsieur*)'라는 인사로 시작한다. 그러나 수신자의 이름은 남아 있지 않다. 프랑스에 있는 누군가에게 보낸 편지였을 가능성이 크다. 이 초안은 전기 사전이나 백과사전이 요청했을 법한 간략한 이력서와 같다. 또한 이 초안은 아브라함 카이퍼가 스스로 그린 간결한 자화상이었다. 네 장의 메모지에 쓰인 천 단어도 안 되는 자화상으로, 단순한 나열에 가깝지만 저술가 특유의 간결하고 자신감 넘치는 어조로 쓰여 있다.

이 글은 한 인간의 현재 위치를 보여주는 기록이기도 하다. 날짜는 10월 21일 월요일, 그의 75번째 생일을 일주일 앞둔 시점이었다. 그는 평생 자신의 생일을 중요하게 여겼다. 그렇다면 이 글은 미래를 향한 선언이라기보다 지나온 삶을 돌아보는 회고에 더 가깝다. 또한 길고 풍요로운 공적 삶을 간략히 요약한 것이다. 과거를 되돌아보면서 그는 자신의 삶을 일곱 가지 인상적인 역할로 나누어 설명한다.

당시의 상황을 고려하면 회고의 성격은 훨씬 더 분명해진다.

'네덜란드의 글래드스톤(Gladstone)[1]이 은퇴하다'

75세 생일 즈음, 카이퍼는 건강 악화와 전반적인 쇠퇴의 시기를 겪은 후 회복의 길에 있었다. 그는 그 후 8년을 더 살며 그 기간동안 생산적인 시간을 보냈다. 그러나 1912년 초, 상황은 암울해 보였다. 그는 병에 걸렸고, 그의 아버지가 그랬듯 자신 또한 소리를 영영 듣지 못하게 될지도 모른다는 두려움 속에 살았다. 그는 헤이그(Hague)에서 '거의 친구 없이' 지내는 외로움을 편지에서 호소했다. 그는 당시 타이타닉호의 침몰 때문에 문자 그대로 밤새도록 잠을 이루지 못했다. 희생자 중 한 명은 당시 가장 유명한 언론인인 영국인 윌리엄 스테드(William Stead, 1849-1912)였다. 그는 카이퍼의 집을 여러 번 방문했던 인물이었고, 1914년에는 카이퍼의 지원으로 헤이그에 새로 지은 평화궁(Vredespaleis)[2]에서 스테드의 흉상이 공개될 예정이었다.

그러나 그해 봄, 카이퍼는 건강을 되찾았다. 독일의 한 휴양지에서의 치료는 놀라운 효과를 보였으며, 그의 청력이 회복되어 보청기를 사용하지 않아도 되었다. 그는 예전처럼 대중 연설을 하도록 여러 초대를 받았는데, 이런 일은 그의 마음을 따뜻하게 해 주었다. 4월초 그는 자신이 창간하여 편집장으로 일해 왔으며 지금은 소유주이기도 한 「드 스탄다르드」(*De Standaard*) 일간신문 창간 40주년을 기념했다. 그 축하 행사는 위트레흐트(Utrecht) 중심부에 있는 예술과 학문을 위한 전당에서 하루 종일 열렸고 그는 청중이 가득 찬 강당에서 연설을 했다.

---

1   윌리엄 글래드스톤(William Gladstone, 1809-1898)은 영국 자유당의 지도자였으며 카이퍼의 정치적 영웅이다. (역자 주)

2   평화궁은 네덜란드 헤이그에 위치한 건물로 국제사법재판소, 상설중재재판소, 헤이그 국제법 아카데미, 평화궁 도서관이 있다. 미국 철강 재벌 앤드루 카네기(Andrew Carnegie, 1835-1919)가 건설 자금을 기부했다. (위키백과)

 아브라함 카이퍼의 일곱 가지 삶

충실한 지지자들에게 그는 1년 넘게 자신의 병이 공적인 생활의 끝을 의미할지도 모른다는 생각을 했었다고 털어놓았다. 그의 청각 장애와 만성 인후염은 모든 것이 끝나는 것 같았다. 하지만 파리(Paris)에서 가져온 약이 그의 청력을 회복시켜 주었고, 독일의 치료법은 그를 '젊어지게' 해주었다. 그는 여전히 건재했고, 다시 연단에 설 수 있었다. 그의 연설은 강하고 분명한 목소리로 한 시간 동안 이어졌으며, 연설 뒤에는 열렬한 박수가 터져 나왔다고 신문 보도는 전했다. 카이퍼에게는 비교적 짧은 연설이었다.

그럼에도 불구하고 그는 9월에 하원의원직을 사임하게 된다. 그의 사임 편지에는 드레스덴(Dresden) 근교에 있는 그의 단골 온천에서 의사들이 서명한 두 개의 진단서가 첨부되어 있었다. 그가 하원의원직을 떠난다는 추측은 이미 3년 전부터 계속되어 왔었다. 유명한 정치적 인물인 카이퍼의 이러한 행동은 그의 청력 악화 주장이 정치적 동기를 지닌 것이라는 의혹을 불러일으켰다. 1912년 10월 3일, 미국의 두 신문 「시카고 트리뷴」(*Chicago Tribune*)과 「버팔로 이브닝 뉴스」(*Buffalo Evening News*)는 다음과 같이 충실하게 보도했다. '네덜란드의 글래드스톤이 은퇴하다.'

따라서 카이퍼가 자신의 자화상을 스케치할 때, 그의 정치 생활은 막 끝난 상태였고 그에게 남은 주요 활동은 그가 여전히 멈추지 않고 일하고 있는 일간지였다. 로테르담(Rotterdam)의 가톨릭 일간지인 「드 마스보드」(*De Maasbode*)는 그의 새로운 삶에 대해 인터뷰하기로 결정했다.

몇 주 후인 어느 수요일 오후, 기자인 히아신스 헤르만스(Hyacinth Hermans) 신부가 이를 위해 카이퍼를 방문했다. 그는 위층으로 올라가 카이퍼의 서재 문을 두드렸다. 아무런 응답이 없자 그는 다시 관리인에게 돌아갔고, 관리인은 "각하께서는 귀가 잘 들리지 않으십니다"라고 설명했다. 헤르만스 신부는 다시 서재로 들어가 방 뒤쪽을 나누는 커튼 너머를 들여다보자 뜻밖의 장면이 그의 눈에 들어왔다.

털복숭이 테디 베어

주황빛 털 가운을 걸친 한 남자가 소파에 몸을 길게 뻗은 채 잠들어 있었다. 그가 바로 '위대한 아브라함(Abraham de Geweldige)'이라 불리던 인물이었다. 알록달록한 가운을 걸친 작은 체구의 남자. 그 모습은 마치 '소파 위에 아무렇게나 놓인 커다란 테디 베어'를 연상시켰다.

물론, 헤르만스 신부는 이것을 신문에 싣지 않았다. 그는 25년 후인 1937년 카이퍼 추모식에서야 이러한 자신의 기억을 공유했다. 더욱이 이 이야기는 카이퍼가 프랑스어로 『자화상』을 쓰기 위해 자신의 삶을 회고하는 당시의 그의 일상을 엿볼 수 있게 해준다.

기자가 기침을 하자 "실례합니다"라며 그 덩치 큰 남자가 일어나 앉으면서 웃으며 말했다. "하루 중 이 시간에 저는 종종 짧은 낮잠을 자곤 합니다." 그는 책상에 앉아 안경을 쓰고 인터뷰를 시작하여 오후 2시부터 6시까지 계속했다. 대화의 주된 내용은 주로 연립 내각의 미래와 같은 최근 정치 상황 전개에 관한 것이었다. 1912년 11월 21일 목요일의 「드 마스보드」에 전체 인터뷰가 실렸다. 카이퍼는 몇 가지 수정을 요구했으나, 소파와 가운, 테디 베어에 관한 내용은 빠져 있었다.

카이퍼는 기자에게 (메모는 허락되지 않았던) 자신의 생일 외에도 최근에 두 가지 다른 기념일을 축하하는 특권을 가졌다고 말했다. 바로 그의 신문 창간 40주년과 신학박사 학위 취득 50주년이었다. 그러나 그는 자유주의 인사들 중 누구로부터도 단 한 장의 카드도 받지 못했다고 했다. 심지어 그의 전임자인 후만 보르헤시우스(Goeman Borgesius)도 아니라며 쓴웃음을 지었다. 아무래도 자유주의자들은 아직도 그에게 약간의 분노를 품고 있는 듯했다.

오후 여섯 시가 가까워지자 그는 딸 요한나와의 작별 모임을 위해 포르

아브라함 카이퍼의 일곱 가지 삶

하우트(Voorhout)에 가야 한다며 기자에게 양해를 구했다. 그녀는 간호사로서 한 달 전에 발발한 제1차 발칸 전쟁에서 적십자 임무를 수행하기 위해 이스탄불(Istanbul)로 가야 했다. 그리고 카이퍼는 외투도 입지 않은 채 문을 나섰는데, 그는 평생동안 매일 산책할 때도 외투를 입는 일이 없었다.

몇 주 후인 11월 22일 금요일 저녁, 이스탄불로 사절단이 떠날 때, 한 기자는 카이퍼가 기차역 플랫폼에서

카이퍼는 탑햇(top hat)을 쓰고, 그 옆에는 반혁명적 전쟁 장관 헨드릭 꼴레인(Hendrik Colijn)과 대사 그레고리오스 아리스타키스 베이(Gregorios Aristarchis Bey)가 있다.
오른쪽에는 간호사 요한나(Johanna)와 그녀의 언니 항리에뜨(Henriëtte)가 깃털 모자를 쓰고 있다.

튀르키예 대사와 바쁜 대화를 나누고 있는 것을 보았다. 직업 외교관인 그레고리오스 아리스타키스 베이(Gregorios Aristarchis Bey)는 파리에서 헤이그로 이주하여 마지막 근무를 하게 되었는데, 많은 오스만 외교관들처럼 그는 그리스 출신이었다.

마그네슘 빛 아래서 전체 사진이 찍혀 주간지 「드 스피헐」(*De Spiegel*)의 표지에 실렸다. 코트를 입고 지팡이를 짚은 카이퍼, 탑햇을 쓴 전쟁 장관 꼴레인과 아리스타키스 대사, 오른쪽에는 제복을 입은 요한나, 깃털 모자를 쓴 항리에뜨가 보인다. 카이퍼는 탑햇의 챙 아래에서 카메라를 똑바로 응시하고 있다.

작고 말끔한 남자

카이퍼가 『자화상』을 쓰기 몇 주 전, 한 유명 잡지의 편집장이 그의 맞은편 의자에 앉았다. 그는 사진 기자와 함께 왔다. 카이퍼는 책상 뒤에서 다소 방어적인 태도로 카메라 쪽을 바라보며 포즈를 취하고 있다.

잡지 「드 까똘리끄 일루스트라치」(*De Katholieke Illustratie*)의 1면에 실린 인물 사진 아래에는 편집장 프란스 스힙홀스트(Frans Schiphorst)가 쓴 칼럼이 있는데 이 75세 노인의 모든 장점을 찬양하기 위해서는 최상급이 필요했다. 그는 카이퍼를 '위대한 거인'이라 부르며 완전한 찬가를 써내려 갔다.

그러나 실제로 그의 앞에 앉아 있던 사람은 '작고 말쑥한 남자, 품위 있고 세련된, 사각형 어깨 위에 큰 머리를 가진, 사실 우리가 예상했던 것과는 꽤 다른' 모습이었다.

카이퍼는 이것을 자신의 모습이 가장 잘 담긴 초상화로 꼽았다.

   아브라함 카이퍼의 일곱 가지 삶

서론

자화상에 대하여

'카이퍼의 가장 훌륭한 초상화'
(1912년 9월 「드 까똘리끄 일루스트라치」〔De Katho-
lieke Illustratie〕 잡지 표지에 실렸다.)

카이퍼의 글을 읽다 보면 곧 그의 '사고방식'에 빨려 들어가게 된다. 그는 모든 것을 꿰뚫어 생각하고, 언제나 다른 각도에서 바라보았으며, 추상적 논의에만 머무르지도 않았다. 그는 끊임없이 관찰하고, 구체적인 이미지로 설명했다. 그의 비유는 일상의 경험에서 길어 올린 것이었다. 그는 추상적인 주제를 이미지를 통해 표현했다.

그러나 그는 여전히 수수께끼 같은 인물이다. 한마디로 쉽게 규정할 수 없는 역설로 가득 찬 인물로 남아 있다. 그는 열려 있으면서도 닫혀 있었고, 온화하면서도 경계심이 있었다. 그의 삶은 세세히 기록되어 있지만, 동시에 잘 알려지지 않은 모험들로 가득하다.

이 첫 번째 장은 서론으로 그의 『자화상』을 바탕으로 그의 삶을 돌아본다. 이 책의 나머지 부분도 카이퍼가 스스로 그린 그림을 하나씩 따라간다. 그러면서 일곱 개의 장으로 나누어 그가 스스로 정의한 일곱 가지 역할을 각각 자세히 설명한다. 마지막 장에서는 1912년 이후 카이퍼의 활동과 삶을 다룬다.

정치가(Homme d'état)

전기적 스케치는 몇 가지 개인 세부 정보로 시작한다. 아브라함 카이퍼는 1837년 10월 29일 일요일, 로테르담 근교인 마스슬라위스(Maassluis)에서 태어났다. 그의 아버지 얀 프레데릭 카이퍼(Jan Frederik Kuyper)는 목사였고, 어머니 항리에뜨 후버(Henriette Huber)는 스위스 혈통이었다. 그는 스위스 조상에 대한 이야기에 특히 흥미를 가졌으며, 이즈음에 그는 그것에 대해 자주 언급했다. 실제로 그는 헤이그보다 알프스(Alps)에서 더 편안함을 느꼈다.

카이퍼는 1849년부터 1862년까지 레이든(Leiden)에 있는 김나지움

(Gymnasium)에 다녔고, 레이든 대학에서 신학과 문학을 공부했다. 그는 문학을 학부 학위로 마쳤고, 두 번째 신학 공부는 박사 학위로 마쳤다.

그의 공적 경력은 간단히 정리할 수 있다. 그는 1863년부터 1874년까지 베이스드(Beesd), 위트레흐트, 암스테르담에서 개혁교회 목사로 사역했다. 그 후 그는 1874년부터 1876년까지, 그리고 1894년부터 1901년까지 하원의원을 지냈다. 1901년부터 1905년까지 그는 네덜란드 총리를 지냈다. 1908년부터 1912년까지 그는 다시 하원의원으로 돌아왔다. 1876년에 과로로 쓰러져 해외에서 회복하던 그의 첫 번째 실패 이후, 다른 사람들이 그를 설득하여 그는 재선에 도전했다. 만약 다른 사람들이 그를 설득하지 않았다면, 그는 언론인으로 일하는 것을 선호하여 의회로 돌아가지 않았을 것이다.

1901년부터 1905년까지 그는 내무부 장관을 지내는 한편, 네덜란드 역사상 최초로 순환제가 아닌 상임 총리로서 내각을 이끌었다. 이 시기는 그에게 국제적으로 *정치가*의 역할을 부여받은 시기였으며, 이 명성은 그의 남은 생애 동안 계속 유지되었다. 그는 또한 전통적으로 정부 수반이 사용하던 '토르베케(Thorbecke)[1]의 탑(Torentje)'을 떠나 비넌호프(Binnenhof)[2]에서 공무원들과 함께 일한 첫 인물이기도 하다.

도합 반세기라는 긴 기간, 총 50년 동안, 그는 암스테르담에 있는 두 출판사의 편집장이었다. 『자화상』에서 그는 1872년과 1878년에 각각 시작된 일간지 「드 스탄다르드」와 주간지 「드 헤라우트」(*De Heraut*)에서의 역할을

---

1 요한 루돌프 토르베케(Johan Rudolph Thorbecke, 1798-1872)는 자유주의 성격을 지닌 네덜란드의 정치가로 네덜란드 의회주의의 창시자로 여겨진다. (위키백과)

2 비넌호프는 역사적 명칭으로 호프 반 홀란드(Hof van Holland)라고도 하며 헤이그 중심부에 위치한 복합 건물로, 수세기 동안 네덜란드와 네덜란드 정치의 중심지였다. 네덜란드 의회를 구성하는 상원과 하원이 이곳에 있으며 각료회의 의장이자 네덜란드 국가의 공식 대표인 총리도 이곳 타워에 사무실을 두고 있다. (위키백과)

    아브라함 카이퍼의 일곱 가지 삶

언급한다. 그러나 1869년부터 편집장으로 참여했던 「드 헤라우트」의 초판
에 대해서는 언급하지 않는다.[3]

또한 그는 1880년부터 1901년까지 20년 넘게 암스테르담의 자유대학교
에서 교수로 재직했다. 그는 조직신학 및 철학교수로 활동했을 뿐만 아니라
언어학 및 문학교수로도 재직했는데, 이는 레이든에서 공부한 학업의 연장
선상에 있었다.

그는 수십 가지의 직책이 있었지만, 『자화상』에서는 언급하지 않았다.
그러나 그가 창립에 도움을 준 많은 기관과 조직은 언급한다. 이미 언급
한 저널들 외에도 반혁명당(ARP: Anti-Revolutionaire Partij)[4]을 창당했으며
1873년부터 당대표직을 맡아왔는데, 이는 주목할 만한 해로, 공식적인 설
립은 1879년이었다고 썼다. 그러나 1873년 카이퍼와 히윰 흐룬 판 프린스
터러(Guillaume Groen van Prinsterer)[5]는 기존의 반혁명주의자들과 결별하고
새로운 출발을 했다. 카이퍼는 또한 1880년의 자유대학교 개교와 1892년
의 개혁교회 창립들을 언급한다.

카이퍼는 수많은 직책을 언급하기에 앞서 자신의 수상 경력을 먼저 요
약한다. 이것은 실용적인 측면이 있으며, 그의 공적인 생활에 대한 좋은 그
림을 보여준다. 하지만 개인적인 면도 있다. 그와 요한나 스하이(Johanna
Schaay, 1842-1899, 이하 '요') 슬하의 7명의 자녀 중 가장 가까운 소울메이트

---

3 하지만 그는 이미 1869년부터 「드 헤라우트」의 초판과 관련이 있었으며, 1870년에 편집
  장이 되었다. (역자 주)

4 네덜란드 최초의 기독교 정당이다. 반혁명당이라는 이름은 프랑스 혁명의 인본주의를 반
  대한다는 의미가 담겨있다. (역자 주)

5 히윰 흐룬 판 프린스터러(Guillaume Groen van Prinsterer, 1801-1876)는 네덜란드의 기독
  정치가이며 역사가로 아브라함 카이퍼에게 큰 영향을 주었다. 보다 자세한 내용은 최용
  준, "흐룬 판 프린스터러의 기독교 세계관에 관한 고찰", 「신앙과 학문」, 제28권 3호 (통권
  96호) (2023년 10월), 123-143 참조. (역자 주)

이자 마지막 20년 동안 개인 비서로 일했던 장녀 항리에뜨(Henriëtte)는 그의 아버지에게 '어린아이 같은 면'이 있었다고 나중에 썼다. 그는 칭찬을 받으면 매우 기뻐했지만, 칭찬이 없으면 화가 났다고 한다. 카이퍼는 개인이나 조직의 '명예'에 대해 자주 글을 썼는데, 그것은 그 자신에게도 매우 개인적인 문제였다. 수상 역시 그러하였다.

특히 한 경우는 그에게 갑절의 의미로 다가왔다. 불과 몇 달 전에 수여받은 네덜란드 최고 훈장인 네덜란드 사자 훈장(Commandeur in de Orde van de Nederlandse Leeuw)이 그것인데 이는 그의 수상경력에 포함되어 있다. 하지만 여기에는 특별한 사연이 숨겨져 있다.

훈장 보관함

탁월한 인물에게 70세 생일 즈음에 훈장을 수여하는 것은 당시 좋은 관행으로 여겨졌다. 그러나 1907년 카이퍼의 경우 기대하던 훈장은 주어지지 않았다. 자유주의 장관이자 그의 후임자인 삐떠 링크(Pieter Rink)는 관행을 따를 수 없었다.

반면에, 카이퍼의 생일에, 그의 숙적인 빌름 헨드릭 드 보포르트(Willem Hendrik de Beaufort, 1845-1918)가 이 상을 받았다는 발표가 있었다. 이에 대해 하원에서 반혁명당의 테오 헤임스께르끄(Theo Heemskerk, 1852-1932)는 그러한 모욕에 대해 항의했고, 1912년에 총리가 된 그는 카이퍼에게 훈장을 수여했다. 그런데 상황이 이렇다 보니, 수상의 근거를 명시하는 공식 인용문에 대해 헤임스께르끄는 무언가를 생각해내야 하기 때문에, 이 상은 카이퍼가 철자법 개혁 위원회의 의장직을 맡은 것에 대한 감사의 표시로 수여했다(공교롭게도 카이퍼의 동료였던 드 보포르트 역시 이 위원회 멤버로, 두 사람이 드물게 동의한 사례였다.).

아브라함 카이퍼의 일곱 가지 삶

카이퍼가 위트레흐트에서 열린 「드 스탄다르드」 창간 기념 축하 행사에서 그의 추종자들로부터 받은 선물 중 하나는 그가 받은 모든 훈장을 보관하는 아름답게 장식된 작은 상자였다. 드 보포르트는 자신의 일기에서 이런 찬사들이 거슬린다고 적었다. 그는 이 선물을 조롱하며, '카이퍼 숭배가 어디까지 갈 수 있는지 시험하려는 것 같다'고 비웃었다.

그럼에도 불구하고, 카이퍼에게는 이 보관함이 유용했다. 그는 이미 상당한 수의 훈장을 보유하고 있었는데, 특히 외국에서 받은 것들이 많았다. 그의 『자화상』에서 그는 1904년 벨기에(België) 국왕 레오폴드 2세(Leopold II)로부터 받은 최고 훈장과 1906년 포르투갈 국왕 방문 당시 수여된 훈장, 그리고 1905년 오스만 제국의 압둘 하미드 2세(Abdülhamid II) 방문 시 받은 고위 훈장을 언급했다. 그 해 11월 술탄 압둘 하미드 2세를 방문했을 때, 그는 라마단을 지키고 있어 고관이 대신 카이퍼를 영접했다. 그러나 그의 수집품 중 가장 독특한 칭호인 *생뜨 캐떠린느 뒤 몽-시나이 왕립 병원과 휴마니테어 훈장*(*Ordre Royal Hospitalier et Humanitaires de Sainte-Catherine du Mont-Sinai*)에 대해서는 신중하게 침묵을 지킨다. 이것은 1899년 예루살렘, 키프로스, 아르메니아의 왕세자이기도 한 기 드 뤼지냥(Guy de Lusignan)이 그에게 수여한 것으로 이스탄불 학살 이후 아르메니아 문제를 위해 힘쓴 그의 노력에 대한 감사의 표시였지만, 이 훈장에는 오늘날 프랑스의 '자칭 왕자들'에게서나 볼 법한 미심쩍은 구석이 있었다.

반면에 그의 학문적 명예 칭호는 완전히 실제이며 그는 맨 처음에 이러한 칭호를 나열한다. 그의 경력은 금메달로 시작되었다. 1860년 흐로닝언 대학(Groningse universiteit)은 카이퍼의 교회사 연구에 관한 논문에 이 상을 수여했다. 이것으로 카이퍼의 학문적 경력이 시작되었다. 하지만 이 메달은 그의 상자에 들어갈 수 없었다. 왜냐하면 그는 어린 나이에 책을 사기 위해 그것을 팔아야만 했기 때문이다. 그는 또한 4개의 외국 명예박사 학위를 받

1875년 브라이튼(Brighton) 부흥운동과 관련하여 의원이자 기자로서의 카이퍼 초상 사진

은 것을 언급한다. 1898년과 1909년 프린스턴(Princeton)과 루벤(Leuven)에서 각각 법학 박사 학위 2개, 1908년 미시간 주 홀랜드(Holland, Michigan)에서 받은 문학 명예박사, 그리고 1906년 델프트(Delft)에서 받은 공학 명예박사이다. 이 마지막 명예박사는 그가 장관으로서 기술학교를 대학으로 승격시킨 공으로 받은 것이었다.

명예 박사 학위조차도 아픈 기억이 없는 것은 아니었다. 프린스턴 대학보다 20년 앞서, 근대주의 신학자이자 철학자인 꼬르넬리스 빌름 옵조머(Cornelis Willem Opzoomer)는 카이퍼가 『우리의 강령』(*Ons Program*)[6]의 저자라는 이유로 명예 법학 박사 학위를 수여해야 한다고 주창해왔다. 그러나 옵조머는 위트레흐트 대학 동료들의 항의 끝에 그의 제안을 재빨리 철회했어야 했다고 카이퍼는 그의 미국 프린스턴 나소 홀(Nassau Hall)에서 열린 명예박사 수락 연설에서 1천 명의 청중에게 말했다. 그들 중 위트레흐트와 옵조머가 무엇이며 누구인지 아는 사람은 거의 없었을 것이다. 늘 그렇듯이 카이퍼는

---

6   이것은 카이퍼가 반혁명당을 창당하면서 작성한 강령으로 한글 번역은 손기화 역, 『아브라함 카이퍼의 정치 강령』, 서울: 새물결플러스, 2018. (역자 주)

아브라함 카이퍼의 일곱 가지 삶

미국에서 받은 자신의 명예 박사 학위를 불의에 대한 승리로, 상처에 대한 반창고로 보았다.

　그의 수상경력 목록의 마지막 제목에 첨부된 이야기도 있다. 1903년, 플랑드르 학술원(Vlaamse Academie van Wetenschappen)은 그해 초에 사망한 헤르만 스헤입만(Herman Schaepman, 1844-1903)의 뒤를 이어 카이퍼를 명예 회원으로 임명했다. 이듬해 1월 벨기에를 국빈 방문했을 때, 그는 급히 소집된 15명의 플랑드르 학자들에게 개인적으로 감사를 표하기 위해 겐트(Gent)에 가겠다고 고집했다. 따라서 플랑드르의 인정은 네덜란드와 뚜렷한 대조를 이루었다. 그가 네덜란드 학술원(Nederlandse Akademie van Wetenschappen)에 후보로 지명되는 것은 당연한 일이었지만 공공연히 거절당했고, 그는 이를 일종의 냉대('심한 배척'이라고 불렀다.)로 보며 평생 분개했다.

　그는 1889년, 미국에 체류하는 동안 빌름 3세(Willem III)[7] 국왕 아래서 받은 낮은 등급의 기사 작위를 상징하는 훈장을 착용하였지만 『자화상』에서는 이 초기 훈장을 언급하지 않았다. 오랫동안 카이퍼는 정치계에서보다 학계에서 더욱 버림받은 사람처럼 느꼈고 그의 모든 성공도 그 고통을 완전히 치유하지 못했다. 아마도 그래서 그 작은 보관함을 소중히 여겼을 것이다. 그러나 「드 뉴브 꾸란트」(De Nieuwe Courant)는 카이퍼 자신이 이 보관함을 그냥 유머로 받아들였을 것으로 추측했다.

　실제로 1912년에 그가 마침내 받은 최고 훈장은 이후 남은 생애 동안 공개 석상에서 자신의 왼쪽 옷깃에 자랑스럽게 착용하곤 했다.

7　빌름 3세(Willem Alexander Paul Frederik Lodewijk van Oranje-Nassau, 1817-1890)는 네덜란드의 국왕이자 룩셈부르크 대공이다. (위키백과)

사업가, 목사, 귀족

모든 인간이 그렇듯이, 카이퍼는 몇 가지 특징만으로 설명할 수는 없다. 그러나 그의 경우에는 모든 사람에게 적용되지 않는 장단점이 있다. 그의 믿을 수 없을 정도의 놀라운 생산성은 잘 알려져 있지만, 그 생산성이 동시에 얼마나 많은 영역을 확장했는지는 거의 알려져 있지 않았다. 그의 성격과 행동, 공적인 것과 사적인 것이 때로는 극명한 대조를 이루며, 즉각적으로 비교 가능한 인물 유형을 떠올리기가 쉽지 않다. 다시 말해, 카이퍼는 좀 더 명확한 해석을 필요로 하는 특이한 사람이었다.

우선, 카이퍼는 그의 전후를 통틀어 어느 누구와도 비교할 수 없을 정도로 매우 논란을 일으키는 인물이었다. 그에게는 맹렬한 적들만큼이나 뜨거운 지지자들도 많았다. 말 그대로 그의 공적 삶 전체, 반세기가 넘는 기간 동안 사람들은 카이퍼를 지지하거나 반대했다. 이 두 진영에서 탈출한 사람은 소수에 불과했고, 중립적인 공간은 점차 좁아졌는데, 특히 그것을 진심으로 갈망하는 사람들에게는 더욱 그랬다. 카이퍼가 나타나는 곳마다 그는 무한한 찬사와 격렬한 저항이 교차했으며, 신봉 대 회의, 열렬한 응원 대 맹렬한 비난을 불러일으켰다. 그는 아마도 이 점에서 네덜란드 역사상 그 유례가 없는 인물일 것이다.

1912년 카이퍼가 『자화상』을 작성할 시점에, 혁명당의 동료인 테오 헤임스께르끄가 총리가 되어, 100개 의석 중 60석을 차지한 연정을 구성했으며, 카이퍼는 연립 정부의 정신적 아버지로 널리 인정받고 있었다. 그러나 여전히 정치적, 사회적 기득권층의 대다수는 그를 반대하고 있었다. 소수의 예외를 제외하고 대부분의 신문과 잡지, 그리고 엘리트들 사이의 지배적인 여론은 어느 때보다도 반카이퍼적이었다. 그러므로 개인적으로, 그는 지칠 줄 모르고 매일 반박하면서 대처해야 할 것이 많았다. 「드 스탄다르드」와

  아브라함 카이퍼의 일곱 가지 삶

다른 신문에서도 마찬가지였다.

카이퍼에 대한 이러한 반감을 보여주는 대표적인 사례로, 그를 끊임없이 공격했던 세 명의 평생의 비평가들이 있다. 그들은 함께 이 시기의 특징을 형성한다. 사업가이자 언론인인 샤를 보아스뱅(Charles Boissevain, 1842-1927), 안드리스 브론스펠트(Andries Bronsveld, 1839-1924) 목사, 귀족인 빌름 헨드릭 드 보포르트 경이 그들이다. 그들은 각자의 방식으로 카이퍼를 건설자가 아닌 파괴자로 보았다.

세 사람 모두 공공연한 개신교도들이었지만, 브론스펠트는 정통주의 목사이고, 다른 두 사람은 스스로를 더 진보적이라고 생각했다. 그들은 서로의 이런 차이점에도 불구하고 카이퍼가 당시의 업적을 무너뜨리고 있다고 보았다. 그들에게 있어서 네덜란드는 19세기에 번성한 계급 사회였고, 계몽주의화되었든 아니든 분열되지 않은 온전한 개신교 국가였다.

이들은 서로 달라도 모두 같은 반대 입장을 취했다. 카이퍼 개인에 대해서 뿐만 아니라, 그가 상징하는 모든 것에 대항했다. 즉, 그들은 가톨릭에 대항하였는데, 그들에게 가톨릭은 위험한 성직자, 모호주의자로 보였기 때문이었다. 또한 카이퍼가 일으킨 민중운동과 포퓰리즘에 대해서도 반대하며, 아마도 무엇보다도 국가 교회의 몰락에 대해 가장 큰 반감을 가지고 있었다. 그들에게 있어 반혁명 무리의 지도자인 카이퍼는 문자 그대로 혁명가, 가치 있는 모든 것을 날려버리는 사람, 어떤 경우에도 지나치게 기회주의적인 권력 정치인으로 보였다.

특히 드 보포르트는 그에 대한 혐오감을 억누르기 힘들어했다. 그에게 있어서 카이퍼는 모든 것에 극적인 효과와 대중의 스캔들을 추구하는, 통제되지 않는 미사일 같은 인물이었다. 그는 카이퍼를 두고 쓴 유명한 글에서 자신의 적을 '미국식 모델을 따르는 민주주의 사회의 정치인'으로 규정했다. 그는 수십 차례 일기장에 카이퍼에 대한 분노를 쏟아냈는데, 대개는 왕실에서, 외교계에서, 또는 헤이그의 정치계에서 그의 의견에 공감하는 사람을 찾은 날이면 어김없이 기록했다. 전 외교부 장관으로서 드 보포르트는 어디에서나 인맥을 가지고 있었다. 직간접적으로, 그는 반(反)카이퍼 분위기를 왕실에 미쳤고, 전기 작가 파쉬르(Fasseur)에 따르면 빌헬미나 공주에게도 영향을 미쳤다고 한다.

1909년 훈장 스캔들(Lintjesaffaire) 당시에도, 카이퍼가 총리 재임 중 이 해 상충 혐의로 소급하여 의혹받았을 때, 드 보포르트는 트룰스트라(Troelstra)[8] 다음으로 하원에서 가장 날카로운 비판자로 나섰다. 이 논쟁에서도 그는 몇몇 사회주의 의원들처럼 서류를 자세히 들여다 보지 않고, 그의 신랄한 판단만으로 충분히 대응했다. 이런 그의 비판은 그가 1889년 카이퍼와 처음 공개적으로 부딪혔을 때부터 명백했다. 그때는 카이퍼는 의회에 있지도 않을 때였다.

이 충돌은 몇 가지 논쟁적인 글들로 이루어졌는데, 두 사람은 서로 격렬한 논설을 주고 받았고, 드 보포르트는 「드 힛즈」(De Gids)와, 헤이그의 자유주의 신문 「헷 파더란트」(Het Vaderland)에 게재했고, 카이퍼는 두 개의 매우 읽기 쉬운 소책자 형태로 응수했다. 첫 번째는 그가 특허를 가지고 있는 것처럼 보이는 속담 같은 제목의 『명예는 연약하다』(Eer is Teer)이다. 그러나 소책자 일부에서 그는 때때로 드 보포르트를 같은 이름의 사촌으로 착각했다. 이 사촌 역시 위트레흐트 선거구를 대표하는 전 자유당 의원이었고, 두 사람은 종종 혼돈되었다.

아머스포르트 근처의 덴 트레익(Den Treek)이라는 자신의 영지에서 이 귀족 드 보포르트는 먹구름이 몰려오는 것을 보았다. 실제로 1901년 카이

---

8 삐떠 엘러스 트룰스트라(Pieter Jelles Troelstra, 1860-1930)는 네덜란드의 언론인 및 정치인이다. 네덜란드 사회민주노동자당의 영수로, 보통참정권 요구 투쟁을 지도한 업적으로 가장 잘 알려져 있다. (위키백과)

    아브라함 카이퍼의 일곱 가지 삶

퍼는 의회 의원으로서 전 외교부 장관인 드 보포르트의 정치 경력에 상당한 손상을 입힌 후 총리가 되었다. 그럼에도 드 보포르트는 이 암울한 시기에도 계속해서 영향력을 행사했다. 특히 왕실에서는 이 변덕스러운 총리를 이해할 수 없었던 젊은 여왕이 있었다. 카이퍼는 그녀의 할아버지와 같은 나이였고, 그녀의 아버지는 카이퍼보다 스무 살이나 더 많았다.

몇 년이 지나서, 특히 1908년 이후로는 여왕과 카이퍼 사이의 관계는 점차 좋아졌다. 그 해에 그녀는 그를 국무장관으로 임명했는데, 이는 카이퍼가 그의 『자화상』에서 언급하지 않은 드문 명예직이었다. 그 자격으로 그녀는 때때로 그를 헷 로(Het Loo) 왕궁[9]에 초대했다. 특히 1912년 이후 카이퍼의 독립성이 높아짐에 따라 그는 여왕에 대해 조언자로서 더 적합해졌다. 더욱이, 그들은 영성의 면에서나 결단력 있는 성격과 견해의 면에서나 사람들이 생각하는 것 이상으로 더 닮아 있었다. 국무장관으로서 카이퍼는 자신의 역할을 수행했다.

그는 당연히 자신의 직위를 영예롭게 여겼다. 죽을 때까지 그는 공공장소에서 화려한 장관복을 입고, 벗겨진 머리 위에 탑햇을 쓰고 나타났다. 이 명예직은 1907년에 받지 못한 기사 작위를 보상받는 것이었으며, 이것은 당시 임시 총리였던 테오 헤임스께르끄가 그에게 준 귀한 명함과 같은 것이었다.

관대한 사람

드 보포르트가 그의 일기에서 그랬던 것처럼, 카이퍼의 평생 비판자였던 다른 두 사람도 카이퍼가 패배할 때마다 악의적인 쾌감을 억누를 수 없

---

9 아뻴도른에 있는 네덜란드의 궁전. (역자 주)

었다. 특히 1894년 선거에서의 참패, 1905년에 총리로서의 패배, 그리고 1913년에 다시 패했을 때 그러했다. 그들은 높은 지붕 위에서 알리듯이 이를 세상에 알리며 기뻐했다. 샤를 보아스뱅의 지붕은 확실히 높았다. 당시 주요 일간지인 「알허메인 한덜스블랏」의 편집장이었던 그는, 「드 스탄다르드」가 그러했듯, 암스테르담 증권거래소의 후원을 등에 업고 자유주의의 요새 역할을 하던 인물이었다.

보아스뱅은 편집장이자 소유주였을 뿐만 아니라 칼럼니스트로도 매우 유명했다. 30년이 넘게 그는 자신의 신문 1면을 장식했다 가장 인기있는 칼럼은 매일 그가 주목한 사안에 대해 해설하는 '하루 하루(Van dag tot dag)'라는 칼럼이었다. 여기서 그는 다른 누구보다도 더 자주 카이퍼를 수백 번이나 맹렬히 비난했고, 여론에 실질적인 영향을 미쳤다. 그 역시 강력한 신념을 가지고 끝없이 무자비하게 괴롭히는 비판자였다.

그러나 보아스뱅과 카이퍼 간의 개인적 관계는 조금 달랐다. 수년 동안 그들은 네덜란드 언론인협회(Nederlandse journalistenvereniging NJK[10])의 가까운 동료였다. 처음에는 같은 이사회의 의장과 부의장으로, 그리고 보아스뱅의 오랜 투병 기간 동안, 카이퍼는 미국에서 돌아오지도 않은 상태에서 그의 후임자(1898-1901)로 선출되었다. 모든 공개적인 갈등에도 불구하고, 두 사람은 또한 국제적으로 네덜란드 저널리즘의 대표적인 인물로 평가받았다. 그들은 동료로서 서로를 존중했고, 원만한 듀오였으며, 직업에 대한 애정으로 하나가 되었다. 때로 그들은 서로를 보완하기도 했다.

1897년 4월 1일 목요일, 그들에게 가장 멋진 순간이 찾아왔다. 카이퍼

10　NJK는 Nederlandse Journalistenkring의 약자이며, 1884년 암스테르담에서 설립되었다. 처음에는 협회(vereniging)라고 하다가 나중에는 모임(kring)으로 이름이 변경되었다. 한글로는 네덜란드 언론인 모임으로 번역했다. (역자 주)

　　아브라함 카이퍼의 일곱 가지 삶

가 국가산업궁전(Paleis voor Volksvlijt)[11]에서 5천 명의 반혁명 독자들과 함께 「드 스탄다르드」 창간 25주년을 축하했다. 그날 저녁 카이퍼는 감동적인 연설을 하였다. 반혁명당원이 아닌 사람들은 초대받지 못했으나, 그럼에도 수천 개의 의자가 모자랄 정도였다. 그러나 이 관대한 사람은 오후 리셉션에 나타나 빛나는 연설을 했다(보아스뱅은 그보다 못한 것에는 만족하지 않을 것이다.).

다음날 그는 그의 칼럼 '하루 하루'에서 카이퍼의 저널리즘적 업적을 마찬가지로 극찬했다. 그의 신문은 여전히 카이퍼의 교회 분열과 양극화에 대한 모든 비판을 한 마디도 철회하지 않았지만, 언론인으로서 카이퍼는 명성을 얻기에 합당했다고 인정했다. 보아스뱅은 카이퍼를 '열 개의 머리와 백 개의 팔을 지닌 적수'로 묘사했다. 그것은 힌두교의 한 신 같지만, 아마 보아스뱅은 그런 이미지를 염두에 두지는 않았을 것이다. 그에게 카이퍼는 불가해한 존재이지만, 동시에 '우리의 가장 주목할 만한, 가장 위대한 네덜란드인 중 한 명이며, 언론인들 사이에서는 *미스터 퍼스트*(monsieur le premier)'였다.

네덜란드 역사상 가장 위대한 언론인이었던 카이퍼는 오랫동안 그가 받은 과장된 찬사를 소중히 여겼다고 딸 항리에뜨는 훗날 회상했다. 그러나 이 극찬도 보아스뱅이 6월 선거에서 카이퍼를 다시 공격하는 것을 막지는 못했다. 그는 개혁주의자들이 국가 교회를 떠나는 것은 국가적 단결을 저해하고 있다는 증거라며 카이퍼를 비난했다. 언제나 그랬듯이 그가 돌레안치

---

11 국가산업궁전(Het Paleis voor Volksvlijt)은 런던의 크리스탈 팰리스를 본떠 암스테르담의 프레드릭스 쁠레인(Frederiksplein)에 1859년에서 1864년 사이에 건설된 전시관이었다. 하지만 1929년 4월에 화재로 파괴되었고 현재 이 자리에는 1968년부터 네덜란드 중앙은행 건물이 있다. (역자 주)

1897년 가을, 보아스뱅과 카이퍼는 '언론의 결투'를 벌였다. 보아스뱅은 도덕을 내세우고, 카이퍼는 법 뒤에 숨는다. (요한 브라껀시끄[Johan Braakensiek]의 만평)

(Doleantie)[12]라는 비난을 받았을 때 (그는 교회를 떠난 것이 아니라 추방된 것이라며) 카이퍼는 격렬하게 반응했다. 네덜란드 언론계의 두 거인 사이에 짧은 논쟁이 일어났고, 이 논쟁은 '언론 대결(Persduel)'이라는 이름으로 기록되었다.

보아스뱅은 자신이 패하지 않은 것에 안도하며, 「알허메인 한덜스블랏」에 실린 그들의 편지를 소책자로 묶어 출판할 것을 제안했다. 수익금은 언론인 지원 기금으로 기부할 예정이었다. 1901년 카이퍼가 헤이그로 떠난 이후, 두 사람의 관계는 다시 소원해졌고, 이후 그들이 다시 만났는지는 알 수 없다.

---

12 카이퍼 목사의 지도 하에 1886년 네덜란드 개혁교회를 개혁하기 위해 일어난 교회 분열이다. (역자 주)

　　　　　　　　　　　　　　아브라함 카이퍼의 일곱 가지 삶

어쨌든 보아스뱅은 카이퍼가 선거에 패배할 때는 환호했고, 승리할 때에는 굵은 베옷과 재에 휩싸였다. 그러나 동시에 교회와 종교에 대한 그의 관심은 자유주의 언론인들 중에서 예외적으로 대단했고, 그는 카이퍼가 「드 헤라우트」에 쓴 모든 글을 충실히 읽었다. 보아스뱅은 교회에 깊이 관여했고 의심할 여지없이 카이퍼보다 더 자주 예배에 참석했다. 보아스뱅이 참석한 교회는 암스테르담 시내에 있는 프랑스어를 사용하는 왈론 교회였는데, 이 교회는 카이퍼의 어머니도 젊었을 때 다녔던 교회였다. 그러나 바로 그 사실이 오히려 그들의 상호 적대감을 강화시켰다. 보아스뱅에게 카이퍼는 그가 그토록 소중히 여겼던 옛 프랑스 깔뱅주의의 배신자였기 때문이다.

1906년, 보아스뱅은 교회와 국가의 분리를 강요하는 프랑스의 세속주의 법안을 비판하는 카이퍼의 글에 대응하기 위해 공개 서신을 발표했는데, 왈론 교회의 정통파와 근대주의인 두 목사와 함께였다. 이는 왈론 교회[13] 회의(kerkenraad)의 정책에 따른 것이었고, 「헷 한덜스블랏」(*Het Handelsblad*)은 이 공개 서신을 게재했다. 이것은 교회와 국가의 분리를 강요하는 프랑스의 세속법을 공격한 것에 대한 반응이었다. 그 후 두 목사는 빈민 구제와 같은 공적 기능이 폐지됨에 따라 *개혁교회*(*Église Réformée*)는 나아지며, 오히려 사적 단체로서 프랑스 교회는 훨씬 더 독자적인 정체성을 가질 수 있다고 주장했다.

카이퍼는 1917년 주간지 「드 흐루너 암스테르담머」(*De Groene Amster-dammer*)에 쓴 마지막 칼럼에서 보아스뱅의 반세기를 회고했다. 카이퍼는 75세의 이 언론인을 암스테르담 증권거래소의 대변인이자, 성실한 자유주의자, 가슴을 가진 언론인이었지만, 그의 시대를 이해하지 못했고 결코 깔

13　네덜란드에서 프랑스어로 예배드리는 개신교회. 프랑스와 벨기에의 개신교 난민들이 네덜란드로 피난 와서 세운 교회이다. (역자 주)

뱅주의자도 아닌 인물로 정의했다.

반(反)가톨릭주의자

보아스뱅의 신문은 정기적으로 보수적인 목사에게도 지면을 할애했다. 브론스펠트는 목사였을 뿐만 아니라 주로 논설가로도 널리 알려진 인물이었다.

1867년부터 1924년 사망할 때까지 브론스펠트는 많은 사람들에게 『연대기』(*Kroniek*)로 유명했는데, 이는 교회와 사회의 시사 문제에 대한 그의 논평이었다. 그 이 글은 자신이 편집장을 맡고 있던 월간지 「진리와 평화를 위한 목소리」(*Stemmen voor Waarheid en Vrede*)에 실렸다. 그의 연대기는 개혁주의 서클 밖에서도 널리 읽혔으며, 특히 「한덜스블랏」과 같은 신문에서는 그가 카이퍼에 대해 어떤 논평을 할 때마다 인용하곤 했다. 1901년 카이퍼가 선거에서 승리했을 때, 브론스펠트는 카이퍼를 두고 '위대한 재능은 있지만, 위대한 인격은 아니다'라고 평가했다. 이 표현은 자유주의와 사회주의 언론에서 마치 주문처럼 반복되며 회자되었다. 그때부터 '카이퍼'라는 이름은 언제나 그의 논란의 여지가 있는 인격과 연관되었다.

하지만 두 사람은 처음에는 친구였다. 그들은 둘 다 베투브(Betuwe)의 베이스드 및 인근 옵허이스든(Opheusden)에서 목회를 시작했을 때 이미 서로 알고 지내던 사이였다. 둘 다 네덜란드 개혁파 교회의 정통주의 노선에 속해 있었고 흐룬 판 프린스터러를 중심을 한 그룹에 속해 있었다. 1879년까지만 해도 브론스펠트는 카이퍼가 보낸 『우리의 강령』을 읽고 열광했으나, 그 후 두 사람의 길은 갈라졌고, 평생을 적대 관계로 보내게 되었다.

브론스펠트는 개혁주의 대학 설립에 반대했으며, 기존의 국립 대학에 더 신뢰를 두었다. 이것은 카이퍼에게 큰 불쾌감을 주었고, 결국 1880년 1월

　　　　　　　　　　　　　아브라함 카이퍼의 일곱 가지 삶

두 사람 사이에 갈등이 폭발했다. 카이퍼는 공개 서한에서 브론스펠트에게 두 가지 사과를 요구했지만 브론스펠트는 이를 거부했고, 이후 카이퍼는 그를 '흐룬의 유산을 배신한 자'라고 비난하기 시작했다. 브론스펠트는 모든 영역에서 카이퍼에 대한 비판을 강화했고, 그후 40년간 그의 『연대기』에서 카이퍼를 신랄하게 비판했다.

브론스펠트는 카이퍼와 협력한 반혁명적 정치와 가톨릭과의 연대를 강력히 반대하는 대표적인 개혁파 목사였다. 그는 카이퍼가 가톨릭과 협력하는 것을 개신교 국가의 정체성을 훼손하는 위협으로 간주했다. 카이퍼는 이들을 '반동적 인물'로 여기고, 브론스펠트는 그를 '국가와 교회를 파괴하는 혁명가'로 간주했다.

정치적으로 브론스펠트는 모든 선거에서 카이퍼에 대해 가장 강력히 반대하는 자유주의 후보들을 지지했다. 특히 그는 급진적 자유주의자였던 사무엘 판 하우튼(Samuel van Houten)에게도 '기독교적 색채'를 덧씌우는 위선을 보였다는 풍자를 받았다. 또한 브론스펠트는 1897년 기독-역사당을 출범시켜 하원의원 한 명을 당선시키기도 했다. 그의 그룹은 나중에 기독역사연합(CHU: Christelijk-Historische Unie)당으로 흡수되었으며, 대부분 자유주의 성향의 유권자들을 끌어들였고 카이퍼의 반혁명당과는 본질적으로 다른 노선을 걸었다.

한편 카이퍼는 1907년 한 인터뷰에서 브론스펠트의 연대기를 20년 동안 읽지 않았다고 공개적으로 밝혔다. 기자들, 특히 가톨릭 기자들이 브론스펠트와의 관계에 대해 그에게 자주 질문했다. 1912년 『자화상』 인터뷰 당시 75세의 카이퍼는 장난스러운 표정으로 웃으며 브론스펠트가 한때 자신을 숭배했고 그의 글에서 자신을 '이상적인 인물'이라고 불렀던 시절이 있었음을 말하기도 했다.

1880년 브론스펠트는 위트레흐트에 목사로 부임했으며, 그곳의 대학에서 강사로도 가르쳤다. 그는 개혁파 정통주의의 상징이었으며, 위트레흐트는 개혁파 정통주의의 중심지로, 근대주의적 성향의 레이든이나 보다 중도적이었던 호로닝언과 대조되었다. 카이퍼는 1873년에 이미 위트레흐트에 실망하고 암스테르담으로 떠났다.

브론스펠트를 포함한 카이퍼의 세 주요 비판자들은 각각 그가 맞서야 했던 세 도시의 상징이 되었다. 위트레흐트의 브론스펠트, 자유주의 언론의 중심지였던 암스테르담에서의 보아스뱅 그리고 헤이그에서의 드 보포르트와의 정치적 갈등이 그것이다.

이 세 도시와 그곳에서의 수많은 대립은 카이퍼가 겪은 험난한 정치 여정을 상징한다. 그가 훈장 하나 받기도 어려웠던 상황이나 학계에서 고립된 이유는 단지 그의 대적들 때문만이 아니라, 그의 강경한 태도와 원칙주의에서도 비롯되었다.

칸트주의적 교리주의자

카이퍼는 샤를 보아스뱅이 말했던 것처럼 '열 개의 머리와 백 개의 팔'이 절실히 필요한 인물이었다. 1867년부터 1919년 말까지 반세기가 넘는 기간 동안 카이퍼는 불평등한 싸움을 벌였다. 그의 공개적인 발언은 항상 저항을 불러일으켰고, 특히 그 자신이 항상 다른 사람들과 싸웠기 때문에 더 그랬다. 그의 싸움은 빠르게 더 많은 전선에서, 더 많은 적들을 마주하게 되었다. 하지만 그의 싸움에는 일정한 패턴이 있었다.

카이퍼가 사망한 지 한 세기가 지난 후, 그의 가장 충실한 추종자들조차도(예를 들어 미국과 한국 같은 곳에서) 그가 무엇을 위해 싸웠는지 정확히 이해하지 못하는 경우가 많은데, 이는 많은 것을 말해준다. 카이퍼는 자신이 죽은 후의 세상에 대해 거의 환상을 가지지 않았다. 그럼에도 불구하고, 그는

아브라함 카이퍼의 일곱 가지 삶

아마도 자신이 수천, 수만 번에 걸쳐 끈기있게 설명한 것들이 거의 남지 않을 것이라는 사실에 실망했을 것이다.

카이퍼는 근대적 인물로, 그가 언급한 고전적인 깔뱅주의자들과는 중요한 면에서 달랐다. 그는 당시 가장 현대적인 대학에서 근대주의 신학자 스홀턴(Jan Hendrik Scholten, 1811-1885)과 같은 교수들로부터 배웠다. 그는 평생 동안 그들을 본받으려 했다. 또한 카이퍼도 칸트주의자였으며, 넓고 깊은 사고를 지닌 사상가였다. 그는 확실성을 신봉했으며, 훗날 스스로 '절대적 힘'이라 명명한 원리를 신뢰했다. 그는 레이든 대학의 스승들로부터 두 가지 뚜렷한 특징을 물려받았다. 이는 겉으로 보기에는 상충되지만, 결합하면 그의 손에서 확실히 강력한 무기가 되었다.

얼핏 보기에 카이퍼의 전형적인 개신교적 교리와 진보적 사고, 나아가 발전에 대한 믿음 사이에 긴장이 있는 것처럼 보인다. 첫 번째 요소는 고전적 학문 체계로서의 전통적 개혁주의였다. 당시 레이던의 근대주의 신학자들은 스홀턴에게서 사상적 위안을 얻었는데, 정작 스홀턴은 스피노자의 영향을 받아 실제 개혁 교리와는 거리가 먼 신학적 태도를 보였다.

이와 동시에 계몽주의의 영향도 있었는데, 이는 가장 질서정연한 시대 정신을 대표하는 독일 철학자 임마누엘 칸트(Immanuel Kant)의 사상에서 받은 영향이었다. 칸트의 우주관에서는 지식의 진보와 근거 있는 발전이 가능하며, 칸트주의자들은 정신의 발전을 인류 역사의 원동력으로 믿었다. 이런 의미에서 헤겔(Georg Wilhelm Friedrich Hegel)과 마르크스(Karl Marx) 또한 칸트주의자였으며, 레이든의 신학자들도 마찬가지였다. 그러나 대부분의 레이든 학자들은 - 스피노자의 영향을 받은 스홀튼은 예외로 하고 - 그들의 양 발을 땅에 붙인, 경험적인 합리주의자들로, 관찰 가능한 현실을 기반으로 삼았다.

이미 언급한 헤겔 외에, 셸링(Friedrich Wilhelm Joseph Schelling), 슐라이

어마허(Friedrich Scheiermacher) 같은 독일의 관념주의자들도 카이퍼의 사상 전반에 중요한 역할을 했다. 그는 그들이 만든 마법의 가마솥에 완전히 빠지지는 않았지만, 어느 정도 영향을 받았으며 이를 그의 주요 저서인 『신학백과전서』(*Encyclopædie der heilige Godgeleerdheid*, 1894, I-III)에서 하나씩 소개했다. 이 저서는 헤겔의 『철학적 과학의 백과사전』(*Encyclopædie der philosophischen Wissenschaften*, 1817)을 모델로 하기도 했다. 또한 그가 미국의 스톤 강연(Stone Lectures)에서 처음 발표한 '세계관(Weltanschauung)' 역시 전통적인 신학적 접근과 독일 철학자들의 영향이 결합된 형태였다.

이 두 가지 특성은 카이퍼를 이해하는 데 중요한 열쇠가 된다. 확고한 칸트주의적, 심지어 헤겔주의적 낙관주의와 동등하게 강력한 교리적 엄격함을 바탕으로 한 카이퍼는 레이든 대학에서 배운 대로 철저히 그 선 안에서 생각했다. 물론, 그 자신만의 개성있는 성격과 접근 방식은 전통적인 스승들과는 완전히 다른 그림을 만들어 냈지만, 그러나 그 밑의 근본적인 색은 여전히 드러나 있었다. 카이퍼의 깔뱅주의적 교리 속에는 처음부터 발전의 개념, 즉 역사의 역동적인 개념이 내재되어 있었다.

이 두 가지가 그의 사고 방식을 푸는 실마리를 제공한다. 카이퍼는 종종 두 가지 성격을 동시에 지닌 인물이었다. 그는 경직되면서도 유연했고, 교리적이면서도 창의적이었으며, 체계적인 사상가인 동시에 언어의 거장이었다. 전반적으로, 초기의 카이퍼 연구는 그의 경직된 면, 즉 단호하고 융통성 없는 완고한 깔뱅주의자로서의 측면이 강했다. 그는 조직신학자, 폐쇄적인 사상가로서 감탄과 비난을 동시에 받았으며, 각 연구들마다 자신만의 카이퍼를 만들어 냈다.

최근 수십 년 동안에야 비로소 카이퍼 연구의 초점이 그의 발전적이고 지속적인 사고로 옮겨가는 변화가 생기기 시작했다. 특히 세 명의 역사가가 이러한 시각을 제시했다. 1987년 카이퍼 해(Kuyperjaar)를 맞아, 꼬르넬리

　　　　　　　　　　　　아브라함 카이퍼의 일곱 가지 삶

스 아우후스떼인(Cornelis Augustijn)은 야스퍼 프레이(Jasper Vree)와 함께 논문 모음집『아브라함 카이퍼, 고정성 및 변화, 그의 사상적 발전』(*Abraham Kuyper, vast en veranderlijk, de ontwikkeling van zijn denken*)을 출판했는데 이것은 카이퍼 연구의 중요한 돌파구를 마련했다. 2006년, 프레이는 '젊은 카이퍼(*Kuyper in de kiem*)'라는 제목으로 젊은 카이퍼에 대한 획기적인 연구를 발표했다. 그리고 미국의 카이퍼 전기 저술가 제임스 브랫(James Bratt)은 2013년에 카이퍼를 국제적 위상을 가진 독립적인 사상가로 재조명했다.

일반적으로 알려진 카이퍼는 약간의 양해를 얻는다면 깔뱅주의자라고 부를 수 있을 것이다. 이것은 과거의 개혁주의적 이름이다. 그러나 새로운 접근법은 그를 신깔뱅주의(neo-Calvinisme)자, 즉 더 창의적이고 현대적인 인물로 강조한다.

눈사태처럼 멈출 수 없다

모든 일에는 나름의 이유가 있듯이 카이퍼는 결코 단일한 관점으로 규정될 수 없는 인물이다. 그러나 그의 일생을 관통하는 몇 가지 핵심 원칙들이 존재한다. 야스퍼 프레이가 보여주었듯이, 그의 핵심 원칙은 이미 1860년 금상을 받은 논문에서 그 싹을 찾아볼 수 있다. 20대 청년이었던 그 시절부터, 민주주의에 대한 근본적인 신념과 교회 내 젊은 여성의 참정권 지지 등의 사상은 이미 형성되어 있었으며, 이는 반세기 후에 국가적 차원으로 실현되었다.

변함이 없으면서도 변화에 유연하게 적응했던 카이퍼는 자신의 직관에 충실했다. 1920년의 카이퍼는 여전히 1860년의 젊은 자신을 기억하고 있었다. 하지만 세월의 흐름 속에 그의 정신은 점차 흐릿해져 갔고, 동맥경화로 인해 의지가 꺾이기도 했다. 그럼에도 불구하고 그의 핵심 원칙과 끊임

카이퍼가 의원이자 기자로서 1910년에 까날스트라트(Kanaalstraat) 자택에서 비넌호프의 의회 건물로 가는 모습
(「헷 레븐」[Het Leven]에 실린 사진)

없는 발전은 사람들에게 놀라움을 주었다. 1919년 베르사이유 조약[14] 이후 새로운 세계 질서에 대한 그의 논평조차 주목받았으며, 많은 사람들이 그의 연설을 들으러 상원의 공개홀에 몰려들었다. 심지어 네덜란드 최초의 여성 의회의원으로 선출된 사회민주당원 수즈 흐룬벡(Suze Groenweg)을 포함한 많은 의원들이 그의 연설을 듣기 위해 비넌호프 광장을 가로질러 건넜다. 시대가 아무리 변해도 그는 좀처럼 허를 찔리지 않았으며, 특히 세계대전 중에는 더욱 그랬다.

카이퍼의 교리적이면서 칸트적인 세계관의 핵심은 그가 어떤 연설을 하든지 항상 등장하는 한 단어, 원칙(beginsel)으로 요약될 수 있다. 1919년 베르사이유 조약 이후의 새로운 세계에 대한 그의 비판적 논평은 한 시간 반이 걸렸는데, 이 연설의 중심을 잡고 있었던 것은 역시 그의 '원칙들'이었다. 그때부터 그는 이 개념 자체를 사용할 필요 없이 내용적으로 제시했다.

---

14 베르사이유 조약(영어: Treaty of Versailles, 프랑스어: Traité de Versailles, 독일어: Friedensvertrag von Versailles)은 1919년 6월 독일 제국과 연합국 사이 맺은 제1차 세계 대전의 평화 조약이다. 파리 강화 회의 도중에 완료했고, 협정은 1919년 6월 28일 11시 11분에 베르사이유 궁전 거울의 방에서 서명했으며, 1920년 1월 10일 공포했다. 조약은 국제 연맹의 탄생과 독일 제재에 관한 규정을 포함한다. (위키백과)

    아브라함 카이퍼의 일곱 가지 삶

그러나 바로 이 원칙이라는 단어와 이 개념이 그 덕분에 큰 영향을 주었지만, 한 세기가 지나자 거의 사라져 버렸다. 원칙들은 카이퍼의 신깔뱅주의의 시작과 끝, 그가 창시한 운동의 흥망성쇠를 나타내고 있다.

그에게 있어 원칙은 모든 것이었다. 그러나 카이퍼 역시 많은 환상을 품지 않았고 모든 것을 꿰뚫어 보는 회의적인 시각을 가졌다. 그는 우리가 가진 몇 안 되는 확실성은 일종의 근본적인 지식에 기초해 있다고 확신했다. 이러한 근본적 사실들, 즉 경험 세계보다 앞선 주어진 지식은 우리에게 원칙의 형태로 결정되어 있으며 이는 칸트의 관점에서 고정되어 있지만 창조적 의미를 갖는다. 원칙은 그가 자주 쓴 유일한 주제였다. 그것이 일본의 팽창주의든 보수적 반대파의 왕정 지지든 무엇이든 상관없이 문자 그대로 모든 것이었다.

중요한 것은 원칙이며, 세상은 이 원칙을 중심으로 돌아간다고 보았다. 일단 올바른 원칙을 세웠다면, 나머지는 숙고하고 발전시켜야 할 문제였다. 반대로, 잘못된 원칙은 나쁜 결과를 초래할 수밖에 없었다. 그는 레이든 교수들과 아무리 거리를 두었어도 이 점에서는 그들에게 충실했으며, 자신의 원칙을 발전시키고자 하는 억누를 수 없는 열망에서도 마찬가지였다.

이점을 강조하기 위해, 카이퍼는 일상에서 가져온 비유를 사용했다. 원칙은 알프스의 눈사태처럼 멈출 수 없다. "한 번 허용된 원칙은 논리적인 힘으로 계속 작동한다. 일단 굴러가면 그 무엇도 눈사태를 멈출 수 없다." 원칙은 한 번 받아들이면 더이상 막을 수 없다는 것이었다. 1885년 그는 당원들에게 원칙은 한 번 품으면 제어할 수 없다고 말하며, 그것은 당신을 멈추지 않고 계속 앞으로 나아가게 한다고 했다. 원칙은 그 자체의 냉혹한 논리를 따르며, 그 길은 이미 정해져 있었다. 카이퍼는 그저 이 원칙의 겸손한 종일뿐이었다. 카이퍼는 무언가를 볼 때마다, 원칙을 먼저 보았고, 나머지는 나중에 따랐다.

이 확고한 출발점은 두 가지 결과를 낳았다. 첫째 결과는 해 아래 움직이는 모든 것에 대한 활발한 관심이었다. 카이퍼는 그를 매료시킨 것에 대해 썼고 그 주제는 매우 다양했다. 물론 감각이 부족한 분야도 있었다. 가령, 음악에 대한 감각은 없었지만, 그는 음악을 마스터했다. 카이퍼는 음치였고, 멜로디를 맞추지 못했으며, 연주회에도 가지 않았지만, 마음껏 노래를 부르며 학생들에게 음악에 대해 강의했다. 그의 호기심은 한계가 없었으며, 그가 만든 것들은 전혀 지루하지 않았다. 그의 작업은 압도적인 창의성과 생산성을 가져왔으며, 한 세기가 지난 후에도 여전히 흥미롭다.

그러나 또 다른 결과는 상당한 장애물을 만들기도 했다. 원칙들이 충돌하는 것처럼 나타났기 때문이다. 그뿐만 아니라 최소 두 유형의 반대자들과 충돌했으며, 이는 또한 그들의 원칙들이 급증하게 된 이유이기도 하다. 카이퍼는 자신의 원칙으로 인해 거의 모든 사람과 충돌했다.

충돌하는 원칙들

우선, 물론 그의 원칙들은 잘못된 원칙들과 충돌했다. 그것은 보수주의자들과 자유주의자들, 또는 그의 분야인 현대 신학자들의 원칙이었다. 그들에게 잘못된 것은 올바른 원칙에 대한 정확한 시각이 부족했기 때문이었고, 이에 위해 카이퍼는 마치 백 개의 팔을 가진 것처럼 지칠 줄 모르고 싸웠다.

정치에서의 싸움은 비교적 명확했다. 그는 보수주의자들과 자유주의자들을 비판했는데, 카이퍼는 그들이 프랑스 혁명이라는 잘못된 원칙에 기초하고 있다고 보았다. 나중에 사회주의자들이 등장했지만, 그들에게도 동일한 원칙이 적용되었다. 오히려, 카이퍼는 사회주의자들만이 혁명적 원칙들을 가장 일관되게 구현한다고 보았기에, 그들을 진정한 적으로 보았다. 보수주의자들은 그가 가장 과소평가한 집단으로, 원칙 없는 기회주의자들이

　　　　　　　　　아브라함 카이퍼의 일곱 가지 삶

라고 여겼다.

교회에서도 상황은 비슷했다. 원칙들이 여기서는 정치 분야에서보다 더 날카롭게 적용되었기 때문에, 논쟁이 일어나기 쉬웠다. '개혁주의 원칙들' 이라는 용어는 누구에게나 십볼렛[15]이 되었고, 이 개혁주의 원칙들에 동의 하지 않는 사람은 누구나 카이퍼의 비판을 받을 준비를 해야 했다. 정치에 서와 마찬가지로, 거의 모든 사람이 그의 비판을 받았다. 가톨릭 신자들도 마찬가지였다. 다만, 시간이 지나면서 그의 가톨릭 원칙에 대한 평가는 점 차 좋아졌다.

교회를 지배하던 주도적인 자유주의자들은 근대주의자(modernist)라고 불렸고, 카이퍼는 즉시 이 근대 신학과 충돌했다. 개혁주의자로서 처음 몇 년 동안에는 근대 신학자들과의 논쟁이 치열하게 벌어졌고, 그 대립은 불 꽃이 튀기며 시끄러웠지만, 10년 후에는 잊혀졌다. 또한 교회 안에 보수주 의자들도 있었는데 카이퍼는 그들을 윤리적 혹은 평화주의적(irenisch)[16]이 라고 불렀으며, 이들은 역사 속에서 그렇게 남게 되었다. 그들은 싸움을 카 이퍼 만큼 좋아하지 않았던 신학자들이었다. 하지만 나중에 충돌은 더 크게 나타났다.

문제는 그와 원칙을 공유한 정치인들과 신학자들과의 관계에서 본격적 으로 발생했다. 정치적으로는 이미 흐룬 판 프린스터러 학파인 카이퍼를 지 지하는 반혁명주의자들이 있었다. 교회에는 1834년의 분리 운동과 그 이전 의 탈퇴로 개혁된 신학자들이 있었다. 어쨌든 이 개혁주의 신학자들은 공

---

15 십볼렛(Shibboleth, שִׁבֹּלֶת)은 특정 집단이 다른 집단 또는 외부인을 구별해 내기 위해 사용
    하는 단어나 문구를 의미한다. 성경 사사기 12장 5-6절에 기록된 사건에 기원한다. (역자
    주)

16 이 단어는 평화를 뜻하는 그리스어 εἰρήνη(에이레네, eirene)에서 유래되었다. (역자 주)

화정 당시의 교회를 바탕으로 삼았으며, 빌름 1세(Willem I)[17]가 국가의 감독 아래 두었던 개혁교회를 거부했다. 그 교회는 고정된 보수주의자와 자유주의 엘리트들에 의해 운영되었기 때문이다. 국가와 교회의 두 경우 모두에서, 카이퍼는 기존의 저항운동에 동참했다. 하지만 그때부터 문제가 생기기 시작했다.

바로 그 원칙을 공유하는 이들과의 갈등이 본격적으로 시작된 것이다. 두 경우 모두, 카이퍼는 반혁명주의자들과 개혁주의자들이 그들의 원칙을 일관되게 적용하지 않았음을 문서로 입증할 수 있었다. 몇 년 후인 1873년, 카이퍼는 기존의 반혁명주의자들과 결별했고, 그 결별은 흐룬의 전폭적인 지지와 많은 개혁주의자들의 지지 속에서 이루어졌다. 두 경우 모두, 특히 고위층과 충돌이 있었고, 유권자들과 교인들은 대부분 카이퍼 편을 들었지만, 동료들과는 공개적으로 갈등을 빚었다.

그의 나머지 커리어도 이와 비슷한 방식으로 전개되었다. 카이퍼는 자신과 같은 정치인들과 신학자들과 끊임없이 충돌했으나, 유권자 및 교인들과의 관계는 점점 더 가까워졌다. 그래서 카이퍼의 문제는 엘리트와의 갈등이었다.

그 이유는 이제 명확해졌다. 그는 자신과 비슷한 생각을 가진 사람들과도 원칙의 차이에서 충돌했다. 카이퍼가 용납할 수 없었던 것은 그들의 원칙 자체가 아니라, 그 원칙을 적용하는 방식이었다. 카이퍼의 세계에서는 원칙이 사람을 특정한 방향으로 이끌었고, 다른 길을 가는 사람은 잘못된 것을 하는 것으로 여겼다. 문명 간의 차이에서 가장 격렬한 충돌이 일어난 곳은 간극이 가장 클 때가 아니라 가장 가까운 거리에서 발생한다고 그는

---

17 빌름 1세(Willem Frederik Prins van Oranje-Nassau, 1772-1843)는 네덜란드 연합 왕국 오라네나사우 왕가의 초대 국왕(1815-1840)이며, 룩셈부르크의 대공을 겸하였다. 프랑스의 통치에서 벗어난 후, 상공업의 부흥을 일으킨 것으로 유명하였다. (위키백과)

   아브라함 카이퍼의 일곱 가지 삶

믿었다. 평생동안, 카이퍼는 같은 결론에 도달하지 않은 사람들은 자신의 원칙을 충분히 진지하게 고려하지 않은 것이라고 확신했다. 그들의 결론이 잘못되었다면, 그 기계 어딘가에 나사가 헐거워진 것으로 다시 나사를 조여야 했다.

같은 생각을 가진 동료들과의 갈등은 특히 심각했다. 그들은 인생의 절반을 그와 함께 보냈던 친구였음에도 불구하고, 결국 그들과 갈등이 일어났고, 이러한 갈등이 일어나면 그 파장은 더욱 강했다.

로만(Lohman)과의 결별

카이퍼의 가장 큰 특징은 그의 굳건한 원칙주의였다. 중요한 점은, 그것이 그에게 원칙적인 차원에서만 적용되었다는 것이다. 대부분 문서로, 때로는 연설이나 토론에서 발현되었다. 개인적인 관계에서 그는 언제나 친절했고, 가족과의 자리에서조차 반대자들에 대해서는 항상 존경심을 가지고 언급했다. 가령, 브론스펠트 씨, 베이츠(Beets) 씨를 존경을 담아 불렀다.

심지어 문서상으로도 적대감을 즉시 드러내는 일은 거의 없었다. 카이퍼는 종종 사람들에게 웃음을 주었고, 경멸하는 태도를 보이는 일은 거의 없었으며, 대개 사람들에게 관대하고 협조적인 태도를 보였다. 유일하게 그에게 돌처럼 단단한 것은 바로 원칙이었다.

카이퍼의 글을 읽는 것은 독자에게 큰 즐거움이 될 때가 많았다. 의견 차이가 있고 냉정한 반대에도 불구하고 여전히 많은 부분이 재미있으며 유머도 매우 뚜렷했다. 그는 본질적으로 비꼬는 스타일을 가졌지만, 독자에게는 그 모든 것이 유쾌한 풍자로 다가왔다. 네덜란드 문학에서 카이퍼는 중요한 부분으로 빠질 수 없는 존재다. 그의 글은 마치 열 개의 머리로 준비된 것처럼 깊이가 있으며 통찰력 있고 명확하게 전달된다. 또한 스타일과 이미지면에서도 명확하다. 가장 치열한 논쟁에서도 그는 쉽게 잡히지 않으며, 항상 최소한 반 걸음은 앞서 나간다. 카이퍼를 읽는 것은 종종 즐거운 일이다.

그러나 그의 삶에는 비극적인 면도 있다. 원칙을 위한 그의 지칠 줄 모르는 투쟁은 그를 끊임없이 곤경에 빠뜨린다. 그의 반대파는 점점 더 강해지고, 그가 대답해야 할 적들은 늘어만 간다. 그가 마주하는 압박은 거의 감당할 수 없을 정도로 커지지만, 그는 철저한 계획 덕분에 그 압박을 이겨내고 계속해서 싸울 수 있었다.

카이퍼는 오전 9시부터 12시 30분까지 쉬지 않고 글을 썼다. 그런 다음 단호하게 펜을 내려놓고, 식탁이 차려져 있든 아니든 상관없이 식탁에 앉았다. 커피를 마시는 동안 그는 「드 스탄다르드」 신문의 원고를 수정했고, 배달 직원은 그것을 편집자들에게 가져가기 위해 기다렸다.

그 후, 그는 실내복과 슬리퍼를 벗고 하루 종일 입을 정장으로 갈아입었다. 오후에 낮잠을 잘 때도 있었지만, 그는 종종 외출을 하곤 했다. 오후와 저녁에 그는 걸어서 대학, 의회, 공개 집회에 참석하곤 했다. 때로는 필요에 따라 사람들과 차를 마시러 갔고, 어디를 가든 그의 목표는 분명했다. 과도한 일정으로 그는 휴가를 보내야 했으며, 지친 머리를 비우기 위해 몇 주, 때로는 몇 달이 걸리는 재활 기간이 필요했다.

비극은, 카멜레온 같이 번뜩이는 지능에도 불구하고, 그가 자신의 행동을 완전히 이해하지 못했다는 데 있다. 감당할 수 없는 업무량에서 그를 벗어나게 할 수 있는 두 가지 가능성을 그는 전혀 고려하지 않았다.

먼저, 동일한 원칙이 실제로는 다른 결과로 이어질 가능성이 있다는 것이다. 카이퍼가 이 점을 받아들였다면 개인적 우정을 훨씬 덜 잃었을 것이다. 그러나 그는 그러지 못했다.

가장 잘 알려진 예로 그의 오랜 동료였던 알렉산더 드 사보르닌 로만과의 관계는 1894년 가을, 거의 죽음에 이른 중증 폐렴에서 회복한 후 완전히

    아브라함 카이퍼의 일곱 가지 삶

단절되었다. 로만 역시 처음부터 반혁명적이었고 개혁주의자였으며, 돌레안치 사건 당시에도 어깨를 나란히 했던 인물이었다.

그러나 실질적인 정치 문제에서 둘의 의견이 충돌했고, 결국 화해하지 못했다. 이는 반드시 카이퍼의 잘못만은 아니었고, 로만도 그에 못지 않았지만, 결국 그들은 갈라졌다. 카이퍼가 포함되지 않은 특별위원회가 로만의 개혁주의 원칙이 너무 부족하다고 판단하여 로만은 자유대학교 교수직에서 정직당했다.

1894년, 사보르닌 로만이 주저하던 카이퍼를 하원의회로 끌고 가는 모습
(요한 브라껜시끄가 주간지 「드 흐루너 암스테르담머」에 게재한 만평)

로만은 문을 닫고 나가 자유 반혁명당을 창설했으며, 이는 후에 기독교 역사연합으로 바뀌었다. 1894년의 극적인 선거 이후, 그는 7명의 반혁명당 의원을 확보했으며, 이는 카이퍼의 6명보다 많은 수였다. 하지만 1897년의 다음 선거에서 상황이 역전되었다. 새로운 유권자층이 반영된 판 하우튼 선거법 덕분에, 25세 이상의 남성 중 거의 절반이 투표할 수 있었기 때문이다. 이로써 카이퍼는 잃었던 지지 기반을 되찾았다. 이후 로만은 자유주의 성향의 유권자들에게 더 많은 지지를 받게 되었다.

이것이 많은 사람들에게 일어났던 일이며, 그들 모두는 카이퍼의 철저한 원칙 정치에 부딪혀 좌절하곤 했다.

반세기의 대립

다른 한 가지의 가능성, 즉 카이퍼가 잘하지 못했던 또 하나는, 그나마 조금 나아지긴 했지만, 전혀 다른 견해들 속에서도 유사점을 찾아내는 것이었다. 1905년 총리직에서 물러난 후 지중해 연안 여행을 하면서 그는 다른 문화와의 접촉을 경험했다. 그는 여행 내내 수니파 이슬람에 대해 깊이 탐구했으며, 아야 소피아(Aya Sophia)에서 들은 설교를 번역하기도 했다. 카이로(Caïro)의 알 아즈하르(Al Azhar)대학교를 방문하여 모든 것을 관찰했으며, 대화에 응하는 무슬림들과도 이야기를 나눴다.

그가 발견한 것은 개혁주의 원칙과는 다른 것이지만, 완전히 무의미하지도 않은 원칙들이라는 것이었다. 그가 보기에 이슬람은 다소 불모지처럼 보이긴 했음에도 불구하고, 여전히 어떤 활력을 가지고 있음을 보았다. 그 활력은 그가 티베리아스(Tiberias)에서 만난 정통 랍비들이나 동방정교회 기독교인들, 또는 유럽을 여행하면서 만난 이들과 비교해도 전혀 뒤지지 않았다. 그는 귀국 후 이러한 경험을 바탕으로 '이슬람의 수수께끼(Het raadsel van de Islam)'라는 논설을 썼으며, 이 글은 미국에서 2018년에 책으로 출판되었다.

그러나 이 경험 역시 그의 근본적인 태도를 바꾸지는 못했다. 국내의 자유주의자나 신학자들과 대립할 때처럼, 그의 상대방에 대한 존중은 서로 다른 원칙이라도 비슷한 결과를 낳을 수 있다는 생각으로 이어지지는 않았다. 원칙의 차이는 그에게 여전히 결정적인 것으로 남아 있었다. 동방정교회 기독교인들이 종종 이슬람과 비슷한 형식을 공유하는 이유도 단지 그들이 다수 문화에 강제로 적응했기 때문이라고 설명했을 뿐, 삶에 대한 공유된 관점 때문이라고 보지는 않았다.

카이퍼에게는 원칙이 모든 차이를 만들었다. 사실, 그는 많은 자유주의

  아브라함 카이퍼의 일곱 가지 삶

자들과 자유, 다원주의, 지속적인 민주화라는 현대적 가치를 공유하고 있었지만, 그것이 화합으로 이어지지는 않았다. 그가 더욱 자유주의적인 입장을 취할수록, 이미 급진주의자들이 등장하기 전부터 급진적 성향을 보였던 그는 오히려 그들과의 원칙적 충돌을 점점 더 분명히 드러냈다.

1904년에 상황은 기독교적 원칙과 비기독교 원칙 사이의 정면 충돌로 이어졌고, 이는 거의 신앙 대 불신, 진리 대 거짓의 대립과 비슷한 형태를 띠었다. 하원의 국정 토론에서, 그가 가볍게 던진 대립(antithese)이라는 (다소 몽상적인) 신학적 개념을 모든 야당이 놓치지 않고 공격 소재로 삼았다. 특히 사회주의자들은 카이퍼를 선거에서 공격할 수 있는 절호의 기회를 얻었다. 이 대립은 1905년 선거의 핵심 구호가 되었고, 선거구 제도의 영향으로 반대파가 결국 승리했지만, 실제 득표에서는 카이퍼가 여전히 앞섰다.

상황은 더욱 악화되었다. 이후 신앙을 바탕으로 한 기독정당과 다른 비기독정당 간의 대립이 네덜란드 정치를 지배하게 되었다. 이는 카이퍼가 원했던 바는 아니었지만, 그가 끊임없이 동일한 원칙을 강조한 결과였다. 네덜란드 민주주의는 20세기 내내 이런 이념적 양극화로 인해 균형을 잃게 되었다. 유럽의 다른 나라에서는 우파와 좌파의 대립이 보수와 진보, 부유층과 빈곤층, 보수주의자 대 자유주의자 및 사회주의자 간의 갈등이었던 반면, 네덜란드는 독특한 정당 구도를 형성했다.

오른쪽에는 신앙에 기반한 정당만 있었다. 이로 인해 가장 큰 진보적 노동운동을 주도하던 가톨릭 세력조차 정치적으로는 우파라고 분류되었다. 반면, 가장 보수적인 자유주의자들조차도 마지못해 좌파로 자리매김하게 되었다. (이 상황은 1970년대에야 바뀌기 시작했다.)

이 독특한 정치적 현상은 카이퍼가 주도한 원칙 간의 '대립' 개념에서 비롯되었다. 그의 원칙 충돌 이론은 네덜란드 정치 구조를 근본적으로 변화시켰다.

기독교적 자유주의

카이퍼가 그 원칙을 위한 이름을 생각해 내는 데는 시간이 좀 걸렸다. 물론 교회 안에는 개혁주의 원칙들이 있었고, 정치에서는 반혁명적인 원칙들이 있었으며, 두 영역 모두에서 이것은 계속 그렇게 유지될 것이었다. 그러나 1873년, 그는 독감으로 침대에 누워 있어야 했을 때 갑자기 해결책을 찾았다. 그것은 바로 아이러니하게도 아일랜드 개신교 신학자인 에드먼드 버크(Edmund Burke, 1729-1797)의 저서를 읽고 나서였다.

그때부터 카이퍼는 그의 위대한 발견인 깔뱅주의라는 이름으로 전장에 나섰다. 1912년에 쓴 그의 『자화상』에서 그는 이 개념에 긴 장을 할애하며, 자신의 정치적 견해를 전개했다. 카이퍼에게 깔뱅주의는 종교적이라기보다는 정치적인 개념이었다. 물론 교회의 전통이 한 몫을 하기는 했지만, 그가 프랑스 독자들에게 제시한 깔뱅주의의 여섯 가지 기본 원칙은 그의 정치적 강령을 구성했다. 그의 동시대인들조차 처음에는 이를 이해하는 데는 시간이 필요했다.

깔뱅주의라는 용어는 이미 이전에 사용된 적이 있었다. 스홀턴 교수는 옛 개혁주의의 교리를 나타내기 위해 그것을 사용했는데, 카이퍼는 이것을 근본적으로 현대적 의미로 사용하기를 원했다. 종교 개혁의 지도자 중 한 사람인 프랑스 망명자 장 깔뱅(Jean Calvin, 1509-1564)의 이름을 딴 깔뱅주의는 19세기 전통의 전형적인 발명품이었다. 어쨌든, '-주의(-isme)'는 19세기의 발명품이었다. 어떤 운동도 이전에 '-주의'로 언급되지 않았으며 오직 부정적 의미로만 사용되었다. 가령, 교황주의(papisme), 무신론(atheïsme), 그리고 때때로 깔뱅주의(calvinisme)와 같은 세 가지 용어들은 모두 비난적인 의미를 담고 있었다. 이 점만으로도 '깔뱅주의'라는 용어를 채택한 것은 카이퍼의 전략적 선택이었다. '깔뱅주의'라는 용어는 새로웠을

 아브라함 카이퍼의 일곱 가지 삶

뿐만 아니라, 시대에 뒤떨어진 느낌도 주었다. 하지만 영원한 약자에게 이보다 더 적합한 이름은 없었다.

그 계기는 1848년 개정된 헌법의 25주년 기념식이었다. 기본적 자유의 확대와 함께 이 헌법은 많은 정치적 발전의 원동력이 되었고, 그는 이 흐름에 합류하기로 결심했다. 사실, 그는 헌법에 명시된 자유를 적극 포용하고 그것들의 논리적 결론, 즉 훨씬 더 광범위한 민주화로 밀어붙였다. 이것은 카이퍼 자신의 정치적 신념이 되었으며 동시에 그는 이러한 자유에 나름의 의미를 부여했다. 이 신임 정치인 카이퍼에게 1873년은 결정적인 순간이었다.

1874년 봄, 카이퍼는 '깔뱅주의, 우리 헌정적 자유의 기원과 보증(Het calvinisme, oorsprong en waarborg van onze constitutionele vrijheden)'이라는 제목으로 센세이셔널한 강연을 했고, 이것은 나중에 소책자로 출판되었다. 그는 기존의 정치적 자유주의에 대한 대안을 제시하면서, 민주주의의 발전에 대한 자신의 견해를 밝혔다. 카이퍼는 헌법적 자유가 계몽주의와 프랑스 혁명보다 2세기 앞서, 네덜란드에서 영국과 미국에 이르기까지 초기 근대 깔뱅주의자들에 의해 탄생했다고 보았다.

강연의 말미에 그는 자신의 발견을 '기독교적 자유주의'라고 명명했는데, 이는 그의 정치적 영웅이자 영국의 자유당의 지도자였던 윌리엄 글래드스톤(William Gladstone, 1809-1898)으로부터 영감을 받았음에 틀림없다. 그러나 그는 자신의 지지자들이 이를 받아들이기 어려워하자 그는 곧 '깔뱅주의'라는 명칭으로 돌아왔다.

네덜란드의 저명한 역사학자이자 레이든의 옛 스승이었던 로베르트 프라인(Robert Fruin)은 카이퍼에게 개인적인 편지를 썼다. 그는 왜 카이퍼의 생각이 반혁명적이라기보다는 혁명적인 것인지 설명했는데, 이 점에서는 프라인이 옳았다. 나아가 그는 역사적으로 무엇이 잘못되었는지를 설명했지만, 그 점에 있어서는 카이퍼가 오히려 옳았다. 19세기의 모범적인 역사학자인 프라인 역시 훗날 '휘그(Whig)당의 역사 해석'이라고 불리게 된 것, 즉 모든 자유와 진보가 자유주의자들 덕분이라는 생각에 사로잡혀 있었다. 카이퍼는 이를 더 잘 알고 있었다.

깔뱅주의는 카이퍼에게 평생의 과제가 되었으며 1892년과 1894년, 개혁주의자들이 자신들의 교단을 세우고 반혁명주의자들이 민주주의를 확립한 후, 그의 젊은 추종자들은 자신들을 '깔뱅주의자'라고 자랑스럽게 부르기 시작했고, 기타 사회적, 교회적 엘리트들은 이미 오래 전에 떨어져 나갔다. 아무도 카이퍼처럼 그의 추종자들을 만들지 않았고, 아무도 그들을 따르지 않았다.

1900년에 이르자 정치 지형은 급변했다. 가톨릭, 깔뱅주의자, 사회주의자라는 세 젊은 운동이 주도권을 잡았고, 자유주의 엘리트는 명백히 쇠퇴하고 있었다. 이 모든 변화의 주역은 카이퍼였으며 그가 사용한 핵심 단어는 바로 '깔뱅주의'였다.

깔뱅주의는 카이퍼의 지속적인 유산이며, 그가 없었다면 네덜란드인들은 그 단어를 들어본 적도 없었을 것이며, 자신들이 깔뱅주의 국가에 살고 있다고 믿지도 않았을 것이다. 그런 형태로나마 그것은 여전히 남아 있기에, 당시 카이퍼에게 깔뱅주의가 무엇을 의미했는지 고찰할 가치가 있다.

카이퍼에게 깔뱅주의는 강력하게 묶는 끈처럼 구체적으로 표현할 수 있다. 그의 깔뱅주의는 두꺼운 고무줄처럼 삶의 전 영역을 하나로 묶었다. 그것은 정치와 국가에 대한 관점, 교회와 학문에 대한 관점을 서로 연결시켰으며, 이를 통해 모든 것을 유연하게 자신이 원하는 방향으로 이끌 수 있었다.

카이퍼에게 깔뱅주의는 사회와 세계에 대한 포괄적인 관점을 의미한다. 그것은 사회주의 또는 신토마스주의와 같은 당시의 거대 이념들과 나란히 서 있는 사상 체계였다. 카이퍼는 시스템 구축자였으며, 당시에 이것은 크게 성공했다. 이런 점에서 그는 마르크스, 다윈, 프로이트와 같은 인물들과

    아브라함 카이퍼의 일곱 가지 삶

비교될 수 있다. 카이퍼는 네덜란드에서 독보적인 존재였다.

카이퍼의 현대적 운동을 수세기 동안의 전통적 깔뱅주의와 구별하기 위해, 오늘날에는 '신깔뱅주의'로 불린다. 1912년의 그의 『자화상』에서 볼 수 있듯이 그도 이 용어를 받아들였다. 신깔뱅주의는 옛 깔뱅주의 원칙을 현대적으로 재해석한 것이었다.

카이퍼에게 있어서 깔뱅주의는 서구 문명의 핵심과 같은 세계관이었다. 그는 그의 스톤 강연에서 이것을 '세계관'이라고 불렀는데 이것을 마치 서구 문화의 고동치는 심장부로 보았고, 다시 그 자리를 되찾아야 한다고 믿었다. 하지만 다른 관점들과 함께 공존해야 한다고 생각했기에, 카이퍼는 다원주의자이기도 했다.

금 채굴자와 금 세공사

이것은 그의 두 번째 공헌이었으며, 지속적인 영향력 면에서 훨씬 더 위대하다고 말할 수 있다. 이론적 관점에서 볼 때, 그는 학문을 포함한 모든 것에서 우리의 세계관이 얼마나 중요한지를 밝혀냈는데, 이것은 앞으로 몇 세기 동안 카이퍼를 중요한 인물로 남게 할 중요한 발견이었다. 영미권에서 그의 공헌은 *세계관(worldview)*으로 번역되어 카이퍼라는 그의 이름은 전 세계에 퍼져 있다.

카이퍼는 이 발견을 1894년에 출판된 그의 『신학백과전서』에서 정교하게 설명했다. 그가 커리어의 초반과 후반에 각각 『우리의 강령』(1878)과 『반혁명 국가학』(*Antirevolutionaire staatkunde*, 1916-1917)[18]에서 자신의 정치

---

18 본서는 2023년 임경근, 최용준에 의해 한글로 번역되어 국제제자훈련원에서 출판되었다. 또한 최용준, "아브라함 카이퍼의 국가관에 관한 고찰: 『반혁명적 국가학』(*Antirevolutionaire Staatkunde*)을 중심으로", 「신앙과 학문」, 제28권 1호 (통권 94호) (2023년 3월),

이론을 체계적으로 정립했듯이, 커리어 중반부에는 교수로서 집필한 가장 중요한 이 이론적 저작을 통해 하나의 종합적 비전을 제시했다. 이는 단순한 성취를 넘어서는 대작으로, 겸손이라는 말로는 다 담기 어려운 방대한 역작이라 할 만하다.

카이퍼가 그의 『신학백과전서』에서 목표로 삼은 것은 다름 아닌 우리 사고에 있어 혁명적 변화를 일으키는 것이다. 이것은 두 가지 혁명을 말하는데 첫째로 인식론적 혁명으로, 즉 학문적 지식은 항상 특정한 세계관을 전제하고 있으며, 그것 없이는 존재할 수 없다는 통찰이다. 즉 모든 학문은 항상 주관적인 요소를 포함하고 있다고 카이퍼는 주장했다. 이러한 학문적 발견은 영미권이 존재하는 한, 카이퍼라는 이름을 영원히 기억하게 만들 중요한 공헌이 될 것이며, 이는 또한 더 많은 논쟁과 통찰력의 발전으로 이어질 것이다.

둘째로 역사적 차원의 혁명이다. 『신학백과전서』에서 카이퍼는 거의 1,900년에 걸친 기독교 역사를 회고하면서, 기독교가 우리의 사고에 미친 지속적인 영향에 대해 분석했다. 그에게 있어 세계사적 결정적 순간은 일반적으로 깔뱅주의자에게서 기대할 법한 종교개혁이 아니었다. 오히려 그는 단지 '박사(de doctor)'라고 부른 토마스 아퀴나스(Thomas van Aquino)가 1265년에 출간한 『신학대전』(*Summa Theologica*, 1265-1273)을 역사적 디데이로 보았다. 이 저작은 기독교의 모든 축적된 지식을 집대성하고 체계화한 기념비적 작업으로 간주되었다.

카이퍼는 종교개혁이 토마스와 결별한 것이 아니라, 오히려 스콜라 철학의 궤적을 계승했다고 주장했다. 초기 교회와 마찬가지로, 개신교도 수 세기의 성숙 과정이 필요했다. 카이퍼가 새로운 전환이 나타나고 있음을 본

297-314 참조. (역자 주)

   아브라함 카이퍼의 일곱 가지 삶

것은 바로 그 자신의 시대였는데, 그것은 근대성에 의해 정화된 기독교, 그 어느 때보다도 더 학문적이고 포괄적이며, 처음으로 진정한 보편성을 갖춘 기독교였다. 카이퍼는 이 결정적 전환에 대해 이름을 부여하는 것은 쉽게 알 수 있다고 주장했는데, 그것은 바로 '신깔뱅주의'였다. 이 신깔뱅주의는 그에게 있어 단지 새로운 신학적 흐름이 아니라, 세계사의 새로운 국면을 여는 결정적 전환이었다. 그는 단지 이 새로운 탄생을 알리는 종소리를 울리는 역할을 자신에게 부여한 것이다.

사실, 누군가는 그 일을 해야 했고, 종을 울려야 했다. 토마스와 깔뱅이 과거에 기독교의 긴 겨울잠을 깨웠듯, 이제 다시 종을 울릴 사람이 필요했다. 물론 카이퍼는 자신이 그 다양한 역할을 맡도록 운명지어졌다고 생각했다. 그는 또한 새로운 생명을 세상에 탄생시키는 산파 역할도 했지만, 스스로 가장 좋아했던 이미지는 금 세공사였다.

카이퍼의 비유를 빌리자면, 어거스틴과 깔뱅은 금 채굴자들이었다. 그들은 기독교가 앞으로 나아갈 수 있는 풍부한 광맥을 발견했다. 그후에야 비로소 금 세공사의 일이 시작되었다. 금 세공사는 모든 것을 올바른 모양으로 만드는 방법을 알고 있는 숙련된 예술가였다. 첫 번째 금 세공사는 교회의 가장 뛰어난 장인인 토마스 아퀴나스였고 두 번째 금 세공사는 신깔뱅주의를 다듬어낸 사람, 즉 카이퍼 자신이었다. 어거스틴과 깔뱅은 금광(Eldorado)을 발견한 채굴자들이었고, 그 뒤를 이어 학문적 금 세공사들이 모든 것을 적절한 형식으로 주조했다. "*교부*(*pater ecclesiae*)는 신학의 천재로 빛나고, *교회의 박사*(*doctor ecclesiae*)는 재능있는 조직신학자로 빛난다."

카이퍼는 세계 역사에서 자신이 어떤 위치에 있는지 알고 있었다. 하지만 독자들이 이 사실을 깨닫기 위해서는 1,700페이지가 넘는 방대한 내용을 끝까지 읽고 세심하게 주의를 기울여야 했다. 모든 독자가 그 경지에 이르지는 못했고, 그의 주된 저작은 상대적으로 눈에 띄지 않았다. 그러나 카이퍼 자신은 이미 다음 단계로 넘어가고 있었다. 그는 그의 대표작을 완성한 직후, 정계에 뛰어들었다. 1894년부터 1912년까지 하원과 내각에서 오랜 기간 활동하며 정치에 전념했다. 그의 『자화상』이 완성된 시점에야 비로소 공식적인 정치 경력이 끝났지만, 그는 죽기 두 달 전까지 상원의원으로 남아 있었다.

가장 유명하고 성공적인 카이퍼는 이제 신학자가 아닌 정치인이었다. 그렇다고 해서 그가 금 세공사의 도구를 내려놓은 것은 아니었다. 그는 여전히 신학자로서 자신의 작업을 계속해 나갔다. 그러나 이제는 자신의 아이디어를 실천에 옮길 때가 되었던 것이다.

카이퍼 대 카이퍼 박사

카이퍼는 그의 『자화상』에서 일곱 가지 역할을 구분했는데, 등산가와 세계 여행가를 제외한, 모든 역할이 공적 영역에 속한다. 그의 핵심 역할은 학자와 활동가의 모습으로, 네 번째와 다섯 번째로 나열되었는데, 이 순서는 결코 우연이 아니다. 학자로 출발한 그는 결국 정치에 입문하게 되었고, 마침내 네덜란드라는 국가의 총리가 되었으며, 이것이 바로 일곱 번째 역할인 정치가 또는 국가 지도자이다. 이 모든 역할에 대해 좀 더 살펴볼 필요가 있다.

1912년 10월 『자화상』이 발표될 당시, 카이퍼는 이미 43년 동안 언론인으로 활동했는데, 이는 활동가와 정치가 사이의 여섯 번째 역할이었다. 그러나 이 역할이 그의 다양한 정체성에 혼란을 가져오기도 했다. 언론인으로서 카이퍼는 매일 「드 스탄다르드」 신문 1면의 상당 부분을 사설과 드리스타(Driestar) 칼럼[19]으로 채웠으며, 하루에 많게는 열 개까지 작성했다.

---

19 '드리스타(Driestar)'는 「드 스탄다르드」 신문에 게재된 카이퍼의 특별 칼럼으로 당시 이

아브라함 카이퍼의 일곱 가지 삶

당시 원칙적으로 모든 기사는 익명으로 작성되었으며, 다른 언론인들도 마찬가지였다. 제2차 세계대전 이전에는 익명이 일반적이었고, 신문은 마치 귀족 신사의 의견처럼 간주되었다. 신문은 특정 사상이나 운동의 목소리였기 때문에 '기관지'로 불리기도 했다. 언론인들은 공동체가 공유하는 세계관을 대변하는 역할을 했고, 개인적으로는 뒤에 물러나 있었다. 1872년 창립 이래 「드 스탄다르드」는 이러한 전통을 따랐지만, 카이퍼는 그 전통을 자신만의 방식으로 조정했다.

1874년에서 1876년까지 하원의원으로 활동한 첫 임기 동안, 그의 역할은 더욱 두드러졌다. 과로로 인해 그 임기는 끝이 났고, 그는 회복을 위해 가족과 함께 스위스 알프스와 니스(Nice)에서 1년을 보냈다. 카이퍼가 직면했던 문제는 소규모 반혁명파 그룹을 이끄는 동시에 신문 편집장의 일상적인 업무를 병행하는 것이었다. 이를 다른 사람에게 맡길 자금이 부족했지만, 돈은 그에게 큰 걸림돌이 아니었다. 이러한 문제가 생기기 전에, 그는 이미 해결책을 준비하고 있었다. 언론인으로서 그는 이제부터 자신의 기사에서 '카이퍼 박사'라는 표현을 사용하여 3인칭으로 글을 쓰기 시작했다.

이 역시 독특한 현상이었다. 반세기 동안 카이퍼는 자신의 일간지에서 주인공 역할을 했다. 다른 편집자들도 그의 공적 활동에 대해 기사를 썼으며, 이는 국내 뉴스, 정치, 교회, 교육 담당 편집자 등이 맡았다. 그의 해외 활동은 '국내 뉴스' 섹션에서 다뤄졌지만, 외신 담당 편집자들도 종종 기사를 쓸 기회를 가졌다. 그러나 편집진 전체는 편집장인 카이퍼의 사생활에 대해서는 극도로 신중했다. 다른 신문들이 그의 사생활을 더 자주 보도했지만 「드 스탄다르드」는 대체로 침묵을 지켰고, 꼭 필요한 경우에만 대응했다.

그래서 주인공인 카이퍼 자신이 '카이퍼 박사'에 대해 글을 썼다. 주목해

슈에 대한 짧고 날카로운 논평을 말한다. (역자 주)

카이퍼가 「드 스탄다르드」의 편집장인 카이퍼에게 제출한 편지. 편집장은 '읽어보고 결정을 알려줄 것'이라고 답한다. (알베르트 한의 만평)

야 할 점은, 오직 그의 공적 역할이 일반 뉴스가 되었을 때만 그렇게 했다는 것이다. 신문이 자체 목소리를 내야 할 때는 항상 그러했다. 그러나 카이퍼는 자신의 개인적인 문제가 논란이 될 때면, 그는 자신의 이름을 밝히고 직설적이고 솔직한 글을 썼다. 더욱이, 가끔은 '카이퍼 박사'라는 서명으로 독자 투고란에 글을 실었으며, 대부분 1면에 게재되었다. 이것은 그가 여러 번 사용한 특이한 전략이었다.

이것은 비교할 수 없는 역할극으로 발전했고, 스스로에게는 객관성을 연마하는 예술로 여겼다. 공적 자리에서 카이퍼는 개인적 책임을 단호히 부인하며, 언론인은 중요하지 않고, 중요한 것은 신문이라는 기관이 맡은 역할과 반혁명 원칙의 순수성이라고 주장했다. 다른 편집자들도 이 기술을 금방 익혀, 외부인들에게 한 목소리를 냈다. 하지만 카이퍼의 문체는 뚜렷해, 그가 쓴 글은 누구나 알아볼 수 있었다.

  아브라함 카이퍼의 일곱 가지 삶

모두가 「드 스탄다르드」에서 나오는 목소리가 누구의 것인지 알았다. 대부분은 카이퍼였지만, 가끔은 여행 중에 다른 사람이 대필하기도 했다. 그러나 문체와 서명에서 대체자가 누구인지 드러나곤 했다. 반세기 동안 독자들은 언제 그가 직접 펜을 들었는지 알 수 있었고, 그가 자신의 이름에 대한 기사를 쓸 때도 마찬가지였다.

1912년에도 그는 이 역할극을 멈추지 않았다. 『자화상』에서는 카이퍼 박사의 생애 업적을 다룰 뿐, 그의 개인사에 대해서는 언급하지 않았다. 40년간의 언론인 경력조차 언급하지 않았는데, 수만 개의 기사들은 반혁명 기관지인 「드 스탄다르드」의 소유였기 때문이다. 대신 그는 자신이 공식적으로 발표한 저작에 대해서만 언급했다.

이처럼 카이퍼는 겸손하기도 했다. 자신이 쓴 대부분의 글에 대해 개인적인 소유권을 주장하지 않았으며, 그것은 단지 그의 운동을 알리는 목소리일 뿐이었다. 그러나 그의 글이 책으로 출판될 때만 비로소 저술가로서의 정체성을 드러냈다. 『자화상』에서는 이미 200권이 넘는 저서를 출판한 *저술가(écrivain)*로서의 역할만을 강조했다.

네 영역의 주권자

카이퍼는 마치 그리스 드라마의 배우처럼 여러 역할을 동시에 수행한 인물이었다. 그의 연기는 더욱 복잡했는데, 여러 분야에서 동시에 활동했기 때문이었다. 많은 활동이 연속적이 아니라 동시다발적으로 이루어졌다.

그는 마치 체스에서 동시에 여러 게임을 두는 선수처럼, 논쟁과 토론을 병행했다. 같은 시기에 정치인, 언론인, 프랑스 교회 지도자 등 다양한 상대와 논쟁을 벌였다. 마치 열 개의 머리와 백 개의 팔이 필요하듯이, 매일 여러 역할을 소화했다. 가령 그는 언론인이자 문학 교수, 정치인, 신학자로서의 역할을 동시에 수행했다.

그가 『자화상』에서 언급한 일곱 가지 역할은 각각 다음 일곱 장의 주제가 된다. 그는 자신을 등산가, 여행자, 연설가, 학자, 활동가, 저술가/언론인 및 정치가로 묘사했다. 이 선택과 순서는 자의적일 수 있다고 보일지 모르지만, 자세히 보면 그렇지 않다. 실제로, 그는 더 많은 직책을 맡았으며, 젊은 언론인 협회 회장으로 선출되었고, 보어(Boer)[20] 전쟁 당시 외교에 관여하는 등 다양한 활동을 했다. 그러나 전체적으로 이 일곱 가지는 그의 활동을 잘 요약하고 있다.

특히 마지막 네 가지 역할이 두드러진다. 그의 학문적 경력, 사회적 비전, 일상적인 저술 활동, 그리고 총리로서의 정치적 활동은 모두 중요한 업적이다. 카이퍼는 자신의 일에 명확한 기준을 적용했다. 자신이 생각하는 삶의 사명과 관련된 일만 맡았으며, 매일 많은 요청을 거절했음을 그의 서신에서 알 수 있다.

그의 과중한 업무는 여러 차례 건강을 위협했다. 세 번이나 오랜 기간 동안 일을 중단해야 했지만, 엄격한 일정 관리를 유지했다. 하지만 성인이 된 후 내내 불면증에 시달렸고, 마지막 25년 동안은 새벽 4시쯤 깨어난 후 다시 잠들지 못하는 경우가 많았다. 1909년 12월에는 수면 장애가 오히려 그의 생명을 구했다. 그의 방에 일산화탄소가 가득 찼던 것이다. 배관공의 실수로 인한 가스 누출로 거의 모든 사람이 목숨을 잃을 뻔한 상황이었지만 카이퍼는 잠을 자지 않고 깨어 있었기에 목숨을 건졌다.

실생활에서는 얽혀 있었던 것들이 『자화상』에서는 순차적으로 전개된다. 카이퍼의 구성 방식은 그의 특유한 사고방식을 드러낸다. 가장 작은 각

---

20 보어(Boer)는 네덜란드어로 농부라는 뜻이며 '보어'는 영어식 발음이고 네덜란드식 발음은 '부어'이다. 이것은 남아프리카로 이민간 대부분의 네덜란드인들이 농부였기 때문에 그렇게 불렀다. (역자 주)

  아브라함 카이퍼의 일곱 가지 삶

주부터 가장 어려운 학술 논문에 이르기까지 그의 모든 저작물은 미리 계획된 틀을 따랐다. 구성은 창의적이었고, 설명은 항상 명확했다. 또한 내용 면에서도 카이퍼는 동시에 불가능할 것 같은 여러 역할을 병행했다. 그러나 이 역할들은 그가 '유기적'이라고 표현한 방식으로 서로 연결되어 있었기 때문에, 이러한 상호 연관성이 그의 창의력을 자극했다.

그의 『자화상』도 이런 점에서 이점을 얻고 있다. 그의 삶을 스스로 설정한 패턴에 따라 배열했을 뿐만 아니라, 이 창의적 순서는 새로운 통찰을 제공한다.

아브라함 카이퍼는 그 자신의 정치 이론에서 '영역(kringen)'이라고 부른 다양한 사회 분야에서 활동했다. 그가 활동했던 영역에는 정치, 교회, 학문 외에도 저널리즘과 공공 토론이 포함된다. 카이퍼의 관점에서, 이 모든 영역은 독립적이며 근대 국가 내에서 자율적으로 발전해야 했다.

물론, 근대 국가도 하나의 중요한 영역이었다. 그러나 이 영역은 본연의 핵심 기능에만 집중해야 했다. 대부분의 삶의 영역은 '주권적'이다. 카이퍼가 즐겨 사용했던 이 주권이라는 단어는 '자율적'이라는 의미와 거의 같지만, 현대 용어에서 '자율'은 주권보다 한 단계 아래에서 작동한다. 1880년, 그는 암스테르담 담 광장의 신교회(新敎會, Nieuwe Kerk)에서 '영역 주권(Soevereiniteit in Eigen Kring)'[21]이라는 유명한 연설로 자유대학교 개교를 기념했다. 이 연설에서 그는 사회에 대한 자신의 비전을 제시했으며, 이는 토르베케의 그것과 거의 동일했지만, 카이퍼에게 있어서는 깔뱅주의의 산물이었다.

그의 청중들 중 자유주의 성향을 가진 사람들도 근대국가에서 원하는 사

21　최용준, "아브라함 카이퍼의 영역 주권 사상이 주는 사회 윤리적 함의에 관한 고찰", 「신앙과 학문」, 제27권 3호 (통권 92호) (2022년 9월), 187-205 참조. (역자 주)

회적 자유에 대해 원칙적으로는 비슷한 생각을 가지고 있었다. 그러나 카이퍼의 핵심 메시지는 받아들이기 어려웠다. 그는 청중들에게 그것이 결코 현대적이고 자유주의적인 것이 아니라, 오히려 수세기 전부터 이어져 온 깔뱅주의적 사상임을 역설했다. 청중들이 어떻게 생각하든, 카이퍼의 급속히 성장하는 지지층은 이에 열광했다. 이러한 정신으로 새로운 세대의 학생들이 형성되었다. 1880년부터 이미 깔뱅주의는 자유주의에 맞서는 효과적인 무기임이 입증되었다.

다섯 가지 공적 역할들

카이퍼는 거의 모든 영역에서 여러 역할을 수행했다. 이는 사회 전체를 그리스도에게 복종시키려는 그의 신념에서 비롯된 필연적인 결과였다. 그의 『자화상』에 등장하는 다섯 가지 공적 역할은 이러한 삶의 영역들과 연결되어 있으며, 그 순서대로 소개된다. 이것은 『자화상』에서 3장(연설가)에서 7장(정치가)까지 다루어진다.

그가 처음 소개한 공적 역할인 연설가는 그가 활동한 최소 네 가지 영역에서 두드러진다. 즉, 그는 교회와 학계, 정당과 사회에서 매우 인기 있는 연설가였다(네 번째와 다섯 번째). 또한 저널리즘과 공적 토론에서 활약했으며, 심지어 총리로서 4년동안 연설가로서의 역할을 수행했다(여섯 번째와 일곱 번째).

카이퍼의 연설은 웅변과 극적인 요소가 가미되어 대부분 두 시간 이상 지속되었으며, 특히 젊은이들과 교육 수준이 낮은 사람들, 특히 여성들에게 강한 인상을 남겼다.

그의 여행 중 하나도 연설 중심으로 이루어졌다. 1898년 가을, 미국 순회 여행 중에 그는 14개 도시에서 약 30회의 강연과 연설을 했다. 그는 이

   아브라함 카이퍼의 일곱 가지 삶

이야기로 그의 여행에 관한 장을 끝맺는다. 1900년 이후의 여행은 대부분 연설 없이 이루어졌지만, 그는 정기적으로 인터뷰를 통해 자신의 메시지를 확산시켰다. 이 이야기는 국제적으로 주목받는 정치가로서의 삶에 대한 장에서 다루어진다. 이는 세계를 여행하면서 삶을 마감한, 행복한 세계 여행가이자 국무총리의 이야기다.

겉보기에는 학자였던 카이퍼는 다른 분야에서도 열성적인 활동가였다. 학자로서의 역할 외에도 그는 목사이자 교회 장로였으며, 1892년에 네덜란드 개혁교회(GKN: Gereformeerde Kerken in Nederland, 이하 GKN)로 알려진 교단의 주요 설립자였다. 그는 '깔뱅주의'라는 예상치 못한 주제 아래 모든 정치적 서사를 녹여냈으며, 그의 어깨 위로 계속해서 쌓이는 다양한 임무를 수행했다. 그 시작은 1869년 주간지 「드 헤라우트」의 정치 편집인으로 시작해, 1872년에는 「드 스탄다르드」를 창간하고 편집장이 되었다. 이후 그의 영향력은 다양한 방면으로 급속히 확산되었다.

1874년 하원의원으로 선출된 카이퍼는 곧 반혁명주의자들의 대표 인물이 되었다. 그는 흐룬 판 프린스터러의 후계자로 여겨졌지만, 그 이상의 존재로 부각되었다. 그는 당 강령인 『우리의 강령』을 단독으로 작성했고, 1879년에는 여러 지역의 선거 협회를 하나로 묶어 최초의 전국 정당인 반혁명당을 창당하는 데 성공했다. 그는 평생 당 의장직을 유지했으며, 총리 재임 기간 동안에만 중단되었다.

1895년부터 1912년까지 카이퍼는 다양한 역할을 수행한 끝에 네덜란드 정치에서 지배적인 위치를 차지하게 되었다. 그 서막은 1894년 그가 하원으로 복귀한 것이었다. 그의 복귀는 자신의 신문 「드 스탄다르드」의 정치적 영향력 확대와 당내 확고한 지도력 덕분이었다. 1901년 선거에서 그의 당은 전체 의석의 거의 4분의 1을 차지하며 최대 정당이 되었으며(가톨릭 정당은 1926년까지 출현하지 않았지만 가톨릭 의원들은 1901년부터 가장 큰 그룹을 형성했다.) 그해 카이퍼는 총리로 임명되었다. 1908년에는 다시 국무장관에 오르면서 그의 공적 역할 중 다섯 번째이자 마지막 역할이 완성되었다.

1905년 총리직에서 물러난 후에도 그는 여전히 반혁명당의 절대적인 지도자로 남았으며, 그 시대의 가장 두려운 정치가였다. 일부 사람들은 그가 총리로서 너무 신학적이라는 의견을 제기하기도 했다. 로만은 회고하는 편지에서 그런 의견을 언급했으며, '대립'을 강조하는 그의 선거 전략이 결국 그의 정치적 패배를 초래했다고 보았다. 그러나 친구와 적 모두가 동의한 점은 그가 뛰어난 정치 감각을 지닌 인물이라는 사실이었다. 1913년 상원에 입성한 그는 다시 한번 강력한 연설로 여론을 이끌었으며, 그의 청중은 방청석을 가득 채우곤 했다.

7장에서는 카이퍼가 초기에 네덜란드 국경을 넘어 활동 영역을 확장한 이야기도 다루고 있다. 그는 네덜란드와 벨기에를 포함한 저지대 국가에서 최초이자 제일 오랫동안 활동한 유일한 국제적 정치인이었다. 총리로 취임한 순간부터 카이퍼는 국제적으로 국가적 지도자로 인정받았으며, 네덜란드인 중 거의 유일하게 국제적 명성을 얻었다.

그의 이런 평판은 이후 그가 어떤 활동을 하더라도 변하지 않았다. 카이퍼는 마지막 20년을 정치인으로 보냈으며, 어디를 가든 국가적 지도자로서 대접을 받았다. 그는 왕, 여왕, 대통령과 함께 식사하며, 각국의 존경을 받았다. 독일의 황제 빌헬름 2세조차 그에게 호감을 가졌으며, 1918년 독일군이 패망해 네덜란드로 망명했을 때 카이퍼를 기억했다고 전해진다.

언론인 협회의 수장

연설가로서의 역할 외에 모든 분야를 망라하는 또 다른 역할은 제6장의 주제인 출판인 및 언론인으로서의 활동이었다. 그가 아무리 많은 책을 출판

  아브라함 카이퍼의 일곱 가지 삶

했어도 가장 영향력이 컸던 것은 1면에 실린 날카로운 논평들이었다. 카이퍼는 마치 몇몇 대통령들이 트위터를 하듯이 드리스타를 썼지만, 깊이와 유머를 곁들인 글들을 하루에 열 개씩 쓰기도 했다.

그는 전 세계의 독자들을 매료시켰고, 반혁명주의자는 물론 네덜란드 국경을 넘어 그 명성이 퍼졌다. 유머러스 하면서도 항상 예리하고

익명의 드리스타 칼럼니스트 카이퍼는 총리 카이퍼 뒤에 숨어 있다.
('겁 많은 게임'이라는 내용의 알베르트 한의 만평)

인상적이었다. 매일 정오 무렵 그는 30분 동안 가능한 한 많은 글을 썼는데, 그는 그 일을 몹시 좋아했다. 30분 후에 그는 펜을 가차 없이 내려놓았다.

이미 언급된 바와 같이 언론인으로서 이중 역할이 초래한 기이한 결과도 있었다. 카이퍼는 평생 동안 모든 이들에게 드러난 삶을 살았지만, 공개적으로 언급되지 않은 방식으로, 자신의 공적인 활동에 대해 3인칭으로 글을 썼다. 익명의 카이퍼는 자신을 위해서가 아니라 운동을 위해 일했고, 공적인 카이퍼 역시 마찬가지였다. 그러나 그 결과 그의 저널리즘 활동은 결코 자신의 것이라고 주장할 수 없게 되었다. 수만 개의 기사와 드리스타 칼럼이 그의 『자화상』에 언급되지 않은 이유는 이는 그의 것이 아니라 반혁명당 기관의 것이기 때문이었다.

그의 사후 100년이 지난 지금, 이 『자화상』은 다른 선택을 한다. 이 책은 카이퍼의 언론인 활동도 묘사한다. 이는 당대 가장 유명한 언론인이었던 영

국인 윌리엄 스테드에 비견될 정도의 놀라운 작품량에서부터 젊은 언론인 협회의 국제적 지도자로서의 선구적인 역할에 이르기까지 다양하다.

카이퍼는 자신만의 고유한 역할을 추가하지 않았다면 카이퍼가 되지 못했을 것이다. 그는 저널리즘, 공개 토론 및 여론 분야에서 가장 중요한 이론가였으며, 적어도 제1차 세계 대전 이전까지 네덜란드에서 주도적으로 활동했다. 그의 많은 이론적 논문들이 2022년 미국에서 『자선과 정의에 관하여』(*On Charity & Justice*)라는 제목으로 출간되었는데, 이 논문이 쓰여진 당시로서는 놀라울 만큼 현대적인 내용을 담고 있다.

기둥화(verzuiling)[22]는 그렇지 않다

1890년 파리의 언론인 샤를 베누아(Charles Benoist)는 네덜란드에서 인터뷰라는 장르가 유행하기 전, 처음으로 카이퍼를 상당히 심도 있게 인터뷰한 인물이다. 그는 첫 만남 후 카이퍼를 특별한 동기에 이끌린, 신성한 사명을 가진 사람으로 묘사했다.

이는 카이퍼의 본질을 꿰뚫는 매우 날카로운 관찰이었다. 하지만 베누아는 카이퍼 개인의 특성 너머에 도사린 또 다른 위험, 즉 '과장'이라는 실재적 위험도 포착했다. 실제로 카이퍼의 영향력은 다양한 분야에 뻗어 있었기에, 자칫 그는 모든 변화의 중심에 서 있는 '만능인'처럼 보일 수도 있었다.

스탈린이 러시아를 근대 세계, 적어도 소련 세계의 중심축으로 만들기

---

22 기둥화(verzuiling, pillarization)는 사회를 철학적 또는 사회 경제적 기반에 따라 집단으로 분할하여 각기 어느 정도 서로 보호하는 것이다. 이는 학교, 협회, 정당, 노동조합, 방송사, 신문사, 병원 등 세계관에 기반한 기관을 설립함으로써 달성될 수 있다. 보다 자세한 내용은 최용준, "아브라함 카이퍼의 영역 주권 사상이 주는 사회 윤리적 함의에 관한 고찰" 참조. (역자 주)

    아브라함 카이퍼의 일곱 가지 삶

위한 수단으로 국가주의를 활용했을 때, 지식인들은 '러시아 코끼리'에 대해 농담을 주고받았다. 갑자기 모든 것이 러시아에서 기원한 것처럼 보였으며, 심지어 코끼리조차도 그랬다. 마찬가지로, 카이퍼도 그의 시대의 모든 분야에서 등장할 수 있었다. 장식장 뒤에서 '코끼리'처럼. 그는 삶보다 더 큰 인물이었지만, 때로는 훨씬 더 작아지기도 했다.

카이퍼가 전성기 때 아무리 위대하게 보였더라도, 그의 위대함은 주로 영향력이라는 부분에서 기인했다. 정부 수반으로 있을 때만 그는 실제로 권력을 쥐었고, 다른 대부분의 위치에서는 그의 아이디어가 사람들을 움직였다. 그는 많은 일에 몰두하며 초안을 내놓았고, 사람들이 그 초안에 부여하는 무게에 매번 놀랐다. 가령, 창립자로서 그에게 귀속된 거의 모든 것은 사실 많은 동맹들과의 공동 노력의 결과였다. 자주 다른 사람들이 그보다 더 많이 기여했으며, 특히 재정적 자원과 관련해서는 더욱 그랬다. 카이퍼는 항상 로비를 하고 있었다.

그의 『자화상』 말미에는 그가 중요한 기여를 했던 특별한 기관들이 나열되어 있다. 그것들은 이미 언급된 바와 같이, 두 개의 신문, 반혁명당, 자유대학교 그리고 네덜란드 개혁교회 등이다. 이 주장은 과장이 아니다. 이들 기관 각각에서 카이퍼는 핵심 인물이었다. 동시에, 그는 이 모든 사업에서 결코 혼자였던 적이 없었으며, 대학과 교단이 설립되자마자 즉시 지휘권을 넘겼다. 그의 영향력은 무엇보다도 그가 매일 발행한 신문 덕분이었으며, 이 때문에 종종 가장 가까운 동료들이 불편해하거나 당혹스러워하곤 했다.

그러나 그의 영향력에 대해서도 어느 정도 의문이 제기될 수 있다. 카이퍼 사후 헨드리쿠스 꼴레인이 그의 전임자를 추모하는 글을 요청받았을 때, 그는 자신의 비서를 통해 이를 작성하도록 지시했다. 그 비서인 까를 헤렛슨(Carel Gerretson)은 30년 전 베누아가 보았던 것과 같은, 사명을 가진 사람으로서의 카이퍼를 보았다. 1923년에 꼴레인의 이름으로 출판된 스케치에서 헤렛슨은 카이퍼를 아이디어의 창조자이자, 그의 지지 세력보다 더 위대한 국가적 인물로 묘사했다. 카이퍼 자신과 달리, 헤렛슨은 새로운 사회학 언어를 사용하며, 자신의 브뤼셀(Brussel)에서의 연구와 막스 베버(Max Weber), 특히 에밀 뒤르껭(Émile Durkheim)과 같은 이름들을 인용했다.

헤렛슨이 카이퍼를 '가치의 창조자'라고 표현했을 때, 그는 핵심을 찔렀다. 카이퍼가 창조한 것은 많은 사람들이 믿고 따르려 했던 비전들이었다. 그래서 그에게는 드물게 허락된 지지층이 있었다. 그러나 과도한 해석을 경계해야 한다. 모든 것이 카이퍼의 것처럼 보였지만, 실제로는 그렇지 않았다. 깔뱅주의와 기독교 민주주의는 확실히 그의 영향에서 비롯되었으며, 네덜란드 정치의 우파와 좌파를 나눈 '대립'도 그의 사상에서 기원했다.

하지만 카이퍼에게 늘 수식어처럼 따라붙는 '기둥화' 현상은 생각만큼 긴밀히 연결되지 않는다. 이는 해외에서는 '제도화된 세계관적 다원주의'로 불리기도 한다. 그가 남긴 지속적인 성취인 깔뱅주의와 세계관과는 달리, 네덜란드에서 완성된 기둥화 현상만큼은 카이퍼가 그 기원이라고 단정하기 어렵다. 그는 대부분의 사회 집단이 일반적인 조직에 속하는 것이 최선이라고 생각했다. '주권'은 전체 영역에 속하는 것이지, 일부를 위한 것이 아니었다.

그는 개신교 농부들이 큰 가톨릭 농민 조합에 가입하기를 선호했으며, 이는 모든 이에게 개방된 조직이었다. 또한 독자적인 노동 조합의 필요성도 별로 느끼지 않는다고 생각했다. 노동자 권리를 옹호하는 것은 충분히 공동으로 할 수 있는 일이었으나, 문제는 사회주의자들이 협력하려 하지 않았다는 점이었다. 그는 속담에 나오는 염소 사육협회가 종교적인 문제를 한 번이라도 제기하는 것을 적극적으로 반대했을 것이다. 서로 다른 기둥 조직들이 자신들의 영역에 주권을 행사했으며, 그것이 바로 결론으로 귀결되었다. 결국 카이퍼 자신은 대부분 자유주의자 및 사회주의자로 구성된 네덜란드

 아브라함 카이퍼의 일곱 가지 삶

언론인 협회를 이끌었다.

그의 개신교 지지자들이 비교적 빠르게 그들의 조직을 가장 폐쇄적인 기둥으로 만들어 버린 것은 그의 영향력의 한계를 보여주는 역설이었다. 카이퍼는 분리를 조장하는 구호를 내세웠지만, 실제로는 그것을 원하지 않았다. 카이퍼는 어디에서나 분리가 존재하지 않았던 곳에 분리를 가져온 책임이 있었다. 그만큼 그의 개혁주의 원칙들은 멈출 수 없는 것이었으며, 그 자신이 멈추고 싶었던 곳에서도 계속 굴러갔다.

기둥화에 성공한 조직들은 자신들을 '개신교-기독교'나 '기독교-국민'이라는 이름으로 내세웠으며, 이는 비개혁 개신교 다수파에게도 더 널리 수용되기 위해서였다. 학교투쟁[23]가인 카이퍼에 따르면, 교육에서는 분리가 필수적이었고 과학과 학문에서도 마찬가지였다. 그러나 다른 대부분의 분야에서는 그렇지 않았다. 카이퍼는 기둥화를 좋아하지 않았다. 그것은 지나치게 네덜란드적이고 편협했기 때문이다.

아홉 개의 삶

마지막 10년 동안, 특히 1912년부터 카이퍼의 삶에는 많은 변화가 찾아왔다. 그의 어깨에서 짐들이 내려졌고 남은 것은 오직 일간신문뿐이었다. 하지만 그는 아침에 그 업무를 끝낼 수 있었다. 그의 삶은 여전히 『자화상』에 나열된 역할에 따라 돌아갔지만 이전보다 훨씬 여유로워졌다. 마지막 장인 8장은 그 역할들을 다시 한번 검토한다. 나이가 들어도 카이퍼는 여전히

---

23 학교투쟁(Schoolstrijd)은 네덜란드와 벨기에에서 기독 사립학교도 공립학교와 동등하게 정부지원을 받기 위해 노력한 흐룬 판 프린스터러와 카이퍼의 노력을 의미한다. 이것은 결국 열매를 맺어 1917년에 헌법이 개정되면서 사립학교도 동등한 정부지원을 받게 되었다. (역자 주)

카이퍼였다.

학계의 새로운 발전도 그의 눈을 피할 수 없었고, 그는 여전히 그것들을 자신의 것으로 만들었다. 헤렛슨의 언어도 이해할 수 있었지만, 그 평결에 완전히 만족하지는 않았을 것이다. 카이퍼가 추구한 것은 '가치'가 아니라 '진리'였으며, 그는 항상 근원에 주목했다. 우리의 가장 깊은 신념은 어디에서 오는가, 그리고 그것이 우리를 어디로 인도하는가? 그의 글은 더 명확해졌고, 전문 용어도 줄어들었으며, 더 직설적이 되었다. 그는 초기에 글을 쓴 때부터 70세가 넘도록 60년간 출판 활동을 활발히 했다.

1848년, 거의 열한 살의 미들부르흐(Middelburg) 소년은 반듯한 필체로 쪽지를 썼다. 그는 자신이 저지른 악행 때문에 잠을 이루지 못했다고 고백했다. 밤 11시 30분경, 소년은 카타르시스를 경험했고, 자신감에 차서 이렇게 썼다. "나는 회개하였고, 악에서 떠나 선을 추구하겠다는 굳은 결심을 했다. (서명) 나, 아브라함 카이퍼 J. F.의 아들." 이 서명자는 70년이 지난 뒤에도 거의 변함없는 생각을 간직하고 있었다. 그의 아홉 생애를 통틀어, 처음 품었던 결심은 여전히 신실하게 남아 있었다.

1894년 거의 죽을 뻔한 병에서 회복된 후 6개월 만에 카이퍼는 그의 충성스러운 독자들에게 돌아왔다. 그

1874년, 이제 막 하원의원이 된 젊은 기자로서의 카이퍼 초상 사진

아브라함 카이퍼의 일곱 가지 삶

는 자신의 병에 대해 많은 말을 하지 않았다. 마음의 문을 세상에 다 열 필요는 없었기 때문이다. 하지만 몇 가지 확고한 결심은 품고 있었다. 로만을 비롯한 다른 동지들과의 갈등은 그에게 깊이 생각할 거리를 제공했고, 그때부터 그는 열까지 세고 나서 행동하기로 했다. 그는 원칙에 대해 더 신중한 시선을 갖기로 결심했으며, 그렇게 함으로써 사람들과 그들의 동기에 대해 더 관대해질 수 있다고 생각하였다.

사람들에게는 관대하게, 그러나 원칙은 엄격했던 카이퍼는 새해가 끝나기도 전에 다른 모든 원칙과 결별했으며 깔뱅주의와 민주주의라는 당시의 구호를 더욱 단호하게 추구했다. 6년 후, 그는 총리가 되었다.

1912년, 『자화상』을 쓴 해에 이르러서야 그의 역동성은 점차 사그라들었다. 노년의 카이퍼도 여전히 파악하기 어려운 사람이었으며, 자기 자신 외에는 누구에게도 수수께끼 같은 존재였다. 그는 천재였지만 다소 고독했으며, 거의 모든 초상화에서 일정한 거리를 유지하고 있었다. 여전히 네덜란드 국경 밖에서도 이름을 알린 유일한 네덜란드 정치인이었으며, 언제나 지평선 너머를 바라보는 인물이었다. 개인적인 교류에서는 다정하면서도 냉담한 태도를 보였으며, 격의 없는 사람인 동시에 형식적이었다. 그러나 점점 더 전자에 가까워지고 있었다.

1915년 2월의 어느 추운 겨울날, 그는 암스테르담에 있는 가족 묘지에서 자신보다 몇 살 어린 빌름 호비(Willem Hovy)의 장례식에 참석했다. 빌름은 암스테르담에서 가장 큰 맥주 양조업자이자 처음부터 카이퍼의 동료이며 가장 관대한 후원자였지만, 1895년은 카이퍼와의 관계의 전환점이었다. 호비는 여전히 그가 원래 하던대로 충실하고 후했지만 약간의 거리를 두게 되었고, 카이퍼는 헤이그로 이사를 갔다. 열린 무덤 옆 모래 더미 위에 모피 코트를 걸친 채 서서, 그는 한 시간 동안 두 사람의 삶을 회상했다. 추모연설 도중 카이퍼는 미끄러져 관 위의 구덩이 속으로 떨어지고 말았다. 두 명의 일군이 그를 다시 끌어내야 했고, 그는 흔들림 없이 연설을 계속했다.

카이퍼는 나이가 들어도 여전히 담배를 피웠고, 술을 마셨으며, 고기와 간식을 좋아했다. 동시에 그는 여전히 운동을 했고, 하루에 몇 시간씩 걸었으며, 1년에 두 번씩 해외 요양을 다녀왔다. 그러나 80세를 넘기자 그의 건강상태는 급속히 나빠졌다. 그는 1922년 「드 스탄다르드」의 창립 50주년 때 편집장으로서 고별사를 할 수 있기를 은근히 희망했었지만, 그것은 실현되지 않았다.

반면에 그와 오랫동안 힘겨루기를 했던 동료들은 달랐다. 1920년 로만, 브론스펠트, 트룰스트라, 헨드릭 피어슨(Hendrik Pierson, 1834-1923), 판 하우튼, 샤를 보아스뱅은 모두 여전히 활발하게 활동하고 있었다. 하지만 카이퍼는 그렇지 않았다. 그해 여름, 그는 마지막 원고를 썼고, 1919년 말에는 「드 스탄다르드」를 위해 하던 일을 포기해야 했다. 언제나 그랬듯이, 그는 이를 받아들였다. 그럴 수밖에 없었기 때문이다.

아브라함 카이퍼의 일곱 가지 삶

제1장

등산가

1876년 여름, 스위스 루체른(Luzern)의 한 사진
관에서 등산가처럼 포즈를 취한 카이퍼

  1912년, 카이퍼는 그의 다른 모든 역할을 언급하기 전에 자신을 먼저 '등산가'라고 불렀다. 이것은 시작부터 수수께끼다. 이는 자기비하일까? 아니면 자신의 『자화상』을 가볍게 시작하고 싶었을까? 어쨌든, 이 남자는 끊임없는 추진력과 하루도 빠지지 않는 집필로 유명하다. 더욱이, 우리는 그를 다소 뚱뚱하고 다부진 체격으로 서재에 틀어박힌 모습으로 알고 있다. 전형적인 등산가의 이미지는 아니다.

  아니면 대중의 눈에 띄지 않는 무엇인가가 숨겨져 있었던 것일까? 1920년, 이 네덜란드 전 총리가 사망하자 「더 가디언」(*The Guardian*)은 전형적인 '부고' 기사, 즉 고인의 생애에 대한 간략한 기록을 실었다. 이는 헤이그의 로이터 통신이 제공한, 정확히 1단 분량의 기사였다. 그런데 주목을 끄는 문구가 하나 있었다. '그는 당대 최고의 등산가 중 한 명이었다'. 어쨌든 1912년 그의 『자화상』은 이와 비슷한 문장으로 시작하는데, 카이퍼는 이렇게 간단히 언급했다. "25년 동안 그는 스위스(Zwitserland), 티롤(Tirol), 피레네(Pyreneeën), 노르웨이(Noorwegen) 그리고 미국(Amerika)에서 등반에 몰두했다."

  두 장의 사진도 남아 있다. 첫 번째 사진은 턱수염을 기른 40대 남성이 등산복을 입고 스위스의 한 사진관에서 찍은 사진으로, 바위 옆에서 포즈를 취하고 있는데, 당시에는 '스포츠맨'이라고 불렸다. 이 남자는 여덟 명의 자녀를 한꺼번에 들어 올릴 수 있을 것 같은 모습인데, 두 명은 팔에, 두 명은 어깨에, 두 명은 다리에, 한 명은 목에 걸 수 있을 것처럼 보인다. 키가 작은 사람들이 대개 그렇듯(카이퍼는 키가 1.67미터로, 당시 기준에도 안 되는 작은 키였다.), 평생 체조를 즐겼고 자신의 건강을 자랑하곤 했다. 두 번째 사진은 약간 나이 든 남자의 모습이다. 그는 티롤 전통복을 입고 파이프를 물고 조용히 사진사를 기다리고 있다. 그의 양옆에는 아들인 헤르만(Herman)과 브람 주니어(Abraham Jr.)가 등산복을 입고 서 있다.

1893년경 이탈리아 돌로미티(Dolomieten)의 꼬르티나 담페초(Cortina d'Ampezzo)에서 아들 헤르만과 브람 주니어와 함께

이 사진들은 이전에도 자주 사용되었으나 그 뒤에 숨겨진 이야기는 여기서 처음으로 소개된다. 그의 등반을 목격한 사람도 거의 없었고, 그의 공적 생활에서도 거의 언급되지 않았기 때문이다. 대부분은 가이드나 우연히 만난 다른 등산가와 함께 높고 외진 산악지대에서 혼자 다녔으며, 가끔 편지에서 고독에 대해 불평하기도 했다. 하지만 그가 방문한 모든 대륙에서, 그리고 그의 인생의 상당 부분 동안 이 활동은 지속되었다. 이는 그의 지나치게 활동적인 삶에서 벗어나기 위해 매년 떠났던 은둔의 이야기로 서서히 드러나고 있다.

심플론(Simplon)에서 하룻밤

카이퍼는 이 모든 것이 어떻게 시작되었는지 말한 적이 있다. 1876년 젊은 하원의원으로 과로에 시달리던 그는 여름에는 스위스 산에서, 겨울에는 지중해에서 보냈다. 그는 가족과 함께였고, 여섯째 자녀인 딸 또(Too)는 니스에서 태어났다. 봄이 되자 그들은 스위스 엥가딘(Engadin) 계곡의 생 모리츠(Sankt Moritz) 근처의 실스 마리아(Sils Maria)로 이사했다.

어느 날, 한 손님이 역까지 가는 교통편을 구하지 못해 걸어가야만 했다.

아브라함 카이퍼의 일곱 가지 삶

카이퍼는 그와 함께 내리막길로 두 시간, 다시 오르막길로 두 시간을 동행했다. 그 산책이 그의 인생을 바꾸어 놓았다. 처음으로 그의 머리가 조금 편안해졌고 잠을 잘 수 있게 되었기 때문이다. 카이퍼가 이 방법을 즉각 선택하지 않았었다면 지금의 카이퍼가 되지 못했을 것이다. 그가 그렇게 했다는 두 가지 증거가 있다.

1885년, 동료 당원들에게 한 연설에서 그는 1876년 5월 20일 토요일, 흐룬 판 프린스터러가 세상을 떠나던 날 밤, 심플론 정상에 있었는데, 천사들이 흐룬을 하늘로 데려가는 환상을 보았다고 말했다. 그때 카이퍼는 그의 죽음을 몰랐던 상태였다. 그러므로 그날 밤, 그는 나폴레옹이 설립하고 수도사들이 운영하던 심플론의 호스피스에서 잠을 잔 것이 분명하다. 그곳은 그의 가족으로부터 수백 킬로미터 떨어져 있었고, 일요일까지 그곳에 머물 계획이었다. (암스테르담의 한 목사가 심플론을 등반했다는 이야기가 나중에 스위스 호텔에 묵은 한 네덜란드계 미국인에 의해 전해졌지만, 이는 아마 다른 여름의 왜곡된 기억일 수도 있다.)

몇 주가 지난 후, 카이퍼가 몇 주간의 여행을 할 때 아이글(Aigle)에서 오랜 가족 친구인 발카르트 아머쇼프(Walkart Ameshoff)를 만났다고 회상했다. 이 친구는 흥분된 목소리로 흐룬이 유언장에 「드 스탄다르드」를 위해 카이퍼에게 100만 길더를 남겼다고 전했다. 이 끈질긴 소문은 곧 사실이 아닌 것으로 밝혀졌지만, 카이퍼의 우울증에 아무런 도움이 되지 않았다. 그러나 산악 트레킹은 많은 도움이 되었다. 1884년, 그는 그때와 같은 길을 따라 몽블랑(Mont Blanc)으로 가는 길에 이 기억을 편지에 담아 집으로 보냈다.

게다가 그는 가끔 인터뷰에서 무언가를 흘리곤 했다. 1901년 12월, 새로 임명된 네덜란드 총리 카이퍼는 「노이에스 비너 저널」(*Neues Wiener Journal*) 기자와 장시간 인터뷰를 했다. 그는 오스트리아가 낯설지 않으며, 최근 수십 년 동안 산악 여행을 통해 오스트리아를 알게 되었다고 말했다. 등산가로서 그는 다뉴브 군주국에서 가장 높은 산인 남부 티롤의 오르틀러(Ortler)를 정복했다. 이듬해 「노이어 프라이어 프레세」(*Neue Freie Presse*)와의 인터뷰에서도 그는 거의 65세가 되었지만 나이가 허락하는 한 오스트리아의 산에서 트레킹 하는 것을 여전히 좋아한다고 말했다.

다행히 목격자가 한 명 있다. 1897년, 가족 내부용 신문에서 며느리 마리 헤이블롬(Marie Heyblom)은 더 많은 이야기를 공유했다.

"산에서 카이퍼를 경험하지 않은 사람은 그를 진정 모른다. 걱정과 근심을 모두 벗어버린 그는 더없이 쾌활하고 유쾌한 여행 동반자이다. 산악 장비를 착용하고 등반용 밧줄을 등에 메고 나면 그는 전혀 다른 사람이 된다. 그는 혼자 등반하는 것을 선호하지만, 동행이 있을 때면 그를 길에서 만나는 모든 호텔의 테이블로 데려가 와인을 주문한다. 세련된 호텔 투숙객들이 그들의 냄새나는 옷을 노려보는 것도 신경쓰지 않는다. 등반 이야기만 하며, 다른 모든 주제는 금기시된다. 빙벽을 오르고 눈과 얼음 위를 걷게 될 때 그의 즐거움은 더욱 커진다. 도착한 산장에서는 따뜻한 국을 제공하며, 가이드보다 앞서가는 것을 좋아하지만, 몇 주 동안 혼자 산을 트레킹하는 것을 더 선호한다"고 그녀는 기술했다.

그녀는 자신의 이야기에서 두 가지 종류의 여행을 구분한다. 카이퍼는 보통 혼자서 알프스 전역을 횡단하는 트레킹을 했다. 그러나 어떤 때는 그는 항상 두 명의 가이드와 함께 동행하는 값비싼 '호흐투렌(*hochtouren* 전문적인 고산등반)'도 감행했는데 종종 다른 등반가들도 동행했다. 이러한 등반은 대부분 빙하를 가로질러 이루어졌으며, 때로 혼자 걸어서는 접근할 수 없는 봉우리로 이어졌지만, 카이퍼의 진정한 등반 정신이 가장 뚜렷이 드러난 순간이었다.

나머지 이야기는 카이퍼 아카이브(KA : Kuyper Archive, 카이퍼 자료 보관소)에 남아 있는 가족에게 보낸 편지에서 찾아볼 수 있다(대부분 연도는 누락되어

  아브라함 카이퍼의 일곱 가지 삶

있다.). 그의 『자화상』에서는 자세한 이야기를 하지 않는 것을 보면 카이퍼가 여전히 겸손했음을 충분히 알 수 있다. 스위스, 티롤, 피레네, 노르웨이, 미국 외에도 프랑스의 몽블랑, 이탈리아의 알프스와 돌로미티, 다뉴브 군주국의 헝가리 부분인 오늘날 슬로바키아의 타트라(Tatras)산맥도 그의 여정에 포함되어 있었다.

소명과 의무

현존하는 대부분의 편지는 1880년대에 쓰여진 것이다. 이를 통해 우리는 카이퍼가 여섯 번의 여름동안 여행한 그림을 얻을 수 있는데, 이 기간 동안 그는 종종 수백 킬로미터에 걸쳐 두세 개의 알프스 국가를 가로지르는 여행을 했다. 때로는 기차를 이용하기도 했지만, 티롤에서 밀라노를 거쳐 몽블랑까지 가는 장거리 이동에만 기차를 사용했다.

그는 매년 여름 7-8월의 상당 부분을 여행했으며, 때로는 6월 초에 시작하기도 했다. 평균 여섯 주 동안 이어졌으나, 일이나 가정의 요청에 따라 더 짧거나 길어지기도 했다. 아내 요 스하이와 지속적이고 긴밀한 서신을 주고받으면서, 그는 항상 집을 떠나 있는 것에 대해 이해를 구해야 했다. 집에는 하인들이 있어 가족을 돌보는 일을 도왔지만, 그가 없는 동안 아내는 그를 그리워하며 어려움을 겪었다. 결국 이 부부는 브뤼셀이나 파리에서 함께 '허니문'을 보내기로 합의하곤 했다.

그는 여름 몇 달 동안 거의 집에 없었으며, 이로 인해 긴장이 있었다. 1882년 9월 1일 금요일 밤, 여덟 번째 아이인 아들 빌리(Willy)가 암스테르담에서 태어났을 때도, 카이퍼는 티롤에서 막 돌아온 직후였다. 그 전 해에는 사산된 딸이 있었다.

1892년 7월 27일 금요일, 열 살도 안 된 빌리가 잔드포르트(Zandvoort)

에서 휴가를 보내던 중 갑자기 세상을 떠났을 때도, 그는 어느 산 속을 방랑 중이었다. 7월 31일 화요일이 되어서야 인스브루크(Innsburck)에서 보낸 그의 전보가 도착했다. 비보가 그에게 도달하는 데 며칠이 걸렸던 것 같다. "나는 정신이 멍하다 / 나의 불쌍한 히욤 / 하나님께서 다스리신다(je suis etourdi / mon pauvre Guillaume / Dieu regne)." 참고로, '히욤'은 빌리의 프랑스어 이름이었고, 네 살 위인 기(Guy)도 히욤이라는 세례명을 받았다.

카이퍼가 편지에서 늘 호소한 내용은 같았다. "며칠만 더 있어야 한다." 머리를 식혀야 하기 때문에 어쩔 수 없다는 것이었다. 그는 자신의 트레킹을 '여행'이라고 표현했으며, 자신이 하는 일은 '걷기'라고 말했다. 그리고 그 자신을 '보행의 노예'라고 불렀다.

목표는 항상 같았다. 머리를 비우고 최대한 많이 걷는 것이었다. 3천 미터 이상의 고산 등반은 그에게 신체적인 영향을 미쳤다. (그는 아마 몽블랑에서는 4천 미터에 가까운 고도를 넘었을 것이다. 그가 유럽 최고봉인 4,809미터 정상에 도달했는지는 알 수 없다.) 그는 등반이 폐, 순환, 심장, 머리 등의 모든 기관을 정화하는 여정이라고 믿었다. 그는 정기적으로 자신의 산악 여행을 소명과 의무의 관점에서 설명했으며, 자신이 완전히 지쳤을 때를 즐겼다. 그의 편지에는 '산의 공기는 상쾌하고, 지치면 오히려 몸이 좋아진다'는 구절이 자주 등장한다.

1889년 7월, 가끔씩 동행하는 동료와 함께 그로스글로크너(Großglockner)를 6일 동안 일주하며 38시간만 걸었기에 '그렇게 힘들지 않았다'고 했다. 그의 얼굴이 햇볕에 그을린 것은 사실이지만, '혼자 있지 않아 더 기분이 좋았다'고 전했다. 수백 킬로미터를 홀로 걷던 그는 때로 외로움을 호소했지만, 항상 '영광스러운 높은 곳'을 생각할 때 마음은 기쁨으로 가득했다고 고백했다.

 아브라함 카이퍼의 일곱 가지 삶

형언할 수 없는 기쁨

'기쁨'이라는 단어는 카이퍼가 등산 여행에 대해 이야기할 때 자주 사용되는 단어이며 다른 맥락에서는 거의 사용되지 않는다. 1884년 7월, 샤모니(Chamonix)에서 몽블랑까지의 멋진 여행을 하며 그는 "설원 위를 미끄러지듯 지나며 형언할 수 없는 기쁨을 느꼈다"고 썼다. 하지만 그날 저녁 그는 이탈리아 군인들에게 체포되었다.[1] 그 이듬해 티롤에서도, 그는 고통스러운 부상에도 불구하고 "모든 등반을 기쁨과 즐거움으로 마칠 수 있었다. 날씨도 좋고 정말 즐겁다"고 보고했다.

일요일은 변함없이 휴식의 날이었다. 대부분의 편지들이 일요일에 작성되었다. 그는 여행 중에도 아내와 아이들에게 일주일에 몇 번씩 엽서를 보냈다. 1885년, 그는 "여행 중에는 적합한 주소로 편지를 받는 것이 거의 불가능하다"며 미안해했다. "그래도 걱정하지 마. 내가 산에 들어가기 전에 주소를 알려주면, 네가 보낸 편지가 날 기다리고 있을 테니까." 일요일 아침마다 그는 「드 헤라우트」에 보낼 묵상록을 썼는데, 그 글은 가족에게 보내는 편지와 함께 우편으로 보내졌다.

1889년은 좋은 해였다고 파리로 돌아오는 길에 만족스럽게 전했다. 마지막 주는 비 때문에 대부분 무산되었지만, 그는 190시간 이상을 걸을 수 있어서 기뻤다. 1888년에는 악천후로 120시간 이상을 넘기지 못했기 때문이었다. 8월 11일 일요일에 작성된 이 편지에서, 그는 다음 날 세계 박람회(에펠탑[Eiffeltoren]은 이 박람회를 위해 지어졌다.)를 보기 위해 파리에 잠시 머물 계획을 밝혔다. 이때에는 파리에 며칠동안 머물렀지만, 때로는 등산복을 입은 채 마지막 기차를 타고 암스테르담에 도착하기도 했다. '낮에 이 복장

1　이에 대해서는 나중에 더 언급할 것이다. (역자 주)

으로는 도착할 수 없으니까.'

카이퍼 특유의 성격이 드러난 점은, 그가 자신의 노력을 통계로 기록했을 뿐만 아니라, 미터가 아닌 시간 단위로 측정했다는 것이다. 1889년, 그는 하루에 약 여섯 시간에서 열두 시간씩 걸으며, 20회 이상 산행을 달성했다. 이 목표를 달성하기 위해서는 종종 계획보다 더 많은 주를 보내야 했다. 날씨가 변수였고 몇몇 여름에는 몇 주 동안씩 기다려야 했다. 그럴 경우 그는 체류 기간을 연장하기도 했다. 그는 비가 오거나 안개가 낀 날에는 등산을 할 수 없었고, 하루 종일 모습을 드러내지 않았다. 그의 며느리 기록에도 이런 모습이 담겨 있는데, 그는 날씨가 좋지 않으면 신문을 읽고 글을 다시 쓰곤 했다.

몬테 로사(Monte Rosa) 사건

이 6년 중 적어도 3년은 호흐투렌, 즉 고산 등반이 포함되어 있었다. 그는 정말 높은 산에 오를 때면 항상 두 명의 가이드와 동행했고, 덜 험한 산에서는 한 명의 가이드로 충분했다. 가이드들은 그 지역의 지형에 대한 지식뿐만 아니라, 안전과 로프 그리고 필요한 장비 운반을 위해 필수적이었다. 그들은 종종 카이퍼의 배낭을 대신 메기도 했지만, 그는 항상 자신의 밧줄만큼은 직접 메고 다녔다.

예를 들어, 1884년 7월, 흐룬이 남긴 유산에 대한 생각에 잠긴 채 걷고 난 후, 카이퍼는 프랑스의 샤모니로 가는 기차를 탔다. 당시 그곳은 이미 고급 휴양지였다. (카이퍼는 딸에게 보낸 편지에서 그곳을 '매우 웅장한 곳'이라고 불렀다.) 샤모니는 몽블랑의 이상적인 등반 기지였으며 그는 이곳을 자주 찾았다. 그러나 그의 등반은 레저 스포츠가 아닌, 정신적인 재충전을 위한 의식에 가까웠다.

 아브라함 카이퍼의 일곱 가지 삶

샤모니에 거주했던 가이드 중 한 명인 프랑수아 뮈녜(François Mugner)에 대한 이야기가 전해진다. 1897년 6월, 브뤼셀에 사는 친구 판 데스(A. G. van Deth 1828-1905)의 아들 빌름(Willem)이 아내 넬리(Nelly)와 함께 신혼여행 계획을 세우고 있을 때, 카이퍼는 그들에게 샤모니와 가이드 뮈녜를 추천했다. 넬리 판 데스는 40년 후, 뮈녜가 카이퍼를 '쾌활하고 엄숙한 카이퍼 박사'라고 불렀다고 회상했다. 더불어, 뮈녜는 카이퍼 덕분에 신앙을 갖게 되었다고 고백했다. 그들은 몇 주 동안 함께 있었고, 뮈녜는 그 시간들이 항상 그에게 축복이었다고 말했다.

1884년 7월, 카이퍼는 하루 종일 임페리얼 & 드 소쉬르 호텔(Hôtel Impérial & de Saussure)에서 시간을 보내야만 했다. 왜냐하면 아이글 등반과 몽블랑 주변의 이틀 여행으로 물집이 생겼기 때문이었다. 매일 밤 천둥 번개가 쳤고, 토요일에는 (프랑수아 뮈녜를 알고 있는 가이드가 있었다.) 산 꼭대기에서 몇 시간 동안 비가 내렸다. '그래도 날씨는 맑아, 나는 정말 즐기고 있다'고 카이퍼는 적었다. 토요일인 셋째 날, 카이퍼는 아오스타(Aosta)로 가는 마차를 타기 위해 몽블랑을 돌아 이탈리아 국경의 2,516미터 지점에 있는 꼴 드 라 세뉴(Col de la Seigne)까지 걸어갔다. 홈 프론트에 미리 표시된 계획에 따르면, 그는 일요일을 그곳에서 보내고 싶었다. 하지만 여러 변수로 목요일까지 도착이 지연되었다.

1886년 8월 셋째 주, 몽블랑 주변은 악천후로 등반이 불가능했다. 그는 스위스의 마티니(Martigny)에서 해발 2,195미터의 콜 드 발므(Col de Balme)를 넘어 샤모니까지 약 40킬로미터의 길을 걸어서 왔다. 샤모니에 도착하자마자 그는 이번에는 로얄 호텔(Hôtel Royal)에서 한가롭게 시간을 보낼 수밖에 없었다.

게다가, 치명적인 등반 사고 소식들이 그의 트레킹에 대한 열망을 다소 사그라들게 만들었다. 한 유명한 이탈리아 교수가 아다멜로(Adamello)산

로테르담(Rotterdam)에서 태어난 요 스하이는 카이퍼와 여덟 명의 자녀를 두었다. 그녀는 모르테라취(Morteratsch) 빙하에서 넘어졌고, 장티푸스에 걸려 스위스에서 사망하여 그곳에 묻혔다.

맥에서 벼랑으로 추락사했는데, 불과 보름 전 카이퍼가 등반했던 바로 그곳이었다. 더욱이, 그들은 주로 그가 7월에 머물렀던 체르마트(Zermatt)에서 왔다. 1886년은 행복한 해가 아니었는데, 이미 교회 내의 갈등도 고조되고 있었기 때문이었다. 다행히도 그는 아내와 함께 파리에서 일주일을 더 보냈다.

그해 여름 초, 그의 총리 재임 중에 다시 논란이 되었던 사건이 발생했다. 1901년 말에 있었던 카이퍼의 첫 번째 의회 연설에서, 그는 개혁주의자들의 배제에 대한 자신의 주장을 설명하면서 돌레안치 기간 동안 겪었던 일을 비유로 들어 설명했다. 해발 3천 미터의 이탈리아 알프스에서 한 네덜란드 법학자가 그를 우연히 만났지만 허세를 부리며 그의 악수 요청을 거절했다. 그곳은 스위스와 국경을 맞대고 있는 몬테 로사였다. 하원은 후만 보르헤시우스를 통해 조심스럽게 반응했는데, 분명히 그 법학자는 국가개혁교회를 옹호하고 싶었던 것 같다고 말했다. 한 기자가 팩트 체크를 하기로 결심했다.

일주일 후 그 기자는 ‘몬테 로사의 카이퍼 박사’라는 제목의 기사를 보도했다. 이 이야기는 대중 신문인 「드 뉴브 꾸란트」에 실렸고 다른 많은 신문

아브라함 카이퍼의 일곱 가지 삶

에도 인용되었다. 이 법학자는 안토니 보우욘(Anthony Beaujon, 1853-1890)으로 밝혀졌으며, 당시 암스테르담 시립 대학에 제직중이었고 젊은 나이에 사망했다. 그러나 그 법학자는 나중에 한 작은 모임에서 그 사건에 대해 유감을 표명했는데, 그 당시 자신이 너무 충동적이었다는 것이었다.

카이퍼 자신도 나중에 그 이야기를 사적으로 말했다. 어느 날 저녁, 긴 여행으로 지친 그와 그의 가이드가 등산객의 오두막에 도착했을 때, 암스테르담 선거구에서 알고 지내던 한 교수가 앉아 있었다. 그 남자는 카이퍼를 무시하고 등을 돌렸다. 다른 손님들 앞에서 그는 특히 부끄러웠는데, 그들이 모두 그곳에서 숙박했기 때문이었다. 이 사건은 카이퍼에게 큰 상처로 남았고 친구에게 이야기할 때도, 여전히 쓴 감정이 북받쳐 올랐다고 한다.

꾸르마외르(Courmayeur)에 갇히다

1886년 7월, 그는 몇 차례의 고산 등반을 감행했다. 이 등반은 몬테 로사와 샤모니의 비가 내리던 몇 주 동안 이루어졌으며, 오스트리아와 이탈리아 국경 지역에서 수백 킬로미터 떨어진 곳에서 진행되었다.

8월 9일 월요일, 그는 남부 티롤의 작은 마을인 술덴(Sulden)에서 일요일을 보낸 후, 해발 3,905미터의 오스트리아에서 가장 높은 산인 오르틀러 정상에 오르기 시작했다. 이곳은 19세기에 들어서야 비로소 정복된 산으로, 이런 정상들은 단순한 도보만으로 도달할 수 없고 실제 등반이 필요했다. 다음 날, 일행은 아이스제 패스(Eisseepas)를 넘어 이탈리아로 들어갔다. 같은 날, 해발 3,778미터의 몬테 체베달레(Monte Cevedale)도 등반했다. 수요일부터는 산타 카테리나 디 발푸르바(Santa Caterina di Valfurva), 폰테 디 레뇨(Ponte di Legno) 그리고 핀졸로(Pinzolo)로 여정을 이어갔다.

그러나 날씨가 악화되어 추가 등반이 불가능해졌다. 토요일, 카이퍼는 기차를 타고 4년 전에 개통된 곳하르트(Gotthardtunnel) 터널을 통해 스위스의 괴쉐넨(Göschenen)으로 이동했다. 그날 일요일, 그는 '오르틀러 산 등반과 아이스제 패스 횡단은 장엄하면서도 아슬아슬한 경험이었어. 특히 이틀 연속으로 진행된 등반이었고, 계속 입을 벌리고 빙하 위를 걸어 그 추위에 속이 냉기로 상했어. 지난 사흘 동안 위장이 좀 불편했지만 지금은 괜찮아졌어'라고 아내 요에게 썼다.

그는 새로운 계획을 세웠다. 그곳의 날씨가 실망스럽기도 해서 그는 몽블랑으로 향했다. 푸르카 패스(Furkapas, 해발 2,431미터)를 지나 마이링겐(Meiringen)과 인터라켄(Interlaken)까지 외로운 여정을 계속했다. 거기에서 기차로 마티니까지 간 다음 다시 샤모니까지 걸어갔다. 그의 계획은 이탈리아 국경을 넘어 그라이얀 알프스(Grajische Alpen)를 여행하는 것이었는데, 이는 2년 전에 꾸르마외르에 투옥됨으로 무산된 계획이었다. 그는 그때의 비참했던 장소인 초라한 경찰 감방을 다시 방문하고 싶어 했다.

2년 전인 1884년 7월 5일 토요일 저녁 8시 30분, 카이퍼의 고난의 시간이 시작되었다. 몽블랑 산비탈에서 '형언할 수 없는 기쁨'의 여정을 마친 후, 이탈리아 국경의 도라 강 다리 한가운데에서 그는 군인들에게 가로막혔다. 총을 든 군인들이 그들을 기다리고 있었고 카이퍼는 억류되었다. 그는 감금된 상태에서 두 통의 편지로 사건을 설명했다.

한 상병이 그들에게 멈추라고 명령했고, 적어도 한 명의 가이드가 그들과 함께 있었다. 약 두 시간을 기다린 후, 그들은 호위를 받으며 꾸르마외르로 호송되었고 밤 10시 30분에 도착했다. 거기서 그들은 마침내 한 장교로부터 설명을 듣게 되었는데, 그것은 프랑스에서 발생한 콜레라 때문에 엄격한 검역 조치가 시행 중이라는 것이었다. 그들은 창문에 창살이 있는 낡은 구치소에서 5일 동안 격리되었으며, 방 안에는 거친 나무 탁자와 벼룩이 있는 침대뿐이었다.

   아브라함 카이퍼의 일곱 가지 삶

그는 로마(Roma) 주재 네덜란드 대사관에 전보를 쳤지만, 규제가 더 강화되었다는 답변만 돌아왔다. 군인 두 명의 감시 아래 하루 한 시간 바깥 공기를 마시는 것마저도 금지되었다. 음식과 문구류는 호텔에서 비싼 값에 사야 했으며 음식은 도착했을 때 이미 식어 있었다.

그의 짐은 마티니에서 그를 기다리고 있었다. 그러나 그는 아내의 사진을 갖고 있었고, 자주 그 사진에 입을 맞췄다. 읽을 책도, 쓸 것도 없었던 그는 묵상에 잠겼다. 이집트(Egypte)의 감옥에 갇혔던 요셉은 얼마나 더 힘들었을까? 사도 바울은 어떠했을까?

그는 벌써 5일째 이렇게 앉아 있었다고 수요일에 썼다. '끝없는 낮과 밤이었다. 알프스의 정상들이 바로 내 눈앞에 보이지만, 내 마음은 그 웅장한 정상 위에 있다. 감사하게도 내일이 되면 끝난다! 내일 12시에 석방될 거야!'라고 썼다. 목요일, 카이퍼는 배낭을 메고 자유롭게 감방을 나섰다. 심호흡을 한 후, 그는 델안젤로(Dell'Angelo) 호텔로 곧장 가서 '왕처럼 점심을 즐겼다.'

빙하 협곡에서

카이퍼는 아오스타에서 다시 가이드와 함께 출발했다. 저녁에 그들은 알프스의 가장 높은 고갯길인 그랑 생 베르나르(Grote Sint-Bernhard)에 도착했는데, 그곳 수도원의 수도사들은 금요일에 고기를 제공하지 않았다. 카이퍼는 대구포로 끼니를 때워야 했지만, 와인은 훌륭했다. 토요일에는 무려 45킬로미터에 달하는 마티니까지의 매우 힘든 여정이 그들을 기다리고 있었다. 새벽 3시 30분에 그들은 수도원의 빗장이 쳐진 문 앞에 섰다.

그 문이 두 시간 후에야 열렸다는 것은 하나의 불길한 징조라고 카이퍼는 생각했다. 그들이 늦게 출발한 탓에 눈이 푹신해져서 허리까지 빠지기

일쑤였다. 설상가상으로, 영국 성직자 한 명이 합류했다. 그날은 그 남자의 생일이었기에 카이퍼는 차마 동행을 거절하지 못했는데, 이 결정은 그의 생명을 위험에 빠뜨릴 뻔했다. 날카로운 바위에서 그 영국인이 미끄러졌고 카이퍼는 재빨리 돌아서서 알파인 지팡이로 그가 크레바스로 떨어지는 것을 간신히 막았다. 곧 가이드가 구조해주기 위해 왔다. "이런 상황은 항상 치명적일 수 있다. 다른 사람과 동행하는 것은 절대 다시 하지 않겠다"라고 그는 집으로 보내는 편지에 썼다.

계획대로 그의 산악 여행은 계속되었다. 끌레르 호텔(Hôtel Clerc)에서 일요일을 보낸 후, 그는 가이드와 함께 6일 동안 마티니에서 마테호른(Matter-horn) 근처의 체르마트까지 걸었다. 이번에는 날씨가 좋아 그들은 매일 3천 미터가 넘는 고도까지 올라갔으며, 광활한 설원을 걸으며 '가장 멋진 눈 덮인 봉우리들'을 만끽했다. 매일 새벽 4시 정각에 출발해, 아침에는 등반을 하고, 오후에는 하산했다. 카이퍼는 깊은 만족감을 느끼며 모든 근심을 떨쳐 버렸다. 그는 알프스의 봉우리들을 '천국으로 가는 계단'이라고 묘사했다. 물론 '환상'이라고 덧붙였지만, 그 순백의 영광을 잘 반영한 이미지였다. 그들은 '말로 표현할 수 없이 순수하고 원초적인' 천상의 무언가를 품고 있었다.

체르마트의 뒤 몽 세르벵 호텔(Hôtel du Mont Cervin)에서 그는 비용 때문에 가이드를 고용하지 않았다. 월요일, 3,135미터 고도의 고르너그라트(Gornergrat) 등반은 '등반에 4시간 반, 하산에 3시간 반'으로 그에게는 무난한 일정이었다. 이번에도 카이퍼는 몬테 로사를 통해 이탈리아 알프스로 가려 했으나, 다시 국경에 군인들이 주둔하고 있었다. 그래서 그는 체르마트에서 여행을 계속했다.

2주가 지나서야 그는 가족들이 크게 걱정하고 있었다는 사실을 알게 되었다. 몇 주 동안 그의 소식이 끊겼던 것이다. 마티니, 체르마트, 비스프

    아브라함 카이퍼의 일곱 가지 삶

(Visp), 인터라켄에서 보낸 세 통의 편지와 엽서가 도착하지 않았기 때문이었다. 그들은 이미 그가 집에 돌아올 것으로 예상하고 있었다.

결국 카이퍼는 여러 단계를 거쳐 체르마트에서 비스프를 경유하여 인터라켄까지 갔다. 이탈리아의 검역으로 시간을 빼앗겼기 때문에, 그는 체류를 좀더 연장하기로 결정했다. 진정, 그렇게 해야만 했고, 다른 방법이 없었다. 그는 충분히 회복될 때까지 집에 돌아가지 않겠다고 결심한 것이다. "반쪽 회복은 소용이 없다." 인터라켄에서 방어적인 태도로 쓴 1884년의 편지는 여기서 멈춘다.

이듬해 그는 다시 체르마트로 돌아갔고, 같은 값비싼 호텔에 묵었다. 그해에 그는 신학자 요하네스 헤르마누스 후닝 주니어(Johannes Hermanus Gunning, Jr. 1829-1905)와 충돌했다. 그는 출발하기 직전에, 그의 논쟁적인 소책자 『*Bedoeld noch gezegd*』(*"의도한 것도, 말한 것도 아니다"*)를 출간했다. 그 글에서 카이퍼는 후닝과 함께 칭겔(Tschingel) 빙하 위를 함께 걷다가 그들의 밧줄이 끊어져 빙하 협곡에서 조난당한 상황을 가정하며, 둘이서 크레바스에 떨어졌다면 함께 포옹하고, 기도하면서, 그리스도의 보혈로 화해했을 것이라는 비유를 들었다.

그의 빙하에 대한 이야기는 단순한 비유가 아니었다. 카이퍼가 이해 여름에 정말로 이 빙하를 트레킹했다는 것이다. 그는 떠나기 훨씬 이전에 이미 계획을 세웠던 것 같다. 그는 또한 1880년에 이 빙하에서 실제로 추락하여 루체른의 병원에 일주일 동안 입원한 특별한 경험이 있었다. 카이퍼의 경우는 종종 그렇듯이, 그의 이미지는 상상이 아니라 삶에서 취한 것이었다. 1899년, 그의 사랑하는 아내 요에게도 비슷한 일이 일어나 그녀는 결국 목숨을 잃었다.

쥐스밀히(Süssmilch) 대위

1885년에는 마티니의 생모리스(Saint-Maurice)에서 보낸 편지 외에는 다른 기록은 없었다. 카이퍼는 이 편지에서 이곳에서 시작된 모든 것을 회상했다. 이곳에서 그는 요와 함께 있었던 것이 분명했고, 지난 9년 동안 많은 것이 더 나아졌다. 그 다음 일요일, 오스트리아의 블루덴츠(Bludenz) 마을에서 암스테르담으로 또 다른 편지가 도착했는데 그곳은 "산으로 둘러싸인 작은 천국으로 사람들도 매우 친절하다"고 했다. 그 해 그는 빙하를 가로질러 여행하는 여성들을 자주 보았는데, 아내 요도 그런 여행을 감행할 수 있을지 궁금해했다. 하지만 그는 그것을 상상해 본 적이 없었고, "당신은 열이 나고 병에 걸리고 말거야"라고 아내에 보내는 편지에 적었다.

블루덴츠에서 6일간의 또 다른 여정이 이어졌다. 먼저 리히텐슈타인 주변을 돌아, 더글라스 휘테(Douglas Hütte)를 경유하여 쉐사플라나(Schesaplana)의 만년설을 넘어 스위스 글라루스(Glarus)로 향했다. 그런 다음 프라겔 고개(Pragelpas)를 지나 슈비츠(Schwyz)와 알트도르프(Altdorf)를 거쳐 수레넨 고개(Surenenpass)를 넘어 엥겔베르크(Engelberg)로 갔다. 마지막으로, 루체른 호수를 한 바퀴 돌고, 루체른 근처의 인기있는 필라투스(Pilatus, 2,137미터)에 올랐는데, 그것은 꽤 가파른 등반이었다. 루체른에서는 바젤(Basel)로 가는 기차를 타고 싶어했다. 그 후 요와 어딘가에서 만날 계획이었다. 요는 브뤼셀로 가기를 원할 수도 있었다. 잔드포르트에 있는 그들의 별장으로 바로 가는 것은 불가능했는데, 등산복과 덥수룩한 수염을 기른 채 바로 네덜란드의 마을에 나타날 수는 없었기 때문이다.

그보다 3년 전에도 카이퍼는 오스트리아에서 이탈리아를 거쳐 스위스까지 가는 비슷한 여행을 한 적이 있었는데, 1882년에 쓴 한 편지가 유일하게 남아 있어 확인할 수 있다. 그는 인스브루크에서 시작해 그가 사랑해 마지

   아브라함 카이퍼의 일곱 가지 삶

않는 남부 티롤의 브루네크(Bruneck)로 갔으며, 거기서 2주간의 계획을 세웠다. 먼저 그는 하일리겐블루트(Heiligenblut), 인니헨(Innichen), 아우론조디 까도레(Auronzo di Cadore)를 거쳐 돌로미티의 꼬르티나 담페조까지 6일간 여행할 예정이었다. 그 다음 주에는 메란(Meran)을 경유하여 스위스로, 쿠어(Chur)를 지나 기차를 타고 다시 바젤로 갈 계획이었다. 3개국을 통과하는 600킬로미터의 여정이었다.

1888년의 여름은 실망스러웠다. 산행은 고작 120시간에 불과했고, 날씨도 좋지 않았다. 그래서 카이퍼는 클라겐푸르트(Klagenfurt)에서 한탄하며, "이번 여행은 너무나 외롭고, 지루하며, 황량했다. 여름의 빛은 사라졌는데 특히 산악 여행의 경우 이것이 큰 차이를 만든다"고 말했다. 그것을 만회하기 위해 그는 라이바흐(Laibach, 현재의 류블랴나 Ljubljana)를 경유하여 기차로 트리에스트(Triëst)까지 갔고 거기에서 바다를 건너 베네치아(Venetië)로 향했다.

그는 밀라노를 거쳐 귀국하려 했는데, 뮌헨에서 열린 '아름다운 그림 전시회'도 그에게 큰 매력을 끌었다. 요는 브뤼셀에서 만나고 싶은지, 하르츠(Harz)산맥에서 만나고 싶은 지 선택할 수 있었

요 카이퍼(본명 스하이)가 딸들 까또(Cato), 요한나, 항리에뜨, 그리고 친구 항리에뜨 흐로스(Henriëtte Groos)와 함께 일요일 복장을 한 채 산 어딘가에 있다.

다. 카이퍼는 첫 번째 안을 강력히 추천했지만, 선택은 그녀의 몫이었다.

반면에 1889년 여름은 매우 성공적이었다. 190시간 이상의 여행을 했고 마지막 주에만 비가 내려 시작은 순조로웠다. 그가 7월 8일 월요일에 첼 암 제(Zell am See)를 떠날 준비가 되었을 때, 한 오스트리아 장교가 그와 함께 가기를 제안했다. 엿새 동안 그들은 함께 그로스글로크너 주변을 여행하였다. 저녁마다 천둥 번개가 쳤지만, 그때 그들은 이미 실내에 있었다. 그 남자는 '잘 걷는 사람이었고 유쾌한 친구'였으며 이보다 더 좋은 동반자는 없었다고 했다.

확인을 위해 그는 자신의 정보를 꼼꼼히 기록했다. "에른스트 쥐스밀히(Ernst Süssmilch) 대위, 오스트리아 슐레지언(Österreichisches Schlesiën) 제국 육군 16 포병 대대장, 예거른도르프(Jägerndorf, 오래 전에 사라진 실레지아의 이 지역은 제1차 세계대전 이후 체코슬로바키아가 되었고, 그 다음에는 독일령 주데텐란트[Sudetenland]가 되어 현지 유대인 공동체를 파괴했으며, 제2차 세계대전 이후 다시 체코슬로바키아가 되어 독일인을 추방했다. 예거른도르프는 현재 크르노프[Krnov]라고 불리며, 폴란드[Polen]와 국경을 맞대고 있는 체코[Tsjechië] 공화국의 모라비아[Moravië] 지역에 있는 도시다.)."

쥐스밀히 대위와의 동행은 매우 반가운 일이었는데, 왜냐하면 가이드 비용이 너무 비쌌기 때문이었다. 여행에 절대적으로 필요한 두 명의 가이드는 하루에 30-40 길더의 비용이 들었다. 많은 사람들이 단 한 명의 가이드와 함께 출발하다가 사고가 났다는 것은 이해할 만한 일이었다. 그럼에도 불구하고, 카이퍼는 그의 첫 번째 전기 저술가인 빈켈(W. F. A. Winckel)에게 비용에 상관없이 두 명의 안내자를 고용했다고 말했다. "그리고 등반을 끝내면, 나는 숙제를 마친 학생처럼 행복했다."

그 다음 주에 그는 다시 엿새 동안 걸었고, 마침내 인스브루크에 도착했다. 거기서 장남 헤르만이 합류했다. 이로 인해 그의 가족들이 알프스 등반

    아브라함 카이퍼의 일곱 가지 삶

을 전통으로 삼기 시작했음을 알 수 있다. 1890년대에 그의 모든 자녀들이 빙하를 등반했으며, 특히 딸들이 더 많이 참여했다. 심지어 요 스하이도 뒤쳐질 수 없었다.

타트라(Tatras)산과 미국

카이퍼는 1871년에 이미 산악인에게 없어서는 안 될 스위스 여행 안내서를 알고 있었다. 그것은 동식물에 대한 뛰어난 안목을 가진 드 취디(F. de Tschüdi)의 『알프스의 세계』(*Le Monde des Alpes*)와 동식물학자 베를렙쉬(H. A. Berlepsch)의 『알프스』(*Les Alpes*)였는데, 이 둘은 산악 애호가들 사이에서 '취디'와 '베를렙쉬'로 불리며 널리 알려졌다. 다른 여행에서는 『베데커』(*Baedeker*) 가이드북을 들고 갔는데, 두 서재 사이의 복도에는 이런 빨간 작은 책들이 항상 준비되어 있었다.

그는 성인 시절의 상당 부분을 알프스에서 보냈는데, 최소한 35번의 여름을 그곳에서 보냈다. 그것은 그의 『자화상』에서 스위스 조상에 관심을 기울인 요인이 되었음에 틀림없고, 그는 이것을 매우 자연스럽게 생각한 것으로 보인다. 1912년, 딸 항리에뜨는 샤모니와 체르마트, 베르너 오버란트와 엥가딘이 가장 아름다운 곳이라고 여겼다. 그녀의 아버지가 자주 머물렀던 곳도 그곳이었으므로 이는 우연이 아니었다. 이곳은 여전히 그녀의 아버지가 지상에서 가장 좋아하는 장소였다. 그럼에도 불구하고 그는 다른 곳에서 여름을 보낸 적도 있었다.

할 수만 있다면 그는 여전히 산으로 향하려 했다. 하지만 돌레안치 사건이 있었던 해에는 여행을 떠날 상황이 아니라고 느꼈다. 또다시 그는 우울증에 걸린 것처럼 밤을 새워 일했지만, 이번에는 그나마 상황이 괜찮았다. 더욱이 선거도 그를 집에 묶어두었다. 1887년 7월, 그는 베를린(Berlin)에서, 브뤼셀에 있는 딸 항리에뜨에게 '알프스에 가기에는 너무 짧은 시간'이라서 브레슬라우(Breslau), 브로츠와프(Wroclaw)와 크라쿠프(Krakau)를 경유하여 카르파티아산맥(Karpaten)을 여행할 계획이라고 말했다. 그 후 그는 부다페스트(Budapest)와 비엔나(Wien)를 거쳐 브뤼셀로 왔고, 항리에뜨는 그곳에서 국제적인 교육을 받기 위해 학교에 다니고 있었다.

1916년, 그는 카르파티아 산맥의 가장 높은 지역인 타트라 산맥에서의 추억을 회상하곤 했다. 그 해에도 그는 독일 총리와의 비밀 회담을 위해 베를린을 거쳐 부다페스트로 갔는데, 이에 대해서는 8장에서 더 자세히 설명하겠다. 도나우 강변의 리츠 그랜드 호텔(Grand Hotel Ritz)에서 한 인터뷰에서 거의 80세가 다 되어가는 전 네덜란드 총리이자 왼쪽 옷깃에 기사 작위를 단 그는 "타트라산(Tátrafüred)의 높은 지대에서 여러 번 지냈었고 헝가리 산맥(그리고 많은 헝가리인들)을 사랑한다"고 말했다.

그의 딸들은 부다페스트에서 네덜란드 군대 병원을 운영하는 것을 도왔다. 그들이 산에 가고 싶어 할 때면 그는 타트라 산맥을 추천했다. "초르바-토(Csorba-tó)는 아름다운 지역이며 거기서 너희들은 폴란드 전체와 카르파티아 산맥의 멋진 전망과 함께 2,400-2,600미터 높이의 산악 여행을 쉽게 할 수 있다"고 말했다.

그의 1898년 미국 여행도 등산을 빼놓을 수 없었다. 유일한 문제는 산들이 너무 멀리 떨어져 있다는 점이었다. 그래서 카이퍼는 뉴욕(New York) 주 북부에 있는 1,629미터의 최고봉인 애디론댁(Adirondack) 산맥을 등반했고, 그곳에서 9월의 3주 이상을 보냈다.

허드슨강을 따라 여행한 후, 그는 사라고타 스프링스(Saragota Springs)에 도착했는데, 그곳을 '낮은 산이 있는 인터라켄'으로 묘사했다. 그런 다음 산과 호수로 둘러싸인 킨 밸리(Keene Valley)로 갔는데 이곳은 '첼 암 제와 같은 곳'이라고 말했다. 세인트 후베르츠 인(St. Hubert's Inn) 호텔은 아름다운 위치에 있었고, 그는 그곳에서 산 공기를 즐겼다. 때는 9월이었지만 이미 너무 추워서 난방을 많이 해야 했다. 뉴욕의 폭염으로, 그는 일주일 전만 해도 밤에 호텔 옥상에 서서 바람을 쐬어야 했었다. 세인트 후베르츠 인에서 그는 매일 먼저 10월에 프린스턴에서 있을 스톤 강연을 다듬었다.

애디론댁은 실망시키지 않았다. 그는 숲 속에서 아름다운 산책을 즐겼다. 그러나 제대로 관리되지 않은 등산로 때문에 등반은 어려웠다. 한번은 그가 넘어져 옷이 심하게 찢어진 적이 있었지만 다행히 다친 곳은 없었다. 게다가, 호텔의 멋지고 큰 순종견이 그를 따라다녔는데, 그 믿음직한 개는 그의 산악 여행에 동행하면서 그가 너무 빨리 간다고 생각하면 길 건너편에 누워 그를 막곤 했다.

요툰하이멘(Jotunheimen)에서의 지옥 투어

1881년 스코틀랜드 여행에 대해서는 알려진 바가 거의 없으나, 1883년 여름의 노르웨이 여행 이야기는 비교적 잘 알려져 있다. 그 해는 특별한 해였는데, 왜냐하면 카이퍼가 여행 동반자인 젊은 목사 빌름 헤이싱크(Willem Geesink, 1854-1929)와 한 달을 보냈기 때문이다. 게다가 이번 목표는 알프스가 아니라 노르웨이의 산들이었다. 카이퍼의 사망 후, 훗날 윤리학자로서 자유대학교에서 그의 동료가 된 헤이싱크는 그 여행을 회고하곤 했다.

1882년 7월 어느 일요일 아침, 바젤에서 헤이싱크는 뜻밖에도 길에서 카이퍼 교수를 마주쳤다. 헤이싱크는 자기 집에 들렀던 도중 '멋진 여행복'을 입고 길 한복판에 서있는 그를 알아보았던 것이다. 카이퍼는 이탈리아로 가는 중이라고 말했고(몇 주 후 그는 꼬르티나 담페초 근처의 돌로미티에 있었다.) 두 사람은 일요일 내내 함께 시간을 보냈다. 먼저 라인강변에 있는 그랑 오텔 레 트루아 루아(Grand Hôtel Les Trois Rois)에서 열린 영어 예배에 참석한 후, 그들은 바로 점심을 먹으러 갔다. 그런 다음 그들은 시가를 피우며 언덕으로 향했다.

그날 바젤 근교의 일요일 오후, 카이퍼는 동행자에게 그의 영혼을 엿볼 수 있는 기회를 주었다. 자신의 소명의식뿐만 아니라 '자연의 아름다움에 깊이 감동하는 그의 강력한 능력'도 보여주었다. 당시 헤이싱크는 28세, 카이퍼는 44세였는데, 그들은 이 산책을 너무나 즐거워했기에, 카이퍼는 이 듬해에 그가 한 번도 가본 적이 없는 노르웨이로 함께 여행을 가자고 제안했다. 분명히 카이퍼는 그의 젊은 동료에 대한 믿음을 가지고 있었다. 카이퍼의 하인은 훗날 친구들이 때때로 카이퍼와 동행하려 했다고 회상했다. 그러나 몇일이 지나 그들은 어김없이 돌아왔는데, 아무도 그의 속도를 따라갈 수 없었기 때문이었다.

1883년 6월 30일 토요일, 카이퍼와 헤이싱크는 함부르크(Hamburg)의 한 호텔에서 만나 코펜하겐(Kopenhagen)으로 갔다. 카이퍼는 관광안내소에서 지도와 안내서들을 구입했는데, 각 나라별로 베데커 안내서를, 산악 지역용으로는 베넷(Bennett)의 『노르웨이 여행자들을 위한 핸드북』(*Handbook for travellers in Norway*)을 샀다. 호텔로 돌아와, 테이블 위에 지도를 펼쳐놓고 한 달 동안의 경로를 계획했다. 헤이싱크는 모든 것을 빨간 연필로 표시하고 기록해야 했다.

네셰(Nässjö), 스톡홀름(Stockholm), 크리스티아니아(Kristiania, 오슬로), 그리고 노르웨이에서의 광범위한 여행은 계획대로 정확히 실행되었으며, 카이퍼는 그들의 노르웨이 모험을 미리 고향에 보내는 편지에 쉽게 묘사할 수 있었고, 그가 그린 지도에 깔끔하게 번호가 매겨진 스테이지는 다음 몇 주 동안 그들을 즐겁게 했다고 적었다.

오슬로에서 북쪽의 내륙으로 들어갔는데, 그곳은 그때까지 관광업이 잘 알려지지 않은 곳이었다. 당시에는 기차가 없었기 때문에 그들은 카리올

   아브라함 카이퍼의 일곱 가지 삶

(kariool)이라고 하는 가벼운 마차를 타고 먼 거리를 여행했다. 해가 거의 지지 않았기 때문에, 그들은 창문에 옷을 걸어 어둡게 했다. 나중에, 카이퍼는 그들이 보았던 붉은 북극광(오로라)에 대해서도 설명했다.

베르겐(Bergen)에서 그들은 각자의 침실이 있는 배를 타고 며칠 동안 노르웨이 피요르드(fjorden)와 갓 잡은 연어를 즐겼다. 그런 다음 카리올을 타고 하르당에르란드(Hardangerland)를 여행했는데, 카이퍼는 마부석에 앉아서 직접 말을 몰았다. 하지만

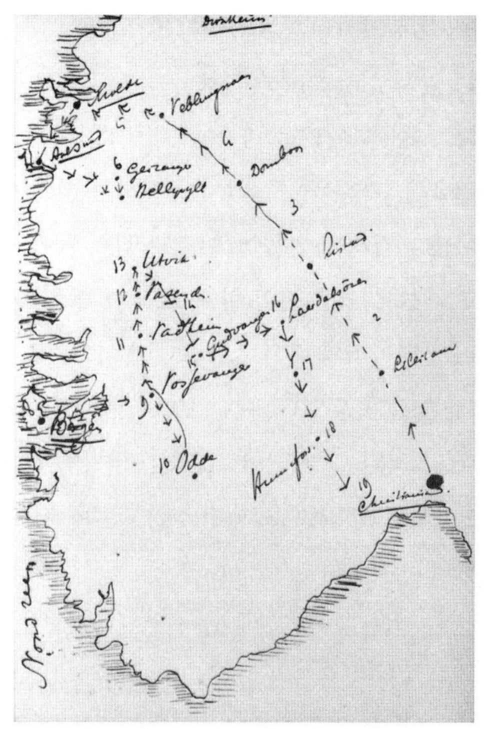

1883년 7월 15일 일요일, 카이퍼가 시가드(Sygard, 리스타드[Listad])에서 보낸 편지에 있는 3주 전에 계획한 노르웨이 여행 지도 (카이퍼 아카이브[KA 37])

그는 베르겐으로 돌아가는 것이 좋겠다고 생각했다.

카이퍼는 집으로 보내는 편지에서 헤이싱크는 떠났지만, 그 자신은 아직 만족할 수 없다고 했다. 그는 그의 뒤를 따르는 충실한 헤이싱크와 함께 진지하게 걸을 수 없었다고 말했다. "헤이싱크 박사는 등산가가 아니야. 그는 헐떡이며 나를 힘들게 따라다녔고, 그로 인해 나는 한 달 내내 제대로 트레킹을 할 수 없었어. 그래서 나는 그가 떠난 후 요툰하이멘에 가기로 결심했어. 요툰하이멘은 이곳에서 유일하게 꽤 높고, 알프스의 자연을 가지고 있으며, 도보로 산책하기에 적합한 땅이야."

결국 카이퍼는 체류 기간을 일주일 더 연장했고, 유일하게 올라갈 수 있는 높은 산을 여행하기로 결정했다. 그는 집에 편지를 보내며 이렇게 말했다. "요툰하이멘은 티롤과 비슷해. 나는 좀 걸으려고 해. 나에게는 걷기가 필요해. 카리올을 끝없이 운전하는 것은 내 머리에 전혀 도움이 되지 않고 나를 혼잡하게 만들어. 이대로 집에 돌아가고 싶지 않아."

헤이싱크는 그와 함께 보낸 한 달을 즐거운 마음으로 돌아봤다. 그는 자신이 카이퍼와 같은 스포츠맨이 아니라는 것을 알게 되었고, 또한 카이퍼를 더 잘 알게 되었다. 그는 1922년에 그것이 평생의 우정의 시작이었다고 썼다. 그러나 그들의 서로 다른 성격을 감안할 때 부분적으로는 존경과 경건에 근거한 것이기도 했다. 다시 말해, 카이퍼와의 관계가 항상 쉽지만은 않았다는 것이다.

그리하여 8월 초에 카이퍼는 니스투엔(Nystuen)에서 요툰하이멘으로 활기차게 발걸음을 옮겼다. 다음 마을에서 그는 가이드를 고용해 1,607미터의 스키네게 고개(Skjenegge)를 넘어 아이스뷔가르덴(Eidsbügarden)으로 가는 첫 등반을 시작했고, 이 여정은 정말 지옥 같은 여행이 될 예정이었다.

번개처럼

영국인 토마스 베넷(Thomas Bennett)이 투어리스트 클럽(Tourist Club)과 '클럽 산장'으로 열렬히 홍보한 요툰하이멘은 1880년대에 주로 영국 관광객들의 인기를 끌었다. 유럽의 최북단에 위치한 이 산악 지대는 유럽의 다른 산맥보다는 고도가 낮았지만, 낮은 고도까지 눈이 덮여 있어 장관을 이루었다. 북유럽 신화에 나오는 이름인 '요툰하이멘'(문자적으로는 트롤의 고향〔Trollenheim〕이라는 의미)도 매력을 더했다. 이 이름은 불과 20년 전에 노르웨이 시인 아스문드 빈녜(Aasmund Vinje)에 의해 붙여진 것이었다.

　　　　　　　　　　아브라함 카이퍼의 일곱 가지 삶

그리하여 카이퍼도 이 전설적인 트롤의 땅을 클럽 산장에서 산장으로 여행하는 국제 관광객 대열에 합류했다. 그로부터 1년 후, 작곡가 에드바르트 그리그(Edvard Grieg)와 그의 친구인 네델란드 음악가 율리우스 뢴트겐(Julius Röntgen)도 같이 여행을 떠났고, 요툰하이멘에서 수많은 여름을 보냈다. 그리그는 나중에 암스테르담에 보낸 편지에서 눈 덮인 평원과 영원한 빙하를 자주 회상했다고 적었다. 하지만 그리그와는 달리 카이퍼에게는 더 특별한 이유가 있었다. 그는 이곳에서 10일 동안 겪은 일들을 아내에게 보낸 일곱 통의 당혹스러운 편지에 남겼다.

배낭을 멘 가이드와 함께 카이퍼는 아이스뷔가르덴 산장에 도착했고, 다음 날에는 그옌데부(Gjendebu) 산장에 도착했다. 토요일 저녁, 그들은 뢰이스하임(Røisheim)이라는 오래된 산악 마을에 도착했다. 카이퍼는 이곳에서 일요일을 보내기 위해 머물렀다. 그는 그곳에서 「드 헤라우트」의 명상 글을

1883년 8월 5일 일요일, 카이퍼가 머물렀던 요툰하이멘(Jotunheimen)의 오래된 산악 마을 뢰이스하임(Røisheim) (그는 그곳에서 매주 묵상을 썼다.)

적으며 오른쪽 다리를 좀 쉬게 했다. 그러나 월요일이 되자 불행이 시작되었다.

오른쪽 정강이에 난 종기가 부어올라 더이상 걸을 수 없었다. 크리스티아니아로 돌아가는 데 약 4일이 걸릴 예정이었고, 카이퍼는 해안을 따라 이동하려 했지만, 내륙을 통과하는 경로를 택하라는 조언을 받았다. 가르모(Garmo) 마을의 한 목사 겸 의사가 그의 종양을 진찰하고 그를 안심시켰지만, 이틀 후 그는 완전히 지쳐 버렸다. 많은 구간이 마차는 통과할 수 없는 상태였고 카이퍼는 그중 거의 절반을 절뚝거리며 걸어야 했는데, 심지어 베스(Bess) 호수를 횡단할 때는 노를 저어야 했다.

힌드산장(Hindsæter)은 꽉 차서, 그는 새터산장(saeterhut)의 건초더미에서 밤을 보내야 했고, 극심한 고통에 시달렸다. 수요일 저녁, 그옌데스하임 산장에서 그의 종기가 터졌다. 그는 이 순간을 "갑자기 심연에 빛을 비추는 번개 같았다"고 묘사했다. 폐혈증의 두려움이 그를 엄습했다. 사실, 의학적 도움이 없었다면 폐혈증은 생명에 심각한 위험을 초래할 수 있었다.

그 후 3일간, 그는 의사가 있는 마을을 찾아 140킬로미터를 고생하며 이동했다. 그중 이틀은 농부의 말을 타고 황무지를 횡단했다. 그의 가이드는 길을 잃었고 말은 추락했으나, 카이퍼는 다행히 무사했다. 부러진 안장 때문에 그는 두 번이나 낙마했지만, 겨우 파거룬드(Fagerlund)에 도착했다. 그곳에서 두 시간 거리에 살고 있던 의사가 성공적으로 절개를 마쳤고 카이퍼는 마침내 잠을 잘 수 있었다. 3일 후 오드네스(Odnes)를 거쳐 피요르드 보트와 기차를 타고 크리스티아니아에 도착했다.

그곳 병원에서 그는 그 모든 경험을 요에게 보내는 여섯 통의 편지로 적었는데, '미래를 위해 그 주에 대한 짧은 이야기를 나중에 사용하기 위해' 썼다. 그의 뇌리를 스쳐 지나간 것은 그가 사망한 동생 헤르만에 대해 쓴 글에서 분명히 드러났다. 그 일주일 내내 그는 그의 불쌍한 동생을 잊지 못했

    아브라함 카이퍼의 일곱 가지 삶

고, 이제야 그는 동생이 어떤 고통을 겪었을지 알게 되었다.

그는 카이퍼의 유일한 동생으로 카이퍼보다 여섯 살 어렸는데, 아체 전쟁(Atjehoorlog)[2]이 시작될 때 장교로서 부상을 입고 세상을 떠났다. 헤르만, 그의 형제, 그의 유일한 사람! 무신론자 작가 물타툴리(Multatuli)[3]의 영향을 받아 신앙을 버리고 네덜란드령 동인도에서 외롭게 죽었다고 카이퍼는 애도했다. 그 자신도 헤르만처럼 될 수 있었던 것이다.

1884년에 겪었던 자신의 죽음에 대한 공포를 그는 지중해를 여행하던 20년 뒤에도 여전히 기억하고 있었다. 딸 항리에뜨가 큰일을 겪자, 팔레르모(Palermo)에 머물던 그는 그녀를 다독이며 용기를 북돋아 주었다. 요툰하이멘에서 겪은 고통과 극복은 그에게 평생 잊지 못할 경험이 되었다.

좁은 문 앞

1894년의 선거에서 치명적으로 패배한 후, 카이퍼는 6월의 마지막 날 알프스로 떠났다. 그가 자리를 비운 사이, 그의 신문 「드 스탄다르드」에는 비즈니스 서신은 편집장에게 보내고, 교회 관련 업무는 동료 루트허스(Rutgers)에게 문의하라는 광고가 3일간 실렸다.

9월 초가 되어서야 그의 이름이 다시 뉴스에 등장했다. 「드 스탄다르드」

---

2 아체 전쟁(인도네시아어: Perang Aceh, 네덜란드어: Atjehoorlog, 1873-1904 혹은 관점에 따라 1914)은 아체 술탄국과 네덜란드 사이에서 벌어졌던 전쟁을 일컫는 말이다. (역자 주)

3 에두아르트 데커(Eduard Douwes Dekker, 1820-1887)는 물타툴리(Multatuli, 라틴어로 '많이 고생했다'라는 뜻)라는 필명으로 더 잘 알려진 네덜란드의 작가이다. 그는 1820년 암스테르담에서 한 선장의 아들로 태어나 18살 때인 1838년 아버지와 당시 네덜란드의 식민지였던 자바섬에 가서 관료로 일했다. 그는 식민사회의 모순에 큰 염증을 느껴 1860년 네덜란드 식민지 정책을 신랄하게 비판하는 소설인 대표작 『막스 하플라』(*Max Havelaar*)를 발표하여 식민지에서의 노동 착취를 알렸다.

신문에는 실리지 않았지만, 「드 떼이드」(*De Tijd*) 일간지의 보도를 인용해 거의 모든 신문들이 카이퍼 의원이 연례 여행 중에 '심각하게' 아파 현재 브뤼셀에서 치료받고 있다는 뉴스를 실었다. 며칠 후, 카이퍼의 개인적인 소식을 잘 전하지 않던 「드 스탄다르드」도 이 사실을 보도했고, 이후 매주 그의 건강 상태를 업데이트했다. 다른 잡지의 추측보다 앞서 나가기 위해 「드 스탄다르드」 편집자들은 분명히 브뤼셀과 자체 소통 라인을 가지고 있었음이 확실했다.

9월 10일, 「드 스탄다르드」는 카이퍼가 8월 셋째 주에 폐렴에 걸렸으며, 몇 주간 침대에 누워 있어야 한다고 보도했다. 10월 중순까지 이런 상황은 계속되었는데, 알고 보니 그는 치료를 위해 피레네산맥으로 이동했었다. 그러나 그 당시 일어났던 사실을 카이퍼는 훗날 인터뷰에서 조금 공개했다. 두 명의 의사는 폐렴과 폐막염, 두가지 별개의 감염을 구별하지 못했다. 그로 인해 힘든 몇 주를 보냈다고 그는 나중에 「드 스탄다르드」에 썼다. 그의 고통이 외부에 드러나지는 않았지만, 그는 심하게 아팠다. 1876년의 침체는 오래 지속되었지만, 그에 비해 이번 침체는 더 깊었다.

그는 자녀들에게 솔직히 마음을 열었다. 9월 중순이 되자 그는 거의 죽음의 문턱까지 갔다. 그는 자신의 생일인 10월 29일에, 집에 있는 자녀들인 항리에뜨, 브람, 요한나, 기에게 편지를 썼다. 이것은 피레네산맥에서 그가 집으로 보낸, 이 시기의 유일한 편지였다.

세 번째 전문가만이 상황의 심각성을 인지하고 즉시 개입했다. 그 이후로, 이 브뤼셀 의사는 카이퍼가 신뢰하는 주치의가 되었고, 카이퍼는 때때로 그를 만나기 위해 특별히 브뤼셀을 방문하기도 했다. 에드몽 메르쉬 박사(Dr. Edmond Mersch, 1865-1956)는 동종요법 전문가였다. 그가 카이퍼의 만성 폐렴과 후에 발생한 신장 감염까지 치료하면서 투베르쿨린(tuberculine)을 사용했는데, 이는 제대로 된 희석 약물이 아니라 조악한 치료제에

　　　　　　　　　　　　아브라함 카이퍼의 일곱 가지 삶

가까웠다.

카이퍼는 브뤼셀에 있는 친구 가족의 집에서 7주 동안 보살핌을 받았다. 판 데스 가족은 마르쉐 오 뿔레(Marché aux Poulets, 치킨시장〔Kiekenmarkt〕)에서 델리 가게를 운영했으며, 상점 위층은 카이퍼가 브뤼셀을 방문할 때 가끔 머물렀던 유일한 사적 거처였다. 대부분의 경우 그는 초대를 거절하고 호텔에 머물렀다.

그가 '브뤼셀에 있는 그의 사랑하는 친구이자 형제인 판 데스의 환대받는 집 위층에 무력하게 갇혀 있는 동안', 온갖 종류의 일들이 일어나고 있었다. 카이퍼는 여전히 카이퍼였고, 상황을 예의주시하면서 네덜란드로 돌아가서 적극 대응할 준비를 했다. 하지만 당분간은 의사의 권고에 따랐다. 그는 10월 초에 아내와 함께 피레네산맥의 휴양도시인 꼬뜨헤(Cauterets)로 갔고 그곳에서는 그의 상태에 맞는 치료법이 특별히 권장되었다. 하지만 그는 너무 쇠약해져서 날씨가 나아지기를 기다려야 했다. 요가 5주 동안 그와 함께 있었다는 사실은 두 사람이 겪고 있던 위기의 심각성을 보여준다. 특히, 두 사람 모두 막내 베냐민(Benjamin)의 죽음(요는 이 상실을 극복하지 못했다.)으로 인해 여전히 고통받고 있었다. 그래서 카이퍼는 그의 자녀들에게 편지를 보냈다. 부모 모두 오랫동안 집을 떠나 있었기 때문이다. 막내인 기(Guy)는 이미 열 여섯 살이 되어 있었다.

꼬뜨헤의 온천에는 여러 의사들이 일했는데 꽤 큰 회사였다. 11월 중순, 벨기에 의사 드 포호트(De Voogt) 박사는 카이퍼의 오른쪽 폐가 앞으로 6-8주 내에 회복될 수 있다고 진단했다. 그러나 북부 기후에 노출되는 것은 위험하므로 남쪽 기후에서의 요양이 필수적이었다.

결국, 그는 그렇게 해야만 했고, 다른 방법이 없었다. 며칠 후, 카이퍼는 마르세이유(Marseille)에서 튀니스(Tunis)로 가는 배를 타고, 그랑 오텔 노아이유(Grand Hôtel Noailles)로 갔다. 6주 동안 그는 북아프리카의 겨울 햇볕을 쬐었다. 언제나 그랬듯이 「드 스탄다르드」의 독자들은 그 사실을 모르고 있었다. '카이퍼 박사 자신의 요청에 따라' 편집자들은 두 달 동안 침묵을 지켰고, 그의 회복을 위해서는 무엇보다 휴식이 필요했다.

12월 31일, 여행자 카이퍼는 마지막 야간 열차로 집에 도착하여 아무도 모르게 암스테르담의 프린스 헨드릭까드(Prins Hendrikkade)[4] 집 문 앞에 서 있었다. 정확히 6개월 동안 그는 집을 비웠고, 4년 후 미국 순회 공연 때보다 한 달 더 길었다. 그때 그는 12월 30일에 집으로 돌아올 예정이었다. 그는 새해를 맞으며 몇 가지 결심을 다졌다. 그 어느 때보다도 승자는 깔뱅주의일 것이고, 가장 유명한 패자는 로만일 것이라는 결심이었다. (이 이야기는 4장에서 계속된다.)

피레네산맥(Pyreneeën)에서의 치료

그의 병은 카이퍼를 알프스에서 피레네산맥으로 데려갔다. 그러나 요양은 그에게 새로운 일이 아니었다. 이미 1877년에 우울증을 앓은 그는 헤센(Hessen)의 라우바흐(Laubach)에서 요양을 했고, 1879년에는 비시(Vichy)에서 치료를 받았다. 그 사이 1년 동안은 국왕에게 보내는 국민 청원으로 인해 8월까지 바쁘게 지냈다. 그는 마지막 25년 동안, 매년 요양을 갔고, 노년에는 심지어 1년에 두 번씩 요양을 떠나기도 했다.

그의 요양 패턴은 항상 같았다. 먼저 약 3주 정도의 치료를 받고, 남은 시간은 알프스에서 가능한 한 많이 걷는 '후속 요양'을 진행했다. 나이가 들면서 카이퍼는 드레스덴 인근의 산이나 다른 가까운 지역에도 만족했다. 1894년 이후 그는 피레네산맥에서 몇 번의 여름을 보냈고, 이는 미국 순회

---

4 카이퍼가 살던 암스테르담의 주소. (역자 주)

    아브라함 카이퍼의 일곱 가지 삶

와 한 번의 알프스 여행과 번갈아 가며 이루어졌다. 꼬뜨헤의 미네랄 온천은 그의 병에 특별히 추천된 곳이었다.

1895년 7월 카이퍼는 다시 이곳에 도착했는데, 이번에는 파리 호텔(Hotel de Paris)에 머물렀다. 그는 파리에서 온 한 숙련된 의사를 만났는데, 그는 매우 체계적인 일일 프로그램을 계획했다. 이 프로그램은 그의 폐, 위, 내장, 심지어 류머티즘까지에 모두 유익했다고 그는 기쁜 마음으로 요에게 전했다.

매일 아침, 그는 라 라예르(La Raillère)에서 세 잔의 물로 양치질하는 것으로 시작하였다. 그런 다음 그는 모하라(Mauharat) 온천수 한 잔을 마시고, 뱅 뒤 부아(Bains du Bois)의 한증탕에서 증기 목욕을 했다. 그런 다음 네오-테르메(Néo-Thermes)에서 15분 동안 물 분무 치료를 받았으며, 이때 그는 머리부터 발끝까지 가죽 옷을 입고 있었다. 마지막으로 위마즈(Hûmage)에서 기관지에 효과적인 증기를 흡입했다. 이 모든 과정은 에르네 모냉(Ernest Monin) 박사의 『꼬뜨헤 임상 수치료 개요』(Esquisses d'hydrologie clinique Cauterets)에 잘 정리되어 있었다. 꼬뜨헤에는 24개의 온천이 있었고 결핵과 매독 치료에도 효과가 있다고 모냉 박사는 말했다.

그리고 매일 오후에는 산으로 향했다. 피레네산맥에서의 요양은 치료 후에 바로 등산을 즐길 수 있다는 장점이 있었다. 카이퍼는 매일 오후에 밖으로 나갔지만, 물론 알프스는 아니었기에 빙하가 그리웠다. 때로 그는 꼴 드 히우(Col de Riou, 1,949미터)나 에스톰 호수(Lac d'Estom)까지 7시간을 트레킹했다. '나는 항상 산에 오르고, 가이드 없이 혼자서 많은 속도를 낸 후, 보통 5시쯤 집에 돌아온다'고 그는 아내에게 전했다.

본격적인 후속 요양은 카지노 타운인 바녜르-드-뤼숑(Bagnères-de-Luchon)에서 이루어졌다. 이곳은 꼬뜨헤와 달리 매우 활기차고 화려한 도시로 카이퍼는 이곳을 '작은 파리'라고 표현했다. 그곳으로 가는 길은 루르드(Lourdes)를 경유해야 했으며, 하루가 걸렸는데 그 이유는 산을 바로 넘을 수 없었기 때문이다. 여기서도 먼저 더 높은 곳에 위치한 바니예흐의 콘티넨탈 호텔(Hôtel Continental)에 머물렀고, 이후에는 뤼숑의 드 라 뻬이 호텔(Hôtel de la Paix)에서 지냈다. 여기서 카이퍼는 매주 일요일마다 명상을 썼고 다른 날들은 모두 산행에 할애했다.

그의 편지에서 그는 스페인 국경에 있는 소브가르드 정상(Pic de Sauvegarde, 2,738미터)과 아름다운 리스 계곡(Vallée du Lys)을 트레킹한 것을 언급했다. 나중에 그는 한니발(Hannibal)이 갔던 2,444미터의 뿌에르또 드 베나스끄(Puerto de Benasque)를 넘어 스페인에 들어간 적이 있다고 회상했다.

저녁이면 그는 카지노에서 시간을 보냈다. 거기서 간단히 식사를 하고 독서실을 이용했다. 그는 그곳의 경치는 멋졌지만, 파리의 모든 부도덕도 이곳에 넘쳤다고 아쉬워했다. 그럼에도 이 여름은 그에게 몇 년 만에 최고의 시간이었으며, 특히 책상에 앉아 글을 쓸 때가 가장 행복했다고 했다.

그는 피레네산맥에서 요에게 마지막으로 두 통의 편지를 썼는데, 하나는 꼬뜨헤에서, 다른 하나는 뤼숑에서 썼다. 그때는 1899년 8월이었다. 그는 여전히 아침에는 치료를 받고 오후에는 등산을 했다. 치료는 이른 아침에 이루어졌기 때문에 그는 집에서처럼 오전 9시부터 오후 1시까지는 글을 쓸 수 있었다. 그의 주치의는 프랑스 의회의원이기도 했고, 그와는 이야기가 잘 통했다. 한편 요는 두 딸과 함께 베르너 오버란트에 머물고 있었는데, 집안 내력이었던 심장 질환을 각별히 조심해야 했다. 그가 일곱 번이나 갔던 모르테라취(Morteratsch) 빙하 근처의 디아볼레자(Diavolezza) 전망대까지 오르는 여행은 너무나 아름다웠다. 그는 다윈주의에 대해 연구하는 중이라고 전했다. 그리고는 "너희 모두에게 입맞춤을, 너희를 사랑하는 아빠로부터"라는 말로 편지를 마무리했다.

그 후의 침묵 속에서 비극이 찾아왔다.

　　　　　　　　　　　　　아브라함 카이퍼의 일곱 가지 삶

임종의 자리에서

1899년의 여름은 행복한 시기였다. 4월, 아들 브람은 오랜 연인이자 후에 소설가가 된 헨드리카 반 오르트(Hendrika van Oordt)와 결혼했다. 6월에 그는 박사 학위를 취득했고, 같은 달에 암스테르담 자유대학교의 교수로 임명되었다. 아버지 카이퍼가 안전하게 꼬뜨헤의 온천에서 요양을 하는 동안, 요는 딸들인 항리에뜨와 또와 함께 알프스로 떠났다. 이들은 매년 여름 가족의 전통처럼 여행을 즐겼다.

1899년 8월, 요와 그 딸들은 1876년 여름 내내 머물렀던 스위스 동부 산악 계곡인 엥가딘으로 여행을 떠났다. 그러나 모르테라취 빙하에서, 요는 넘어졌고, 손을 심하게 다쳤다. 이로 인해 더이상 여행을 계속할 수 없게 되었지만, 항리에뜨와 함께 베르너 오버란트로 이동할 만큼 상태가 그리 나쁘지는 않았다.

서쪽으로 하루 동안 여행한 그들은 해발 2,000미터의 고지대에 있는 그림셀 호스

1894년 가을, 카이퍼가 몇 달 동안 요양했던 브뤼셀의 끼껀마르크트(Kiekenmarkt)에 있는 판 데스 가족의 델리와 그들의 위층 집. 1893년부터 브뤼셀의 분리된 개혁교회는 위층에서 모임을 가졌다(1894년 사진).

피즈(Grimsel Hospiz)에 거처를 마련했다. 이곳은 높은 곳에 있는 유명한 숙소였으며, 다른 일행들은 계속해서 고산지대 트레킹을 즐겼다. 아마도 브람 주니어와 헨드리카도 그곳에 있었을 가능성이 있다. 한편, 딸 요한나는 암스테르담에, 헤르만은 흐로닝언에, 프레드는 네덜란드 동인도 제도에, 기는 군대에 있었다.

그러나 그림셀 호스피즈에 머문 지 며칠 후, 요는 열이 나기 시작했다. 그 후 상황은 나중에 딸들의 증언과 카이퍼 자신이 간간이 밝힌 인터뷰를 통해 전해진다.

숙소에는 의료 시설이 없었다. 항리에뜨는 눈을 가져와 어머니의 이마에 대었고, 환자를 쫓아내려는 여주인과 실랑이를 벌였다. 결국, 마이링겐에서 한 의사를 찾아 데려왔다. 그는 도착하자마자 신속하게 진단을 내렸고, 다음 날 새벽 5시에 환자를 하산시켰다. 요는 마차에 누워 있었고, 항리에뜨와 의사는 양쪽에서 걸어갔는데 내려가는데 7시간이 걸렸다.

마이링겐에 도착한 후, 호텔 방을 빌려 일주일 동안 항리에뜨는 어머니를 간호하며 여러 곳으로 전보를 보냈다. 암스테르담에서 간호사 수련 중이었던 요한나가 급히 도착해 간호를 이어받았고 그 사이에 또도 합류했다.

한편, 멀리 피레네산맥의 카지노 마을에 있던 카이퍼는 이 모든 상황을 전혀 알지 못했다. 비용 문제로 숙소를 옮겼고, 전보가 그에게 도달하는 데에는 시간이 걸렸다. 마침내 소식을 접한 그는 복잡한 기차 여정을 거쳐 알프스로 향했다.

그러던 중 요의 병명은 장티푸스로 판명되었다. 호텔은 감염의 위험이 있기에 세 딸은 단독 빌라를 임대했다. 결국, 요는 8월 25일 금요일 아침, 57세의 나이로 그곳에서 세상을 떠났다.

카이퍼는 그날 도착했지만, 임종을 지켰는지는 불확실하다. 두 명의 전기 작가는 '카이퍼는 그녀의 임종에 함께 하지 못했다'라고 주장한다. 실제로 그는 마지막 말을 나누지 못했을 가능성이 크다. 그는 요가 의식을 잃은 상태에서 도착했을지도 모른다.

그가 그 주 일요일에 쓴 명상문에는 미묘한 단서들이 있다. 그는 죽음의 잔인함에 대한 일반적인 표현만 썼고 요나 자신의 상황에 대해서는 전혀 언급하지 않았다. 그러나 '마지막 숨을 내쉬는 순간'과 '죽음이 현실로 다가오는 첫 고통스러운 순간'에 대한 묘사는 어쩌면 그가 직접 경험한 순간을 반영한 것일 수 있다. 그는 '임종의 자리에서, 마음이 찢어질 듯이 슬퍼하며 서 있다. 거기 누워 있는 사랑하는 사람은 이제 영혼도 없고 생명도 없는 존재'라고 표현했다.

카이퍼는 보통 추상적인 이미지를 사용하지 않았으며, 항상 실제 경험에서 나오는 구체적인 묘사를 선호했다. 그러므로 이 글은 그의 실제 경험을 바탕으로 한 것일 가능성이 크다. 그가 자신의 소중한 고인을 표현하는 데 자기 것이 아닌 이미지들을 사용할 수 있었을까? 또 다른 단서는 그녀의 사망 직후 동료인 루트허스에게 보낸 전보인데, 그는 이 전보를 통해 헤르만에게 소식을 전해야 했다. 그 전보는 라틴어로 작성되었는데, 최소한 그 시점에 카이퍼 자신이 그곳에 있었음을 의미한다.

죽음의 계곡. 마이링겐(Meiringen)의 무덤

요는 월요일 마이링겐의 오래된 교회 근처, 산책로에 묻혔다. 그곳은 알프스와 지금은 세계적으로 유명해진 폭포가 한 눈에 보이는 탁 트인 장소였다. 1893년, 아서 코난 도일(Arthur Conan Doyle)은 그의 주인공 셜록 홈즈(Sherlock Holmes)를 이 협곡에서 영원한 라이벌인 모리어티 교수(Professor Moriarty)와 함께 추락시키는 소설을 썼다. 이는 너무나 성공적인 시리즈에 종지부를 찍으려는 시도였지만, 곧 헛된 노력임이 드러났다. 그 후 몇년 동안 관광 붐이 일어났고, 이로 인해 그 장소에 작은 성공회 교회가 세워졌다. 지금은 셜록 홈즈 박물관이 되었다.

10월까지 카이퍼는 옆 도시인 인터라켄의 회헤백(Höheweg)에 있는 벨베데르(Belvédère) 호텔에 머물렀다. 호텔에서 바라볼때, 브리엔츠(Brienz) 호수 뒤 왼쪽에는 마이링겐이 있었고, 오른쪽으로는 융프라우(Jungfrau)와 묀히(Mönch)의 눈 덮인 봉우리가 베르너 오버란트 위로 솟아 있었다.

그는 조용히 지내며 외부와 거의 소통하지 않았다. 이곳에서 그는 '진화'라는 총장 특강을 준비했고, 결국 이 연설을 하기 위해 암스테르담으로 향했다. 그는 또한 인터라켄 주변의 산들을 걷는 일을 멈출 수 없었다. 명상 중에 그는 사망의 음침한 골짜기, 두려움과 공허함의 계곡을 경험한 것을 표현하려고 노력했다.

항리에뜨 카이퍼와 그녀의 가장 친한 친구 항리에뜨 흐로스가 20세기 초 가이드와 함께 산악 여행을 하고 있다.

때때로 그의 아내에 대한 사랑에 의문이 제기되곤 했다. 왜냐하면 카이퍼는 지배적인 성격이었고, 요는 그로 인해서 고통을 받았기 때문이다. 그러나 그녀는 그의 일생의 사랑이었다. 그들의 사랑은 1858년 여름부터 시작되었다. 카이퍼는 영민하지만 자부심이 강한 학생이었다. 당시 열여섯 살이었던 그녀는 경쾌하게 춤을 출 줄 알았으나, 카이퍼는 전혀 그러지 못했다. 그 후로 몇년 동

아브라함 카이퍼의 일곱 가지 삶

안, 그는 8월 25일이 되면 가능한 그녀의 무덤을 찾았다. 최소한 카이퍼는 1900년과 1902년에 다시 그곳을 찾았고, 그녀의 사망 10주기인 1909년에도 방문했다.

1902년, 그는 그녀의 무덤을 방문한 후 한 주 동안 두 번의 인터뷰를 했다. 두 번 모두 그는 요에 대해 이야기했다. 스위스 신문 「데어 분트」(*Der Bund*)는 네덜란드 총리의 부인이 폰트레지나(Pontresina) 근처의 빙하에서 사고로 사망했다고 보도했다. 「르 피가로」(*Le Figaro*)와의 인터뷰에서도 그는 요의 죽음이 엥가딘에서의 추락 때문이었다고 반복했다. 정말 그렇게 생각했던 것일까? 알프스가 그녀를 앗아간 것일까?

또 한 가지 이야기가 남아 있다. 그들은 요의 어머니도 1882년 스위스의 취리히(Zürich)에 묻어야 했다. 그리고 딸 항리에뜨는 바젤 근교의 리헨(Riehen)에서 자매들의 간호를 받다가 1933년에 그곳에서 폐렴으로 생을 마감했다. 세 세대, 세 번에 걸친 스위스와의 인연이었다.

그림자와 실체의 노래

6주 동안 지속된 인터라켄에서의 침묵 동안에도, 카이퍼는 매주 일요일 묵상을 썼다. 꼬박 1년 동안 그의 주제는 죽음이었다. 당시의 관습에 따라 1년 간 애도를 지켰는데, 이는 그의 복장과 검은 테두리가 있는 편지지에서도 드러났다. 그는 이 묵상 글들을 작은 책으로 출판하기로 동의했으며, 제목은 '예수 안에서 잠들다'로 정했다. 총 52편의 명상이 수록되었으며, 어느 정도 시간이 흐른 후인 1902년에 출판되었다.

서문에서 그는 독자들이 이 책을 통해 영혼의 상처에 위로를 얻기 바란다고 말했다. 특히 '내가 겪었던 고통을 아직 겪고 있는 사람들'에게 도움이 되기를 바란다고 밝혔다. 그는 이 글들이 죽음 자체에 관한 것이며, 인간은 이 죽음에 대한 해답을 가질 수 없음을 강조했다. 심지어 예술조차도 해답을 줄 수 없는데, 왜냐하면 예술의 가장 위안이 되는 표현조차도 *그림자*일 뿐 *실체*는 아니라고 경고했다.

무엇이 실체이고, 무엇이 그림자인가? 인간은 무엇을 믿을 수 있는가? 그림자와 실체, 겉모습과 본질에 대한 물음은 그가 알프스 고지대에서 자주 떠올렸던 고민이었다. 카이퍼는 본질적으로 낭만주의자였으며, 그의 모든 저작에서 이 점을 찾아볼 수 있다. 그의 글을 주의 깊게 살펴보면, 그는 특히 고산지대에서 얻은 이미지를 자주 차용했음을 알 수 있다. 그는 자신의 여행에 대해 한 줄도 출판하지 않았지만, 그 경험은 그의 글 속에 은유와 이미지로 고스란히 드러났다.

그는 학생들에게 '유럽에 몽블랑이 하나뿐인 것처럼, 지적 세계에서도 진정한 정상(頂上)은 드물다'고 강조했다. 그는 때때로 학생들에게 구체적인 자연 현상을 언급하곤 했는데, 예컨대 루체른의 빙하분지(Gletscherkessel)는 빙하기의 결과라고 설명했다. 또한 티롤에서는 유난히 거대한 운석을 본 적도 있다고 말했다. 하지만 그의 글에서 빙하는 단순한 자연 현상을 넘어 움직이는 정치 권력을 상징하였고, 이들이 협력하여 천천히 움직이면서 기존의 권력을 압박하고 밀어내는 것으로 나타냈다. 가령, 카이퍼는 사회주의자들과 협력하는 기독교 정당 연합이 자유주의를 억누르고 있다고 보았다.

독수리나 독수리가 날아오르는 것을 처음 본 어린 산양은 본능적으로 위험을 감지하지만, 알프스 사냥꾼은 눈 속에 난 한 자취만으로도 산양을 잡을 수 있다. '주의 큰 폭포 소리'(시편 42편, 1889년)에 대한 묵상에서 이미지들은 자유롭게 흐른다. 높은 산에서 모든 것은 하나님의 위대하심을 증언한다. 영원한 눈과 빙하, 천둥처럼 쏟아지는 눈사태, 머리 바로 위와 계곡 아래 깊은 곳에 치는 번개. 그렇다, 그 광활하고 장엄한 세계에서, 인간은 아무것도 아니지만, 절벽과 협곡, 독수리와 뛰는 산양들이 하나님의 위대하심

　　　　　　　　아브라함 카이퍼의 일곱 가지 삶

을 증언한다. "그 높은 곳에서는 모든 것이 엄숙하고 신성한 침묵으로 가득 차 있다."

이 모든 자연재해에 직면하게 되면 인간이 얼마나 연약한지 깨닫게 된다. 알프스의 살레(Sennhütte)는 젊은이들의 눈에는 부모의 집을 상징할 수도 있다. "잠시 머물다 빨리 떠나고 싶은 장소다." 알프호른(alphorn)은 언젠가 터져 나올 환희를 상징한다. 하지만 그러려면 그것은 빙하와 눈으로 뒤덮인 들판을 가로질러 산 꼭대기를 넘으며 '은빛 음색'을 울리며 메아리쳐야 한다. 그렇지 않으면, 이러한 소리조차 천상의 실체 앞에서는 희미해질 것이다. 바흐(J. S. Bach)의 음악조차 천사 가브리엘에게 음악을 양보해야 하듯이 말이다.

'깔뱅주의자들이 스케이트를 타도 되는가?' 이것은 그들이 새로 결성한 (1892년) 교단에서 제기된 질문이었다. 홀란드와 위트레흐트에서는 반대 의견이 나왔지만, 흐로닝언과 프리슬란트(Friesland) 사람들은 그 안에서 어떤 죄도 볼 수 없다고 했다. 「드 헤라우트」가 이 문제에 대해 답을 해줄 수 있겠느냐는 질문에, 그것은 가능하다고 카이퍼는 대답했다. 비록 자신은 스케이트를 직접 타본 적이 없었지만, 스케이트를 타면 구멍이나 다리 밑의 얇은 얼음, 우연한 충돌과 심한 넘어짐 등 상당한 위험을 동반한다는 것을 알고 있었다. 게다가 온갖 비도덕적인 오락도 따른다. 그러나 그것이 문제의 본질에 영향을 미치지는 않았다. 얼음 위에서의 오락에는 해가 없으며, 오히려 수영을 하거나 멀리 여행하며 '산의 장엄한 얼음 벌판을 걷는 것'처럼 매우 건강하고 좋은 것이다.

알프스 산맥 주변을 돌아다니며 그들의 '불안정한 윤곽선'을 마음껏 감상하는 것은 이미 1878년부터 카이퍼가 신학적 사색을 위해 가장 좋아했던 이미지였다. 그해, 그는 세 번째 여름 연속으로 영원의 빙원으로 모험을 떠났다. 그의 그림자와 실체의 노래가 시작되었음을 알게 된 해였다.

샬레에서 니체(Nietzsche)와 함께

1959년, 『산의 음울과 산의 영광』(*Mountain Gloom and Mountain Glory*)은 출간되자마자 유명해졌고, 현대의 고전이 되었다. 이 책에서 미국의 문학 학자 마조리 호프 니콜슨(Marjorie Hope Nicolson)은 우리가 산을 경험하는 작은 문화사를 간략하게 다룬다. 그녀는 낭만주의 시대 이전부터 문학과 과학에서 일어났던 이러한 고산에 대한 인식의 변화를 추적한다. 18세기까지만 해도 높은 산을 파멸과 어둠의 장소로 묘사하던 것이 어떻게 무한하고 숭고한 장소로 바뀌었는지 설명한다. 이러한 변화는 시인들뿐만 아니라 신학자들과 자연과학자들에게도 마찬가지였다.

혼돈의 세계에서 최고의 행복한 세계로, '음울'에서 '영광'으로, 높은 산의 이러한 새로운 경험은 낭만주의에서 절정에 도달하게 된다. 많은 봉우리들은 19세기에 들어서야 처음으로 등반하게 되었다. 그것은 기술적 발전과는 아무 관련이 없었고, 여전히 인간과 산 사이의 싸움으로, 산에 대한 새로운 시각과 관련이 있었다. 카이퍼 역시 이러한 변화의 일원이었으나, 자신이 인정했던 것보다 훨씬 더 낭만적인 인물이었다.

학창 시절, 그는 헨리 워즈워스 롱펠로우(Henry Wadsworth Longfellow)가 1841년에 쓴 낭만적인 시인 "엑셀시오르(Excelsior)"[5]를 읽었다. 이 시는 당시 대성공을 거두었고, 그의 동료였던 리스트(Liszt)와 같은 작곡가들에 의해 곡으로도 만들어졌다. 이 시는 9개의 짧은 연으로 구성되어 있으며, 각 연은 '엑셀시오르!'라는 감탄사로 끝난다. 카이퍼는 평생 이 시를 자주 언급했으며, 그 역시 이 시에서 큰 감동을 받은 것으로 보인다.

---

5 이 시는 미국시인 헨리 워즈워드 롱펠로우(Henry Wordsworth Longfellow, 1807-1882)가 청년들의 기상을 돋아줄 목적으로 알프스를 배경으로 썼다고 한다. 더욱 높이 올라 멀리 보고 깊이 느끼려는 산악인의 기상이 응집된 시다. (역자 주)

   아브라함 카이퍼의 일곱 가지 삶

카이퍼는 프린스턴에서 첫 번째 스톤 강연을 시작했다. 미국 청중들 앞에서 그의 생각은 그시절로 되돌아갔다. 바로 여기 미국 땅에서 그는 "엑셀시오르"를 더 잘 이해하게 되었다고 말했다. 사실 롱펠로우는 오랜 시간을 유럽에 머물며 젊은 낭만주의자로 여겨지는 환경에 있었고, 이야기 또한 알프스를 배경으로 하지만 그는 미국인이었다. 애디론댁스 산맥에서 3주를 보낸 후, 카이퍼는 분명히 이 시에 대한 새로운 이미지를 형성했을 것이다.

롱펠로우의 영감은 여기서 더 나아갔다. 이루어질 수 없는 사랑은 그의 굳건한 영웅을 가장 높은 알프스 봉우리에 오르도록 이끌었고, 마지막 연에서는 성 버나드의 설원 속에서 영웅적인 죽음을 맞이하게 했다. 반면, 카이퍼는 1871년 "완전히 억제된 자기 몰두에 빠져, 황량하고 메마른 바위 위 눈 무덤에서 처참한 결말을 맞는" 죽음이라고 말했다.

이 시의 제목인 '엑셀시오르!'는 '더 높이!'라는 구호를 의미한다. 이 시의 주인공은 이 구호가 적힌 깃발을 들고 모든 정상에서 정상으로 넘나들며, 결국 얼어붙은 시체가 되어도 그 깃발을 움켜잡고 있다. 카이퍼는 1차 세계대전 직전, 그것을 19세기의 낙관적인 진보 신념의 상징으로 보았다. 그 당시 롱펠로우를 추종하던 자들의 종교적 분위기처럼, '진보'라는 순진한 마법의 단어는 여전히 대중을 도취시키는 데 성공했다. 그러나 카이퍼는 자신만의 알프스와 죽음과의 연관성을 가지고 있었으며, 당시 유행하던 니체적 영웅주의를 공유하지는 않았다.

이와 관련해 니체라는 이름도 거론된다. 카이퍼와 같은 시기에, 그보다 약간 젊은 프리드리히 니체(Friedrich Nietzsche, 1844-1900) 역시 알프스에서 여행을 했다. 1883년, 니체는 카이퍼가 7년 전에 했던 것처럼 여름은 실스 마리아에서, 겨울은 니스에서 보냈다. 니체는 실스 마리아에서 여름을 보내며 『차라투스트라는 이렇게 말했다』(*Also sprach Zarathustra*)와 같은 책을 집필했다. 그의 주거지는 오늘날 '니체 하우스'로 불리며 관광객을 받아들이고 그의 작품을 위한 연구 센터 역할을 하고 있다.

롱펠로우의 영웅처럼 차라투스트라는 이 알프스 봉우리에서 저 알프스 봉우리들을 넘나든다. 그는 점점 더 높이 올라갈 뿐만 아니라, 동시에 깊은 곳을 응시한다. 심연은 그를 산보다 훨씬 더 괴롭히고, 그는 독수리처럼 냉혹하게 심연을 응시하는 존재로, 니체가 기대하는 초인(übermensch)의 존재를 보여준다. '심연을 보지만, 독수리의 눈으로 보는 사람, 독수리의 발톱으로 심연을 움켜잡는 사람, 그는 용기를 가진 자다.' 용기는 먼저 모든 연민을 죽인다면, 죽음도 죽일 수 있다. 인간이 극복해야 할 가장 깊은 심연은 바로 연민이다.

니체와 카이퍼는 같은 시기에 알프스에서 다섯 번의 여름을 보냈고, 약 8개월 동안 머물렀다. 그들은 모두 엥가딘 고원에 머물렀으며, 종종 같은 트레킹을 했다. 특히 카이퍼가 '7번' 등반했다고 말한 디아볼레자, '악마의 산'을 오르는 코스였다. 1879년 8월 어느 날, 니체의 첫 알프스 여름과 카이퍼의 세 번째 여름이 교차하던 날, 그들은 비오는 오후 한 알프스의 산장에서 만났을 것이다. 그리고 그들은 그날의 악천후에 대해 이야기를 나눴을 것이다. 이들 두 사람이 지난 몇 년 동안 알프스를 여행하면서 빙하 투어를 하는 동안 샬레에서 대화를 나눴을 가능성은 매혹적이지만 결실 없는 추측에 불과하다. 왜냐하면 카이퍼는 빌리가 죽던 1892년 여름에 니체의 책을 처음 읽었기 때문이다. 그해 여름에 그는 『차라투스트라는 이렇게 말했다』를 읽었고, 아마도 그는 그 책으로 니체 읽기를 끝냈을 가능성이 높다. 그러나 그가 알프스에 머무는 동안 그 책을 읽은 사실만으로도 중요한 의미를 남겼다.

네덜란드에서 니체에 대해 처음 관심을 기울인 사람은 카이퍼가 사실상 최초였고, 문학가 알베르트 페르웨이(Albert Verwey)만이 그에 앞섰을 뿐이었다. 카이퍼는 니체를 곧바로 더 많은 대중에게 소개했다. 1892년 가을,

아브라함 카이퍼의 일곱 가지 삶

그의 학장 취임 강연인 '경계의 모호함(De verflauwing der grenzen)'에서 카이퍼는 니체를 새로운 물타툴리로 묘사하며, 뛰어난 문체와 독특한 시대정신의 대표자로 평가했다.

신성의 반영

카이퍼 자신은 무한에 대해 자신만의 다른 생각을 가지고 있었다. 게다가 그는 알프스에 대한 자신의 독특한 이미지를 소중히 여겼다. 그의 첫 번째 전기 작가인 개혁주의 목사 빈켈이 언젠가 그것에 대해 그와 대화를 나눈 적이 있었다. (1919년에 출판한 책은 카이퍼 자신이 검토했다.)

카이퍼가 알프스를 오르며 무엇을 느꼈는지, 알프스 여행이 그에게 어떤 의미였는지 자신의 생각을 표현한 것은 이때가 처음이자 유일했다. 그는 이렇게 말했다. "위로 올라감에 따라 그 광경은 점점 더 아름답고 영광스러워짐을 볼 수 있었다. 그것은 점점 더 높이 올라가고 싶은 충동을 불러일으켰다('엑셀시오르!'). 하지만 더이상 올라갈 수 없는 순간, 태양 아래 빛나는 눈앞의 '하늘 높이 솟은 봉우리'는 여전히 손이 닿지 않는 곳에 남아 있었다. 그위에서 바라볼 광경은 숭고할 것이라는 것을 알고 있었지만 말이다." 빙클은 이를 '가장 황홀한 파노라마'라고 기록했다.

카이퍼는 그때 창조가 존재하는 주된 이유는 인간이 그것을 즐기기 위함이 아니라, 그것이 하나님께서 자신의 신성을 드러내는 방식이기 때문이라는 것을 깨닫게 되었다고 말했다. 높은 산에서, 인간은 문자 그대로, 물리적인 인간 경험의 한계에 부딪힌다. 그러나 바로 이런 방식으로, 우리의 한계를 통해, 하나님의 실재를 엿볼 수 있다는 것이다. 카이퍼에게 있어 용기란 이런 통찰과 겸손한 인식이지, 그가 종종 교만하다고 비난하곤 했던 차라투스트라의 용기가 아니었다.

그는 이미 1888년에 정확히 같은 점을 '깔뱅주의와 예술'에서 주장했다. 이 글에서 그는 자신의 경험을 직접적으로 묘사하지는 않았지만, 그의 전반적인 사고방식이 고스란히 드러난다. 그 역시 니체처럼 알프스에서 여름을 보내고 돌아온 직후에 이 책을 썼다.

카이퍼는 이렇게 썼다. "영원한 얼음에 덮인 알프스의 봉우리에서 하나님의 창조의 위엄을 한 번이라도 감상하며 그 환희를 느낀 사람은, 그 빛나는 보석같은 찬란함이 인간의 눈만을 위해 존재한다고 상상하는 것이 어리석음을 절실하게 깨닫게 된다. … 그렇지 않다. 산에서는 자신을 창조의 왕자라고 생각조차 할 수 없고, 독수리의 눈으로 존재의 심연을 초월하는 초인도 상상할 수 없다."

카이퍼는 심연을 들여다보지 않았다. 그는 하늘을 올려다보았다. 거기에 그의 궁극적인 비전이 있었고, 알프스에서의 경험의 핵심이 있었다. 그것은 무엇인가? 그것은 그 자아의 위대함이 아니라, 신성한 하나님(비자아, 非自我)의 위대함이다.

카이퍼의 말로는 이렇게 표현된다. "아름다움과 경이로움 또한 무엇보다 하나님을 위해 존재한다. 이 아름다움을 먼저 구상하시고 그것을 창조 속에 불어넣으신 분이, 어찌 피조물 안에 비치는 당신 자신의 신성(θειότης)의 반영을 향한 뜻이나 눈을 갖고 계시지 않겠는가?" 하나님의 창조의 의미는 피조물 그 자체 안에 담겨 있었다. 태양 아래에서 바라보는 것은 바로 그 신성의 광채였다. 그러나 모든 창조는 그분의 사랑으로 가득 차 있었다. 이런 식으로 인간은 자신이 누구인지를 발견하게 된다. 그러나 차라투스트라는 달랐고 그것은 다른 방식으로 발견된 자신이었다.

이 두 번은 카이퍼가 몽블랑의 산비탈에서 자주 걸으며 생각한 것을 표현한 것이다(그리고 우리는 그가 아마도 4,000미터보다 더 높은 고도에 올랐을 것이라고 추론할 수 있다.). 다행히도, 그가 받은 인상을 글로 표현한 것은 이 두 번만

이 아니었다. 다른 경우에도 그는 주로 명상하면서, 그리고 항상 서정적인 형식으로 이미지를 통해 자신의 생각을 표현했다.

앞서 언급한 시편 42편에 대한 명상에서 그는 고산지대의 산들을 "너무나 숭고하고, 너무나 신성하며, 너무나 엄숙하고 신성하게 고요하여 경이로움 외에는 아무것도 남지 않는다"고 묘사했다. "조용하고 거룩한 침묵이 그 신비한 고원에 있다"고 그는 말했으며, 그곳에서는 인간은 아무것도 아니며, 오직 장엄함으로 가득 찬 하나님의 창조만이 거기에 있다고 말했다. 카이퍼는 1909년에 다시 한번 알프스의 봉우리에서 보는 풍경은 자연의 다른 어떤 경험도 초월한다고 회상했다. 그는 종종 영원한 얼음으로 뒤덮인 알프스 봉우리에서 하나님의 창조의 위엄을 바라보며 '환희'를 자주 느꼈다고 말했다. 거의 죽음을 맞이할 뻔했던 요툰하이멘의 눈 덮인 봉우리에서조차, 그는 그 무엇보다도 '오싹한 아름다움'을 기억했다.

하나님의 장엄

높은 산에서 느끼는 숭고함에 대한 이런 경험의 감동적인 묘사는 에드먼드 버크의 고전적인 설명에서 비롯된다. 그는 일찍이 1757년에 자신의 저서 『숭고하고 아름다운 것에 대한 우리 관념의 기원에 대한 철학적 탐구』(*A Philosophical Enquiry into the Origins of Our Ideas of the Sublime and Beautiful*)에서 이를 잘 표현했다.

카이퍼가 그것을 읽었을 가능성은 매우 높다. 1873년에 그는 독감에 걸려 침대에 누워 있을 때, 버크의 전집을 읽으며 시간을 보냈고 이것은 그에게 큰 즐거움을 주었다. 그러나 그는 자신의 숭고한 경험을 바탕으로 이미 많은 영감과 이미지를 떠올릴 수 있었다. 가령, 눈이 타는 듯한 석양이나 그가 본 짙은 붉은색으로 변하는 노르웨이의 하늘의 이미지가 그것이다. "그

리고 무엇보다도, 석양은 알프스의 눈 덮인 봉우리들을 빛내고, 또한 북극
광은 하늘을 붉게 물들여 그 붉은색이 덮어씌우는 것이 아니라 신성한 깊이
를 드러낸다."

노르웨이에서 돌아온 카이퍼는 노르웨이에 관해 아홉 편의 에세이를 썼
다. 마지막에 그는 서정적이 되었다. 그의 마지막 구절은 전적으로 시편의
언어로 된 찬양으로 끝났다. 그 언어는 그에게 너무나 특유했기 때문에 이
문장들은 거의 실제 시편과 구별할 수 없을 정도였다. 카이퍼의 저널리즘적
인 펜 끝에서, 다음과 같은 다윗의 시편이 흘러나왔다.

그 내용은 다음과 같다.

> 그분은 바다 깊은 곳에서 노르웨이를 끌어올려
>
> 장엄한 산악 지대로 세우셨다.
>
> 그리고 아무도 살지 않는 그 산들 위에
>
> 아무도 먹지 않는 식물 세계를 창조하시고,
>
> 아무도 다가갈 수 없는 동물 세계를 지으셨다.
>
> 더 높은 곳에는 다가설 수 없는 봉우리들과
>
> 오를 수 없는 빙하들을 창조하셨으니,
>
> 그곳은 어느 누구에게도 쓸모가 없고,
>
> 더구나 불과 삼십 년 전까지만 해도
>
> 그 어떤 인간도 본 적이 없던 곳이었다.

카이퍼는 깔뱅주의자였다. 그러나 옛 깔뱅주의자들과는 달리, 그는 평
야만으로는 충분하지 않다는 것을 인정하지 않을 수 없었다. 그는 하나님의
장엄함을 지닌 산들이 필요했다.

옛 선조들은 저지대에 완벽하게 만족했고, 강렬한 산문을 쓰기 위해 그

 아브라함 카이퍼의 일곱 가지 삶

이상 필요하지 않았다. 그들은 잠수함을 타고 심해로 가거나, 비행기를 타고 구름 위로 날거나, 심지어 알프스를 횡단하거나 오르틀러를 오를 필요도 없었다. 즉, 그들은 이런 일들이 필요하지 않았다(카이퍼는 이 말을 직접적으로 하지는 않았다.). 이 글은 제1차 세계대전 중에 쓰여졌기 때문에, 그 시점에서 그런 활동들은 아예 불가능했지만, 카이퍼는 한 비유를 통해 옛 깔뱅주의자들과 새로운 깔뱅주의자들 사이의 차이를 하나의 이미지로 잘 포착했다.

카이퍼는 많은 책을 읽었다. 그러나 그는 거의 모든 면에서 자신의 대척점에 서 있던 영국의 고독한 인물, 제라드 맨리 홉킨스(Gerard Manley Hopkins, 1844-1889)[6]에 대해서는 아마도 들어본 적이 없었을 것이다. 홉킨스는 카이퍼와 거의 모든 면에서 정반대의 인물이었다. 카이퍼가 심플론에서 하룻밤을 보냈던 바로 그 해에, 홉킨스도 "하나님의 장엄(God's Grandeur)"이라는 시를 썼다. 이 시는 그의 죽음 이후 한참이 지나서 출간되었다. 이 시는 이렇게 시작된다. "세상은 하나님의 장엄함으로 가득 차 있고, 어디서나 그 위엄이 불타오르고 있다." 카이퍼는 결코 시인은 아니었지만, 그의 모든 산문에서 매우 강렬하게 표현한 것처럼, 그 역시 이렇게 말했을 것이다.

세상은 하나님의 장엄함으로 가득 차 있다.
그것은 불타오를 것이다.

---

6 제라드 맨리 홉킨스(Gerard Manley Hopkins, 1844-1889)는 영국의 종교인, 시인이다. 가톨릭으로 개종, 예수회의 성직자가 되었다. 생래적인 예민한 감수성과 풍부한 상상력으로 시창작에 몰두하여 '스프링 리듬'(Sprung Rhythm)이라고 하는 독자적인 운율로 대담한 어휘와 어법(語法)으로 미의 추구와 신앙, 이러한 내심의 갈등을 노래하였다. 그의 시는 젊은 시인들에게 커다란 영향을 주었다. (위키백과)

제2장

여행자

선거에서 패배한 후 "더 보고 배우고 싶다"는
카이퍼 (1905년 7월, 브라껀시끄의 만평)

1912년 9월 그를 인터뷰하러 온 기자는 카이퍼가 여행한 모든 땅과 바다에서 가져온 개인적인 기념품들로 가득 찬 집을 보았다.

『자화상』에서 여행자에 대해 묘사하는 두 개의 긴 문장은 그의 생애의 절반을 생생히 담고 있다. "여행자로서 그는 미국, 유럽의 모든 지역을 포함하여 노르웨이의 요툰하이멘에서 지브롤터(Gibraltar), 아나톨리아(Anatolië), 시리아(Syrië), 하마(Hama), 팔레스타인(Palestina), 이집트, 수단(Soedan), 튀니지(Tunesië), 알제리(Algerije), 그리고 모로코(Marokko)까지 방문했다." 그의 마지막 여행에 대한 기록은 1907년 암스테르담에서 처음 출판된 두 권짜리 저서 『옛 세계의 바다 여행』(*Om de oude wereldzee*)과 1910년 브뤼셀에서 출판된 프랑스어 번역본(*Autour de l'ancienne mer du monde*)에서 찾아볼 수 있다.

카이퍼는 유럽을 넘어 러시아까지, 또한 남쪽으로는 오스만 제국과 프랑스령 북아프리카를 여행했으며, 나일강을 따라 이집트를 통과해, 더 남쪽으로 수단까지 다녀왔다. 이 여행은 그가 정치인 자격으로 수행한 일이었기 때문에 8장에서 다루어진다. 여기서는 그가 총리가 되기 전의 여행을 주로 다룰 것이다.

산악 여행과 마찬가지로 여행 또한 카이퍼에게는 신성한 의무였다. 모든 활동 가운데서도 그는 휴식을 찾는 것이 자신의 당연한 의무이자 필수라고 생각했다. 그는 전기 작가 빙켈에게 "지구상에서 내 머리가 쉴 수 있는 곳은 알프스 고지대와 런던의 거리 두 곳뿐'이라고 말했다. 런던 거리를 거닐 때, 그는 '혼잡한 인파 속에서 잊혀진 사람"처럼 느껴졌다. 카이퍼에게 있어 런던은 즐거움의 장소이자 동시에 의무감의 장소였다. 런던에서 일어난 많은 일들이 여러 가지 중요한 의미를 가졌기 때문이다.

런던(London)의 거리에서

그는 어린 시절부터 런던을 접했다. 처음에는 주로 상상 속에서만이었다. 그는 아버지에게 영어를 배웠는데, 그의 아버지는 젊은 시절 영어 종교 소책자를 네덜란드어로 번역한 경험이 있었다. 카이퍼는 집에서 교육을 받다가 레이든 김나지움에 입학했다. 그러나 1867년 여름, 그는 한 달 동안 영국 수도에 살면서 그 상상이 현실로 바뀌었고, 그곳에서 그는 연구에 몰두했다.

카이퍼는 시골 목사로 사역하던 시절에도 역사학자로서의 학술적 토대를 닦기 위해 끊임없이 노력을 다했다. 그는 자료 조사를 위해 7월 한 달 내내 런던의 아카이브에 머물렀다. 특히 대영박물관에서는 16세기 중반 네덜란드 난민 교회에 관한 미정리 기록들을 샅샅이 뒤졌다. 1857년 개관한 빅토리아 시대의 유명한 독서실 아래에서 그는 도착하자마자 곧장 연구에 몰두했다.

며칠 후, 그는 필요한 대부분의 문서를 찾으려면 길드홀(Guildhall)로 가야 한다는 것을 알게 되었다. 이 건물은 중세 시대에 지어진 런던의 시청으로, 블리츠 대공습을 견뎌냈다. 그는 또한 네덜란드 오스틴 수사(Austin Friars) 교회와 성 마르땡 르 그랑(Martin's Le Grand) 위그노 교회의 자료 보관소, 그리고 개인 소장품에서도 자료를 발견했다. 이 과정에서 카이퍼는 부처(Martin Bucer), 아 라스코(Johannes a Lasco, 폴란드어 Jan Łaski), 깔뱅과 같은 개혁가들뿐만 아니라 빌름 오란여의 오른팔인 마르닉스 판 신트-알데혼데(Marnix van Sint-Aldegonde)[1]의 편지를 발견했다. 1867년만 해도 이것은

---

1 필립스 판 마르닉스 판 신트 알데혼데(네덜란드어: Filips van Marnix, heer van Sint-Aldegonde, heer van West-Souburg, 프랑스어: Philippe de Marnix, seigneur de Sainte-Aldegonde)는 남 네덜란드 출신의 백작으로 네덜란드 국가(Wilhelmus, 빌헬무스)를 작사한 사람으로

아브라함 카이퍼의 일곱 가지 삶

여전히 가능한 일이었다.

이 젊은 박사는 3주 동안 미친 듯이 일하면서 할 수 있는 것을 베껴 썼고, 앞으로 여러 해 동안 이 연구가 계속될 것임을 깨달았다. 그의 시간은 제한적이었고, 연구 여행 경비도 후원자가 지불했기 때문이다. 게다가 젊은 카이퍼는 이미 그 특유의 야망을 가진 카이퍼였고, 그의 야망은 더 멀리 나아갔다.

7월 14일 일요일, 그는 오스틴 수사 네덜란드 교회에서 설교했다. 고딕 양식의 이 교회는 1550년 헨리 8세가 네덜란드에서 온 많은 난민들에게 내어 준 교회였다(대공습 중에 화염에 휩싸였다 재건되었으며 그 이후로 네덜란드 교회로 사용되고 있었다.). 설교는 전날 밤에 작성했으며, 이는 그가 이미 많은 설교 경험을 쌓고 있었음을 보여준다.

물론 카이퍼는 영국 국교회인 성공회의 전통에도 깊이 파고들었다. 나중에 그의 맏딸 헝리에뜨가 전례에 매료되었을 때(그녀는 아버지보다 더 많은 문화적 감각을 가지고 있었다.), 그는 전례가 무엇이 잘못된 것인지 문제점을 설명해 주곤 했다. 깔뱅주의적 요소는 사라졌고, 남은 것은 그저 겉치레에 불과하다는 것이었다. 영국을 향한 그의 사랑은 보어전쟁[2]조차 극복할 만큼 강했지만, 그는 개혁주의 교리의 결핍을 그토록 참을 수 없어 했다.

비록 젊은 시절 '옥스퍼드 운동(Oxford Movement)'[3]에 매료되었지만

여겨지고 있다. (위키백과)

2　보어 전쟁(Boer Wars)은 아프리카에서 종단 정책을 추진하던 대영제국과 당시 남아프리카 지역에 정착해 살던 네덜란드계 보어족(아프리카너들) 사이에 일어난 전쟁이다. (위키백과)

3　옥스퍼드 운동(Oxford Movement)은 19세기에 일어난 영국 성공회의 신학 운동이다. 국가의 교회 간섭에 대항하여 교회의 독립성을 주장하고, 그 근거를 초대교회와 교부들의 전통에서 찾고자 하면서(사도적 교회) 교부들의 교회론과 교리 등을 새롭게 회복시키려 노력했으며 중세 교회에서 발전된 교리적 전통들에 대해서 상당한 의미를 부여하고 이와 함께 발전되었던 예전(전례)의 회복을 위해서 시대에 응답하는 소책자(Tracts for Times)라는 소논문집에 담아 유포했기 때문에 이를 '소책자운동(Tractarian Movement)', 옥스퍼드 운동

(1863년 그의 감정적 회심은 그 운동과 밀접하게 연결되어 있었다.), 그는 평생동안 영국 교회를 내용이 없는 외양에 불과하다고 보았다. 그가 비판을 한 이유는 신학적인 이의 제기 때문이었지만, 분명히 청교도적 성향을 가진 네덜란드인으로서의 관점도 영향을 미쳤다. 그럼에도, 그의 젊은 시절은 성공회 전례, 특히 성가에 매료되었던 흔적이 있다. 그 흔적은 교회에 대한 그의 글에서 볼 수 있다.

그러나 카이퍼는 더 많은 것을 원했다. 이미 영국에서 레이 경(Lord Reay)으로 경력을 쌓기 시작한 오랜 대학 친구인 도널드 맥케이 남작(Donald Baron Mackay)의 소개로, 그는 여기저기 얼굴을 비추었다. 카이퍼는 람버스 궁전(Lambeth Palace)에서 성공회 대주교를 알현했고, 하원도 방문했다. 또한 그는 옥스퍼드와 케임브리지를 여행했다고 반세기 후에 회상했다. 1867년 7월의 바쁜 시기에 이 두 영국의 대학 도시를 방문한 것은 조금 무리한 일정이었지만 불가능하지는 않았다. 그는 후에 영국을 방문할 때마다 그곳을 다시 찾았다.

카이퍼는 "당시 나는 거의 매년 영국에 갔다"고 80세 무렵 회상했다. 레이 경의 소개 덕분에, 매번 방문할 때마다 "정치적, 문학적 즐거움이 점점 더 풍부해졌다"고 했다. 카이퍼에게 있어서 즐거움은 주로 높은 산으로의 여행에 국한된 것이었지만 런던에서도 그것은 가능했다. 그가 '문학적 즐거움'이라고 언급한 것은 아마 그가 런던에서 발견한 책들을 뜻했을 것이다. 심지어 정치적으로도 즐길 수 있는 것이 있었다. 그는 "내가 영국 시민이라면 나는 글래드스토니언이 되었을 것이라고 항상 느꼈다"라고 말했다. 그의 정치적 영웅 윌리엄 글래드스톤이 네덜란드인이었다면 자유주의자들이 아니라 의심할 여지없이 흐룬 판 프린스터러 편에 섰을 것이라고 카이퍼는

가들을 '소책자운동가(Tractarian)'라고도 한다. (위키백과)

　　　　　　　　　　　아브라함 카이퍼의 일곱 가지 삶

굳게 믿었다. 그것은 그의 확고한 신념으로 남았다. 글래드스톤은 그의 정치 인생 내내 꿈꾸었던 기독교적 자유주의자였다.

영국의 고위층과의 관계는 훗날 여러 번 유용했다. 가장 흥분되는 순간은 1902년 1월이었다. 총리였던 카이퍼는 가명으로 런던을 방문했는데, 내셔널 갤러리(National Gallery)에서 옛 네덜란드 화가들의 작품을 감상하러 왔다고는 했으나 실제로는 보어전쟁을 중재하려는 시도였다. 그 임무는 실제로 어느 정도 도움이 되었다. 몇 달 후 체결된 평화조약(De Vrede van Vereeniging)은 거의 3년에 걸친 전쟁에 종지부를 찍었는데, 이는 그의 노력 덕분이라고 할 수 있다.

길드홀 도서관에서 힘겹게 작업하던 카이퍼는 집으로 보내는 편지에서 모든 것이 자기에게 불편하다고 불평했다. 가장 최악이었던 것은 조명이었는데, 그는 오전 아홉 시부터 여섯 시까지 특별히 배정받은 '낡고 불편한 기름 램프' 옆에서 눈을 혹사하며 작업하고 있었다. 다행히 책임을 돌릴 대상이 있었으니, 바로 오스만 제국의 술탄이었다. 유럽 순방 중이던 압둘라지즈 1세(Abdülaziz I)의 영국 국빈 방문을 계기로 길드홀 안뜰에 화려한 빅토리아 시대의 임시 무도회장이 세워졌다.

카이퍼는 이 화려한 무도회장이 그의 창문 바로 밖에 세워졌기에 어둠 속에서 글을 써야 했다고 투덜댔다. 그는 이를 '늙은 남자'에게 기쁨을 주기 위해서라며 빈정댔다. (카이퍼는 술탄보다 여섯 살 어렸다.) 그것이 전형적인 카이퍼였다. 그는 평생 가정에서 자잘한 불만을 공유하며 그들을 즐겁게 했다. 그의 가족은 그가 불평하는 한 모든 것이 큰 문제가 없음을 알게 되었고, 그래서 그들은 위로의 편지를 보냈다.

술탄 압둘라지즈가 실제로 런던에 도착했을 때, 도시 곳곳에서 축제가 벌어졌다. 7월 18일 화요일, 그는 버킹엄 궁전에서 길드홀로 직행했다. 성대한 환영식이 끝난 후, 무도회가 시작되었고, 모인 사람들은 춤을 추기 시

작했다. 술탄은 하렘을 집에 두고 와 소파에 앉아 그 광경을 지켜만 보았다
고 신문은 보도했다. 카이퍼도 연인이 있었다면 춤추기를 원했을지 모르지
만, 그도 역시 춤을 추지 않았다. 그가 환영식을 보러 갔다는 증거도 없다.
수천 명의 런던 시민들이 이 왕실 방문객을 보기 위해 몰려드는 동안, 카이
퍼는 어두운 방 기름 램프 아래 앉아 글을 쓰고 있었다.

거의 40년 후, 카이퍼는 이스탄불에 있는 술탄 압둘하미드 2세의 궁전에
서 최고 오스만 훈장을 받고 떠났다.

버크(Burke)와 마르크스(Marx) 사이

1870년경, 그의 첫 번째 자료 연구여행에 이어서 카이퍼는 거의 매년 런
던을 방문했다. 그 와중에 그는 흐룬 판 프린스터러와 서신을 주고받았는
데, 흐룬은 카이퍼를 반혁명 서클에 소개했고, 이는 그에게 있어서 새로운
세계였다. 또한 그는 주간지 「드 헤라우트」의 정치 편집자로서 제공받는 모
든 반혁명적 자료들을 읽었다. 그는 흐룬에게 "우리가 다른 흐름과 구별되
는 우리들만의 정치적 이야기를 가지고 있지 않다는 것을 이해할 수 없다"
며 자기는 여전히 답을 찾고 있다고 썼다.

흐룬이 프랑스 저술가들과 칼 루드비히 폰 할러(Karl Ludwig von Haller)
와 프리드리히 율리우스 폰 슈탈(Friedrich Julius von Stahl) 같은 독일의 반
혁명가들을 좋아했다면, 카이퍼는 주로 영국에서 자료를 찾으려고 했다. 카
이퍼는 흐룬에게서 버크에 관한 책 몇 권을 빌려왔지만, 1873년 초에는 스
스로 '버크의 모든 작품'을 섭렵했다. 마침내 그는 최신판인 전집을 손에 넣
었다며 흥분된 마음으로 보고했다. 분명히, 카이퍼는 런던에서 책을 샀거나
적어도 책에 대한 아이디어를 얻었던 것 같다. 그는 정기적으로 흐룬에게
새로운 책을 소개했고, 그중 많은 책들이 영국에서 온 것이었다. 그는 이미

  아브라함 카이퍼의 일곱 가지 삶

책을 사기 위해 1860년에 받았던 금메달을 팔아버린 바 있었다.

버크는 카이퍼보다 더 보수적이었고 더 귀족적이었지만 여전히 그에게는 반가운 발견이었다. 카이퍼는 버크가 권위주의적인 슈탈에 비해 신선한 공기를 불어넣었다고 고백했고. 카이퍼는 프랑스 혁명에 대한 버크의 날카로운 분석뿐 아니라 자유에 대한 그의 진정한 열망에도 깊은 인상을 받았다. 그것은 카이퍼에게 권위주의 권력에 대항하여 동일하게 저항했던 옛 네덜란드 깔뱅주의자들을 상기시켰다.

카이퍼의 상상 속에서, 아일랜드 출신의 개신교도인 버크는 네덜란드의 독립전쟁과 영국의 자유 사이에 다리를 놓은 인물이었다. 네덜란드, 영국, 미국의 근대성을 하나로 묶은 것은 깔뱅주의자들이었으며, 그들은 격동의 시대에 어느 곳에서나 가장 활동적인 그룹이었다. 이들은 16-17세기 유럽 전쟁의 선봉대였으며, 근대 초기 자유를 위한 투쟁의 원동력이었다. 오직 근대 초기의 깔뱅주의자들만이 '민주주의' 원칙에 기초하여 일관되게 활동했고, 이는 버크가 공유하지 않은 원칙이었다.

직간접적으로, 카이퍼는 런던의 거리에서 그의 남은 평생을 바칠 아이디어를 탄생시켰고, 이것은 남은 생애 동안 카이퍼를 사로잡았다. 처음부터 카이퍼의 깔뱅주의는 국경 너머를 바라보았고, 그것은 네덜란드 반란을 넘어 영국과 미국의 역사에 대한 그의 지식에서 비롯되었다. 네덜란드의 역사학자는 이제 정치가로 변신했고, 그의 시야는 여전히 서구 중심적이긴 했지만 이제 국제화되었다. 그는 많은 자유주의자들이 가진 프랑스 중심의 시각을 영국 중심의 시각으로 대체했다. 이 점에서 카이퍼는 동시대 네덜란드인들보다 앞서 있었다.

카이퍼는 평생 동안 세계 역사가 동쪽에서 서쪽으로 진행되었다는 확신을 굳게 유지했으며, 또한 깔뱅주의가 서양 문화 발전의 정점이라고 확신했다. 훗날 그는 이렇게 적었다. "'하나님의 섭리에 의해' 민주주의는 깔뱅주의와 서구 전체의 필연적인 목표였다."

이제 기독교의 가장 이상적인 개념인 깔뱅주의는 한 나라 안에서 이러한 과정을
지연시키기는커녕 오히려 가속화했다. 하나님의 말씀은 사람들을 깨어나게 하
며, 결코 한 민족을 잠들게 하지 않는다.

그러므로 깔뱅주의가 가장 강력한 영향력을 행사한 나라들, 그리고 하나님의 말
씀이 가장 자유롭게 전파된 나라들은 정치적으로 결코 다른 나라들보다 뒤처지
지 않았다. 사실 그들은 다른 나라들보다 훨씬 앞서 있었다.

카이퍼만이 런던에서 미래의 윤곽을 본 것은 아니었다. 1867년, 스무 살
연상인 칼 마르크스는 자신의 이론적 대작인 『자본론』(*Das Kapital*)의 교정
작업을 거의 마무리하고 있었
다. 마르크스는 리젠트 파크
북쪽에 살았는데, 중산층 가
족이 살기에는 충분히 넓었지
만 자신에게는 비좁았다. 그
는 종종 대영 박물관의 유명
한 열람실에서 작업했는데,
카이퍼도 그곳에서 일주일을
보냈다. 마르크스는 도서관을
이용하기 위해, 카이퍼는 자
료 연구를 위해 그곳에 있었
다. 그들은 아마 서로를 보았
을 수도 있었지만 거기까지였
다. 두 사람 모두 열심히 작업

1867년경, 베이스드(Beesd)에서 젊은 목사, 역
사학자로서의 카이퍼

아브라함 카이퍼의 일곱 가지 삶

하느라 술탄의 방문에 신경 쓸 여유가 없었다.

더 중요한 것은 차이점이다. 마르크스가 당시 세계 금융의 중심지 런던에서 훗날 마르크스주의라고 불리게 될 그의 포괄적인 이론을 발전시킨 반면, 카이퍼는 다른 비전을 가지고 있었다. 마르크스도 그 달에 버크의 글을 읽었지만, 그에게는 그것이 미래로 가는 길을 가리키지는 않았다. 하지만 카이퍼에게 있어서는 그랬고 그의 비전은 서서히 더욱 분명해졌다.

그 결과는 잘 알려져 있다. 1874년, 「드 스탄다르드」의 편집자이자 하원의원이었던 카이퍼가 본격적으로 정치적 공격을 시작했다. 그해 봄, 그는 '깔뱅주의, 우리 헌정적 자유의 기원과 보증'이라는 지금까지 가장 잘 알려진 강연으로 전국을 순회하면서 자신의 이름을 확실히 알렸다. 이때부터 깔뱅주의와 민주주의는 그의 정치 강령의 구호가 되었고, 버크에서 글래드스톤에 이르는 영국의 자유가 그의 빛나는 모범이 되었다. 그리고 마르크스가 그랬던 것처럼, 그는 런던의 거리에서 자신의 이야기를 시작했다.

젊은 민주주의자

카이퍼는 「드 스탄다르드」에서 1876년 초까지 선거 캠페인을 계속했으나, 과로로 인해 1년 이상 경선에서 제외되었다. 그는 심지어 하원의원직도 포기해야 했다. 1894년이 되어서야 비로소 그의 두 번째 정치적 삶이 이어졌고, 그때부터 그는 네덜란드의 주요 정치인이 되었다.

카이퍼가 그의 정치 청년 시절에 제시한 강령은 대단한 업적이었다. 특히 외국 기자들은 그를 오해했는데, 카이퍼는 거의 만장일치로 급진주의자로 여겨졌으며, 헤이그의 조용한 연못에 돌을 던지는 인물로 묘사되었다. 일부 사람들은 '반혁명적'이라는 단어가 오히려 혁명적인 어떤 것을 의미한다고 생각했다. 암스테르담의 「드 스탄다르드」 인쇄소에서 일하던 한 사회주의자 역시 비슷한 어려움을 겪었다. 그는 카이퍼가 거의 읽을 수 없는 필체로 쓴 '반혁명적(*anti-revolutionair*)'이라는 단어를 해석하려고 할 때마다 그것을 '진정한 혁명적(*echt-revolutionair*)'이라고 읽었다. 20년 후, 카이퍼는 하원에서 이 일화를 재미있게 말하곤 했다.

1874년, 그의 활동은 이제 막 시작되었다. 하지만 그의 메시지는 매일 그의 신문 「드 스탄다르드」를 통해 전달되었다. 특히 정치적 자유에 관한 16편의 긴 논설 시리즈는 그의 논란을 일으켰던 강연에 이어지는 내용이었다. '오류는 처벌 받아야 하는가?(Is Dwaling Strafbaar?)'라는 암호같은 제목 아래, 카이퍼는 훨씬 더 광범위한 내용을 다루며, 오래된 주장과 새로운 결론들을 결합한 급진적인 혼합물을 만들었다.

이 논설은 대담한 미래지향적 사고의 작품으로, 네덜란드에서 이제껏 들어본 적이 없는 가장 열정적으로 민주주의와 시민권을 옹호하는 글이었다. 흐룬 판 프린스터러가 칭찬한 새로운 지도자를 따라가기에는 종종 보수적이었던 반혁명주의자 세대의 독자들이 이 신문 기사를 읽었으나 이해하기 어려웠다. 하지만 카이퍼가 좀더 개혁주의적 신학 용어를 사용하자 독자들이 그의 메시지를 어느 정도 따를 수 있었다.

개혁주의[4]와 민주주의라는 두 개념은 카이퍼에게도 새로웠다. 카이퍼는 대학에서는커녕 집에서도 개혁주의 용어를 배운 적이 없었고, 더욱이 정치적 실험에 대한 반감도 컸다. 1866년 말, 이미 서른에 가까운 카이퍼는 여전히 자신을 보수적이고 군주제 지지자로 여겼으며, 정치적 실험에 대한 거부감과 반(反)가톨릭적 입장을 고수했다. 그의 개혁주의적 전환은 종종 언급되지만, 그의 정치적 전환은 그보다 훨씬 더 극적이었다. 그는 짧은 시간 안에 평범한 보수주의자에서 새로운 시민권을 주장하는 민주주의자로

---

4 깔뱅주의와 유사어로 쓰인다. (역자 주)

                                    아브라함 카이퍼의 일곱 가지 삶

급격하게 변신했다.

1874년에 카이퍼는 모든 하원의원들 중에서 가장 급진적인 정치 혁신가였으며, 심지어 언론에서도 가장 급진적인 목소리를 내는 사람 중 하나였다. 1888년이 되어서야 비로소 도멜라 니우븐하위스(Ferdinand Domela Nieuwenhuis, 1846-1919)가 하원에서 첫 번째 사회주의자로 선출되었는데, 카이퍼는 그에게 지원을 아끼지 않았다. 1879년에 니우븐하위스는 이미 「레흐트 포 알런」(*Recht voor Allen*, 모두를 위한 정의)라는 잡지를 창간했고, 카이퍼 역시 이 사회주의 잡지가 자유주의자와 보수주의자들이 지배하던 신문 세계에 신선한 바람을 불어넣었다고 생각했다. 비록 사회주의자들이 나중에 트룰스트라의 지도 아래 그의 가장 격렬한 반대 세력이 되었지만, 카이퍼는 처음부터 그들에게 호감을 가지고 있었다. 그는 「드 스탄다르드」에서 이를 공공연히 밝히기도 했다. 물론 신중하게 선택한 언어로 표현했지만 말이다.

1874년, 카이퍼는 여전히 고립된 인물이었다. 아동 노동법(Kinderwetje)으로 유명한 사무엘 판 하우튼과 같이 솔직한 젊은 자유주의자조차도 제한된 참정권의 확대를 지지했을 정도였다. 1815년 이후, 엘리트 계층만이 투표권을 가졌고, 1848년 개정된 헌법은 이를 더욱 제한하여 모든 성인 남성 중 부유한 상류층 10분의 1만이 투표를

'불화가 힘을 만든다.'
헤이그 기차역에서: "젊은이, 의회로 가는 길을 알려줄 수 있겠습니까?"
"아직 멀어요, 목사님!"
(「아윌런스피힐」[*Uilenspiegel*] 1874년 10월 1일 만평)

할 수 있었다. 반면에 카이퍼는 전체 국민을 대상으로 민주주의를 요구하며, 노동계급을 포함한 보편적 참정권을 주장했다. 그는 당장은 신문을 통해서만 대중을 동원할 수 있었고 투표소에서의 동원은 불가능했다. 투표소가 아닌 '유권자 뒤의 민중'은 카이퍼가 흐룬 판 프린스터러로부터 받아들인 구호 중 하나였다. 그는 이 '민중'을 자신의 편으로 참여시키기 위해 모든 수단을 동원했다. 그 첫 번째 방법은 그의 신문이었다.

그 전략은 누구도 예상하지 못할 정도로 성공을 거두었다. 평범한 시민들이 대거 카이퍼의 민주주의 운동을 지지하며 동참했다. 1873년, 그는 6년 후 다른 모든 정당들보다 훨씬 앞서 네덜란드 최초의 조직화된 전국 정당이 될 반혁명당을 결성하기 위해 첫걸음을 내디뎠다. 이 정당은 다양한 계층의 사람들을 끌어들였고, 많은 이들이 투표권은 없었지만 자신의 반혁명당에서는 중요한 목소리를 낼 수 있었다. 1879년부터 사망까지 카이퍼가 이끈 반혁명당은 대중의 지지를 점차 확대해 나갔으며, 곧 자유주의자들을 제치고 선거에서 더 많은 표를 얻었다. 비록 자유주의자들이 교묘한 선거구 조정을 통해 더 많은 선거구에서 승리했지만, 이러한 권력의 변화는 실질적으로 전체 사회 엘리트들의 반감을 샀다.

그러나 동시에, 카이퍼의 이 갑작스럽고 급격한 민주주의 운동이 어디서 온 것인지에 대한 미스터리도 남아 있다. 그의 종교적 발전과는 달리, 카이퍼의 정치적 전환은 실제로 조사된 적이 없으며, 그에게 영향을 미친 구체적인 원천을 파악하는 것은 여전히 추측에 불과하다. 하지만 분명한 것은, 마르크스가 그랬던 것처럼, 런던에서의 경험이 중요한 역할을 했다는 것이다. 큰 영향을 준 두 이름이 아직 남아 있다.

아브라함 카이퍼의 일곱 가지 삶

존 스튜어트 밀(John S. Mill)에 대한 반응

'오류는 처벌 받아야 하는가?'라는 연재(독자들로 하여금 생각하게 만들던, 그 특유의 개혁주의적 개념인 '오류〔dwaling〕'를 내세운 글)는 그의 민주주의로의 전향을 장식하는 정점이었다. 인쇄의 자유, 표현의 자유, 그리고 모든 시민적 자유의 전 범위에 이르기까지, 모든 면에서 카이퍼는 자유주의자들보다 더 자유주의적인 태도를 보였다. 근대 국가는 엄격히 스스로를 제한해야 하며, 시민권은 모든 사람에게 적용되어야 했다. 따라서 그것은 불신받고 종종 박해받던 사회주의자들과 같은 소수자들에게도 해당되는 것이었다.

그 후 수십 년 간의 그의 연설들처럼, 이 첫 정치 논설들은 카이퍼적 설득의 강력한 예였다. 그는 자신의 주장을 신중하게 전개했다. 독자는 그의 손에 붙들렸고 결국 동일한 결론에 도달하지 않을 수 없었다. 강압은 효과가 없으며, 엘리트에 집중된 권력 역시 더더욱 효과가 없다는 것이다. 민주주의는 밑바닥에서부터 위로 올라와야 한다는 것이 카이퍼가 확신한 바였고, 그의 독자들은 그 의견에 전적으로 동의할 수밖에 없었다.

이 젊은 정치인은 고집 센 급진주의자였다. 그의 주장은 존 스튜어트 밀의 『자유론』(*On Liberty*, 1859)에 대한 어느 정도 의도된 네덜란드식의 대답이었다. 카이퍼의 서술은 분명 다른 근거를 가지고 있었지만, 밀에 못지않게 광범위한 영향을 미쳤다. 카이퍼는 (영국에서는 잘 알려졌지만 네덜란드에서는 거의 알려지지 않았던) 밀을 런던에서 접했을 가능성이 크다. 나아가 카이퍼는 또한 제임스 피츠제임스 스티븐(James Fitzjames Stephen)이 쓴 『자유, 평등, 박애』(*Liberty, Equality, Fraternity*)와 같은 새로운 문헌을 참고했다. 이 책은 런던에서 막 출판되었고 논란이 많았다.

당시 유명한 영국의 법학자였던 스티븐은 "나는 존 밀이 그의 후기 저작 대부분에서 이 주제에 대해 발전시킨 이론들이 틀렸다는 것을 더 구체적으로 말하고 싶다"고 냉정한 판단을 내렸다. 특별히 그는 밀의 개인주의와 공리주의를 순차적으로 비판했다. 스티븐은 밀의 이론이 현대 사회에서 용납될 수 없음을 지적했고, 카이퍼는 그의 말에 동의했다. 그럼에도 불구하고 밀의 『자유론』은 언론의 자유에 관한 고전적 자유주의 담론이자 현대의 고전이 되었다. 그 당시에는 밀의 다른 저서들이 오히려 더 인기를 끌었지만 말이다. 1865년부터 1868년까지 밀은 영국 하원의원이었으며, 1867년 7월 카이퍼가 런던을 방문했을 당시에도 활동하고 있었다.

한편 네덜란드의 신참 하원의원이었던 카이퍼는 밀의 개인주의를 한마디로 일축했다. 밀은 카이퍼의 위대한 모범인 글래드스톤의 자유당을 대표하여 하원의원이 되었지만, 카이퍼는 그에게 그렇게까지 동조하지는 않았다. 밀은 너무 개인주의적이고 엘리트적이라고 카이퍼는 의회에서 연설했다. 민주주의 사회를 형성할 사람들은 잘난 체하는 부자들이 아니라 노동자 계급이라고 그는 주장했다. 카이퍼는 죽을 때까지 이 노동자 집단에 모든 것을 걸었다.

그것은 그의 역설 중 하나였다. 그는 밀과 네덜란드의 사무엘 판 하우튼과 같은 자유주의적 개인주의자들과 많은 민주주의적 이상을 공유했지만, 결코 그것을 인정하지 않았다. 이러한 유사성으로 인해 하원에서도 동일한 투표 행태가 발생하기도 했지만, 그 이상은 아니었다. 그리고 이러한 거리감은 상호적이었고, 단지 카이퍼만 탓할 수는 없었다.

의회는 이 젊은 급진주의자에게 적응하는 데 애를 먹었다. 모든 의원이 존 스튜어트 밀을 아는 것도 아니었고, 그런 부류의 사상가가 무엇을 지향하는지조차 제대로 이해하지 못했기 때문이다. 비록 표현 방식은 달랐으나, 카이퍼의 사상은 밀의 그것과 궤를 같이했다. 당시 네덜란드 자유주의자들은 대개 실용주의 노선을 걸었기에, 타협 없는 토르베케나 격정적인 카이퍼 모두를 달가워하지 않았다. 두 사람이 보여준 이론적이고 교조적인 태도는

아브라함 카이퍼의 일곱 가지 삶

의회 내에서 여전히 낯선 풍경이었다. 카이퍼는 초선 의원으로서 서른 차례 남짓 중요한 연설을 남겼고 이는 1890년에 출간되기도 했으나, 동료 의원들에게 그의 연설은 여전히 난해하기만 했다.

세계 도시들

1870년경, 런던과 파리는 각각 세계적인 도시였으며, 특별히 런던은 카이퍼의 정치 경력 초기에 그의 국제적 지평을 형성한 도시였다. 이 시기에 미래에 대한 여러 가지 비전들이 이곳에서 태어났다. 특히 세계 자본주의의 중심지이자 급속히 부상하는 영국 제국주의의 중심지인 런던은 새로운 아이디어로 가득 차 있었다.

카이퍼는 자신의 발전을 위해 정확히 적절한 시기에 이곳에 왔다. 1900년 이후, 그는 점차 런던과 파리에서 벗어나 베를린으로 시야를 돌렸다. 1900년경, 이 도시는 새로운 독일 제국의 수도로서 급격한 변화를 겪었다. 그 시기의 미국 또한 마찬가지로 격동의 시기였고, 그동안 뉴욕도 대도시의 범주에 들어가게 되었다.

카이퍼의 특징은 가장 역동적인 시기에 이 모든 도시들을 방문했다는 점이다. 그는 일생 동안 국제 정세를 면밀히 관찰했으며, 다른 사람들이 그만큼 인식하지 못하고 있다는 것을 상상할 수 없었다. 카이퍼는 국제적으로 생각했고 국제적으로 살았다. 특히 이제는 홀로 되어 조용한 도시 헤이그에 살게 되었을 때도, 그는 정기적으로 외출하는 것이 필수적이었다. 그는 최소한 몇 달에 한 번씩, 특히 총리 재임 중에는 브뤼셀뿐만 아니라 가능하다면 파리나 베를린도 방문했다. 이것은 그에게 있어 바쁜 일상 업무에서 벗어난 순수한 휴식의 시간이었다. (그는 호텔에 머무르는 동안에도 계속해서 글을 썼다.)

19세기 후반에 이 모든 도시들은 아이디어로 가득 차 있었다. 카이퍼는 종종 신문을 통해 이런 아이디어를 접하곤 했다. 예를 들면, 그는 니체를 「르 피가로」에서 접할 수 있었다. 네덜란드에서 카이퍼는 유난히 국제적인 관심이 많았는데, 이 점에서 그는 다른 의원들과 달랐고, 그는 언론인에 더 가까웠다. 카이퍼는 호텔 로비에서 신문과 잡지를 읽었고, 일부 호텔에는 이를 위한 독서실까지 있었다.

저널리즘은 이 시기에 우연히 생겨난 것이 아니었다. 1870년경, 서구 세계 전역에 돌파구가 마련되었다. 신문은 세기의 혁신 중 하나였으며, 매스 커뮤니케이션의 혁명이었다. 19세기의 마지막 사반세기에 전 세계의 소식은 장소에 상관없이 누구나 공유할 수 있게 되었다. 파리는 런던보다 훨씬 더 유럽의 언론 중심지 역할을 했다. 파리 신문에 실린 내용은 다음날 런던, 베를린, 뉴욕에서 세계 뉴스가 되었다. 이 뉴스들은 대도시들에서, 특히 암스테르담과 헤이그에서는 쉽게 접할 수 있었고, 브뤼셀에서는 더욱 용이했다. 뉴스가 있는 곳에는 카이퍼가 있었다.

카이퍼는 미국에서 그랬던 것처럼 이 모든 도시들의 사회적 역동성에 관심이 있었다. 카이퍼는 열렬한 도시 산책자였으며, 거리에서 많은 통찰을 얻었다. 그는 암스테르담과 헤이그에서 그랬고, 외국 도시에서도 마찬가지였다. 그는 반세기 동안 가능한 모든 국가와 지역을 관찰한 상세한 지식을 「드 스탄다르드」에 썼다. 총리로서 하원에서 토론을 할 때면 그는 거의 모든 서류에 그가 여행한 나라들의 자료를 보충하곤 했다. 다른 의원들과는 달리, 카이퍼는 모든 것을 국제적 비교의 관점에서 생각했다. 그는 항상 통계와 보고서를 손에 들고 있었고, 그것들은 공무원들이 제공한 것이 아니라 자신이 여행 중에 직접 발굴한 자료들이었다.

이 모든 역동성의 발원지인 런던은 그가 가장 초기의 정치적 아이디어를 발전시킨 곳이었다. 거기서 그는 마르크스와 밀의 발자취를 따라 걸었다.

  아브라함 카이퍼의 일곱 가지 삶

그는 세 사람 중 가장 어렸지만, 어떤 면에서는 가장 급진적이었다. 그는 다른 두 사람보다 더 나아가 민주주의와 시민권을 계속해서 추진하려 했다. 이로 인해 그는 그의 세대에서 가장 중요한 네덜란드 정치인이 되었다.

카이퍼가 중심으로 본 것은 부유한 상류층 부르주아가 아니라 오히려 하층 계급이었다. 그는 여성과 노동자에게도 시민권이 동등하게 적용되어야 한다고 생각했다. 교회에서 그는 1860년 초에 젊은 여성, 심지어 십대들에게도 참정권을 부여해야 한다고 주장했다. 동시에 그는 밀의 개인주의와 마르크스의 집단주의를 혁명적 원칙으로 보았으며, 자신은 그것과 다른 역사적 원칙이라고 주장했다.

세 사람의 공론가는 모두 풍성한 수확을 거두었다. 시스템을 구축하려는 이들에게는 비옥한 결실을 맺는 시기였다. 밀의 개인주의적 도덕론은 한 세기가 지나서야 비로소 자유주의의 주요 흐름 중 하나로 인식되었다. 그 시대에 그는 정치적 자유와 공리주의의 대변인으로 더 많이 알려졌다.

반면, 마르크스와 카이퍼는 그들의 노력의 결과를 훨씬 더 빨리 보았다. 1864년 런던에서 창설된 더 인터내셔널(The International, 국제 노동자협회, 이하 인터내셔널)의 지도자로서, 마르크스는 그의 생애 동안 이미 승리를 거두었다. 비록 그의 시대는 20세기가 되어서야 비로소 도래했지만, 그는 처음부터 국제적으로도 강력한 인물이었다.

마르크스와 달리, 카이퍼는 한 나라에만 국한된 정치 운동의 불꽃으로 남아 있었다. 그의 목소리는 미국, 프랑스, 독일, 남아프리카, 헝가리, 스코틀랜드 등 여기저기에서 들리기도 했지만, 그것은 부수적인 수준에 지나지 않았다. 그는 다른 나라에서 어떤 시도를 해도 확고한 입지를 다지지 못했다. 그의 이야기는 네덜란드를 넘어 크게 퍼지지 않았다.

마르크스와 밀처럼, 카이퍼 역시 현대 이데올로기의 아버지라고 할 수 있는데, 이 이데올로기는 보통 신깔뱅주의라고 불린다. 이것 역시 카이퍼의 강령처럼 완전한 세계관과 명확한 정치적 목표를 지니고 있었다. 하지만 가장 큰 차이점은 그의 사상이 주로 하나의 작은 나라, 즉 독특한 종류의 전통을 가진 네덜란드에 국한되었다는 것이다.

네덜란드에서는 깔뱅주의와 민주주의가 그의 불가분의 목표로서 1900년경에 절정을 이루었다. 그러나 네덜란드는 벨기에와 비교할 수 없을 정도로 보잘것없는 국가였다. 국제적으로 그는 유명한 네덜란드 정치가로 칭송받았지만, 그가 대표하는 나라는 세계 뉴스에서 거의 주목받지 못하는 작은 나라였다. 네덜란드에서 그는 별처럼 한동안 떠올랐지만, 그의 국제적 영향력은 미미했다.

제2차 세계대전 이후, 네덜란드의 신깔뱅주의는 급속히 사라졌다. 남은 것은 북미에 남아 있는 일부 모방과, 한국 등지에서의 일부 영향이었다. 그러나 21세기 들어 새롭게 활기를 띠고 있다.

더 인터내셔널(The International)

카이퍼가 새로운 신문을 운영하기 시작한 1872년 4월부터, 그가 다루고 논평해야 할 세계 뉴스가 이미 나왔다. 그해 9월, 인터내셔널은 헤이그에서 회의를 가질 예정이었는데 15개국에서 온 약 60명의 사람들이 조용하고 후미진 곳이라 생각했던 이곳으로 모여들었다.

토르베케는 그해 7월 재직 중 사고로 사망했다. 그는 네덜란드에서는 거물이었지만 국제적으로는 그다지 주목받지 못했다. 이제 헤이그는 외국 기자들로 가득 찼고, 이는 조용한 해변 도시인 네덜란드 정부의 본거지에서는 보기 드문 일이었다. 일부 기자들은 시끄러운 집회를 취재하기 위해 그 자리에서 이 협회에 가입하기도 했다.

실질적으로 당시 네덜란드의 거의 모든 언론은 부유한 보수주의자들과

   아브라함 카이퍼의 일곱 가지 삶

자유주의자들의 수중에 있었기에, 곳곳에서 항의하는 목소리가 울려 퍼졌다. 회의를 금지하라는 요구가 빗발쳤고, 회의 장소는 취소되어, 결국 주최 측은 비상 조치로 11시에 카페 스흐레이버(Café Schrijver)에서 방을 빌릴 수 있었다. 칼 마르크스 의장에 따르면, 이 사건은 이 운동의 생사가 걸린 문제였다. 본부는 유럽의 정치적 박해와 비밀 경찰을 피해 뉴욕으로 이전하는 것이 결정되었다.

카이퍼에게도 사회 문제는 그의 정치적 의제의 최우선 순위에 있었다. 사실 산업혁명으로 인한 노동계급의 빈곤과 길드의 폐지는 그의 가장 큰 정치적 주제였다. 1871년 초에 그는 이 주제에 관한 한 독일어 소책자를 번역하고 자신의 서문을 추가하여 출판했는데 여기서 그는 구조적인 접근을 주창했다. 초선 의원으로서 그는 사회 문제에 대해 여덟 번 연설했고, 식민지에서의 착취 문제에 대해서도 여덟 차례 더 연설했다. 이 두 문제에 대해 그는 의회 내에서 급진적인 목소리를 냈으며, 막 시작된 아체 전쟁에 공개적으로 반대하는 몇 안 되는 의원 중 하나였고, 심지어 네덜란드 군대의 즉각적인 철수와 아체의 술탄에 대한 국가적 사과를 요구하기도 했다. 이 연설들은 그가 의회 의원으로 처음 등장했을 때 한 주요 발언들이었다.

또한 이런 주제들은 카이퍼가 처음 기자로 활동하면서 1869년 7월부터 주간지 「드 헤라우트」에 기고한 내용이기도 했다. 1870년 네덜란드 공장들의 열악한 조건으로 인한 인권 침해에 관한 논설은 다음과 같은 직설적인 문장으로 시작한다. "우리 노동 계층의 사회적 조건이야말로 아우게이아스의 마구간[5]이라고 할 만하다." 유럽을 괴롭히는 것은 공산주의의 망령이 아니라, 빈곤이란 덫의 망령이었다. 수천 가구가 생존의 가망조차 없는 도

---

5 아우게이아스(그리스어: Αυγειας)는 그리스 신화에 나오는 엘리스의 왕이다. 3천 마리의 소를 기른 외양간을 가진 것으로 유명한데, 이 외양간은 30년간 청소를 하지 않아 배설물로 역병이 돌고 농사를 짓는 데 방해가 되었다 한다. (위키백과)

시 빈민가에서 죽어갔다. 아동 노동 착취는 어디에나 있었다. 네덜란드에서 아이들은 주 6일 동안 하루에 16시간 '죽을 때까지' 착취당했다. 카이퍼는 단호한 표현을 사용했다.

마르크스가 헤이그에서 무정부주의 반운동을 시작한 바쿠닌(Bakunin)[6]과의 전투에서 승리한 것과는 달리 카이퍼는 억압받는 대중을 구원할 혁명적 군대가 존재한다고 믿지 않았다. 위트레흐트의 페이는달(Veenendaal)마을에서의 빛나는 사례가 보여주었듯이, 공장 노동자들이 스스로 조직을 결성할 때 탈출구가 있었다. 그는 여기서 한걸음 더 나아갔다. 인류의 구원에 대한 믿음은 영감을 줄 수는 있지만 열매를 맺을 수는 없었다. 그것은 '단한 사람의 구원'을 통해서만 현실이 되었다. 그것이 바로 사회주의, 즉 마르크스로부터 배워야 할 값비싼 교훈이었다. 그리고 이어지는 비전적인 문장들은 이 책의 첫머리에 모토처럼 자리잡은 것으로, 여기서는 다음과 같이 의역된다.

> 인간은 자신의 행동을 통해 자신의 존재를 반영하도록 부름을 받았다. 그 자신은 소우주이지만, 전체 우주는 그 자신의 내면에서 반영된다. 따라서 우리의 임무는 위대하고 무한하며 성취할 수 없는 것이 아니다. 그것은 작은 지역에 한정되어 있다. 그 작은 규모에도 불구하고 우리는 동시에 더 큰 전체에 필수적인 기여를 할 것이다.

이것은 카이퍼의 첫 번째 정치적 신조였으며, 그의 평생 지속되었다. 인간은 무엇보다도 먼저 개인이며, 비록 공동체 없이 존재할 수 없지만, 그들

---

6 미하일 알렉산드로비치 바쿠닌(러시아어: Михаил Александрович Бакунин, 1814-1876)은 러시아 출신의 아나키스트 혁명가이자 철학자였다.

   아브라함 카이퍼의 일곱 가지 삶

의 주도권은 항상 자기 자신에게 있다. 원초적인 행동, 개인의 참여, 창의성은 가장 착취당한 노동자들에게 사느냐, 죽느냐의 문제이며, 결코 오지 않을 도움을 기다리는 태도가 능사가 아니다.

인간은 태어날 때부터 예술가이며, 그들이 비록 작더라도 자신들의 몫을 다할 때, 더 큰 그림에 기여할 수 있다. 그 개인적인 기여가 없으면, 아무것도 성취되지 않으며, 수백만 명을 그들의 사회적 고통에서 구하는 일은 더더욱 그렇다.

노동과 자본

카이퍼에게는 구체적인 사례가 있었다. 페이는달에서는 공장 노동자들이 1센트의 회비로 협회를 설립했는데, 일주일 만에 1,500명의 회원이 가입했고, 이미 중요한 곳에서 그들의 이익은 대변되고 있었다. 두 번째 교훈은 이곳에서나 다른 곳에서처럼, 지역 교회의 지원은 필수적임이 증명되었다는 것이다. 자원봉사자들, 모든 교인의 참여, 그리고 공동의 목표를 염두에 둔 사람들의 연합 같은, 교회의 운영 방식이 성공의 열쇠로 밝혀졌다. 교회가 사람들을 고립에서 벗어나게 한 것처럼, 노동자들도 단결된 행동을 통해 그렇게 할 수 있다고 카이퍼는 믿었다. 말 그대로 '작은 것의 힘'이었다.

따라서 카이퍼에게 인터내셔널은 엘리트들에게 위협적인 유령이 아니라 그저 쓸모없는 모델이었다. 너무 권위주의적이고, 지나치게 일방적으로 물질주의적이며, 무엇보다도 너무 컸다. 마르크스의 인터내셔널은 '노동과 자본 사이의 무너진 균형을 회복하기 위해' 무엇을 제공할 수 있었을까? 그저 급진적인 이데올로기와 혁명적 선구자 외에는 없었다. 그것은 언제나 새로운 지배자를 만들어낼 뿐, 억압받는 사람들을 위한 정의는 실현하지 못한다. '사회 내 무너진 균형의 회복이 아니라, 단지 우위를 반대편으로 이전하

는 것인데, 그것은 무질서를 없애는 것이 아니라 오히려 그것을 영속시키고, 어쩌면 더 악화시킬 것이다.'

카이퍼는 마치 파리 꼬뮌(Paris Commune)[7]이 시작되던 해에 다음 세기의 비참함, 즉 사회주의와 진보의 이름으로 자행되는 극단적인 폭력에 대한 예감을 가지고 있었던 것 같았다. 그러나 그는 좀처럼 그런 예측을 하고 싶은 유혹에 빠지지 않았다. 그의 관심사는 현재 가장 유망한 해결책이었다. 이 점에서 그는 매우 단호했다. 오직 반혁명만이 해결책을 제시할 수 있었다. 그때부터 카이퍼는 모든 것을 풀뿌리 운동에 걸었다. 즉 시민권, 자조, 민주주의였다.

그는 이것을 자신의 영역 주권 이론으로 더욱 발전시켰다. 이는 공장 노동자들뿐만 아니라 사회의 모든 계층에게 열쇠를 제공했다. 각각의 사회적 영역은 근대 국가 내에서 독립적으로 발전해야 했고, 스스로 책임을 져야 했다. 국가가 그것을 해

카이퍼가 '옛 세계 바다일주'를 하고 있다.
(1906년 3월 「드 뗄레흐라프」[De Telegraaf] 만평)

7 　파리 꼬뮌(Paris Commune, 1871년 3월 18일 - 5월 28일)이란 파리 시민들이 세운 사회주의 자치 정부를 말한다. 노동자 계급이 세운 세계 최초의 민주적이고 혁명적인 자치 정부라는 평가가 있으며 역사상 처음으로 사회주의 정책을 실행에 옮겼다. 비록 존속기간이 2개월이라는 짧은 기간에 불과했지만 이들의 활동은 사회주의 운동에 큰 영향을 주었고 프랑스 제5차 혁명으로 분류하기도 한다. (위키백과)

　　　　　　　　　　　　아브라함 카이퍼의 일곱 가지 삶

줄 수는 없으며, 혁명적 수호자들조차도 더더욱 그것을 해줄 수 없었다. 근대 사회에서는 시민들 스스로에게 달려 있었다.

카이퍼는 이 진리를 노동 계층 가정에도 동일하게 적용했다. 그는 노동자들이야말로 사회를 실제로 건설하는 주체라고 평생토록 주장했다. 1889년에 출간된 소책자 『육체 노동』(*Handenarbeid*)에서 그는 자신의 신념을 다시 한번 집약하여 선언했다. 바로 '노동은 사회를 세워 올리는 근본적인 힘'이라는 사실이다. 그러나 노동이 자본의 힘에 맞서 굳건히 서고자 한다면, 오직 자기조직화만이 효과적이지, 국가가 그것을 대신해 줄 수는 없었다.

그의 이상은 자율적인 노동 조직이었으며, 그 조직에는 독자적인 규정이 있어야 하고, 의회에서 자신들의 이익을 대변하는 사람이 있어야 했다. 카이퍼는 이것이야말로 그의 세기의 새로운 권력인 자본에 대한 진정한 대항 세력을 형성할 수 있는 유일한 기회라고 보았다. 그는 그의 정치 생애 내내 그것을 위해 싸웠으며, 영국의 사례를 그 배경으로 삼았다.

그가 총리로서 겪은 가장 큰 실망은 노동 법안이 제때 하원을 통과하지 못했다는 사실이었다. 더 나아가 그는 그의 후임자들이 그가 작성한 법률 초안을 포기했다고 느꼈다. 만약 노동이 독립적인 정치세력을 구성하지 못한다면, 사회입법은 언제나 실패할 것이라고 카이퍼는 믿었다. 권력은 대항권력을 요구했고, 조직된 노동만이 자본에 맞설 수 있었다.

암스텔(Amstel)강의 마르크스

인터내셔널이 롬바르드스트라트(Lombardstraat)의 작은 방에서 회합을 가졌던 그 혼란스러운 한 주는 모인 국제 언론뿐만 아니라 네덜란드 신문들에게 흥미로운 이슈를 제공했다. 1870년경, 일반 대중에게 부담스러웠던 인지세가 폐지되면서 네덜란드 신문 산업은 빠르게 번성하기 시작했다.

인터내셔널을 반대하는 최전선에는 보수층의 보루가 있었다. 이미 영향력이 상당했던 헤이그의 「다흐블랏」(*Dagblad*, 남홀란드와 헤이그 지역 중심)은 마치 복권이라도 당첨된 것처럼 인터내셔널을 다루었다. 몇 주 동안, 독특한 성격의 저명한 편집장 이자크 야콥 리온(Izaak Jacob Lion)은 네덜란드 언론에서 선동을 주도했다. 이 선동은 모든 방향에서 터져 나왔고, 항상 대중의 감정을 자극하는 방식으로 진행되었고 이로 인해 이 신문은 상당한 이익을 얻었다. 더욱이, 이 신문은 격동의 한 주를 상세히 보도하여 다른 신문들에도 자주 인용되었다.

자유주의 성향의 신문들도 반대 입장을 표명했다. 원칙적으로 그들은 인터내셔널에 반대할 명분이 없었지만, 그들의 지면은 다소 덜 자유주의적인 견해를 가진 사람들에게도 열려 있었다. 특히 「엔에르쎄: 뉴브 로테르담 꾸란트」(*NRC: Nieuwe Rotterdamsche Courant*)와 「한덜스블랏」(*Handelsblad*) 같은 신문이 이런 입장을 보였고, 반면에 1870년에 창간된 헤이그의 새로운 신문 「헷 파더란드」와 오래된 자유주의적 대변지인 「아른헴 꾸란트」(*Arnhemsche Courant*, 1814)는 좀 더 자유주의 원칙을 유지했다.

언제나 그랬듯이 카이퍼는 자신만의 전략을 따랐다. 「드 스탄다르드」는 헤이그에서의 사회주의자 회의에 대해 다른 신문들처럼 상세히 보도했지만, 카이퍼 자신은 일정한 거리를 두었다. 모든 소란에도 불구하고 그는 조용히 다른 주제들을 다루었다. 사실 그는 이미 몇 주 전에 자신의 입장을 결정했다. 8월 16일 금요일, 그는 헤이그에서 열릴 예정이던 인터내셔널 회의에 대한 사설을 발표했다. 여기서 그는 이 행사에 대해 법적 관점에서 검토했으나, 마르크스와 그의 추종자들을 막을 수 있는 법적 근거는 아무것도 없다는 결론에 도달했다. 그들이 사유 재산에 반대한다고 해서 정당하지 않다고 주장할 수 있는 사람은 없다고 했다. 그의 주제인 시민권은 누구에게

   아브라함 카이퍼의 일곱 가지 삶

나 동일하게 적용되었다. 외국인 참가자도 법을 준수하는 한, 기소는 상상할 수도 없었다.

보수주의 선동가들이 법을 존중하지 않았던 것은 그들이 원칙이 없는 기회주의자들이었기 때문이라고 카이퍼는 비판했다. 그들은 깔뱅주의자들조차 인정하지 않았다. (여기서 카이퍼는 이미 깔뱅주의라는 용어를 사용했으며, 이는 국교회에서 분리된 개혁교도들[gereformeerden]을 포함한 깔뱅주의자들을 지칭했다.) "*인터내셔널과 깔뱅주의 중 어느 쪽이 더 나쁜가?*"라고 그는 수사학적으로 물었다. 어쨌든 그들 자신도 박해를 받았기 때문에, 그의 독자들은 그들 나름의 결론을 내릴 수 있었다.

그의 주장은 지지를 받았다. 여전히 반혁명 지도자였던 흐룬 판 프린스터러는 같은 날 열정적으로 이렇게 카이퍼에게 썼다. "오늘 인터내셔널에 대한 당신의 훌륭한 기사에 감사합니다!" 사회주의 언론도 카이퍼를 칭찬했다. 그들의 관점에서도 카이퍼의 입장은 '모든 반동적 선동에 대한 가장 훌륭하고 올바른 대답 중 하나'였다. 카이퍼가 독립적이고, 명백히 민주적인 자신의 노선을 가고 있다는 것은 모두에게 분명했다.

6일간의 행사가 끝난 다음 날인 9월 8일 일요일, 일부 참석자들은 암스테르담으로 갔다. 그들은 현재의 암스텔 호텔 맞은편에 있는 암스텔 강변의 인기 있는 댄스 홀인 달루스트(Dalrust)에서 암스테르담의 사회주의자들과 보다 여유로운 만남을 가졌다. 이 자리에서 마르크스는 즉흥 연설을 했는데 훗날 이 연설은 그를 곤경에 빠뜨렸다. 왜냐하면 그는 네덜란드에서는 노동자들이 혁명적 행동만이 아닌 민주적 방법을 통해서도 목표를 달성할 수 있다고 암시했기 때문이다.

도심에서 인기 있는 산책로는 달루스트를 지나는 길로 이어졌다. 이 길은 또한 카이퍼의 단골 경로였으며 그는 때때로 암스텔 강을 따라 더 멀리 떨어진 레스토랑에서 신문을 읽곤 했다. 그는 그 일요일 오후에 마르크스가 지나가는 것을 보았을지 모르지만, 이는 전혀 중요하지 않았다. 마르크스처럼, 카이퍼도 그런 우연에 어떤 가치도 부여하는 유형이 아니었고, 오히려 그 반대였다.

더욱이 카이퍼는 이미 파리에서 인터내셔널 혁명가들과 접촉한 경험이 있었다. 파리 꼬뮌이 진압된 이후 그는 라 마들렌(La Madeleine) 성당 벽에서 그들의 붉은 구호가 적힌 것을 본 적이 있었다. 그는 이 '자유, 평등, 박애!'라는 구호가 그곳에 어울린다고 선언하면서, 하원에서 "이 구호는 결국 교회의 메시지이기도 하지 않는가?"라고 말했다. 하지만 그에게는 또 다른 이유가 있었다.

1870년경, 마르크스를 비롯한 사회주의자들만이 국제적으로 주요 쟁점을 제대로 파악하고 있었다. 인터내셔널 안팎의 모든 논쟁이 언론인들의 관심을 끈 것은 괜한 것이 아니었다. 그 광경은 이전에 결코 볼 수 없었던 것이었고, 심지어 자유주의자들 사이에서도 볼 수 없는 일이었다. 마르크스와 그의 추종자들이 온 힘을 다해 원했던 것은 정당을 형성하고, 세력을 결집하며, 강령을 만드는 것이었다. 이러한 사회주의자들과 비슷한 접근법을 가진 유일한 네덜란드인은 카이퍼였다. 1872년 이후 그는, 마르크스가 그의 혁명에 쏟았던 열정 못지않게 자신의 반혁명 운동에 열을 올렸다.

마르크스가 떠난 지 일주일 후, 빌름 3세 왕은 의회에서 개원 연설(troonrede)[8]을 했다. 그것은 카이퍼의 정치 인생에서 처음으로 접한 사건이었고, 그 자신은 1년 반이 지나서야 하원의원으로 선출되었다. 다음날 「드 스탄다르드」는 그의 논평으로 시작했는데 다음과 같은 간결한 문장을 내세웠다. "주권자인 국민이 더이상 주권자가 아닌 군주를, 국가의 첫 번째 공직

---

8 개원연설(開院演說, Speech from the throne)로 네덜란드에서 총리가 미리 준비한 연설문을 군주가 왕좌에 앉아 의회를 개원하면서 입법부인 의회의 의원들에게 연설하는 행사이다. (위키백과)

                    아브라함 카이퍼의 일곱 가지 삶

자로, 국민의 대표들이 모인 궁전에서 맞이하는 의회의 희극이 올해도 다시 정부의 중심지에서 공연되었다."

누가 카이퍼의 결의를 여전히 의심할 수 있겠는가?

밀턴(Milton), 자유의 투사

에드먼드 버크는 카이퍼의 직관을 확인해 주었을 뿐 아니라, 그를 또 다른 길로 이끌었다. 프랑스 혁명이 자유주의자들이 주장하는 것만큼 잘 진행되지 않았다는 것은 흐룬 판 프린스터러가 이미 충분히 증명했다. 그러나 버크는 흐룬의 작품에서 잘 드러나지 않는 차원, 즉 영국식 자유를 추가했다.

카이퍼와 마찬가지로 버크는 역사, 특히 영국의 역사에 호소했는데 이것과 네덜란드 전통과의 유사성은 카이퍼의 눈을 뜨게 해주었다. 버크가 인용한 자료들도 그에게 큰 영향을 미쳤다. 이 자료들은 카이퍼로 하여금 깔뱅주의의 국제적 성격을 이해하는 데 중요한 역할을 했다. 유럽 대륙뿐만 아니라, 특히 영국 제도와 북미에도 깔뱅주의의 영향이 있다는 사실은 카이퍼에게 새로운 세계를 열어주었다.

그의 이런 새로운 깨달음은 16부작으로 구성된 '오류는 처벌 받아야 하는가?'로 나타났다. 이 시리즈에서 카이퍼의 새로운 영웅은 깔뱅주의자였으며 그가 소개한 인물은 존 밀턴(John Milton)이었다. 밀턴은 '깔뱅주의 시인'으로 『실낙원』(*Paradise Lost*)의 저자이며, 네덜란드의 빌더데이크(Bilderdijk)와 같은 존재였다. 그러나 무엇보다 중요한 점은 그가 깔뱅주의적 자유를 사랑하는 살아 있는 증거라는 것이었다.

밀에서 밀턴으로 가는 것은 카이퍼에게 있어 자연스러운 과정이었다. 밀의 문제는 그의 원칙, 즉 프랑스 혁명의 영향을 받은 영국식 자유주의였다. 그러나 이제 존 밀턴을 한번 보자. 오랫동안 영국 자유주의의 아버지 중 한

명으로 여겨져 왔던 이 시인은 카이퍼에게는 획기적인 발견이었다. 그는 밀턴의 여러 저작에서 몇 가지를 인용했다. (그는 그 책들을 이미 서가에 가지고 있었던 것으로 보인다.) 그러나 그중에서도 특히 한 권, 『아레오파지티카』(*Areopagitica*, 1644)라는 책이 중요했다.

이 책은 영국 의회를 위한 연설의 형태로 작성된 작품으로, 밀턴은 언론과 표현의 자유를 옹호했다. 이 시기는 영국 내전이 한창 진행 중일 때였다. 물론, 밀턴이 염두에 두고 있었던 것은 가톨릭이 아닌 개신교 분파들의 자유였다. 하지만 카이퍼는 이 작품에서 자신만의 '자유의 투사'를 발견했다.

그 이후로 그는 개혁주의 원칙이 어떻게 자유로 이어지는지를 강조하기 시작했다. 16부작 논설에서도 이러한 주제를 이어갔다. 즉, 근대적 자유는 깔뱅주의에 기원을 두고 있으며, '자유의 체계' 즉, 표현의 자유와 모든 시민의 권리는 초기 깔뱅주의자들에게 뿌리를 두고 있다고 주장했다.

카이퍼의 비전은 날개를 달았다. 이제 그는 자유주의 전반에 대한 대안을 손에 쥐게 되었고, 자유주의 자체의 역사적 기원을 재구성했다. 깔뱅주의자들은 자유주의자들이 내세울 수 있는 것보다 훨씬 더 오래된 정통성을 가지고 있었다. 밀턴이 자유를 선택한 것은 세계사적으로 획기적인 전환점이었다. 순수한 형태의 자유라는 원칙이 개신교 종교개혁에 이미 자리잡았음을 보여주는 순간이었다.

그리하여 10년에 걸친 역사 연구가 마침내 당대의 정치 무대로 들어서게 되었다. 자유주의, 계몽주의, 프랑스 혁명이 새로운 시작이라는 개념 전체가 폐기될 수 있었다. 카이퍼는 역사학자로서 1800년경이 오히려 권위주의 시대의 시작이었다는 점을 알고 있었다. 도시의 자유와 길드가 폐지되고, 모든 정치 권력을 그들의 손에 확고히 장악하고 있던 산업 혁명의 새로운 부유층이 노동자를 착취하기 시작했던 것이다. 이제 그의 핵심 아이디어를 확고히 할 시점이 되었다.

 아브라함 카이퍼의 일곱 가지 삶

카이퍼는 흐룬 판 프린스터러를 넘어서는 이러한 새로운 통찰, 즉 자신의 개인적 발견 위에 자신의 모든 정치 프로그램을 구축했다. 프랑스 혁명이 아니라, 깔뱅주의가 서구의 자유가 솟아난 원천이었던 것이다. 그 뿌리는 수세기 후에 태어난 자유주의라는 계몽주의의 의붓자식이 아니라, 16-17세기의 모든 권위주의적 폭력에 맞선 겸손한 깔뱅주의자들이었다. '프랑스 혁명 만세'는 이제 '존 깔뱅 만세!'로 대체되었다.

이것이 바로 상상력의 힘이다. 카이퍼는 밀턴이 멈춘 곳에서 계속 나아갔다. 밀턴이 개신교 분파들만 보았다면, 카이퍼는 모든 소수자들을 인정했다. 그의 눈에는 가톨릭 신자들뿐만 아니라 유대인들도 발언권을 가지고 있었으며, 자유주의의 요새를 공격하는 사회주의자들도 마찬가지였다. 토르베케 하에서 가톨릭과 유대교 엘리트들은 이 자유주의에 편입되어, 이것을 방어의 수단으로 삼아 프테스탄트의 권력에 대항하는 안전장치로 삼았다.

1879년부터 첫 번째 균열이 나타났다. 에너지 넘치는 스헤입만 대주교를 따르던 가톨릭 신자들이 자유주의 요새를 떠나기 시작했다. 결정적인 순간은 1901년이었는데, 그때 가톨릭 세력들은 카이퍼가 권력의 자리에 오르는 것을 도왔고, 이것은 그의 상상력이 권력을 잡은 순간이었다. 그러나 유대인들은 카이퍼가 총리로서 무슨 말을 해도 좀처럼 설득되지 않았다. 제2차 세계대전이 일어나기 전까지, 네덜란드의 유대인들은 자유주의를 더 안전한 선택지로 여겼다.

자유주의의 시대는 과두정치의 시대였다. 자유주의는 민중이 아닌 소수의 엘리트를 위한 자유를 의미했다. 그때부터 카이퍼는 그들을 '자유주의자들(Liberalisten)', 즉 자기 자신의 자유만을 열렬히 수호하는 자들이라고 불렀다. 그 결과 거의 모든 자유주의자들은 평생 그의 적이 되었다.

이처럼 카이퍼는 제2의 크롬웰처럼 교회, 사회, 정치에서 기존 권력에 대한 정면 공격인 내전을 주도했다. 1870년경에는 자유주의자들이 모든 곳을 장악했지만, 카이퍼는 1918년 자신의 추종자들에게 이 전쟁을 '제 2의 80년 전쟁'이라고 부르며 투쟁과 승리를 설파했다. 어쨌든 이 전쟁은 1830년대에 시작된 기본권 투쟁과 1848년 헌법 개정으로 승리했다.

갈등이 많았고, 특히 언론 지면에서 더 격렬했다. 카이퍼는 1894년까지 하원에 다시 모습을 드러내지 않았다. 1876년 초에 그는 심한 과로에 시달리며 헤이그를 떠났다.

브라이튼(Brighton)과 붕괴

모든 것은 다시 영국에서 시작되었다. 1875년 3월, 카이퍼는 다시 한번 런던을 거닐었는데, 이번에는 정치적인 관심 이상의 목적을 가지고 있었다. 그는 5월에 하원의원들에게 이것에 대해 열정적으로 보고했다.

마르크스가 살고 일했던 곳에서 멀지 않은 이즐링턴(Islington)의 농업 회관에서, 그는 부흥집회에 참석했다. 미국의 부흥운동가 드와이트 무디(Dwight Moody)는 미국에서 일어난 제2차 대각성 운동(the Second Great Awakening)의 여파로 런던을 순회 중이었다. 그는 유명한 복음성가 가수인 아이라 생키(Ira Sankey)와 함께 다녔는데 생키의 음악도 성공에 크게 기여했다. 카이퍼는 2만명이 모인 집회에 참석했는데, 다섯 달 동안 총 250만 명이 참가했다고 전했다. 카이퍼는 혼자가 아니었지만, 네덜란드에서 온 첫 번째 참가자 중 한 명이었다. 그는 매우 깊은 감명을 받았다.

하원에서 교육에 대한 논쟁이 끝날 무렵, 장관이 미래 계획을 밝히기를 거부하자, 무디와 생키에게 '강렬한 인상'을 받은 카이퍼는 마음속의 감정을 말로 쏟아냈다. 하원의원들은 너무나도 달라진 이 젊은 의원의 발언에 놀라움을 금치 못했다. 심지어 그는 부흥 찬송가를 낭송하기도 했다. 카이퍼는 생키의 후렴구로 연설을 마무리하며 이렇게 말했다.

카이퍼는 즉시 큰 화제가 되었다. 열광적인 젊은 반혁명주의자는 그날의 화제가 되었다. 저명한 보수주의자인 빌름 빈트헨스(Willem Wintgens)는 더 이상 참을 수 없었다. 전직 목사가 종교를 정치에 섞었다는 것은 도저히 용납할 수 없는 일이었다. 그는 카이퍼를 '선동가'라고 비난했다. 그 어떤 때보다 더 강한 비난이 차분한 의회에 울려퍼졌다. 심지어 흐룬 판 프린스터러조차도 카이퍼의 정신 상태에 대해 걱정하기 시작했다.

그러나 카이퍼는 멈출 수 없었다. 5월 말과 6월 초에 그는 다시 런던으로 돌아갔다. 이번에 그는 영국 남해안 휴양지인 브라이튼에서 열흘 동안 또 다른 부흥 집회에 참석했다. 이번에는 그는 혼자가 아니었고, 12명의 네덜란드 목사들이 함께했다. 그리고 맥주 양조업자 빌름 호비와 같은 부유한 평신도들도 포함해 총 35명의 네덜란드인들이 동행했다.

이 부흥회의 강사는 미국인 부부였는데, 로버트 피어솔 스미스(Robert Pearsall Smith)와 한나 피어솔 스미스(Hannah Pearsall Smith)는 필라델피아(Philadelphia)의 유리 공장 소유주였으며 미국식 부흥운동을 이끌었다. 이들의 영향력은 전통적인 신학이 아니라 그들의 전염성 있는 표현 방식이 결정적인 요인이었다. 몇 주 전만 해도 그들은 네덜란드의 위트레흐트와 헤이그 등지에서 대규모 집회를 열었었는데, 청중 중에는 종교적으로 덜 수용적인 빌름 3세 왕과 오랫동안 별거 중이던 소피 왕비까지 있었다.

이 집회는 5월 29일 토요일부터 6월 7일 월요일까지 브라이튼에서 국제적인 집회로 계획되었다. 무디와 생키가 런던의 중심부를 순회하고 있을 때, 남부 해안에서는 복음주의적인 사랑의 축제가 벌어졌다. 독일과 프랑스의 손님들도 초대되었는데, 이는 프랑스-프로이센 전쟁 직후의 일이었다.

복음 전도자 부부 중 남편 스미스는 53번의 설교를 했다. 집회는 아침 6시 30분에 시작해 저녁 9시까지 계속되었다고 카이퍼는 집에 보내는 편지에 썼다. 그조차도 그것을 따라갈 수 없었지만 그가 쓴 편지는 열정과 기쁨이 넘쳤다. 그는 찬양하며, 기도하고, 거의 춤을 출 정도였다. 그의 거룩한 불꽃은 계속 타오르고 있었다. 집회 마지막 주일에는 야외에서 성찬식을 인도할 수 있도록 허락을 받았다. 그는 왼쪽의 프랑스인과 오른쪽의 독일인에게 빵 한 조각을 건넸고, 그들이 서로 화해하며 포옹하는 모습에 그는 큰 감동을 받았다. "내 잔이 넘칩니다"라고 선언하며 그는 고국으로 돌아왔다. 그의 회복된 '영적 맥박'은 네덜란드에서도 그 불을 계속 타오르게 하겠다고 다짐했다.

그리고 카이퍼는 실제로 그렇게 했다. 암스테르담으로 돌아온 카이퍼는 자신의 집에서 브라이튼 참석자들과 다시 만나는 모임을 가졌다. 그해 여름 세 차례의 선교 축제에서 그는 브라이튼 운동에 대해 증언할 수 있었다. 그는 이 기쁜 소식을 가지고 제이란트(Zeeland)의 스히르 아렌스께르께('s-Heer Arendskerke), 하를렘 근처의 부껀로드(Boekenroode bij Haarlem) 영지, 흐로닝언의 빈스호튼(Groningse Winschoten)에 모여 있던 수천 명의 교인들에게 복음을 전했다. 이 선교 축제는 영국의 부흥운동에 비해 다소 차분한 네덜란드적 축제였지만, 이미 1860년대부터 시작된 부흥 집회였다. 이 집회 역시 대부분 야외에서 이루어졌으며, 국가개혁교회(Hervormede Kerk)에 의해 조직되었고 다른 개신교 교파는 거의 없었다.

의욕에 넘치는 정치인이자 헌법에 명시된 대로 목사직을 내려놓고 의회 의원으로 선출된 최초의 인물이었던 카이퍼는 이제 영적으로 매우 고양된 상태에 있었다. 낙관주의와 경건하고 진지한 삶, 나아가 국제적 교류, 모든

   아브라함 카이퍼의 일곱 가지 삶

교파를 초월한 연대감 이 모든 것이 카이퍼에게 정치적으로만 아니라 종교적으로도 새로운 세계를 보여주었다. 그는 영국의 자유에 매혹되었고 매일 신문에 자신이 받은 감명을 보고했으며, 열정은 계속해서 식지 않고 계속되었다.

그러나 그 결말은 너무나 큰 고통이었다. 그것이 1876년 초에 그가 쓰러진 유일한 이유는 아니었지만, 감정적인 면이 큰 역할을 한 것은 사실이다. 열성적인 의회 의원으로서, 심지어 가까운 동료들에게조차 오해를 받으며, 재정난에 허덕이는 신문을 위해 매일 싸우는 중에도 다루어야 할 주제는 넘쳐났다. 그런데 여기에 정신적으로 큰 충격이 더해졌던 것이다.

1월, 그의 친구 호비는 카이퍼에게 복음 전도자 부부 중 남편이 갑작스럽게 떠나게 된 이유를 밝혔다. 당시에 완벽한 영적 삶이라고 불렀던 완벽주의를 설교한 스미스가 죄에 빠진 것으로 드러났다. 그것은 육체의 유혹이었으며, 이는 한 세기 후에 미국 텔레비전 부흥사들에게도 찾아올 사건과 유사했다. 카이퍼의 장밋빛 꿈은 산산조각 났고, 다시는 그 꿈에 빠지지 않았다. 심지어 완벽주의자들조차도 타락한 인간이었음을 깨달은 카이퍼는 그때부터 다시 깔뱅주의자가 되었다.

2월 말, 그는 지중해의 평화와 고요를 찾아 니스로 떠났다. 그의 아내 요는 그를 배웅하며 봄이 되면 다섯 자녀를 데리고 그를 따라갈 예정이었다. 흐룬 판 프린스터러는 5월에 사망했고, 그의 후계자는 어디에서도 보이지 않았다. 카이퍼 가족은 일년 이상 네덜란드를 떠나 있었다. 그들은 부유한 친구들이 선물로 준 암스테르담 에이까드(Ijkade)에 있는 아름다운 저택 '드 사피베르그(De Saphyrberg)'를 팔아야 했다. 그들은 여름 내내 스위스에서 살았고, 겨울에는 니스에서 살았다. 그는 완전히 무너져 내렸고, 편지를 쓸 수도 없었다. 그러다 마침내 알프스를 발견하게 되었다.

1877년 5월이 되어서야 그는 마침내 완전히 회복되어 헤이그에 돌아왔다. 그는 하원의원직을 사임했기 때문에 새로운 반혁명 지도자인 그는 더 이상 정치인이 아니었다. 그가 유일하게 확신할 수 있는 것은 불확실한 미래뿐이었다.

오직 로마 국가들만

카이퍼는 한동안 남유럽에 매력을 느꼈는데, 특히 이탈리아가 그랬다. 언제나 그랬듯이 카이퍼는 깔뱅주의에 대한 그의 새로운 생각을 시험해 보고 싶었던 계획을 가지고 있었다.

브라이튼의 집회보다 2년 앞선 1873년 봄, 그는 「드 스탄다르드」로 바쁜 나날을 보내고 있었다. 그러나 아직 의석을 얻지 못한 그는 야심찬 여행 계획을 세웠다. 그의 여행 동반자는 흐룬 판 프린스터러 주변 인사들 중 새롭게 알게 된 젊은 변호사 아우구스트 대느 판 파릭(August Daehne van Varick)이었다. 그는 때때로 신문에 기고했지만 재정적으로는 독립적이었다. 그의 글들은 다소 일관성이 없었지만, 카이퍼는 그에게 호감을 느꼈다. 그들은 평생 친구로 남았지만, 대느는 자신의 길을 갔으며 놀라움으로 가득 찬 삶을 살았다.

그들은 서신을 통해 그해 여름의 여행 계획을 논의했다. 카이퍼는 한 달반 동안 시간을 낼 수 있다고 생각했기에 브뤼셀, 파리, 제네바, 샤모니, 밀라노, 로마, 티롤, 비엔나 등을 여행 리스트로 생각했다. 제1차 세계대전 때까지 그는 이 장소들을 정기적으로 방문하곤 했기 때문에 일찍부터 자신만의 취향을 가지고 있었던 것이다. 만약 그가 자신의 여정을 혼자서 결정할 수 있었다면, 분명 그렇게 했을 것이다. 그러나 그의 친구는 로마를 보려면 최소 3주가 걸린다고 주장하면서 타협안을 제시했다.

그들은 6월 23일 월요일에 떠났고, 분명히 그것을 고대하고 있었기에 서

  아브라함 카이퍼의 일곱 가지 삶

둘러 출발했다. 그들이 이후 몇 주 동안 어디에서 시간을 보냈는지 정확히 알 수는 없다. 7월 31일 목요일이 되어서야 카이퍼가 보낸 첫 편지가 도착 했기에 그의 아내 요는 그때까지 불안해하며 그들이 어디로 갔는지 궁금해 했다. 카이퍼는 일주일에 한 번만 편지를 썼고, 마지막 메시지에 따르면 그 들은 일요일에 슈투트가르트(Stuttgart)에 있을 예정이라 여행은 좀더 길어 질 수도 있었다. 그녀는 하녀와 아이들과 함께 자이스트(Zeist)에 머물렀으 며 매우 바빴다.

카이퍼와 그의 친구는 알프스를 여행하며 여러 곳을 다닌 탓에 로마 여 행은 취소되었다. 그들이 간 가장 남단은 비엔나였는데, 카이퍼는 그곳에서 세계 박람회를 보고 싶어 했다. 그는 이후 여러 세계 박람회를 방문했는데 비엔나는 그중 첫번 째였다.

8월 말, 카이퍼는 흐룬에게 그 여행이 그에게 큰 도움이 되었다고 전했 다. "유럽의 상황이 더욱 명확해졌다." 프랑스의 패배와 꼬뮌 사건 이후, 파리는 폭발 직전이었다. "이대로 가다간, 프랑스에서 난민이 올지도 모른 다!"라고 말했다. 그해 가을에 한 소책자의 서문에서 그는 '기력을 회복하 기 위해' 이 호스텔 저 호스텔을 전전하며 스위스와 이탈리아를 여행했다고 적었다.

그것은 전혀 놀랍지 않은데, 카이퍼는 의사의 권유로 많은 여행을 떠났 고, 이번에도 예외는 아니었기 때문이다. 하지만 여기서 다른 두 가지가 눈 에 띈다. 그는 나중에 1876년 우울증에 시달리며 알프스를 발견했다고 독 자들에게 말했지만, 그가 이미 10년 전부터 알프스를 방문했으며 적어도 긴 산행을 했다는 증거는 많다. 아우구스트 대느와의 여행 계획에는 '티롤 이나 스위스 산악지대를 도보로 여행하는 것'이 포함되어 있었고, 몽블랑도 가고 싶어 했다. 이것은 그가 자신의 과거를 현재의 메시지에 맞게 재구성 한 것으로 보인다.

그 뿐만 아니라 이 여행은 계획적 성격을 띠고 있었다. 그는 두 가지 계획을 세웠으며, '오직 로마 국가들만'을 방문할 계획이라고 흐룬에게 털어놓았다. 개혁교회가 아니라 루터교 신자였던 대느는 로마 교회에 매력을 느꼈다. 그래서 카이퍼는 가톨릭의 현실과 대면하는 것만이 그를 치료할 수 있는 길이라고 믿었다. 동시에 그는 이 방문을 통해 서구 근대성이 깔뱅주의에서 기원했다는 자신의 주장을 시험해 볼 수 있을 것이라고 여겼다. 그는 가톨릭 국가들이 종교에 있어서는 더 중세적이고 발전에 있어서는 더 후진적임을 알게 될 것이라고 예상했다.

하지만 두 가지 면에서 그의 여름 여행은 실망스러웠다. 그의 친구는 가톨릭 신자가 되었고, 반혁명주의자 동료들에게 작별 인사를 한 다음, 로마로 떠나 사제로 서품 받았다. 「드 스탄다르드」에서 카이퍼는 여전히 그의 책들에 대해 유쾌하게 토론했는데, 심지어 1892년 헤이그에서 『민주주의에 대한 반혁명적 반대, 카이퍼 박사에게 전달됨』(*Antirevolutionaire bedenkingen tegen Democratie medegedeeld aan Dr. Kuyper*)'이라는 제목으로 출판한 그의 논문에 대해서도 그의 의견을 진지하게 다루었다. 전 동료인 대느는 항상 '호감이 가는 인물'로, 진정한 의미의 귀족이었다고 그는 말했다. 비록 가톨릭 신자였고 잘못된 길을 갔지만, 그의 법에 대한 아이디어는 진지하게 토론할 가치가 있었으며, 카이퍼는 사설 전체를 그것에 할애했다.

수년 후, 총리가 된 그는 네덜란드에서 다시 개신교인이 된 이 법학자를 외교부의 최고 관리로 임명하려고 노력했지만, 그것은 가톨릭 동맹자들의 반대에 부딪혔다. 그 후 아우구스트 대느는 제네바에 깔뱅의 종교개혁 기념비를 세우는 일을 시작했고, 1907년 제2차 헤이그 만국평화회의(Vredesconferentie)[9] 준비에 중요한 기여를 했다. 또한 그는 1914년 새로운 평화궁에

9　만국평화회의(萬國平和會議)는 네덜란드 헤이그에서 1899년, 1907년에 두 차례 열린 국제

　　　　　　　　　　아브라함 카이퍼의 일곱 가지 삶

있는 윌리엄 스테드의 흉상을 공개했는데, 이 영국의 언론인 겸 평화 운동가인 그는 카이퍼와 친분이 있었으며, 그 이듬해 타이타닉호가 침몰하면서 사망했다.

다른 하나는, 카이퍼가 예상했던 것과는 달리, 가톨릭 유럽 국가와의 교류에서 일부 긍정적인 인상을 받았다는 것이다. 깔뱅주의의 근대성에 대한 그의 신념은 그대로 유지되었지만, 가톨릭 세계도 그에게 그리 나쁘지 않았고 매력적이었다. 그가 특히 사랑했던 남티롤 지역은

카이퍼에게 오스트리아 황제 프란츠 요제프(Franz Joseph)가 말했다.
"카이퍼 박사, 이 모든 세월 동안 나는 당신처럼 훌륭한 헝가리인이 되지 못했습니다."
(요한 브라껀시크의 만평)

그의 남은 생애 동안 가장 좋아하는 곳으로 남았다. 이곳은 당시 오스트리아였으나 지금은 이탈리아에 속한다. 그는 네덜란드를 포함한 세계 어느 곳보다 이곳에서 더 편안함과 안식을 경험했다. 카이퍼는 거의 매년 이곳을 찾았다. 그가 가톨릭 티롤 사람들 가운데서 발견한 단순한 신앙과 그들의 '아름답고 친밀한 신앙 생활'은 그가 여행에서 만난 어떤 것과도 비교될 수 없었다.

1903년 8월, 네덜란드 츠볼레(Zwolle)에서 온 한 주민은 카이퍼가 티롤

평화 회담이다. (위키백과)

풍의 의상과 가죽바지(lederhosen)를 입고 인스브루크를 걷는 것을 보고 깜짝 놀랐다. 이 이야기는 지역 신문에 실렸고, 그것은 이내 전국의 신문에 퍼졌다. 네덜란드 총리가 해외에서 이런 모습으로 나타난 것은 처음이었기 때문이다. 요한 브라건시크의 만평에서, 카이퍼는 프란츠 요제프(Franz Joseph) 황제에게 '티롤인보다 더 티롤인'이라고 자처했다. 그는 매년 여름 그렇게 입고 다녔으며, 아마도 수십 년 동안 그렇게 했을 것이다.

전망 좋은 방

결국 가장 큰 시험은 로마, 즉 '로마인의 로마, 교황들의 로마, 비할 데 없는 도시'였다. 그도 그곳에 도착하긴 했지만, 예상했던 것과는 다른 조건이었다. 카이퍼는 그곳에서 39번째 생일을 축하했는데, 방을 꽃으로 장식했지만 고독했다. 도대체 무슨 일이 있었던 것일까?

그의 70번째 생일에 진행한 인터뷰에서, 카이퍼는 젊은 시절 하원의원이었던 당시에 자신의 건강이 무너졌던 일을 회상했다. 그는 당시 불면증에 시달리고 있었고, 니스에서 만난 의사의 조언에 따라 클로랄 하이드레이트(chloral hydraat)를 '최대한' 섭취했다. 그러나 이 진정제는 그의 신경계를 더욱 망가뜨렸다. 그는 1876년 3월부터 1877년 5월까지 단 두 페이지의 글도 읽지 못했다고 회상했다. 그는 유명한 헤이그의 정신과 의사 요하네스 니콜라스 라마에르(Johannes Nicolaas Ramaer)가 그에게 말했던 것처럼 이후 6년 동안 후유증에 시달렸다.

이 이야기는 1876년 가을에 카이퍼가 요와 당시 열두 살이던 그들의 장남 헤르만에게 보낸 편지에서 부분적으로 알 수 있다. 번호가 매겨진 25개의 이 편지는 지금도 대다수가 보존되어 있다. 피렌체(Firenze), 로마, 나폴리(Napoli)를 여행한 카이퍼의 여정과 그의 병의 경과도 이 편지로 일부 추

    아브라함 카이퍼의 일곱 가지 삶

적할 수 있다.

1876년 여름, 그의 가족이 스위스의 엥가딘 고원에서 지낼 때, 그는 산악 여행을 하며 건강이 눈에 띄게 회복되고 있었다. 겨울이 오기 전에 지중해에 정착했지만 그의 병은 다시 재발했다. 10월 말, 그는 더이상 견딜 수가 없어 떠나야 했고, 당시 니스의 한 호텔에 머물고 있던 가족들과 떨어져서 휴식을 찾았다. 늘 그렇듯이 카이퍼는 일상적인 류머티즘과 반복되는 설사 외에도 불면증이 심했다. 로마여행 중에도 그는 밤새 잠을 이루지 못한 날이 많았다.

그 편지에는 니스의 한 의사가 언급되고 있는데, 카이퍼는 그의 조언을 따랐다. 삐에르 아르눌피(Pierre Arnulphy)는 원래 화학자 출신으로, 그의 아들 베르나르와 함께 동종요법의 선구자가 되었다. 어쩌면 이 의사가 문제의 원인일 가능성이 크다. 그에게 반복적으로 나타나는 증상은 긴 불면의 밤, 과도한 발한, 그리고 어떻게 해야 할지 모를 정도의 불안한 날들로, 전형적인 신경쇠약 증세였다. "지난 밤도 다시 좋지 않았고, 내 신경은 여전히 심하게 지쳐있어. 엥가딘에 있었더라면 좋았을 텐데"라고 그는 로마에서 적었다. 그리고 매일 밤, "또다시 머리가 욱신거리고, 몸이 쑤시고 떨리며, 불안과 불면증이 찾아온다. 그리고 다음날 네다섯시까지 식은땀에 흠뻑 적는다. 요, 나를 위해 기도해줘"라고 했다.

이 모든 증상은 몇 년 후에 밝혀진 클로랄 하이드레이트의 부작용으로 설명될 수 있다. 당시 이 약물은 신약이었고, 카이퍼는 이 아르눌피라는 잘못된 의사에 의존했기 때문이었다. 아마도 그가 동종요법자로서 알려져 있었기에 그에게 끌렸을 것이다. 그는 얼마 전에 이스탄불에서 훈장을 받고 돌아왔는데 나중에 카이퍼가 받게 될 것과 같은 훈장이었다. 1867년 카이퍼와 같은 시기에 런던에 머물고 있던 술탄 압뒬라지즈에 대한 그의 치료는 명백히 더 성공적이었던 것 같다.

카이퍼는 클로랄 하이드레이트 외에도 휴식을 취하기 위해 자연 요법을
사용했다. 그는 방문하는 마을 주변의 언덕을 몇 시간 동안 걸었고 가능한
곳에서는 말을 타기도 했다. 그는 기차를 타고 이동했으나 나폴리에서 제노
바까지는 화물선을 이용했다.

한 달 동안 번아웃 상태였던 카이퍼는 이탈리아에서 가장 아름다운 도시
들을 여행했다. 그는 이것이 필요하다고 임신 중이던 요에게 계속 말했다.
기차는 그를 피사로 데려다 주었고, 그는 거기서 탑과 조용한 지방 도시를
보았다. 그는 피사가 특별히 추천되었음에도 불구하고 월동을 위해 그곳을
선택하지 않은 것이 다행이라고 그의 아들 헤르만에게 썼다. 반면에 피렌
체, 로마, 나폴리는 매우 다른 범주에 속해 있었다.

피렌체에서 그는 즉시 성 미카엘 교회 맞은편 광장에서 '쾌적하고 전망
이 좋은' 방을 찾았다. 이 드 라 비여 호텔(Hotel de la Ville)의 장면은 포스터
(E. M. Forster)[10]의 소설 『전망 좋은 방』(*A Room with a View*, 1909)을 연상시
킨다. 카이퍼는 자신도 빅토리아 시대 관광객들처럼 도시와 주변의 토스카
나(Toscana)[11] 풍경을 만끽했다. 그는 또한 로마로 가는 길에 저녁 식탁에서
암스테르담에서 온 베일스 판 헤임스테데(Beels van Heemstede) 가족을 만
났다.

밤에는 계속 힘들었지만, 낮에는 그나마 알차게 보냈다. 포스터의 소설
에서 목사들이 안내자 역할을 하듯이 카이퍼는 자신이 방문하는 모든 도시
에 있는 발도파 교인들(Waldenzers)[12], 즉 이탈리아 개신교 교인들의 도움을

---

10 포스터(E. M. Forster, OM, CH, 1879-1970)는 영국의 소설가였다. (위키백과)

11 토스카나(Regione Toscana)는 이탈리아 중부에 있는 주이며, 주도는 피렌체이다. (위키백
과)

12 발도파(독일어: Waldenser)는 12세기 말 리용의 종교개혁가 페트루스 발데즈(Petrus Val-
des, c. 1140-c. 1205)를 통해 프랑스 남부에 세워진 기독교계 신앙공동체로, 이탈리아와 남

                    아브라함 카이퍼의 일곱 가지 삶

받았다. "이곳의 발도파 교인들은 다정하고 친절하다"라고 그는 피렌체에서 보고했다.

지역 신학교의 게이모나트(Geymonat) 교수는 그에게 신학도 한 명을 소개해 주었다. 그리하여 가이드와 함께 카이퍼는 산으로 둘러싸여 있고 아르노 강이 흐르는 '가장 아름다운' 도시 피렌체를 탐험했다. 그는 도시 내의 모든 박물관을 방문했고, 우피치(Uffizi)에서는 루벤스(Rubens)에서 얀 스테인(Jan Steen)에 이르는 네덜란드의 위대한 화가들의 작품을 보았다. 다음 날 오후, 그는 탁 트인 경치를 보기 위해 말을 타고 피에솔레(Fiesole)로 올라갔다. "다행히도 그곳에는 구름 사이로 찬란하게 빛나는 아름다운 태양이 있었다."

마지막 이틀 동안 게이모나트 교수는 농장에서 그를 맞았고, 또 다른 발도파 신학자는 도시 외곽에 있는 세르토사 카르투시오 수도원(kartuizer klooster van Certosa)을 안내해 주었다. 두 번 모두, 카이퍼는 그곳을 오래 걸었다. 주일에는 보볼리(Boboli)와 르 까시네(Le Cascine)의 정원을 방문한 후 그는 기차를 탔다. 로마를 향하는 길이었다!

영원한 도시에서 온 소식

1876년 10월 29일 일요일은 카이퍼의 39번째 생일이었다. 그는 집으로 보내는 편지에서 고독에 대한 우울한 성찰을 남겼다. 그럼에도 '소위 영원한 도시'에 도착한 첫날은 기대 이상이었다. 전날 밤, 그는 '별 증상 없이' 푹 잘 잤다. 역에서 한 노파가 그의 손에 꽃다발을 쥐어주었다. "보라, 나는 이렇게 나의 하나님께 꽃을 받았고, 꽃으로 장식된채 로마로 떠났다." 카이

아메리카 등지에까지 이르는 개신교 교파이다.

퍼는 로마에서 두 주 동안 머물렀고, 일요일에 마지막 목적지인 나폴리로 향했다.

로마에서 카이퍼는 모든 것을 사랑했지만, 가격은 예외였다. 그는 스페인식 계단이 있는 '매우 쾌적한 전망'을 가진 '유럽 호텔(Hotel de l'Europe)'의 넓은 방을 현지 왈도파 목사가 그를 위해 마련해 준 비아 델라 크로체(Via della Croce) 71번지의 작은 하숙방으로 바꾸었다. 이 하숙집은 미국 여성인 미스 셔먼(Sherman)이 운영하는 집이었다. 여전히 비쌌지만, 그보다 더 나쁜 것은 초라한 식사였다. 스테이크는 '이 메모지보다 약간 두꺼운 정도'로, 너무 양이 적었다. 다행히도 이 또한 시간이 지나면서 점차 나아졌다. 마지막 수요일에 셔먼 양이 그의 장 질환에 대해 듣고는 쌀, 육수, 칠면조로 정성껏 대접했다고 그는 전했다.

그는 또한 로마에서 승마를 즐겼다. 처음에는 실내 승마 학교가 더 저렴했기 때문에 거기서 말을 탔지만, 건강을 위해 그는 언덕으로 올라갔다. 첫 번째 토요일에 그는 로마 주변의 거친 산악 지역인 캄빠냐(Campagna)에서 할 수 있는 한 빨리 언덕과 계곡을 넘으며 장거리 라이딩을 했다. 다행히 이것은 그의 몸을 따뜻하게 했고 오한도 사라졌다.

다음 주 목요일, 그는 말을 타고 로마에서 몇 킬로미터 떨어진 아피아 가도(Via Appia)에 있는 성 세바스찬(Sint-Sebastiaan) 성당으로 갔는데, 그곳에는 화살에 찔린 순교자의 무덤이 있었다. 여기서 그는 램프 하나만 들고 지하 묘지인 카타콤베(catacombe)로 내려갔고, 로마 전체 아래로 뻗어 있는 터널에서 거의 길을 잃을 뻔했다. 그는 아들 헤르만을 위해 초기 기독교인들이 비밀리에 모였다가 로마 군인들의 습격을 받고 학살당했던 여섯 갈래 교차로의 공간을 스케치했다.

돌아오는 길에 갑작스러운 소나기를 만났다. 그는 남쪽의 날씨가 더 좋을 것으로 예상했기 때문에 불행히도 더 따뜻한 재킷을 니스에 두고 오는 바람에 여름 옷차림이었다. 저녁 식사 후 미스 셔먼과 함께 앉아 꼬냑 한 잔으로 몸을 녹였다. 이 몇 주간의 저녁 식사 테이블 동료들은 그의 마음에 들지 않았다. "미국에서 온 두 명의 여성이었는데, 냉담하고 지루한 수다쟁이들로 삶을 더 즐겁게 만드는 사람들과는 정반대였다. 아, 이렇게 고독하다니! 모두가 너무나 그립다."

미스 셔먼을 통해 그는 몇몇 전도자들의 행동에 대한 소식을 더 들었다. 그는 그 소식을 전혀 좋아하지 않았다. 유명한 미국인 부흥사가 이곳에서는 거액의 돈을 벌어들이는 사기꾼으로 알려져 있다고 그는 요에게 썼다. 카이퍼는 평생 교육 정책에 관심을 가져 거의 모든 여행 중에 학교들을 방문했기에, 로마에 미국인이 세운 몇몇 학교들도 방문했는데, 다른 학교들에 비해 그의 평가는 그리 호의적이지 않았다. 카이퍼는 '그 사람에게 직접 말해야' 한다고 느꼈지만, 그 생각만으로도 신경이 다시 예민해졌다.

로마의 개신교 상황은 대체로 참담했다. "서로 시기하는 작은 교회들과 모임이 있을 뿐, 서로를 질투하며 비방하고 있다. 아무것도 하지 않고, 너무나 많은 영국인과 미국인들이 돈을 사실상 낭비하고 있다. – 로마의 단결과 권력에 비해. 주여, 주여, 언제까지입니까!" 카이퍼는 브라이튼에서 얻은 교훈 이후, 더이상 부흥운동에 기대를 걸지 않았다. 그는 더 현명해졌고, 깔뱅주의의 견고함에 확신을 가지게 되었다. 심지어 로마 가톨릭 교회조차도 그보다는 나아 보였다.

그 외에 영원한 도시에서 온 소식 대부분은 즐거움으로 가득했다. 너무나도 '아름다운 달빛'아래 장엄한 콜로세움을 방문했는데, 여기는 '순교자들이 맹수 앞에 던져진 위대한 전쟁터'였다. 성 베드로 대성당은 그가 본 그 어떤 교회나 궁전보다도 뛰어난 '형언할 수 없는 아름다움을 지닌 예술 작품'이었다. 빌헬미나 여왕의 즉위식에서 카이퍼는 성 베드로 성당에서 보았던 아이슬란드계 덴마크 조각가 베르텔 토르발센(Bertel Thorvaldsen)의 조각품에 대해 서정적인 어조로 묘사했다. 그는 그것을 '사피엔시아 첼레스티스(Sapientia Coelestis)', 즉 '천상의 지혜'라고 부르며 마치 피에타(Pietà)처럼 칭송했다.

실제로 이 작품은 나폴레옹의 적수였던 교황 비오 7세 무덤의 기념비였고, 교황 옆에는 두 여성 조각이 있었다.

그중 한 명은 신성한 지혜를 상징했는데 그녀는 손에 들린 성경이 카이퍼의 눈길을 사로잡았다. 카이퍼는 개신교 신자인 토르발센을 '하나님의 은혜로 조각가가 된 사람'이라고 불렀다.

바티칸 박물관에서 그는 '현존하는 가장 아름답고 웅장한 컬렉션'인 고대 대리석 컬렉션을 보았다. 그 월요일에 그는 또한 빌라 바르베리니(Villa Barberini)를 방문해 라파엘로의 그림을 감상했고, 사도 바울이 살았던 집을 보여주는 게토도 찾았다. 이곳의 유대인들은 암스테르담에서 그가 보던 유대인의 모습보다 훨씬 좋아 보였다. "그다지 무서운 코도 없었고, 여자들도 치장하지 않았다."

게토에 매료된 그는 다음날 트라스테베레(Trastevere)로 가는 길에 다시 그곳을 거닐었고, 그 후 도시 안팎에 있는 보르게세 궁전(Palazzo Borghese)과 빌라 보르게세(Villa Borghese)의 그림들을 보러 갔다. 언제나 그랬듯이 카이퍼는 긴 산책을 즐겼고, 언제나 그랬듯이 그것은 그를 편안하게 해주었다. 토요일이 되어서야 그는 '로마에서의 임무가 끝났다'고 보고할 수 있었다. 이제 나폴리만 남았다.

나폴리(Napoli)를 보고 스코틀랜드(Scotland)로 가다

나폴리 방문은 길어야 일주일만 허락되어 있었다. 니스로 가는 배를 놓치지 않기 위해서였다. 카이퍼가 미리 계산한 결과, 4일간 폼페이(Pompeï),

아브라함 카이퍼의 일곱 가지 삶

베수비오산(Vesuvius), 사도 바울이 상륙한 푸테올리(Puteoli), 그리고 카프리(Capri)섬을 방문하기로 했다. 의심할 여지없이 그는 전체 일정을 소화했을 가능성이 높지만 기록은 나폴리와 베수비오산에 관한 내용만 남아 있다.

하숙집에서의 경험 후, 호텔이 더 낫다고 판단한 카이퍼는 나폴리 만에 있는 호텔에 머물렀다. 그는 바다가 보이는 방을 배정받았는데 오른쪽 멀리로는 니스가 보일 듯했고, 왼쪽에는 베수비오 산이 우뚝 솟아 있었다. 워싱턴 호텔은 그 일요일 정오경, 즉시 마차로 기차역까지 그를 마중 나왔다. 어쨌든 이 도시는 매우 가치가 있었고 '거의 동양적'이었다. 카이퍼는 폼페이에서 발견된 유물이 있는 국립미술관을 포함하여 그곳의 모든 박물관을 방문했다. 그러나 하이라이트는 베수비오 산이었다.

카이퍼는 11월 15일 수요일, 무더운 날씨에도 1,281미터 높이의 화산을 한 번에 등반했다. 그의 발이 '화산재와 용암 속으로' 계속 미끄러져 힘들었지만, 그는 여전히 체력이 남아 있음에 기뻐했다. 그의 이탈리아 가이드는 놀란 것처럼 보였다. 여기서는 아무도 이런 등반을 하지 않기 때문이었다. 정상에 서자 '하나님의 능력과 위엄을 상상할 수 있는 모든 것을 능가하는' 장엄한 파노라마가 그를 맞이했다.

그가 화물선을 타고 제노바(Genua)로 가는 여정의 중간에 리보르노(Livorno) 항구에서 급히 보낸 편지 한 통만 남아 있다. 그는 11월 21일 화요일에 기차로 니스에 도착하기를 원했다. 그 다음 주인 11월 30일 목요일에 여섯째 아이가 태어났다. 딸(간단히 까또[Cato], 또[Too], 또끼[Tokkie])은 로마식 이름을 세 개나 받았다. 카이퍼의 훗날 회고에 의하면, 이 일은 더 극적인 사건이었다. 1905년 세계 여행 중에 그는 튀르키예 콘야에서 딸의 생일을 맞아 카타리나 마리아 유니스(Catharina Maria Eunice)를 위한 편지를 썼다. 그녀의 생일은 언제나 '거룩한 기억의 날'로 남았다.

11월 29일 저녁, 나는 로마에서 니스에 도착했다. 이미 밤중에 사랑하는 너의 어머니는 진통을 겪으셨단다. 아, 또, 나도 그날 밤 너무나 고통스러웠단다. 사랑하는 너의 어머니는 너무나 힘들었고 그 의사도 믿음직스럽지 않았으며, 나도 여전히 머리와 신경이 아팠어. 그러고 나서 나는 혼자 약을 사러 시내로 나갔지만 절반쯤 이르렀을 때, 도저히 한 걸음도 더 걸을 수 없었어. 나는 벽에 기대어 서서 신실하신 아버지를 바라보며 어머니와 너의 생명을 구원해 주시기를 간구했다. 그 기도는 응답되었고, 어머니는 이제 돌아가셨지만, 너는 내가 너무나 사랑하는 아이로 여전히 남아 있구나.

"손에 『우리의 강령』을 들고 스코틀랜드 산악 지대에서. 여기서는 학교법이 있다거나, 백신 강제 접종이 있다거나, 윤리적 신학자가 있다는 것을 잊을 것이다."
(1881년 7월 30일 「아윌런스피헐」 만평)

1894년 가을이 되어서야 그는 '거의 동양적인' 남쪽 도시로 다시 돌아갔고, 그때 그는 나폴리를 거쳐 튀니스로 건너가 베수비오 산을 다시 보았다. 당분간은 알프스를 주요 목적지로 삼았고, 매년 여름 산악 여행을 떠났다. 1877년과 1879년에 그는 헤센의 라우바흐와 프랑스의 비시의 온천에서 여름의 한때를 보내기도 했다. 그는 또한 스코틀랜드에서 노르웨이에 이르는 개신교 북부 지역도 방문하였다. 그 사이에 그는 다시 런던을 방문하기도 했다.

아브라함 카이퍼의 일곱 가지 삶

적어도 1881년과 1883년에는 다시 그곳에 있었다.

1881년, 카이퍼는 알프스 여행 중, 스코틀랜드로 떠났는데, 그 여행 중 작성된 몇 통의 편지에는 교회적 교류에 관한 내용이 담겨있다. 이 여행 동안, 런던을 거쳐 에딘버러(Edinburgh), 인버네스(Inverness), 포레스(Forres), 애버딘(Aberdeen), 세인트 앤드류스(St. Andrews)에 이르는 일정가운데에서 그는 깔뱅주의에 대한 자신의 생각을 시험했는데, 이는 스코틀랜드 장로교인들이 그와 같은 신앙적 가문의 중요한 구성원이었기 때문이다.

이 여행으로 그는 스코틀랜드의 네덜란드계 신학자인 알렉산더 콤리(Alexander Comrie, 1706-1774)에 대해 아는 사람이 거의 없음을 알게 되었다. 그는 당대 유명한 신학자이자 설교자였다. 카이퍼는 그의 전기를 쓰기로 결심했다. 그의 연구 결과는 1882년 런던에서 발행된 「가톨릭 장로교」(*The Catholic Presbyterian*)라는 잡지에 세 번에 걸쳐 실렸다. 물론 그는 콤리를 빛나는 본보기로 제시했다. 자신이 교회와 사회에서 자유주의 엘리트를 몰아내기 위해 싸웠던 것처럼, 콤리 역시 같은 싸움을 이미 시작했다고 그는 영국 독자들에게 말했다. 이 책은 그의 첫 번째 국제적 출판물이었으며, 그 후 수십 권이 더 출간되었다.

그 과정에서 그는 오늘날까지 개혁교회에 남아 있는 스코틀랜드 장로교인들과 교류했고, 그 교류는 오늘날까지 개혁파 계통에서 계속 이어진다. 그의 새로운 정적 브론스펠트에 따르면, 카이퍼는 새로 설립된 자유대학교에 대한 지원을 찾기 위해 그들과 교류했다고 주장했다. 브론스펠트는 아마도 옳았을 것이다. 학문적으로도 카이퍼는 국제적 시각을 가지고 있었으며, 이는 아마도 당시 세 개의 국립 대학에서 관례적으로 생각했던 것보다 더 그랬을 것이다. 스코틀랜드에서 그는 지원자를 찾고 있었을 뿐만 아니라 모험을 감행할 수 있는 학생들도 모집하려고 했다.

크뤼거(Kruger)와 글래드스톤 사이에서

카이퍼는 런던에서 이미 제법 편안함을 느끼고 있었다. 그럼에도 불구하고 그는 1881년에 새로운 발걸음을 내디뎠다. 이번에는 그의 영웅인 윌리엄 글래드스톤에게 직접 편지를 썼는데, 그는 당시 총리였다. 대영 박물관에 있는 그의 문서고에는 실제로 8월 2일 화요일에 카이퍼의 가장 깔끔한 필체로 쓰여진 네 장의 편지가 보관되어 있다. 그것은 또한 카이퍼가 그의 정치적 발전 과정에서 다룬 새로운 주제였다.

'존경하는 W. E. 글래드스톤 의원님께, 다우닝가 10번지'로 시작하는 편지에서 카이퍼는 그의 마음에 두고 있는 문제, 즉 남아프리카 보어 공화국의 운명에 대해 호소했다. 지난해인 1881년, 트랜스바알(Transvaal)의 보어인들은 1877년 그들의 보어 공화국이 영국에 강제 합병당한 이후 벌어진 세 차례의 전투에서 영국군을 상대로 승리를 거두었다. 이 사건은 역사상 제1차 보어전쟁으로 기록된다. 네덜란드에서는 특히 1881년 2월 마유바 전투(de Slag bij Majuba)가 찬양을 받으며 큰 연대의식이 폭발적으로 일어났다.

그들은 이제 평화조약을 기다리고 있었고, 그 단계에서 카이퍼는 중재를 제안했다. 거의 완벽한 영어로 작성된 그의 편지는 네 가지 핵심 사항으로 상황을 설명하고 글래드스톤에게 트랜스바알의 독립을 인정할 것을 촉구했다. 그 자신도 트랜스바알 주민과 긴밀한 접촉을 취하고 있으며, 암스테르담 대학의 총장이자 네덜란드-남아프리카 협회(NZAV: Nederlands Zuid-Afrikaanse Vereniging)의 이사로 활동 중임을 알리며, 필요하면 추가적인 설명을 할 수 있다고 밝혔다. 편지 말미에는 한 주간 동안 임페리얼 호텔 37호실에서 '당신의 순종적인 종 A. 카이퍼 박사'를 만날 수 있다고 적었다.

글래드스톤의 답장은 카이퍼 아카이브에 보관되어 있다. 8월 10일 수요일, 글래드스톤의 비서가 그의 이름으로 편지를 작성해 카이퍼에게 친절히

 아브라함 카이퍼의 일곱 가지 삶

감사의 인사를 전하며, 이 문제가 담당 장관에게 전달되었음을 알렸다. 답장을 보낸 사람은 고들리(J. A. Godley)로 이 사람은 나중에 킬브라큰 경(Lord Kilbracken)이 되었다. 사실, 카이퍼의 편지가 발송된 바로 다음 날 프리토리아에서는 이미 잠정적인 평화조약이 체결되었다. 그러나 이후 새로운 긴장이 뒤따랐고 이는 결국 1899년 제2차 보어전쟁으로 이어졌다. 카이퍼는 총리로서 그 전쟁에서 중요한 역할을 했다.

트랜스바알 사건으로 카이퍼는 2년 후 런던으로 돌아왔다. 1881년부터 그는 「드 스탄다르드」와 공개 행사에서 트랜스바알 문제에 적극 개입했다. 계획했던 남아프리카 여행은 요의 건강이 좋지 않았고 1881년 2월에는 사산된 딸이 있어 취소되었다. 그러는 동안, 파울 크뤼거(Paul Kruger)는 트랜스바알 공화국의 대통령으로 선출되었고, 그는 즉시 런던으로 가서 완전한 독립을 요구했다.

1883년 11월의 첫 두 주 동안, 카이퍼는 크뤼거의 오른팔인 스테파누스 야코부스 뒤 또이(Stephanus Jacobus du Toit)의 초청으로 보어 대표단에 합류했다. 훗날 네덜란드 언론에서 '파울 삼촌'으로 불린 크뤼거 대통령은 카이퍼의 개인적인 친구로 여겨졌으며 실제로 그는 네덜란드에서 크뤼거를 몇 차례 맞이하고 환영했다. 몇 달 후, 크뤼거는 프린스 헨드릭까드에 있는 카이퍼의 집에 초대되어 식탁에 앉기도 했다.

보어 대표단은 버킹엄 궁전 근처에 있는 알버말르 호텔(Albemarle Hotel)에 머물렀다. 카이퍼는 그 자리에서 공론화 작업을 시작했다. 그는 16쪽에 달하는 소책자를 작성했는데, 이 소책자에서 그는 영국의 주장을 논리적으로 반박했다. 이 소책자는 즉시 런던에서 출판되었고, 협상이 더디게 진행되는 동안 영국 언론에 보도되었다. 여론의 압박을 높이기 위해, 이것은 독일에서도 배포되었다.

카이퍼는 이 기회에 그의 영웅인 글래드스톤을 만났을 가능성이 있다.

1883년 런던의 보어 대표단. 왼쪽에서 오른쪽으로: 헤라드 야콥 테오도르 발라에르츠 판 블록란드(Gerard Jacob Theodoor Beelaerts van Blokland, 네덜란드 법률 고문), 니콜라스 스밋(Nicolaas Smit) 장군, 에발트 아우구스트 에설른(Ewald Auguste Esselen). 앉아 있는 이들은 폴 크뤼거 대통령과 스테파누스 야코부스 뒤 또이 목사

11월 13일 화요일, 글래드스톤은 크뤼거와 그의 대표단을 비공식적으로 접견했다. 카이퍼도 그 자리에 있었을 것이며 그는 다음 날 저녁까지 런던에 머물렀다. 그 자리에는 기자가 한 명도 없었고, 참석자 이름도 기록되지 않았다. 네덜란드 신문에서도 언급되지 않았다. 카이퍼가 1917년에 이 시기를 회고한 기록에서도 그가 글래드스톤을 직접 만났는지는 불분명하다.

그러는 동안 카이퍼에게는 다른 약속이 있었다. 영국 신문들에 따르면, 카이퍼는 런던 북부지역에서 열리는 '루터 기념식'에 연사로 참석할 예정이었다. 이 행사는 그가 8년 전 무디와 생키의 부흥 집회로 참석했던 바로 그 밀드메이(Mildmay) 컨퍼런스 홀에서 열렸다. 그날은 종교 개혁가의 탄생 400주년이었으며, 개신교 국가인 영국도 독일 못지 않게 성대히 기념한 행사였다.

    아브라함 카이퍼의 일곱 가지 삶

이날 저녁의 주인공은 베를린 궁정 설교자이자 정치가인 아돌프 슈퇴커 (Adolf Stoecker, 1835-1909)였는데, 그는 카이퍼와 비교적 가까운 성향을 지 닌 동료였으나, 국제적으로는 훨씬 더 잘 알려져 있었다. 슈퇴커가 강렬한 연설을 한 후 카이퍼가 연사로 섰는지는 확실치 않다. 아마도 그는 적절한 시점에 암스테르담으로 돌아갔을 것이다. 결과적으로 그는 논란을 피할 수 있었다. 당시 슈퇴커의 연설은 반유대주의적 발언으로 런던에서 격렬한 항 의 시위를 불러일으켰다.

그러나 카이퍼 지지자들은 그가 무엇을 하고 있는지 궁금해하기 시작했 다. 「드 스탄다르드」에서 카이퍼는 자신이 런던에서 예수회와 가까이 지낸 다거나 위트레흐트의 가톨릭 대주교를 자주 만난다는 소문을 반박했다. 그 는 런던에서 예수회 수사를 단 한 명도 본 적이 없으며, 대주교의 얼굴조차 모른다고 밝혔다. 다만 그는 자신이 어디에 있었는지는 언급하지 않았다.

고귀한 민족

카이퍼의 여행 중, 1883년 여름, 스칸디나비아를 여행한 것만큼 많은 기 록이 남아 있는 경우는 드물다. 앞 장에서 이미 서술된 이 여행은 집으로 보 낸 편지 외에도 「드 스탄다르드」에 연재되며 영감을 주기도 했다. '노르웨 이의 땅에서'라는 제목의 아홉 편의 연재 기사는 그의 첫 번째 여행기였으 며, 이후 미국 여행에서 받은 인상을 담은 글 모음집과 『옛 세계의 바다 여 행』으로 이어졌다. 하지만 차이점이 있었다. (그의 노르웨이에서의 경험은 책으 로 출판되지 않았다.) 비록 그것들이 1면에 실린 기사였을지라도, 그것들이 끝 나자 인쇄된 신문들과 함께 시야에서 사라졌다.

이후의 여행기와 같이, 이 연재물도 그의 주제 의식을 공유했다. 카이퍼 는 북유럽을 여행하며 그의 중심 논제를 확인하고자 했다. 스칸디나비아 국가들과 같은 순수 개신교 국가들이 가톨릭 국가인 남부와 명백히 구별되는 독자적인 발전 경로를 따른 것이 사실이었을까? 처음 두 편의 기사는 당시의 시사 사건에 주의를 빼앗겼는데, 세 번째 편에서 본격적인 주제로 들어갈 수 있었다. 따라서 카이퍼는 이것을 독립된 책으로 출판할 생각을 하지 않았을 것이다.

그러나 마지막 에피소드에 이르러 그는 확고한 결론에 도달한다. 스웨덴, 특히 노르웨이는 가톨릭 국가와 비교할 수 없는 개신교 국가들의 모범이었다. 프랑스, 이탈리아, 스페인 등의 가톨릭 국가들은 모두 비교 대상이 되지 않았다. "가톨릭 국가들은 개신교 국가와는 완전히 다른 민족이다. 그 인상은 스칸디나비아 방문을 통해 다시 한번 깊고도 강력하게 확인되었다." 오직 티롤만은 예외였는데, 가톨릭적 고귀함을 노르웨이의 개신교적 덕성과 비교하면서 찬사를 보냈다. 하지만 나머지 가톨릭 유럽국가들은 세속주의(laïcité)라는 멍에를 짊어지고 신음하고 있으며, 대부분의 가톨릭 대중은 별다른 실체가 없는 맹목적인 신앙을 보인다고 평가했다.

흥미로운 것은 이 점에 대한 카이퍼의 분석은 21세기의 인식과 거의 반대되는 모습이라는 것이다. (현재는 개신교 북유럽이 더 세속적이고, 남유럽이 더 종교적인 세계로 여겨진다.) 오늘날 유럽의 가톨릭 국가는 보통 한 나라당 인구의 약 4분의 3이 신앙을 유지하고 있지만, 카이퍼는 스칸디나비아에서만 순수한 기독교를 볼 수 있었다고 믿었다. 그는 이를 근대성의 긍정적인 측면으로 보았고 반면 가톨릭 남부는 부정적 측면을 나타낸다고 여겼다. 그 당시 가톨릭 남부의 지배적인 세속주의는 공허한 개인주의를 낳았고, 개신교는 책임감을 불러일으킨다고 주장했다. 카이퍼는 각 국가를 논하며 현대 사회학자처럼 다양한 통계 자료를 제공했다.

그것은 막스 베버의 유명한 논지를 자신만의 변형으로 재해석한 것이었다. 다만 베버와 달리 카이퍼는 이를 사회적 영역으로 적용했다. 스페인과

  아브라함 카이퍼의 일곱 가지 삶

이탈리아 같은 나라의 비참한 사회적 상황과 비교해 볼 때, 스웨덴과 노르웨이 '국민의 상황'은 행복하다는 것을 그는 자신의 관찰을 통해 알고 있었다. 그의 여름 여행은 그를 요툰하이멘을 따라 절뚝거리며 지나가게 만든 것뿐 아니라, 그의 깊은 신념을 강화시켜 주었다. 근대성은 개신교, 특히 깔뱅주의의 산물이었고 루터교보다 깔뱅주의가 훨씬 더 선도적 역할을 한다고 믿었다. 그러나 미국 여행에서 그는 자신의 신념에 시험을 받게 된다. 미국은 분명 근대적이었지만, 스칸디나비아의 미덕을 모든 곳에서 발견할 수는 없었다. 남부 티롤의 사람들도 아니었다.

한편, 스톡홀름에서는 해가 거의 지지 않고, 노르웨이에서 오로라를 볼 수 있는 북유럽에서의 긴 하루는 로마 여행 때와 별반 다르지 않았다. 코펜하겐에서 그는 빌름 헤이싱크와 함께 동물원을 방문했고, 로마에서 이미 감탄했던 하나님의 은혜로 조각가가 된 아이슬란드 출신 조각가 토르발센 박물관을 방문했다.

스톡홀름은 훨씬 더 좋았다. 사람들, 섬으로 이루어진 도시, 밤의 아름다운 은빛 풍경 등에 감탄했다. 노르웨이에서와 마찬가지로 소녀들은 특히 매력적이었다. 날렵한 옆모습, 날씬한 허리, 행동이 완벽히 자연스러웠다. "남부에서 아름답다고 하는 것과는 다르지만 진정한 아름다움이 있고 마치 고귀한 민족인 것 같다"고 말했다. 그는 그것을 '루터교 정신에 의한' 그들의 정통성과 연결시켰다. 그는 금발의 반쪽은 고트족의 탓으로, 어두운 반쪽은 원주민의 탓으로 돌렸다.

노르웨이에서는 주로 산과 피요르드 해안을 따라 사는 주민들에게서 감명을 받았다. '노르웨이의 땅에서'는 그들을 찬양하는 노래를 불렀고, 바다에서 솟아오른 땅을 찬양하는 시로 연재를 마무리했다. 그는 도시에서의 생활보다 시골 생활이 훨씬 더 마음에 들었다. (카이퍼는 여행 중에 크리스티아니아[오슬로]와 베르겐을 두 번 방문했다.) 그는 술이 없다는 것과 노르웨이 소녀들이 두 가지에 깊은 인상을 받았다. 그는 노르웨이에서 하루에 12개의 마을을 지나갔는데, 어디에서도 단 한 잔의 술이나 코냑 한 방울이 제공되지 않는다고 놀라움을 표했다. (그는 분명히 그것을 요청했던 것 같다.) 그곳은 일요일에는 네덜란드에서처럼 여관에서 모임을 가질 수 없었다.

그러나 그가 가장 열광했던 것은 노르웨이 소녀들이었다. 암스테르담이나 브뤼셀에서는 상상할 수 없는 일이 크리스티아니아(오슬로)에서는 정상적이었다. 즉, 저녁 10시 이후에도 상류층 소녀들이 혼자 도시를 걸을 수 있었던 것이다. 트레킹을 하면서 그는 배낭을 등에 메고 요툰하이멘까지 여행하는 젊은 여성들도 만났다. 최근에는 스무 살의 한 소녀가 사람이 살지 않는 멜켄 골짜기(Melkendal)를 혼자서 완주했고, 남자들 틈에 끼어 등산객의 산장에서 밤을 보냈다. 이것은 카이퍼의 마음을 사로잡았고, 그는 또 다른 이야기도 알고 있었다.

더 강력한 예를 원한다면, 보고(Vågå) 출신의 한 농부가 여름에 가축을 방목하는 외딴 산장이나 작은 오두막에서, 스무 살짜리 소녀 한 명이 그 가축들을 돌본다. 그녀는 경비나 보호 없이 외딴 산장에 살며 집안일을 할 뿐만 아니라, 침대 두 개밖에 없는 그 작은 오두막은 왕래하는 남자들을 맞이하기도 한다. 그럼에도 이곳에서 어떤 부도덕한 일이 일어났다는 이야기를 들어본 적이 전혀 없고 누구도 그런 생각조차 하지 않는다.

교회 예배 역시 순수하고 감동적이었다. 크리스티아니아 항구에서 그는 배에서 예배를 드렸는데, 그 주위에는 순박한 사람들이 둥글게 둘러 있고, 일부는 해안에 있는데, 그것은 루벤스의 그림에나 어울릴 법한 장면이었다. 마치 게네사렛 호수를 떠올리게 했다. 그러나 산과 피요르드 한가운데서 열리는 평범한 교회 예배도 그림처럼 아름답다는 것을 그는 자신의 체험을 통

     아브라함 카이퍼의 일곱 가지 삶

해 알고 있었다. 카이퍼는 마침내 그의 개신교적 티롤을 발견한 것이다.

대서양 횡단 여행

다른 여행들은 사실상 기록이 거의 남아 있지 않다. 특히 집으로 보내는 편지가 누락된 경우에는 더욱 그렇다. 예를 들어, 1886년 여름, 카이퍼는 타트라스 고산지대를 몇 차례 여행했다. 그는 베를린, 크라쿠프, 부다페스트를 거쳐 비엔나를 통해 브뤼셀로 돌아왔지만, 자세한 내용은 알려지지 않았다. 그러나 그는 나중에 크라쿠프 박물관에서 본 오스만 제국의 술탄 텐트를 언급했는데, 이것은 1683년 비엔나 포위 공격 때 폴란드가 노획한 것이었다. 그것은 지금도 여전히 바벨(Wawel)의 왕궁에 있다.

반대로, 1898년 가을에 있었던 그의 미국 여행은 그의 모든 여행 중 가장 잘 기록되어 있으며, 2016년에는 역사학자 조지 하링크(George Harinck)가 가이드로 등장하는 4부작 TV 다큐멘터리의 형태로 제작되었다.[13] 카이퍼는 이전 어느 때보다도 더 먼 거리를 여행했다. 8월의 출항은 리버풀에서 영국-미국 큐나드 라인(Cunard Line)의 루카니아(RMS Lukania)라는 현대식 여객선으로 이루어졌다. 카이퍼의 계산에 따르면, 그는 1,470명의 승객 중 한 명이었고 450명의 승무원이 타고 있었다.

대서양을 건너는 데 6일이 채 걸리지 않았으며, 그는 날치와 고래 몇 마리를 보았지만, 다른 배는 거의 볼 수 없었다. 카이퍼는 선상 도서관에서 미국 역사에 관한 책들을 읽었고, 강연과 인터뷰에 적용할 새로운 통찰을 얻었다. 돌아오는 여행은 11월 중순으로 예정되어 있었지만 실제로 그는

---

13 https://npo.nl/start/serie/varia-americana-in-de-voetsporen-van-abraham-kuyper (역자 주)

12월 30일 금요일 저녁에 프린스 헨드릭까드의 집에 돌아왔다. 그의 미국 모험은 예상을 뛰어넘었고 한 달의 시간이 더 필요했다. 그것 역시 이루어져야 했고, 그 여행은 그의 평생 과업과 불가분의 결과였다고 그는 첫 번째 편지에서 말했다.

그는 신대륙에 도착하자마자 훨씬 더 먼 거리를 여행하였다. 그는 뉴욕에서 기차를 타고 애디론댁 산맥으로 갔다가 4주 후에 보스턴을 경유하여 돌아왔다. 10월에는 프린스턴에서 2주 동안 6차례 스톤 강연을 했다. 뉴욕에서 그는 미국 최초로 엘리베이터가 있는 호텔인 5번가 호텔에 머물렀다. 당시 이 호텔은 시어도어 루즈벨트(Theodore Roosevelt)의 뉴욕 주지사 선거 운동의 본부 역할도 했다.

10월말에 뉴욕에서 예상치 못한 성공적인 여행이 다시 시작되었다. 디

1893년 뉴욕의 5번가 호텔로 미국 최초로 엘리베이터가 있었다. 8월의 폭염 동안, 카이퍼는 밤에 이곳 지붕에 서 있었고, 11월에는 눈보라로 인해 문을 열 수 없었다.

    아브라함 카이퍼의 일곱 가지 삶

트로이트(Detroit), 그랜드 래퍼즈(Grand Rapids), 시카고를 거쳐 멀리 떨어진 아이오와(Iowa)주까지 이어졌는데, 그곳에는 네덜란드 이민자들, 특히 네덜란드에서 핍박을 견디지 못하고 카이퍼를 동맹으로 여겼던 분리주의자들이 정착했다. 하지만 카이퍼는 오렌지 시티(Orange City)에서 만난 보다 활동적인 '깔뱅주의자들'과 훨씬 더 잘 맞았다.

아이오와에서 가장 많은 참가자가 있었던 도시인 시카고로 돌아와 총 여섯 차례의 강연을 진행했다. 시카고에서도 카이퍼는 연미복을 새로 맞췄다. "새 셔츠와 깃을 걸치고, 안에 흰 조끼를 입고, 다이아몬드 단추를 달았다. 이렇게 멋을 낸 적이 없었지만, 이곳에서는 필수였다." 그의 새 옷은 앞으로 몇 달 동안 요긴하게 사용되었고, 특히 2주 후 워싱턴(Washington D.C.)을 방문했을 때 유용했다.

그런 다음 클리블랜드(Cleveland)와 로체스터(Rochester)를 경유한 후 카이퍼는 나이아가라 폭포를 보고 싶어 방문했다. 물론 그는 국경 양쪽에서 보고, 또한 다리를 건너 캐나다로 넘어가며 폭포를 보면서 '신성한 즐거움'을 느꼈다. 그 후 그는 뉴욕으로 돌아왔고, 그러는 사이 겨울이 시작되어 눈이 많이 내렸는데, 그가 이웃 뉴저지(New Jersey)의 패터슨(Paterson)과 뉴브런즈윅(New Brunswick)에서 강연을 하는 동안에도 그랬다. 뉴욕의 거리에는 눈보라가 몰아치는 동안 눈이 너무 많이 쌓여 평소 즐기던 산책을 할 수 없었다.

다행히 기차는 운행되었다. 그는 메릴랜드(Maryland) 주 볼티모어(Baltimore)를 거쳐 곧장 워싱턴으로 갔다. 1898년 11월 30일 수요일에 백악관에서 그를 위해 매킨리(William McKinley) 대통령과 호바트(Gerret Hobart) 부통령과의 회담이 예정되어 있었다. 그의 도착은 이미 워싱턴의 신문들에 의해 주목되었고, 카이퍼는 미국 대통령에게 남아프리카에서의 새로운 전쟁 위협을 상기시키고 미국의 관심을 끌어내려는 확고한 의도가 있었다. 하지만 매킨리 대통령은 보어 공화국 문제에 큰 관심을 보이지 않았다. 결국 카이퍼는 자신의 중재 노력이 수포로 돌아갔음을 깨달았다.

1901년, 재선된 매킨리는 버팔로에서 무정부주의자에 의해 암살당했다. 카이퍼는 총리로서 헤이그에서 열린 특별 추도식에 참석하여 미국 대사에게 애도를 표했다. 백악관에서 그는 보어 공화국에 대한 미국의 관심이 미미하다는 것을 알게 되었고, 그것이 그의 미국 여행에서 가장 큰 실망이었다.

아편

같은 날 워싱턴에서 카이퍼는 노동부에서 열린 사회 문제에 관한 회의에 참석했다. 카이퍼는 미국 노동조합의 취약한 위치를 개탄하며, 여러 차례 그 문제에 대해 당국자들에게 말했다. 그는 방문한 교회에 가난한 사람들이 없다는 사실에 충격을 받았다. 그는 교회에는 부유한 시민들밖에 없으며, 그것은 교회가 아니라고 집에 편지를 썼다. 그는 또한 국회의사당을 방문하고 대법원 심리를 방청한 후, 같은 날 저녁 볼티모어로 돌아갔다.

그런 다음 주지사가 제공한 배를 타고 메릴랜드 반도의 남쪽 끝을 3일 동안 공식 방문했는데, 기자들도 동행했다. 카이퍼는 새로운 네덜란드 정착지로 제안된 농경지를 자신의 눈으로 직접 보고 싶었다. 다시 볼티모어에서 강의를 마친 후 필라델피아로 갔다가 마지막 일정을 위해 뉴욕으로 돌아갔다.

여객선과 마차 외에, 이 모든 여행은 기차로 이루어졌으며, 필요한 경우 침대칸(카이퍼에 따르면 바퀴 달린 완벽한 숙소)을 이용했다. 이동 거리는 최소 7,000킬로미터 이상으로 암스테르담에서 뉴욕까지 가는 대서양을 횡단한 거리보다 훨씬 더 긴 거리였다. 그중 일부는 이미 오래 전에 철도가 사라져, 오늘날 카이퍼와 같은 길로 여행하기 원하는 사람들은 비행기를 여러 번 타야 할 것이다.

　　　　　　　　　　　　　아브라함 카이퍼의 일곱 가지 삶

하지만 이런 기차 여행과 이동 중의 끊임없는 긴장으로 그는 잠을 잘 이루지 못했다. 결국 시카고의 한 의사가 그 문제에 대해 아편을 해결책으로 제시했다. 그래도 그는 호텔에서 긴 산책을 계속했고, 그랜드 래피즈에서는 어느 늦은 저녁 변두리 골목길을 헤매다 겨우 커피 한 잔과 간단한 음식을 찾을 수 있었다.

이번 여행에서 카이퍼는 익명으로 다니지 않았으며, 적어도 프린스턴 방문 이후 그는 10월 말부터 모든 언론의 주목을 받았고, 기자들은 어디에서나 그를 기다리고 있었다. 미국 언론에서 그의 모든 소식은 뉴스가 되었고, 기자들은 신문 기사를 작성하는 것 외에는 다른 일이 없었다. 그 모든 뉴스 기사들 중에는 스무 개의 인터뷰와 보도가 이루어졌다. 실제로, 카이퍼는 단지 몇 차례만 인터뷰를 했지만, 기자들은 그의 한두 마디를 바탕으로 이야기를 만들어 낸 것이었다. 카이퍼는 말을 잘 하는 사람으로 유명했기에, 그가 방문한 대부분의 도시마다 기자들은 유용한 내용을 얻을 수 있었다.

그것은 훗날, 그가 총리로 재직할 때 다시 한번 깨닫게 되는 교훈을 남겼다. 그의 거침없는 발언이 국내에서 항상 환영받지는 못했다. 볼티모어의 기자들 앞에서 카이퍼는 젊은 여왕 빌헬미나에게 적합한 결혼 후보자를 논하며, 결국 빌헬름 추 비드(Wilhelm zu Wied) 왕자를 언급한 일은 귀족 사회의 눈살을 찌푸리게 했다.

18세의 빌헬미나는 9월 6일 카이퍼의 부재 중에 즉위했다. 암스테르담의 신교회에서는 요와 항리에뜨가 카이퍼를 대신해 참석했다. 빌헬미나의 생일인 8월 31일, 카이퍼는 뉴욕에서 충성을 담은 축하 메시지를 전보로 보냈다. 이 전보는 68길더의 비용이 들었지만 '그것은 해야만 했다'. 언제나 그랬듯이 그의 부재 뒤에는 정치적 의도가 숨어 있었다는 추측이 나왔지만, 그는 언제나 젊은 여왕을 충성스럽게 지지했다. 카이퍼는 사실 프린스턴 대학의 초청을 몇 년 동안 미뤄 왔는데, 이번에는 더이상 미룰 수 없는 상황이었다.

네덜란드의 글래드스톤

그가 그토록 여러 곳에서 초대받고 환영받은 이유는 그가 다양한 목적을 가지고 여행했기 때문이다. 그가 네덜란드 밖에서 대중 앞에 강연한 것은 이번이 처음이었고, 그는 몇 가지 추가 역할도 맡았다. 적어도 다섯 가지 역할을 맡았는데, 네덜란드에서와 마찬가지로 그의 일정은 금세 가득 찼다. 카이퍼가 있던 곳에서는 항상 소란이 있었으며 미국에서도 마찬가지였다.

그는 명망 있는 프린스턴 대학의 초청을 공식적으로 받아들여 초청 강연을 하고 명예 박사 학위를 받았는데, 이것이 그의 첫 번째 일정이었다. 그날은 1898년 10월 22일 토요일이었으며, 그것은 그의 생애에서 중요한 순간 중 하나였다. 프린스턴 대학교 나소 홀에서 열린 시상식이 끝난 후, 그는 오렌지색과 검은색으로 된 학위복과 모자를 착용한 채 새로운 학위증과 함께 정원에서 기념 촬영을 했다.

두 번째로 카이퍼는 이번 행사가 그의 미국인 지지자들을 찾아내고 가능한 한 그들을 동원할 수 있는 절호의 기회임을 깨달았다. 네덜란드 이민자들도 그의 신문과 주간지, 특히 후자를 많이 읽었다. 그랜드 래피즈에서 그는 1년 전 암스테르담의 국가산업궁전에서 「드 스탄다르드」 기념일에 받은 것처럼 수많은 군중으로부터 따뜻한 환영을 받았다. 미국에서도 수천 명의 사람들이 그의 강연을 듣기 위해 왔는데, 그것은 특별한 경험이었다.

며칠 후 인근 미시간 주 홀랜드에서도 환대는 이어졌다. 그의 강연이 끝난 후인, 10월 29일 토요일, 그의 61세 생일을 기념하는 만찬이 열렸고, 참석자들은 기립하여 노래로 그를 축하했다. 만찬 후 새벽 2시까지 약 2,000명의 하객이 그와 악수를 하러 왔는데, 이 역시 새로운 감격이었으

　　　　　　　　　아브라함 카이퍼의 일곱 가지 삶

며, 처음 100명이 지나자 그는 조여오는 결혼 반지를 재빨리 뺐다. 그날 아침, 그는 자신을 '기독 민주주의자'라고 칭하며 민주당 측으로 분류한 언론에 정정하는 편지를 썼다. 실제로 그는 '반혁명적' 공화당원들에 대해 더 동질감을 느꼈다. 그의 반박은 네덜란드어로 된 신문 「드 흐론드벳」(*De Grondwet*, 헌법)과 같은 친공화당 신문에도 실렸다.

미국 순회 여행 중에 카이퍼는 14개 도시에서 약 30회의 연설을 하였다. 그중에 20회는 공식 강연이었고 나머지는 즉흥 연설 및 테이블 토크 형식으로 그 자신이 말했듯이 '느슨하게' 이루어졌다. 대부분의 강의는 그의 위대한 발견, 즉 깔뱅주의가 서구 근대성의 원천이라는 것에 대한 내용이었으며, 그는 깔뱅주의를 미국 사회의 중요한 동력으로 간주했다. 일반 청중을 위해서는 오란여 왕조와 네덜란드 전통과 같은 주제를 다루었다. 그러나 그는 시카고 교외의 잉글우드(Englewood)에 모인 네덜란드 이민자들에게 미국 사회에 적극 통합하면서 영어를 사용하는 것이 중요하다고 강조했다.

그는 미국 여행이 그의 생애에서 가장 중요한 순간이라고 생각했지만, 앞으로 더 중요한 일이 많을 것이라는 사실은 알지 못했다. 그는 가는 곳마다 많은 관심을 끌었고, 수천 명의 호기심 많은 사람들이 그에게 몰려들어 그는 다시 연설을 해야 했다. 미국 신문들은 그가 백악관에서 영접을 받았을 때 그를 네덜란드의 글래드스톤이라고 논평했다. 카이퍼는 올해 초 사망한 영국의 자유주의 지도자이자 자신의 정치적 영웅인 그와 비교되는 것에 대해 큰 자부심을 느꼈다. 물론 그는 미국 언론인들이 얼마나 쉽게 그런 글을 쓰는지 알고 있었기는 하지만 말이다.

세 번째로 카이퍼는 끝없는 호기심으로 미국에 대해 탐구하는 것을 멈추지 않았다. 미국 사회의 다양한 모습을 직접 바라보았고, 사회의 구석구석을 찾아다니며, 대도시를 거닐었고, 신문들을 탐독했다. 그것은 그의 일정 중 하나였다. 즉, 깔뱅주의가 미국 사회에 미친의 영향에 대한 그의 사상을 현실에서 시험해 보는 것이었다. 카이퍼는 아메리칸 드림이 실제로 깔뱅과 함께 시작되었다는 확신을 가지고 집으로 돌아갔다. 그가 미국에 머무는 동안 모든 형태의 문화가 번성할 수 있는 『일반은총』(Gemeene Gratie)의 제3권도 집필하고 있었던 것도 우연이 아닐 것이다.

동시에 물질주의, 피상적인 친절, 하층계급과 흑인들의 열악한 처지 등은 그를 실망시켰다. 카이퍼는 나중에 볼티모어 근처의 체서피크 만(Chesapeake Bay)에서 소개받은 전 노예들에 대해서는 '위엄 있고 *인간적인* 모습'이라고 평가했지만 네덜란드와 비교했을 때 여전히 부족한 점들이 많다고 느꼈다. 미국 내의 깔뱅주의에 대한 그의 믿음은 흔들리지 않았지만, 미국은 그가 기대했던 것보다 더 복잡했다. 그의 주장은 학계에서조차 종종 오해를 받았다. 귀국 후, 그는 미국 여행에 관한 경험을 바탕으로 일련의 기사에서 설명했으며 이것은 나중에 『파리아 아메리카나』(Varia Americana, 1899)라는 이름으로 출판되었다.

그는 분명히 긍정적인 면도 보았다. (카이퍼 자신이 산책 덕분에 알게 된 것처럼) '런던과 파리, 베를린과 비엔나, 암스테르담의 뒷골목에 있는 빈민주의의 깊은 비참함'을 직시한 사람이라면 그리고 '그 모든 비통함과 타락한 경향을 알게 된' 사람이라면, 미국 사회가 '빈곤의 저주'에서 벗어나는 데 성공한 것에 대해 놀라움을 금치 못했을 것이다. 미국에서 카이퍼는 부유한 계층만 아니라 빈민가도 방문했다. 어쨌든, 그들은 유럽의 빈민가보다 덜 비참했다.

그리고 아직 두 가지 구체적인 프로젝트가 남아 있었다. 첫 번째로, 그는 네덜란드-플랑드르 언어 운동(ANV: Algemeen Nederlands Verbond)의 표준 헌법 및 부칙과 함께 지방 지부를 설립할 수 있는 권한을 부여하는 위임장을 가지고 있었다. 그의 조직력을 잘 보여주는 점은 그가 모든 관련 기관들을 다니며 성공적으로 일을 했다는 것이다. 그는 뉴욕과 시카고에서 네덜란

　　　　　　　　　　아브라함 카이퍼의 일곱 가지 삶

드계의 저명한 미국인들의 마음을 사로잡는 데 성공했다. 특히 뉴욕에서는 테디 루즈벨트(Teddy Roosevelt)가 아니라 주지사 선거의 패자인 아우구스 투스 반 윅(Augustus Van Wyck)이 의장직을 맡았다. 이 성공적인 임무로 카 이퍼는 평생 동안 언어 운동계에서 유명한 인물이 되었다.

메릴랜드에 새로운 네덜란드인 거주지를 건설하려는 두 번째 계획은 더 욱 복잡해졌다. 그의 메릴랜드 방문은 미국에 있는 그의 협력자인 네덜란드 계 미국인 사업가 꼬르넬리스 빌름 판 데어 호흐트(Cornelis Willem van der Hoogt)가 그를 위해 모든 것을 준비해 준 것이었다. 카이퍼는 그 덕분에 대 통령과의 접견 및 다른 전략적 접촉을 할 수 있었다.

그러나 그 자리에서 카이퍼는 그의 개인적인 사업적 이해 관계를 간파했 고, 귀국 후 그의 이름으로 만들어진 모든 광고에 대해 「드 스탄다르드」는 거리를 두었다. 이 사업에 참여하려는 사람들은 스스로 충분한 정보를 얻 어야 한다고 그는 1년 동안 반복해서 경고했다. 비록 카이퍼가 사람에 대한 직관이 부족한 면은 있었지만, 그 사업적 동기를 꿰뚫어 보는 안목은 있었 다. 그의 말은 맞았고, 결국 그 계획은 아무 성과를 거두지 못했다.

새로운 세계

투표 기계에 대한 이야기는 전형적으로 카이퍼다운 일화였다.

1897년 선거 중 프리슬란트의 스네이크(Sneek)에서 폭동이 일어났다. 젊은 반혁명주의자 떼오 헤임스께르끄는 선거구에서 불과 몇 표 차이로 패 배했다. 추가 조사 결과, 훼손된 투표용지는 무효임이 밝혀졌고, 한 개혁파 농부는 신분증을 제시하지 못해 쫓겨났음이 드러났다. 하원의원 전체가 조 사에 참여했고, 카이퍼는 「드 스탄다르드」에 부록으로 실린 완전한 보고서 를 출판했다. 결론은 한 표 차이로 당락이 갈렸으며 그 근거도 의심스럽다는 것이었다. 결국 떼오 헤임스께르끄는 낙선했지만, 나중에 카이퍼의 뒤를 이어 총리가 되었다.

이 문제에 대한 의회 토론에서, 카이퍼는 담당 장관인 후만 보르헤시우스에게 투표용지가 손상되지 않도록 보호하기 위해 직접 제작한 유리 케이스를 선물했다. 그는 미국에 더 나은 해결책이 있다는 것을 발견했고, 11월 19일 토요일에 로체스터(Rochester)로 가서 직접 살펴보았다. 그는 표준 투표 기계회사로부터 필요한 모든 정보를 받아 헤이그로 돌아왔다. 이 회사가 시장에 출시한 장치는 투표를 기록했을 뿐만 아니라 결과를 즉시 제공했다.

귀국 후, 그의 신문 「드 스탄다르드」는 투표 기계의 장점을 드리스타 칼럼에서 자세히 설명했고, 그 이야기는 다른 모든 신문에 재인용되었다. 1899년 10월, 이 미국 회사의 몇몇 직원들이 헤이그에 와서 두 명의 장관 앞에서 시연을 했다. 카이퍼는 자신의 뜻을 주장했지만, 실질적인 도입은 바로 실현되지 않았다. 한 세기가 지나서야 네덜란드 선거에서 투표 기계가 사용되었고, 2008년에는 결함이 너무 많다는 결론을 내렸다. 1899년에도 상황은 다르지 않았다.

카이퍼의 실용적인 사고방식은 그가 직접 만든 유리 케이스에서 잘 드러난다. (그것은 전형적인 카이퍼의 모습이었다.) 동시에 혁신에 대한 그의 추진력은 더 넓은 패턴에 들어맞았다. 19세기 말, 세계 박람회는 그 어느 때보다 더 큰 행사로 성장하였다. 그것은 주최국의 국가적 자부심뿐만 아니라 철의 시대가 낳은 모든 혁신을 선보이는 무대로 자리잡았다. 이 박람회는 새로운 세계의 서막으로 여겨졌고, 장기적으로 볼 때는 미국이 앞장섰으나, 그전에는 프랑스가 혁신의 중심이었다.

카이퍼가 정기적으로 세계 박람회를 방문한 것은 우연이 아니며, 그때마다 더 많은 목적지를 방문하는 여행의 일환으로 방문했다. 1873년 여름, 대느 판 파릭과 함께 여행하는 동안, 그들은 아마도 비엔나 세계 박람회를 방

                                                       아브라함 카이퍼의 일곱 가지 삶

문했을 것이다. 또한 그가 1889년 알프스에서 돌아오는 길에 파리 박람회를 둘러보았는데, 그때 세워진 것이 유명한 에펠탑이다.

1883년에는 암스테르담에서 세계 박람회가 열렸다. 약 150만 명의 방문객이 방문했지만, 1878년에 1,300만 명의 방문객이 다녀간 파리 박람회의 규모에는 미치지 못했다. 그러나 네덜란드는 중요한 혁신을 불러일으켰다. 그중 하나는 전국 언론인 모임의 설립이었다. 그보다 앞선 암스테르담 언론인 협회의 이사회 멤버로서, 카이퍼는 이 과정에 깊이 관여했다. 세계 박람회를 위해 새로 지어진 암스테르담 국립미술관(Rijksmuseum) 뒤편에는 암스테르담 언론인들이 마련한 프레스 파빌리온(Press Pavilion)이 국제 프레스 센터로 사용되었다.

그것은 젊은 언론인 모임의 자부심이었고 카이퍼는 샤를 보아스뱅과 함께 그 모임의 지도자로 등장했다. 미국 여행에서 귀국하기도 전에 (카이퍼는 런던과 파리를 잠시 둘러보았으며) 그는 1898년에 병으로 물러난 보아스뱅의 후임으로 네덜란드 언론인 협회 회장으로 선출되었다. 그 역할에서 그는 또한 그 협회의 국제적인 후원자가 되어 프랑스 대통령의 초청으로 파리 세계 박람회 개막식에 참석했다.

1900년 파리 세계 박람회에는 7천만 명 이상의 방문객이 몰렸다. 재정적으로는 성공하지 못했지만, 한 세대에 걸쳐 사람들을 매료시키기에는 충분했다. 이 박람회의 위대한 프랑스의 혁신은 바로 영화였다. 프랑스와 미국의 영화 제작진은 4월 14일 토요일 개막식을 시작으로 파리에서 가장 아름다운 장면을 찍기 위해 경쟁했다.

영상 속에서는 프랑스의 루베 대통령이 많은 귀빈들과 함께 등장하는 장면이 담겨 있다. 여러 탑햇 중 하나가 카이퍼의 것일 가능성이 있다. 또한 에펠탑 앞에서 진행된 개막식 행렬에서도 대통령과 장관, 대사들의 비슷한 모습이 포착되었다. 뒷모습으로 오른쪽을 바라보고 있는 인물이 카이퍼로

1900년 4월 14일 파리 세계 박람회 개막식에서 루베(Émile Loubet) 대통령 주변의 장관들, 대사들 및 기타 손님들의 행렬

추정되며, 이 장면은 엽서로 제작되어 1900년 파리 세계 박람회의 상징이 되었다.

아브라함 카이퍼의 일곱 가지 삶

제3장

연설가

1912년 10월 16일, 로테르담 항구 드 반(De Baan) 거리에 있는 카이퍼학교(Dr. Kuyper-school)의 기초석을 놓는 행사에서 연설하는 카이퍼 (주간지 「드 스피헐」에 실린 사진)

오라퇴르(Orateur), 연설가. 카이퍼는 그것을 네덜란드어로 레드나르(redenaar, 웅변가)라고 불렀다. 그의 『자화상』에서 그는 이 역할을 자신의 첫 번째 공적 활동으로 언급하고 있다.

2002년, 한 연구에서 역사학자 헹크 뜨 펠드(Henk te Velde)는 카이퍼의 연설 방식이 얼마나 독창적이었는지를 보여주었다. 그의 열정적인 연설은 네덜란드 정치에 새로운 스타일을 도입했으며, 카이퍼는 의도적으로 대중적 지도자의 모습을 보였으며. 이는 당시 여러 나라에서 인기를 끌던 유형이었다. 네덜란드에서는 도멜라 니우븐하위스와 트룰스트라가 그의 동반자로 합류했다. 그들과 마찬가지로 그는 주로 하층 계급을 움직였다. 그는 도시 광장에서 환호받는 일은 피했지만, 네덜란드 방식으로 확실히 대중에게 호소할 줄 아는 사람이었다.

카이퍼의 특별한 점은 그가 동시에 여러 역할을 소화할 수 있는 능력을 가지고 있다는 것이었다. 그는 예언자의 옷을 입었을 뿐만 아니라 뛰어난 조직자이기도 했다. 그는 메시아적 영감은 그의 롤모델인 글래드스톤과 공유했고, 그의 군사적 언어는 독일의 사회주의자 아우구스트 베벨(August Bebel)과 같은 투쟁적 언어와 닮아 있었다. 늘 그렇듯이 그의 방향성은 항상 네덜란드보다 국제적이었다.

군대 없는 예언자

카이퍼는 『자화상』에서 "나는 지도자로서, 그리고 대학의 총장으로서 일련의 긴 연설들을 했다. 그리고 의회에서의 연설은 다섯 권의 두꺼운 책으로 출판되었는데, 그중 마지막 책은 천 페이지가 넘는다"고 말했다.

그것은 사실이었다. 1895년부터 1905년까지 10년 동안 하원의원으로 의회에서 한 발언은 법령 속기록에 기록되어 있으며, 그 자체만으로도 네

권의 두꺼운 책을 이루고 있다. 마지막 세 개는 정부 지도자로서 활동하며 행한 연설들로 채워져 있는데, 그 역할에서도 그는 연설을 포기할 수 없었기 때문이다. 그러나 이전에 별도로 발매된 다섯 번째 책도 있었다.

그의 연설이 처음 출판된 것은 1874-1875년의 초선의원 시절에 행한 연설 모음집이었다. 이 책은 15년 후인 1890년에야 출판되었는데 그것에 대해서는 이유가 있다. 출판된 이유는 언론과 하원의 자유주의자들이 그가 젊고 급진적인 하원의원 시절과는 달리 이제는 식민지 문제에 대해 다른 입장을 취하고 있다고 비난했기 때문이었다. 카이퍼는 사실이 아니라고 반박하면서, 그 증거로 그는 아체 전쟁과 식민지 정책에 관한 8개 이상의 검열되지 않은 연설을 한 권의 책으로 출판했던 것이다. 하지만 두 번째 이유가 있었다.

1875년, 초선의원 시절 카이퍼는 거의 고립된 상태였다. 그러나 1890년의 그는, 대부분은 아직 투표권이 없는 사람들이었지만, 가장 많은 지지자를 가진 정당을 이끌었다. 1875년 당시, 그의 청중은 적었고 의회 동료들조차 거의 그의 발언을 잘 이해하지 못했으며 대중은 그가 존재한다는 사실조차 알지 못했다. 그러나 1890년에 상황은 완전히 역전되었고, 이제는 그의 과거 연설조차 관심을 받을 수 있었다.

15년 만에, 0에서 100까지, 대중 운동이 이보다 더 빨리 일어난 적은 거의 없었다. 여러 가지 요인이 있었지만 카이퍼의 웅변적 재능도 이 성공한 요인 중 하나였다. 물론 그는 이 재능을 터득하는 데 있어 여러 시행착오를 겪었다. 초기에는 엘리트 계층과의 관계를 망치면서 대중의 지지를 얻게 되었고, 이후에는 대중을 주요 청중으로 삼았다. 하원의원들은 더이상 그를 회의장에서 보지 못하였다. 그러나 20년 후, 상황이 완전히 뒤바뀌었다.

이 모든 것은 학습의 결과였다. 젊은 시절, 그는 추종자가 많지 않은 군대 없는 예언자였고, 연설하는 법을 배워야 했다. 무엇보다도, 그것은 실습

　　　　　　　　　　　아브라함 카이퍼의 일곱 가지 삶

을 통해 배워야 할 기술로, 그는 남은 생애 동안 가장 소중히 여겼던 효과적인 학습 방식이었다.

그의 어린 시절에 대한 흥미로운 일화가 있다. 1865년경에 그는 인후질환을 앓게 되었는데, 이 병은 평생 그를 괴롭혔고, 나중에는 그 병을 치료하기 위해 특별한 치료를 받았다. 그것은 설교자에게 어려운 조건이었고, 의사가 휴식을 권하자 그는 레이든에 있는 부모님 집에서 아내와 아기와 함께 머물렀다. 이 시기에 그는 까뜨베이끄(Katwijk) 근처 해변을 산책하면서 고대 그리스 웅변가 데모스테네스(Demosthenes)가 했던 것처럼 입에 조약돌을 물고 발성 연습을 했다고 한다.

젊은 카이퍼를 고대 그리스인에 비유하는 것은, 전형적으로 그의 학문적 초기 시절의 이미지이지, 후대의 청중들이 본 것이 아니다. 그들에게 그는 새로운 글래드스톤이었고, 그의 반대자들에게는 제2의 비스마르크였다. 그가 처음부터 대중 앞에 서는 능력을 타고난 것은 아니었다. 꾸준한 훈련을 통해 기술을 연마했으며, 초기에는 자신에게 맞는 청중을 찾기 위해 다양한 실험적 과정을 거쳤다.

1870년 페이는달의 공장 노동자들에 대해 쓴 그의 논설에서, 그는 지역 교회가 노동자들의 이익을 증진시키기 위해 노동조합을 설립하는 데 적극적으로 도움을 주어야 한다고 주장했다. 그는 이 노조가 도서관을 운영하고, '유명한 연설가'를 초청하여 단테(Dante)를 노동자들에게 가르치는 모습을 상상했다. 이는 그가 가진 대중 계몽에 대한 이상이었으며, 이후에도 이를 실현하기 위해 노력했다.

몇 년 후, 2월의 어두운 저녁, 그는 암스테르담에서 가장 큰 양조장인 드 흐끄론드 팔끄(De Gekroonde Valk) 부지에 노동자들을 위한 휴게실을 열었다. 소유주인 빌름 호비는 150명의 노동자와 그들의 아내들에게 이제부터 그곳은 예배와 휴식을 위한 그들의 공간이라고 말했다. 특별히 초청된 카이퍼는 개관 연설을 할 수 있었다. 그는 연설을 일종의 교회 예배로 바꾸어 놓았고, 그의 연설은 설교처럼 들렸다.

그러나 이후 그는 이러한 실수를 반복하지 않았다. 그때부터 그는 언제나 무엇인가를 축하할 일이 있도록 만들었고, 대중의 열정을 불러일으키며 축제 분위기를 만들어내었다. 그러나 사실 그의 출발점은 설교자였다.

대중 선동가

카이퍼의 첫 번째 훈련장은 설교단이었다. 그는 베이스드, 위트레흐트, 암스테르담에서 자신의 설교를 논증처럼 바꿈으로써 그의 능력을 증명했다.

카이퍼 목사는 자신만의 뚜렷한 의도를 가지고 있었고, 시골 사람들뿐만 아니라 도시 사람들도 그것을 알 수 있었다. 그들은 바로 이 점 때문에 그를 목사로 초빙한 것이었다. 그는 즉시 위트레흐트에서는 돔교회(Domkerk), 암스테르담에서는 담 광장에 있는 신교회와 같은 가장 큰 무대에 설 기회를 얻었다. 이곳은 각각 한 번에 약 2천 명의 청중을 수용할 수 있는 공간으로, 음향 장비 없이 거의 최대 규모였다.

위트레흐트에서 그는 하나님의 성육신에 관한 논제로 첫 설교를 시작했는데, 이는 현대 신학자들과 의도적으로 충돌을 일으키는 주제였다. 불과 3년이 채 되지 않아 그는 '보수주의와 정통주의'라는 제목의 설교를 남기며 떠났다. 1870년 7월 말, 카이퍼가 고별 연설을 위해 돔교회의 설교단에 올랐을 때, 그는 이미 동료들과의 마찰로 인해 이미 고립된 상태였다. 위트레흐트는 정통주의의 본거지로 여겨졌고, 그 때문에 카이퍼가 초청되었으나, 불행히도 그가 발견한 것은 느슨한 보수주의였다. 그리고 카이퍼에게 있어서 이러한 보수주의는 교회가 직면한 긴급한 문제들에 대한 가장 나쁜 태도였다.

아브라함 카이퍼의 일곱 가지 삶

암스테르담에서도 그는 바로 도전장을 내밀었다. 그는 2주 후 근대주의의 도전에 맞설 교회의 역할에 대한 긍정적인 설교를 했다. 그것은 즉시 소책자로 출간되어 큰 인기를 끌었으며 이는 많은 교인들이 기다리던 주제였다. 이후에도 그는 이런 종류의 도전적인 설교를 여러 번 했는데, 이것들은 바로 출간되어 가판대와 서점에서 판매되었다. 카이퍼는 이제 그의 첫 무대를 찾은 셈이었다.

그리고 그의 주제는 자유였다. 그것은 단순한 구호가 아니라 구체적인 행동 강령이었다. 그는 동료 판 론껄(Van Ronkel)을 맞이하며 이 주제를 공유했는데, 그는 당시에 흔히 볼 수 있는 유대인 출신 설교자였다. 비록 그는 이후 돌레안치에서 카이퍼에 반대하는 입장을 취하긴 했지만, 카이퍼가 선택한 사람이었다. 당시에 독립적으로 사고할 수 있는 사람은 판 론껄만이 아니었다.

1873년 3월 판 론껄의 취임식에서 카이퍼는 자유에 대해 설교했다. 그는 새로운 주장을 펼쳤다. "교회는 자유로운 사회를 위한 싸움이 벌어지는 곳으로, 미국처럼 빛나는 본보기였다." 교회의 무기는 말씀의 자유이고, 이것은 사람들의 양심에 호소하며, 모든 자유의 핵심이었다. 여기에 자유로운 학문과 자유로운 사회 관계를 추가하여, 카이퍼는 당시에 국가뿐만 아니라 교회와 사회에 깊숙이 자리잡은 자유주의에 맞설 대안을 제시한 셈이었다.

자유는 그가 암스테르담에서 기득권의 요새를 공격하는 마법 같은 단어였다. 그는 성경 외에도 다양한 자료를 활용했다는 점은 그의 취임 설교가 다음 날 인쇄되어 판매된 것을 보면 분명히 알 수 있다. 그의 주요 영감의 원천은 프랑스의 정치 철학자 알렉시스 드 토크빌(Alexis de Tocqueville, 1805-1859)의 『미국의 민주주의』(*De la démocratie en Amérique*)에서 비롯되었다.

그러나 그는 자유주의자들과 빠르게 갈등을 빚었다. 1874년 1월부터 초선 의원으로 당선되어 법에 따라 목사직을 사임해야 했을 때, 그는 즉시 '목사'라는 꼬리표를 달게 되었다. 더 심각한 것은, 그는 예의 없는 시골 목사로 비난받았다. 프레데릭 판 호헌도르프(Frederik van Hogendorp)는 다마스(Damas)라는 필명으로 그를 혹독히 비판했다. 자유주의 신문인 「헷 파더란트」의 기자였던 판 호헌도르프는 카이퍼를 '촌스러운 시골 목사'라고 부르며, 사교성이 부족하고 고립된 인물이라고 다음과 같이 혹평했다. "그는 회의장에서 주로 혼자 행동했으며, 소수의 사람들만 그와 대화했고 많은 사람들은 그를 기피했다. 그는 최고 의결 회의의 진정한 분위기를 결코 이해하지 못했다."

10년 후 판 호헌도르프는 카이퍼를 헤이그의 왈룬 교회에서 다시 만났다. 교회는 사람들로 가득 찼고, 심지어 밖에서도 그의 연설을 듣고 있는 사람들이 있었다. 그러나 판 호헌도르프의 내적인 혐오감은 더 커졌다. 그는 카이퍼의 연설을 '뻔한 연극, 그의 입술에 매달린 흥분한 대중, 그로 인해 부적절하게도 유명 여배우 끌라이너-하르트만(Kleine-Gartmann) 부인을 떠올리게 하는, 그 모든 한심하고 비극적인 말'로 비판했다. 판 호헨도르프에게 있어서 카이퍼는 예언자라기보다는 여전히 평범한 대중 선동가였다. 그에게 카이퍼는 그 이상 다른 아무것도 아니었다.

"카이퍼는 내게 한 푼도 지불하지 않았어요"

판 호헌도르프의 이러한 비판적인 일화의 흥미로운 점은 그것이 카이퍼의 경력에서 꽤 잘 알려진 연설과 관련이 있다는 것이다. 이 연설은 '철과 진흙'이라는 제목의 소책자로도 출판되었는데, 이는 교회를 건축하기에 적합하지 않은 재료라는 의미였다. 이 연설은 자유대학교를 후원한 협회의 다섯 번째 연례 회의에서 이루어진 것으로 헤이그의 일반 시민들이 관심을 가

아브라함 카이퍼의 일곱 가지 삶

질 만한 종류의 모임은 아니었다. 하지만 국가 교회 내에서는 긴장이 고조되고 있었다. 헤이그 교회 당국이 인접한 클로스터교회(Kloosterkerk)를 더 이상 사용할 수 없게 한 결과, 왈론 교회가 사람들로 넘쳐 났기 때문이다.

같은 연설이라도 각자가 신분 사회를 바라보는 관점에 따라 완전히 다르게 느껴질 수 있었다. 「드 스탄다르드」는 연설 후 많은 손님들이 '드 아우드 둘른(De Oude Doelen)' 호텔로 이동해 자정까지 파티를 즐겼다고 보도했다. 초청된 반혁명주의자들의 명단을 살펴보면, 엘라우트 판 주터바우드(P. J. Elout van Soeterwoude), 퀴체니우스(L. W. C. Keuchenius), 알렉산더 스히믈뻬닝크 판 데어 오이에 판 니엔베이끄 남작(Alexander Schimmelpenninck van der Oye van Nyenbeek), 스히믈뻬닝크 판 데어 오이에(J. C. N. Schimmelpenninck van der Oye), 판 비란트 백작(W. K. F. P. van Bylandt) 및 토마슨 아 튀에싱크 판 데어 홉 판 스로흐터런(G. H. Thomassen à Thuessink van der Hoop van Slochteren)으로 이 회의가 대중 집회로는 보이지 않는다. 그럼에도 불구하고 판 호헨도르프가 지적한 점은 맞았다. 카이퍼는 이제 그 자신만의 청중을 형성하고 있었다.

전환점은 1875년의 브라이튼 운동이었다. 영국에서 그는 대중과 새로운 언어를 발견했다. 그는 그 해 여름에 세 번에 걸친 연속적인 선교 축제에서 연설할 기회를 얻었고, 하를렘 근처의 부껜로드 영지에서 열린 축제에서는 약 1만 명의 사람들에게 연설할 기회를 가졌다고 흐룬에게 열정적으로 편지를 썼다. 반세기가 지난 후에도 사람들은 여전히 세 번째 축제였던 빈스호튼에서 행한 그의 연설을 상세히 기억했다. 연설가로서 카이퍼는 이미 잊을 수 없는 인상을 남겼고, 사람들이 그를 보기 위해 '떼를 지어 몰려들었다'는 것은 분명하다.

그는 아내 요와 함께 미드볼다(Midwolda)에 있는 에너마보르흐(Ennemaborg)의 영지에 머물렀다. 그는 불면증에 시달렸고, 수면제가 필요했다. 또한 이발사도 필요했기에 그는 '이발사 겸 면도사'인 펠드깜프(L. Veldkamp) 씨를 불렀다. 그는 60주년 이발 기념 행사에서 기자에게 이런 이야기를 공개했다. "중요한 사람들을 면도해 본 적이 있었나요?"라고 묻자 이렇게 말했다.

"네, 아브라함 카이퍼 박사입니다. 하지만 그는 저에게 돈을 지불하지 않았어요." 그 사연은 이렇습니다. 카이퍼 박사는 미드볼다에 머물고 있었어요. 그리고 제가 한 고위층 신사를 면도해야 한다는 메시지를 받았지요. 이 분이 누구인지는 듣지 못했어요. 저는 재빨리 구리 비누접시를 닦고, 깨끗한 천을 챙겨 갔지요. 그리고 의자에 앉아 있는 그의 모습을 보니 카이퍼 박사인 것 같았습니다. 그는 계속 빈스호튼에서 있을 선교사 축제에 대해 이야기했습니다. 제가 면도하는 것을 마치자 그는 잘했다고 하면서 목요일에 다시 와서 면도하라고 했어요. 그때 돈을 주겠다고 했지요. 글쎄요, 괜찮았어요. 그 다음 날 정말로 그가 카이퍼 박사였다는 걸 알았죠. 저는 제 물건을 더 잘 준비해서 목요일에 다시 갔습니다. 하지만 그는 방금 빈스호튼을 향해 떠나버렸지 뭡니까. 결국 그분은 나에게 한 푼도 지불하지 않았어요. 그것은 지금 40년이 지났으니 이자와 원금을 합치면 상당한 금액이 될 것입니다. 어쨌든 그분은 나에게 25센트를 빚졌습니다!

이 이야기는 모든 신문에 실렸고, 그 이발사는 그가 놓친 25센트와 원하는 이자를 받았다. 카이퍼가 그에게 2.50길더의 우편환을 보냈기 때문이었다. 카이퍼가 1875년, 그 연설을 했을 때, 면도를 하지 못해 수염을 기른 채, 만 명의 '깨어 있는 흐로닝언 사람, 자부심 강한 프리슬란트 사람들, 그리고 선량한 드렌테(Drenthe) 사람들'에게 이야기를 했다. 그의 연설에서 대중에게 가장 깊은 인상을 남긴 것은 그의 군사적 은유였다. 카이퍼는 프랑스-프로이센 전쟁의 구체적인 사건들을 언급하면서, 이미 「드 헤라우트」에

아브라함 카이퍼의 일곱 가지 삶

매주 보도된 내용을 인용했다. 이 전쟁은 제1차 세계대전이 늙은 카이퍼에게 그랬던 것처럼 젊은 카이퍼에게 깊은 인상을 남겼다.

가령, 카이퍼는 "슈퍼허른(Spichern) 고지 전투에서 연대마다 자원했는데, 이전 연대가 프랑스 포병대의 포탄 사격에 의해 몰살당한 후에도 계속해서 자원병들이 나오기 시작했다"고 회상했다. 그리고 그들의 희생정신을 교인들이 본받아야 할 모범으로 제시하였다. 이런 점에서 카이퍼는 독일 병사들의 희생 정신을 프랑스 병사들보다 더 높이 평가했다. 그동안, 그는 에너마보르흐 영지에서 매일 「드 스탄다르드」 기사를 쓰면서, 최소한 두 개의 전선에서 싸우는 전략을 펼쳤다.

서민들(Kleine luyden)

카이퍼의 표현 방식에는 이미 군사적 은유가 자리잡고 있었으며, 여기에는 런던이 그에게 영향을 미쳤을 가능성이 있다. 이 시기는 부흥사들이 수천 명의 청중을 감동시키며 활동하던 때로, 윌리엄 부스(William Booth)의 '구세군(Salvation Army)'도 이스트 엔드(East End)의 빈민가에서 활동하고 있었다. 카이퍼는 이 새로운 교회 운동의 사회적 초점을 공유했다. 즉, 하층계급을 대변하는 것이었다. 그 역시 이미 암스테르담의 빈민가를 문자 그대로 집 가까이에서 접촉하며 경험했다.

지역 설교자로서 카이퍼는 가장 가난한 지역인 동부 섬들(Oostelijke Eilanden)과 노동 계급 지구인 드 뻬이쁘(De Pijp) 지역에서 사역하도록 임명받았다. 그는 빈곤의 문제와 이것을 해결하지 못하는 교회의 무력함, 심지어 교회의 구제 사역(diaconie)조차 이를 해결하는데 한계가 있음을 깨달았다. 이런 경험을 통해 그는 변화의 물결이 더이상 부유한 시민계급이 아니라 하층계급에서 올 것이라고 기대했다. 브라이튼에서 활동하던 상류층 역

1890년 5월 5일 월요일, 프리슬란드 네이 비츠(Nij Beets)의 저임금 이탄 노동자들에 의한 네덜란드 최초의 조직된 파업으로. 사회주의 지도자 도멜라 니우븐하위스가 연설하러 왔다. 배경에 곰 가죽 모자를 쓴 군사 경찰이 있다.

시 마찬가지였다. 그는 정신적 고통과 침체를 경험한 후, 다시는 상류층을 우러러보지 않았고, 1894년에 그 결과를 받아들였다. 그는 더이상 귀족 엘리트들과 함께하지 않게 되었다.

급진적 민주주의자로서 카이퍼의 정체성은 이미 1870년경에 부유한 귀족의 후원을 받아 확립되었다. 이 귀족은 카이퍼의 멘토였던 흐룬 판 프린스터러였고, 그는 그의 비평가들이 뭐라 하든지 그들의 반대에도 불구하고 이를 숨기지 않았다. 그의 말이 옳았다. "고령의 흐룬은 이전보다 더 과감한 선택을 감행했고, 그의 재능 있는 제자는 그에게 힘을 실어 주었다." 반혁명 운동은 이제 하층민으로부터 시작되는 풀뿌리 운동이 되어야 한다는 것이 그들의 신념이었다. 미래는 '유권자 배후에 있는 국민(het volk achter de kiezer)'에게 달려 있었다. 이는 흐룬이 이미 사용했던 인상 깊은 표현이었

     아브라함 카이퍼의 일곱 가지 삶

는데 이제 새로운 의미를 갖게 되었다. 당시에는 가장 부유한 남성 상류층만이 투표권을 가지고 있었고, 대부분의 반혁명주의자들은 투표권이 없었다. 그럼에도 유권자들 뒤에 있는 국민은 발언권을 얻기 위해 행동을 개시할 수 있었다. 그것은 나중에 '발로 하는 투표(Stemmen met de voeten)'라고 불리게 되었다.

항상 이미지를 중심으로 사고하던 카이퍼는 곧 자신만의 슬로건을 만들어 냈었다. 이제 반혁명주의자들은 '끌라이너 라위덴(kleine luyden)', 즉 '서민들'로 불렸고 이는 특별한 의미를 지닌 고어적 표현이었다. 그것은 그가 역사학자로서 발견한, 네덜란드의 국부 빌름 판 오란여(Willem van Oranje, 1533-1584) 주변에서 그를 지지했던 평범한 백성들을 지칭하는 이름이었다.

그는 평생 이 개념을 반복해서 사용했다. 오란여 공이 평범한 사람들을 위해 목숨을 바쳤고, 반대로 평범한 사람들도 마찬가지였던 것처럼, 반혁명주의자들도 같은 대의를 위해 헌신한다고 보았다. 네덜란드 반군이 스페인에 맞서 독립전쟁을 시작한 1572년의 역사는 1872년에 부활했다. 그들은 다시 한번 기존 질서의 보루를 향해 돌진했다. 다시 한번 그들은 기득권보다 더 강하게 연합할 것이다.

군인들의 노래

생애 마지막 순간에 카이퍼는 자신의 비유를 완성했다. 제1차 세계대전 직후 마지막 연설에서 그는 새로운 80년 전쟁이 끝났다고 선언했다. 1917년 평화조약(Pacificatie)의 결과로 만들어진 새로운 법률은 남성과 여성에게 보통 참정권을 부여했을 뿐만 아니라 '서민들'에게도 동등한 권리를 보장했다. 이는 교사들에게도 해당되었다.

교육은 대중을 위한 전주곡이었다. 카이퍼는 정치적 본능을 발휘하여 무엇보다 먼저 학교투쟁에 뛰어들었고, 그는 지금도 이 분야로 잘 알려져 있다. 그가 어떻게 학교투쟁을 최초의 전국 정당으로 발전시켰는지에 대해 여러 박사학위 논문들이 쓰여졌다.

흐룬 판 프린스터러는 이미 '전국기독학교협회'(CNS: Vereniging voor Christelijk Nationaal Schoolonderwijs)를 시작했으며, 이것이 카이퍼가 1869년 위트레흐트 돔교회에서 흐룬을 만난 이유였다. 카이퍼 자신은 영국의 성공사례의 영향을 받았다. 성공적인 반곡물법동맹(Anti-Corn Law League)을 본떠 반학교법 협회(Anti-Schoolwet Verbond, 1878)를 설립했고, 거기서 반혁명당이 출현했다. 카이퍼는 모든 화살을 초등교육법(de lagere-onderwijswet)에 겨누었는데, 그의 견해에 따르면 이 법은 공교육을 전적으로 자유주의자의 손에 맡기고 토르베케 이래 기본권인 사립교육을 거의 불가능하게 했다.

그 투쟁은 1917년 평화조약이 체결되면서 비로소 결론을 맺었다. 2년 후에는 또 다른 법안이 하원을 통과하여 사립학교 교직원에게도 동등한 급여를 지급하게 되었다. 1919년 6월, 헤이그 지역에서 약 300명의 교사들이 한 여름 저녁에 기쁨에 찬 분위기 속에서 카이퍼에게 경의를 표하기 위해 모였다. 그는 자주 가던 저녁산책에서 막 돌아와 자택 앞 현관에서 마지막 연설을 했다. 밤 10시 40분이었다. 그는 그들에게 "당신들은 80년 전쟁을 치렀고, 승리를 거뒀다"고 말했다. 그들 중 한 여 교사는 나중에 이렇게 회상했다. "그는 힘찬 목소리로 우리와 함께 노래를 불렀고, 그 후 집으로 들어갔다. 우리는 감동적인 추억을 안고 그 자리를 떠났다."

그것은 바로 '평범한' 교사들이 힘들 때나 힘들지 않을 때나 그를 꾸준히 지원해 준 결과였다. 그들은 학교투쟁을 직접 경험했고, 사회적 문제를 학교 현장에서 마주했다. 그들의 모임에서 종종 「드 스탄다르드」와 함께 기득권에 맞서 싸우기 위한 출판물이 나오곤 했다. 그들과 함께 할 때에만 전쟁

　　　　　　　아브라함 카이퍼의 일곱 가지 삶

에서 승리할 수 있었음을 카이퍼는 알고 있었다.

50년 동안, 학교투쟁은 종종 그를 강단에 세웠다. 1872년 5월에 그는 암스테르담의 남교회(Zuiderkerk)에서 열린 교사 협회에서 연설했다. 그는 그날 저녁 마지막 연사였고 그들에게 국가 빌헬무스(Wilhelmus)를 상기시켜 주고자 했다. 이 노래는 네덜란드 독립전쟁의 행진곡이었으며 군인들의 노래이기도 했다. 1919년, 젊은 세대가 이 군인의 노래를 그에게 불러준 것은 우연이 아니었다. 13년 후, 하원은 '네덜란드의 피(Wien Neêrlands Bloed)'를 공식적인 국가로 사용하던 것을 폐지하고, 빌헬무스를 국가로 지정했다. 그 선택 역시 카이퍼 덕분이었다.

미국에서도, 그는 네덜란드 이민자들이 공식 국가를 부르려 할 때마다 빌헬무스를 선창하여 그들을 놀라게 했다. 그는 '네덜란드의 피'를 때려눕히고 '빌헬무스'를 데려오느라 바빴다고 가족에게 썼다. 그는 시카고에 도착하자마자 이것을 2,000부 인쇄하여 배부했다. 그는 말했다. "이곳에 있는 모든 네덜란드인들은 여전히 네덜란드의 피에 익숙해 있었지만, 나는 모든 곳에서 그것을 몰아내고 그 자리에 빌헬무스를 세웠다."[1]

위대한 분수령

카이퍼의 공적인 커리어는 강연으로 시작되었다. 강연은 1870년대 무렵까지 여전히 소수 학자들이 독점하던 학문적인 형식이었다. 이 시기의 전형적인 특징은 이러한 강연이 대중적으로 열리기 시작하면서 그들이 일련의 공개 강연에 출연하는 일이었는데, 그런 강연에는 목사들도 적극 참여하였

---

1   여러 민족이 함께 사는 미국에서 '이방인의 얼룩 없는 네덜란드 혈통'을 자랑하는 이 노래를 부르는 것이 적절하지 않았을 것이다. (역자 주)

다. 당시 설교자들은 지식인 계층으로 간주되었으며, 그들에게 이런 형식은 자연스러운 매력을 지니고 있었다. 이로 인해 큰 도시에서는 일련의 강의들이 성행했고, 그것은 마치 시민 계층의 교양 증진을 위한 열풍과도 같았다.

카이퍼도 자신의 강연을 하는 것으로 이 흐름에 동참했다. 그의 첫 화제작은 강연으로부터 비롯되었으며, 강연 후에 출판하여 대중에게 알렸다. 1869년 4월, 그는 암스테르담의 왕의 광장(Koningsplein, 꼬닝스쁠레인) 근처 오데온(Odeon) 홀에서 '획일성, 현대 생활의 저주(Eenvormigheid, de vloek van het moderne leven)'라는 제목으로 강연을 했다. 늘 그렇듯이 제목은 대중의 주목을 받았지만, 카이퍼는 여전히 내용 면에서 메시지를 전달하는 데 어려움을 겪었다. 가령, 그는 파리의 오스만(Haussmann) 대로를 정신을 마비시키는 획일성의 전형적인 예로 제시했다. 하지만 관광객들이 그 대로를 싫어할 이유는 거의 없었고 그 자신도 마찬가지였다.

2년 후, 그는 더 강렬한 제목을 가지고 돌아왔고 이번에는 이 주제로 전국 순회 강연에 참가했다. '모더니즘, 기독교 영역에서의 신기루(Het modernisme, een fata morgana op christelijk gebied)'라는 제목으로 그는 자신의 이름을 확실히 알렸다. 기차로 쉽게 갈 수 있는 암스테르담, 헤이그, 츠볼레, 깜뻔(Kampen), 도르드레흐트의 대형 홀을 가득 채운 강의에서 그는 지역 엘리트층의 상당수를 자극했다. 현대 자유주의 신학은 그 기초에서 벗어나 있다고 카이퍼는 주장했다. 기독교가 교회, 윤리, 신학에 그 기초를 두고 있었던 반면, 근대주의자들은 신기루를 좇고 있다는 것이다.

그 수수께끼 같은 용어인 '신기루(fata morgana)'[2]의 어원을 알기 위해

---

2 파타 모르가나(이탈리아어: Fata Morgana)는 신기루의 일종으로, 지평선 위에 발생하는 거대한 신기루로 아서왕 전설의 등장인물 모르간 르 페이(Morgan le Fay)의 이탈리아어 번역이다. 메시나 해협에서 출몰하는 것에 이러한 이름이 붙었으며, 옛날에는 공중에 떠 있는 요정들의 성관이나 모르간 르 페이의 요술로 만들어진 허깨비 같은 것이라고 여겼다. (위키

   아브라함 카이퍼의 일곱 가지 삶

그는 당시 하이델베르크의 교수인 알라드 피어슨을 직접 방문했다. 그것은 켈트어일 것이라고 피어슨은 추측했고, 카이퍼는 각주에서 그 해석을 채택했다. 이 강연은 그해 여름에 인쇄본으로 나왔고, 역시 큰 인기를 끌었다. 그러는 동안, 카이퍼는 유명해졌고, 그가 지목한 근대주의자들은 그에게 화살을 겨누었다. 그도 적극적으로 반박하면서, 일간지를 통해 반박하기 전부터 그의 '삶의 투쟁(levensstrijd)'은 이미 시작되었다.

2년 후, 그는 자신의 걸작인 3부작 강연을 완성했는데 '깔뱅주의, 우리 헌정적 자유의 기원과 보증'이라는 다소 복잡한 제목은 흐룬 판 프린스터러로부터 빌려온 것이었다. 그러나 내용면에서 그는 더욱 급진적인 주장을 펼쳤다. 그것은 그의 공적 경력의 위대한 분수령이었으며, 현대적 이념으로 발전할 프로그램의 첫걸음을 내디딘 것이었다. 이전까지만 해도 깔뱅주의는 신학적 용어에 불과했다. 그러나 강연 이후, 이 개념은 카이퍼가 예측했던 것보다 더 광범위하게 확장되었고, 신깔뱅주의라는 이름으로 발전하여, 20세기로 이어지는 다리가 되었다. 이 모든 것이 하나의 강연으로 이루어졌으며, 이는 폭발적인 반응을 불러일으켰다.

내용적으로 카이퍼는 자유주의에 대한 대안을 제시하며, 오랫동안 흐룬 판 프린스터러와 함께 숙고하며 발전시킨 결론을 밝혔다. 그가 내놓은 것은 민주주의와 시민권에 대한 구체적인 자신의 해석이었으며, 이는 토르베케에 대한 그의 답변이었다. 그는 자유주의가 시민 자유의 기원이라는 주장에 반대하며, 그 기원은 16-17세기의 깔뱅주의자들이라고 주장했다. 네덜란드에서 프랑스, 영국, 그리고 미국에 이르기까지, 깔뱅주의 자유의 투사들은 프랑스 혁명은 말할 것도 없고, 계몽주의 이전부터 모든 곳에서 이러한 자유를 선도해왔다는 것이다. 카이퍼는 자신의 발견을 '기독교 자유주의'라고

백과)

1976년, 흐룬 판 프린스터러(1801-1876)의 사망 100주년 기념우표
『네덜란드 개혁성경』(*Statenbijbel*, 1637)은 예레미야서 29장 7절, 사로잡혀 간 그 성읍이 평안을 누리고, 번영하도록 기도하라는 말씀인데, 흐룬이 하지 못한 부분이다.

선언했는데, 이는 글래드스톤을 본보기로 따른 것이었다. 흐룬도 그 용어를 내용적인 면에서는 옳다고 생각했다. 그러나 카이퍼는 이후에 이 용어를 버리고 다시 깔뱅주의라는 명칭으로 돌아갔다. 카이퍼 자신도 이 새로운 용어에 익숙해져야 했다.

강연은 대학에서도 진행되어 그는 학생들을 주된 청중으로 삼았다. 위트레흐트와 깜뻔의 정통 신학을 배우던 학생들, 레이든에서는 근대 신학을 따르던 학생들을 대상으로 강연했다. 심지어 오란여 왕가 빌름 3세의 셋째 아들인 알렉산더도 3시간 내내 앉아 그의 강연을 경청했는데, 공식적으로 그는 여전히 학생이었다. 레이든에서는 학생회가 초청장을 보냈고, 그의 스승 스홀튼을 포함하여 거의 모든 교수들이 카이퍼의 강연을 들으러 왔다. 논쟁의 여지가 있던 그들의 옛 학생 카이퍼는 교수들의 호기심을 자극했지만,

    아브라함 카이퍼의 일곱 가지 삶

그것은 사실상 카이퍼가 그의 모교에 보내는 마지막 작별 인사였다. 그의 급진적인 주장은 당시 주류 학계와 갈등을 빚게 되었고 양측은 더이상 공존할 수 없게 되었다.

카이퍼는 이 강연을 가지고 전국을 순회했는데 그를 하원의원으로 선출한 지역구인 하우다(Gouda)를 포함한 몇몇 지방 도시들도 방문했다. 그의 책은 판매가 잘 되었고 재판으로도 인쇄되었으며 나중에 영어로도 출판되었다. 동시에 '깔뱅주의'는 이제 위대한 분수령이 되었고, 그때부터 영적 분리가 일어나기 시작했다.

국민의 양심을 울리는 건반

카이퍼가 했던 가장 중요한 연설 중 하나는 자신이 직접 한 것은 아니었다. 이것은 그가 1878년에 국왕에게 보낸 글로, 국민청원서(Volkspetitionne-ment)로 더 잘 알려져 있다. 카이퍼 아카이브에는 여전히 약 여덟 장짜리 청원서 초안이 보관되어 있다. 카이퍼는 왕에게 보낸 이것은 다름 아닌 국민의 양심 그 자체라고 주장했다.

그는 9년 전에 이미 그 씨앗을 뿌렸다. 1869년 5월, 카이퍼는 위트레흐트 돔교회에서 앞서 언급한 전국기독학교협회에서 연설했다. 그는 여기서 처음으로 흐룬 판 프린스터러를 만났다. 그의 연설의 제목은 '국민의 양심에 대한 호소'였고, 학교투쟁은 오직 국민의 선택을 통해서만 승리할 수 있다고 그는 주장했다. 국민의 양심은 이미 어렴풋이 존재했던 낭만적인 개념이었지만 카이퍼에 의해 새로운 의미를 가지게 되었다. 그는 시민의 권리는 양심의 자유, 즉 선택의 자유에 달려 있다고 주장했다. 유권자 배후에 있는 사람들은 투표권이 없을지 모르지만, 그들은 목소리를 낼 수 있다고 강조했다. 교육은 국민 전체가 그들의 양심에 따라 말할 수 있는 대표적인 주제였다. 국민의 양심이 결국 이 논쟁을 해결해 줄 것이라고 그는 주장했다.

그리하여 학교투쟁은 '국민의 양심(volksconsciëntie)'이라고도 불리는 집단적 양심(collectieve geweten)을 위한 투쟁이 되었다. 레이든대학에서 카이퍼의 스승이었던 마때이스 드 프리스(Matthijs de Vries, 1820-1892)는 카이퍼의 질문을 받았을 때, 네덜란드어의 양심(consciëntie)과 양심(geweten)은 의미상 차이가 없다고 말했다. 그래서 그는 두 단어를 서로 바꿔 사용하기로 했다. 1878년 7월, 단 일주일 만에 30만 명 이상의 서명이 모였는데, 이는 총 유권자 수의 세 배에 달하는 숫자였다.

이 청원서는 얀 까뻬이느 판 드 꼬뻴로(Jan Kappeyne van de Coppello)가 도입한 강화된 초등교육법에 반대하는 내용이었는데, 카이퍼는 이 법을 1617년 네덜란드 주의회가 개혁주의 총회를 엄격히 금지한 법인 날카로운 결의안(Scherpe Resolutie)에 비유하며 강력하게 반대했다. 카이퍼는 이 법을 새로운 '날카로운 결의안'으로 간주했다. 이 청원서들은 8월 초 빌름 3세 국왕에게 국민 청원서로 제출되었다.

이 사건은 큰 파장을 불러일으켰다. 반대자들, 특히 자유주의자들은 카이퍼가 의회 외적인 행동을 했다고 비난했다. 왕에게 호소하는 것은 전례가 없는 일이었으며, 마치 왕이 법에 구속되지 않는 것처럼 보였기 때문이다. 설상가상으로 빌름 3세는 이러한 움직임에 어느 정도 동조하는 듯 보였고, 그에게는 이 사건이 헌법적 제한을 벗어나는 기회로 느꼈을지도 모른다. 그는 이 청원서를 기꺼이 받아들였다.

그러나 군중을 선동하는 카이퍼는 만나고 싶어하지 않았다. 그 대신 반혁명당의 주요 인물들이 청원서를 대신 제출하였다. 1885년 드 아우드 둘른 호텔에서 리셉션에 참석한 명단이 제시되었다. 청원서를 대신 전달한 대표자로는 궁정과 연이 있던 엘라우트 판 주터바우드 경(jonkheer Elout van Soeterwoude)이었다. 그는 카이퍼의 글을 가지고 가서, 8월 3일 토요일에

　　　　　　　아브라함 카이퍼의 일곱 가지 삶

그 청원서를 왕에게 제출했다. 전 식민지 장관 뀌체니우스도 함께 갔는데 그는 이전 근위대의 지휘관이었다. 카이퍼는 두 사람 모두를 계속 지지했고, 그들은 당의 양심적인 핵심으로 자리잡았다.

동시에, 국민청원은 민중 운동이었으며, 카이퍼가 19세기 최대의 시민운동을 이끌고 있었다는 명백한 증거였다. 반혁명당은 그로부터 탄생했고, 30만 6천 명이라는 개신교도 서명자의 명단을 기록에 남겼다. 이 일은 또 다른 돌파구를 만들었다. 그것은 가톨릭계에서도 16만 4천 명 '가장들'의 서명이 급히 모아졌다는 것인데, 이것이 가톨릭 민주주의 운동의 시작으로 그 후 가톨릭 민주 운동과 반혁명당의 연합으로 이어졌다.

그리고 이 사건을 계기로 중요한 만남이 이루어졌다. 엘라우트가 헷 로궁전에서 왕 앞에 서기 몇 시간 전, 브라반트(Brabant)의 지주 드 사보르닌 로만과 카이퍼는 아뻴도른(Apeldoorn)을 함께 거닐며 대화를 나누었다. 이때가 처음으로 그들이 직접 대화를 나눈 것이었다고 로만은 나중에 회상했는데, 둘 다 흐룬의 서클에 속해 있었고 카이퍼의 부재시에 로만은「드 스탄다르드」를 유지하는 데 도움을 주었다. (덧붙이자면, 그의 기억이 틀렸을 것이다. 그들의 서신에 의하면 카이퍼는 이미 그 전해에 덴 보쉬〔Den Bosch〕에 있는 그의 집을 방문했던 것으로 보인다.)

아뻴도른을 걷는 동안, 카이퍼는 로만과 그의 추종자들이 10년 내로 권력의 중심에 앉게 될 것이라고 예언했는데, 그 예언은 실현되었다. 그때까지 로만은 궁중에서 환영을 받았다. 이 만남은 단순한 교류가 아니라 두사람의 협력 관계를 여는 서막이었다. 이는 반혁명당의 양대 체제가 시작되었음을 의미했다. 그러나 그것은 1894년 카이퍼의 질환 이후 분열로 끝날 두개의 머리를 가진 리더십이었고 결국 결별로 끝나게 된다.

1878년 5월,「뉴브 로테르담 꾸란트」가 '국민의 양심을 울리는 건반'을 너무 거칠게 다루고 있다고 카이퍼를 비난하자 카이퍼는 자신의 답변을「드 스탄다르드」의 드리스타 칼럼에 실었다. 또한 보수주의자의 모히칸(Mohi-can)[3]으로 불린 빌름 빈트헨스(Willem Wintgens)도 의회에서 카이퍼를 비판했으며, 이 사건은 다시 모든 신문에 실렸다. 그때부터 국민 양심의 건반이라는 표현은 유명한 비유로 자리잡았고, 카이퍼는 그 표현 자체를 그가 발명한 것이 아니었지만, 이것을 자신만의 스타일로 더욱 발전시켰다.

앙브루아즈 백작 부인(comtesse d'Ambroise)

카이퍼가 헷 로 왕궁에서 환영받지 못한 데에는 또 다른 이유가 있었는데, 이 아이러니한 상황은 왕 자신도 깨닫지 못했을 것이다.

1877년, 카이퍼의 신문 「드 스탄다르드」는 왕실의 사생활에 대한 특종을 실었다. 이것은 당시에는 엄청난 사건이었다. 왜냐하면 사회주의 정치가인 도멜라 니우븐하위스가 왕이 제대로 일하지 않는다는 뉘앙스를 그의 신문에 실었다가 1년 동안 감옥에 갇힌 적이 있었기 때문이다. 그 글은 그가 직접 쓴 것도 아니었지만 그의 사회주의 신문 「레흐트 포 알런」에 실렸고 왕의 명예를 훼손(Majesteitsschennis)한 혐의로 처벌받은 것이었다. 카이퍼도 종종 이와 유사한 혐의를 받았다.

1877년 9월 24일 월요일, 「드 스탄다르드」는 암호문 같은 놀라운 소식으로 지면을 장식했다. 적어도 행간을 읽을 줄 아는 독자에게는 그랬다. 세 개의 난해한 문장은 '매우 신뢰할 수 있는 출처'로부터 온 편지에서 인용되었다. 왕실의 존엄성이 위태로워졌으며 중재가 절실히 필요하다는 내용이었다. "이런 위험한 순간에, 기독 언론도 소명이 있다"라고 편집장은 결론

---

3 모히칸 족(Mohican)은 알곤킨 어족에 속하는 미국 원주민 부족인데 여기서는 모히칸족의 최후(The Last of the Mohicans)라는 제임스 쿠퍼(James F. Coope)의 역사 소설에서 따온 것이다. (역자 주)

  아브라함 카이퍼의 일곱 가지 삶

지었다. 무슨 일이 일어나고 있었던 것일까?

카이퍼 아카이브가 열쇠를 쥐고 있다. 이 난해한 양식의 편지는 다름 아 닌 왕실 측근이자 궁내 대신인 엘라우트 판 주터바우드가 보낸 것이었다. 그 편지는 「드 스탄다르드」의 관리인에게 보내졌다. 그는 그것을 편집장 카 이퍼에게 보냈고, 카이퍼는 즉시 그것을 신문의 1면에 게재했다. 이 기사는 엘라우트의 손을 거쳤으나, 사실은 카이퍼의 목소리였다. 그에게는 이것을 게재할 나름의 이유가 있었다.

엘라우트는 이미 궁정에서 공공연한 비밀로 여겨졌던 비밀, 즉 국왕 빌 름 3세가 다시 한번 사랑을 찾아 나섰다는 사실을 알게 되었다. 이번에는 프랑스-알 제리 오페라 가수이자 새로 운 오페라 "까르멘"(Carmen) 의 스타인 에밀리 앙브르 (Émilie Ambre)였다. 소피 (Sophie) 여왕의 장례식이 끝난 지 한 달도 안 되어 빌 름 3세는 그녀와 결혼하기 를 원했다. 우선 그는 그녀 에게 앙브루아즈 백작 부인 (comtesse d'Ambroise)이라는 칭호를 주었고 헤이그 외곽 에 별장을 제공했다.

그러나 이 모든 조치는 「드 스탄다르드」의 보도 이

61세의 빌름 3세는 1879년 1월 7일 화요일에 독일 바트 아롤슨(Bad Arolsen)에 있는 그녀 의 가족 성에서 20세의 엠마 판 발덱-피르몽 (Emma van Waldeck–Pyrmont)과 결혼했다. 이 부부는 프랑스어로만 의사소통을 할 수 있었 다. (이 사진은 엽서로 발행되었다.)

후에 취해졌다. 담당 장관은 신문을 손에 들고 왕에게 보고하면서 백작 부인이 고인의 궁전인 노르드에인드 왕궁(Paleis Noordeinde)에 바로 입주하는 것은 적절치 않다고 조언한 것이다. 다른 신문들도 그 뉴스를 다루었고, 프랑스의 언론이 더 자세한 내용을 보도하면서 더욱 널리 퍼졌다. 결국 6개월 후, 에밀리는 국왕 곁을 떠났는데 이는 그녀의 자발적인 결정이었고, 그녀는 자신의 독립을 자랑스럽게 유지했다. 얼마 지나지 않아 국왕은 독일의 소영주 가문의 딸인 엠마와 결혼했다.

카이퍼는 이 사건에 개입을 주저하지 않았고 이 일로 인해 왕은 그를 결코 신뢰하지 않게 되었다. 아이러니하게도 이 정보의 유출자는 충성스러운 엘라우트였지만 왕실은 이 사실을 알아차리지 못했다. 그해 8월에 그는 카이퍼의 청원서를 가지고 다시 왕 앞에 섰던 것이다.

1895년 카이퍼는 프랑스의 피레네산맥에 머물렀다. 카지노 타운 뤼숑에 있는 리쉘리유 호텔(Hotel Richelieu)에서 그는 '네덜란드 국왕 폐하 호텔(Hôtel de sa Majesté le roi de Hollande)'이라는 대리석 명판을 발견했다. 소문에 따르면 빌름 3세는 1877년 여름에 에밀리와 함께 이곳에 머물며 8만 프랑을 탕진했다고 한다. 실용적인 성격의 카이퍼는 아내 요에게 편지를 써서 그가 헤이그로 돌아가면 그 '치욕적인 명판'을 제거할 수 있는지 알아볼 것이라고 말했다.

어쨌든 그 이후로는 그 명판에 대해 알려진 바가 없다.

확고한 신념으로의 전환

카이퍼의 국민운동이 본격적으로 시작되자, 그것은 카이퍼의 주요 지지 기반이 되었다. 전국 정당의 공식적인 창립으로 체계적인 형태가 마련되었는데 지역선거협회가 여전히 우세하던 상황에서 소선거구제가 반드시 더

 아브라함 카이퍼의 일곱 가지 삶

큰 조직을 요구하지는 않았다. 1879년 4월 3일 목요일 정오에 창당 모임이 있었다. 회의 장소는 위트레흐트 역 근처에 있는 예술과 학문의 전당이었는데, 당시에 이곳은 전국 어디서나 접근이 가능했다. 지역선거협회, 반학교법 연맹 및 같은 뜻을 가진 언론인들이 초대되었다.

물론 카이퍼가 연설을 했지만, 그의 핵심 메시지는 이미 전달된 상태였다. 「드 스탄다르드」의 73개 정치적 입장이 묶인 책이 1,300쪽에 달하는 새로운 정당의 강령인 『우리의 강령』이라는 단행본으로 출간되었는데, 이런 책은 정치인의 책장에 두기 힘들만큼 방대한 분량이었다.

이것은 전형적인 카이퍼였으며, 많은 논란을 일으켰다. 동료인 스헤입만은 나중에 절대 그와 같은 일을 할 생각이 없다고 말하면서 시시각각 변하는 상황에 대응해야 하는 정치인에게 이보다 더 큰 고통은 없다고 보았다. 그는 카이퍼와의 연합에 대해 문서로 작성할 필요성도 느끼지 않았는데 나중에 이 연합은 괴물 같은 동맹(monsterverbond)으로 불리며 많은 개신교 신자들에게 반감을 불러일으켰다.

전국 정당의 주요 행사 중 하나는 대표자 회의(deputatenvergaderingen)라고 불렸던 전당대회였다. (일반적으로 전국 선거를 앞두고 이 대회가 열렸다.) 개회 연설은 매번 의장으로 재선된 카이퍼가 맡았는데, 그가 항상 그 자리에 앉기를 원하지 않았다는 것은 다른 사람들이 생각하는 것보다 더 진심이었다. 1889년부터 대부분의 연설은 소책자로 출판되었으며 그의 사후에 한 권으로 묶였다. 그는 1879년부터 1918년까지 20번의 연설을 했는데, 총리직에 있었던 몇 해 동안은 헤르만 바빙크(Herman Bavinck)가 반혁명당의 임시 의장을 맡았다.

전체적으로 볼 때, 카이퍼의 20개의 연설은 그의 삶을 엿볼 수 있게 해준다. 1885년 7월, 헤이그의 예술 및 학문의 전당에서 열린 대회에서 카이퍼는 평소보다 더 많은 것을 드러냈다. 그는 흐룬 덕분에 개혁주의 정통성을 발견했지만, 오랫동안 그 내용에 대해서는 확신하지 못했다고 고백했다. 그러나 1876년 그가 스위스 심플론 고개에서 병을 앓고 있던 중, 밤에 흐룬이 하늘로 올라가는 환상을 본 후 비로소 확신을 얻었다고 말했다. 이후 니스를 방문한 후, 그는 다른 형태의 정치적 성향이 짙은 세 번째 회심을 경험했다고 밝혔다. 그래서 이 대의원 연설은 그의 생애에서 중요한 의미를 지녔다.

니스에서 조용히 고통을 겪던 그는 자신의 영혼이 "우리 선조들의 확고하고 단호한 종교로 옮겨졌다"고 말했다. 그는 자신이 싸워야 할 원칙들에 대해 더 선명한 생각을 가지고 네덜란드로 돌아왔다. 그리고 "나의 첫 외침은 '정부로부터 물러나 오직 국민을 위해 일하라!'였다"라고 그는 밝혔다.

이 부분이 그토록 중요한 이유는, 그것이 카이퍼의 발전 과정에서 반복되는 패턴을 보여주었기 때문이다. 카이퍼는 이전에 자신의 종교적 회심을 비슷한 용어로 묘사했었다. 훗날 그는 그것을 '절대의 힘'이라고 불렀는데, 이 확고한 신념은 위기가 닥칠 때마다 더욱 강하게 그를 압도해서, 모든 위기 후에는 더 강력한 신념으로 나아가도록 했다. 요컨대, 카이퍼의 삶에서 각 고비는 그가 자신의 목표를 더욱 가차없이 추구하는 새로운 국면으로 이어졌다.

1894년, 카이퍼가 브뤼셀에서 죽음의 문턱에서 비틀거리고 있을 때에도 거의 동일한 상황이 반복되었다. 그는 흔들리지 않는 의지로 그 위기를 극복했다. 여기서 중요한 것은 그가 점점 더 '국민'을 위해 투쟁하기로 결심했다는 것이다. 이 민주주의자는 더이상의 타협을 원하지 않는 거듭난 카이퍼였다. 국민들은 그를 높이 평가했지만, 그의 동료들은 그와 점점 멀어졌다.

아브라함 카이퍼의 일곱 가지 삶

환호하는 이들 한가운데서의 침묵

대의원 연설을 보면 카이퍼가 이끌던 정당의 발전 단계를 엿볼 수 있다. 1889년의 주제는 명확했다. 프랑스 혁명 100주년은 '자유주의자들'의 100년을 의미했지만, 그들의 세기는 끝나가고 있었다. 이제 반혁명주의자들, 가톨릭 신자들, 그리고 두 명의 보수주의자들로 구성된 첫 번째 연립 내각이 탄생한 것이다. 카이퍼가 아뻴도른에서 로만에게 예언했던 것이 실현된 것이다. 마카이 내각(kabinet-Mackay, 1888-1891)에서 로만은 뀌체니우스의 사임 후 내무부 장관이 되었다.

점점 더 카이퍼는 내각에게 수수방관하지 말고 사회 문제를 해결하라고 경고했다. 1891년 5월 위트레흐트의 예술과 학문의 전당에서 한 그의 연설 '마라나타'는 특히 큰 반향을 일으켰다. 사회 문제에 개입하는 것을 더이상 지체해서는 안 된다고 강조했다.

> 경제적, 지적 특권계층의 과두정치는 끝났다. 민중이 깨어났다. 사회적 관심이 전면에 부각되고 있다. 그리고 위협적인 언어와 더욱 위협적인 몸짓으로, 억압받는 민중은 자유주의자들에게 해명을 요구했다. *민중이 주권자라면*, 그 대중적 차원의 주권적 민중이 왜 이 과두정치들에 의해 짓밟혀야 하는지를.
>
> 그들은 정치적 권력 게임에는 관심이 없으며, 권력을 추구하지도 않는다. 그들이 관심을 갖는 것은 권력이 아니라, 그들의 처지를 개선하기 위한 수단으로서의 권력이다. 빵을 위해, 아니 그 이상을 위해 그들은 부르짖는다. 그들은 "자유, 평등, 박애"의 *자유*가 너무 인색하게 나눠지고, 평등은 항상 뒤로 미뤄졌으며, *박애*는 전혀 실현되지 않았다고 생각한다.

1894년에 결정적인 균열이 일어났다. 3월 30일 금요일 위트레흐트의 같은 건물에서 열린 전당대회에서 연설을 한 카이퍼는 자신의 노선을 변호했다. 또한 4월 총선을 앞두고, 반혁명당은 명백히 민주주의를 선택했고, 참정권의 확대를 지지했으며, 이를 원하지 않는 모든 귀족들을 배제하기로 결의했다. 역사적 깔뱅주의는 항상 최전선에 있었고, 그들이 이제 민주주의의 선봉에 서지 않을 것이라는 것은 상상할 수 없는 일이었다. 일찍이 1869년에 그는 이중적 투쟁을 언급하며, '*민주주의*에 대항하는 *자유주의*와 싸우고 *지성*에 대항하는 *자본*과 싸우라*'고 촉구했었다.

총선 결과 카이퍼는 7석을 차지했고, 8명의 하원의원이 로만의 편에 섰다. 카이퍼는 곧 다른 문제들로 바빴고, 알프스에서 병이 들어 브뤼셀에 도착해 그로 부터 반년 동안 네덜란드에 나타나지 않았다. 그 후 그는 다시 회복했고, 로만보다 10년 후 인 1901년에 총리 자리에 올랐다. 1901년 봄 전당대회 연설에서 그는 처음으로 가톨릭 신자들을 공개적으로 옹호했다. 지난 선거에서 일어난 모든 반(反)가톨릭주의 선동은 자유주의자들의 포퓰리즘에 불과했다고 비판했다.

무엇보다도, 우리의 로마 가톨릭 동포들은 스페인 사람이 아니라 네덜란드인이며, 그들 대다수는 16세기에 이곳에 있던 대부분의 로마 가톨릭 신자들처럼 반대자들의 종교 자유를 진심으로 지지한다. 그리고 무엇보다도, 그들은 네덜란드에서 소수자이며, 다수가 될 가능성은 전혀 없다는 것이다. […] 1897년의 반(反)가톨릭주의에서는 많은 자유주의 선동가들이 단지 대중의 무지를 이용해 '성 바르톨로메오 축일의 대학살'[4]이나 '화형' 같은 것을 언급하며 오직 자신의 이익을 위해서 선동을 일삼았다는 점 외에는 칭찬할 만한 것이 없었다.

---

4   성 바르톨로메오 축일 학살(프랑스어: Massacre de la Saint-Barthélemy)은 1572년 8월 24일 (성 바르톨로메오의 축일)부터 10월까지 있었던, 로마 가톨릭교회 추종자들이 위그노, 즉 프랑스 개신교도들을 학살한 사건을 가리킨다. (위키백과)

                                       아브라함 카이퍼의 일곱 가지 삶

선거는 모두의 예상을 뛰어넘었다. 투표가 막바지에 이르렀을 때, 가톨릭 신자, 반혁명 주의자, 자유 반혁명주의자(로만 그룹)의 연합이 절대 다수 의석을 확보할 것으로 보였다. 저녁에는 축하 행사를 하던 학생들이 카이퍼가 살고 있는 께이저스흐라흐트(Keizersgracht, 황제의 운하)로 갔는데, 카이퍼는 당시 자유대학교 옆에 살고 있었다. 그들은 한 목소리로 다 꼬스타(Da Costa)[5]의 전투적인 노래인 '그들은 그것을 갖지 못하리(Ze zullen het niet hebben)'를 불렀다. 한 명이 카이퍼를 축하하기 위해 보내졌고, 카이퍼는 직접 문 밖으로 나왔다.

운하 반대편에서도 사람들이 노래를 따라 부르기 시작했고, 노래가 끝난 후 기립 박수가 이어졌다. 카이퍼는 고요한 침묵 후에, 입을 열어 그들을 칭찬하며 하나님께 감사드린 후, 승자들에게 놓인 막중한 책임을 언급했다. 그리고 다음 날 신문 기사를 완성하기 위해 다시 안으로 들어갔다. 그는 그 당시 자바(Java)의 한 병원에서 일하고 있던 딸 요한나에게 이렇게 썼다. "내 주위의 모든 사람들이 환호하고 있었지만, 나는 놀라고 어리둥절한 것처럼 환호하는 이들 한 가운데서 홀로 침묵하며 서 있었어. 그리고 거리의 사람들에게 말해야 했지. 요, 그건 정말 힘든 일이었단다."

늘 그렇듯이, 바깥 세상은 그를 강한 남자를 보았지만, 그는 자신의 약함만 보았다.

강철 같은 의지의 연설가

그러는 동안, 카이퍼는 유명한 연설가로 변모했고, 많은 사람들이 그를 찾아 다녔으며, 항상 어딘가의 연단에서 발견될 수 있었다. 설교는 별도로

5　이삭 다 꼬스타(Isaäc da Costa, 1798-1860)는 암스테르담의 시인이자 역사가였다. (위키백과)

치더라도 그는 일생 동안 홀에 가득 찬 대중 앞에서 수백 번 연설을 했다. 그가 공공 광장에서 연설하는 일은 드물었으며, 만약 야외에서 해야 한다면 그것은 그의 집 현관이나, 선교 축제에서, 또는 어떤 기관의 개회식 같은 자리에서였다. 카이퍼는 흔히 볼 수 있는 선동가가 아니었고, 오히려 경건한 기도로 대중을 이끄는 연설가였다.

1899년 10월, 깜뻰에서 한 학생이 카이퍼의 개강 강의를 듣기 위해 왔다. 그 강의는 카이퍼가 인터라켄에서 침묵하는 동안 쓴 것이었고, 요가 스위스에서 비극적으로 사망한 지 6주 만이었다. 주제는 '진화론'이었고, 첫 문장은 '우리의 19세기는 진화론 교리의 최면에 걸려 죽어가고 있다'였는데, 이 문장은 이후 자주 인용되었다.

조각가 똔 뒤뿌위(Toon Dupuis)가 제작한 카이퍼 대리석 흉상
(카이퍼가 자신이 창립한 자유대학교에 기증했으며, 지금도 강당 옆에 장관 복장으로 서 있다.)

강당에 들어설 때 카이퍼는 '멋진 검은 가운을 입고 있었고 그 위에 자주색과 주황색이 섞인 우아한 가운을 걸치고 있었다'. 그것은 카이퍼가 1년 전 프린스턴에서 명예박사학위를 받을 때 수여된 것이었다. "그는 머리에 모자를 썼고 그의 옷차림은 교회의 고위 성직자처럼 보였다." 요컨대, 카이퍼는 비록 키는 작았을지 모르지만, 연설가로서는 깊은 인상을 남겼다. 단순히 무대에 선 연기자가 아니라, 그 자체로

        아브라함 카이퍼의 일곱 가지 삶

강단을 압도하는 존재였다. 그러나 다음 날 헨드릭 까얀(Hendrik Kaajan)이라는 한 학생이 거리에서 카이퍼가 눈에 띄지 않는 볼품없는 모습으로 걷고 있는 것을 보고 다소 실망했다.

또 다른 학생도 카이퍼를 거리에서 보았는데, 이때는 돌레안치 시기였다. 어느 날 밤, 깔버스트라트(Kalverstaat)를 빠른 걸음으로 걷던 한 사람이 군중을 거슬러 담 광장 방향으로 걸어가고 있었다. 그는 마음속으로 연설 내용을 생각하며 중얼거렸고, 손짓을 하는데 심지어 손가락도 따라 움직이고 있었다. "그가 깊은 생각에 잠겨, 손짓을 하며, 빠르게 걸어가던 모습을 잊을 수 없다." 캐스퍼 안드리스 링벡(Casper Andries Lingbeek)은 나중에 카이퍼를 '분열주의자'라고 하며 멀리하게 되었지만 돌레안치 운동 당시의 이 기억은 생생한 목격담으로 남아 있다. 까뜨베이끄 해변에서 데모스테네스 역을 맡았을 때처럼, 카이퍼는 그날 밤도 머릿속으로 연설을 철저히 준비했다.

어떤 사람들은 연설 중인 카이퍼를 직접 묘사했다. 당시에는 언론인 블록(S. Blok)이 그린 정치인들의 스케치가 유명했다. 그는 '미스터 안토니오(mr. Antonio)'라는 필명으로 「드 뗄레흐라프」에 글을 썼는데 이 신문은 19세기에서 20세기로 넘어갈 때 많이 읽힌 신문 중 하나이다. 1901년에 그는 카이퍼가 연설하는 모습을 생동감 있게 묘사했다. (이 시기에는 의회 기자들 사이에서 자연주의가 부상하고 있었는데, 그렇게 함으로서 일상적인 보고에서 벗어나 좀 더 세밀하게 전달할 수 있었다.) 하원과 가득 찬 방청석이 중요한 순간을 준비하는 모습을 말이다. 총리가 연설할 예정이었다. 모두가 조용히 자리에 앉았다. 그 후 그림같은 세부적 묘사와 자연주의적 색상의 스케치가 이어졌다.

유리 돔 지붕에서 쏟아지는 광선은 작고 네모나며 튼튼한 체격의 총리에게 쏟아진다. 이제 거친 선의 강한 얼굴이 매우 명확하게 보인다. 입술 양끝이 약간 아래로 내려가고, 아랫입술이 약간 앞으로 나온 입은 엄청난 의지를 나타낸다. 강한 코와 넓은 이마, 그리고 날카롭고, 반짝이며 깊이 있는 갈색 눈동자. 그는 70대에 가까워지는 노인이 아니다. 그의 머리카락은 약간 가늘어졌지만 거의 희지 않았다. 그의 작은 체구는 단단히 뭉쳐져 있으며, 강렬한 힘이 느껴진다. 잘 울리지 않지만 강한 목소리는 강한 폐에서 나와 힘을 더한다. 그는 결코 말을 더듬지 않는다. 그의 문장은 짧고 간결하며, 그의 생각을 완전히 통제한다. 그는 감정에 휩쓸리지 않으며, 순간에 압도되지도 않는다. 그는 머리 속에서 살아 움직이는 모든 것을 지배한다. 그는 간결하면서도 강렬한 문장을 말하며, 그의 말은 강한 설득력을 발산한다. 모두가 그것을 느낀다.

이 글은 다소 과장된 표현이었지만, 당시 카이퍼의 이미지를 잘 보여준다. 많은 관객이 그의 연설을 즐겼고, 이런 묘사들은 인기있는 책으로 출판되었다. 정적들이 아무리 카이퍼를 비난했지만, 그는 일반 대중들에게 이미 전설적인 존재였으며, 적어도 흥미로운 인물로 여겨졌다. 특히 연설가로서 그의 인기는 대단했다.

의회 연단 뒤에서

19세기에서 20세기로 넘어갈 무렵의 주요 의회 언론인은 꼬르넬리스 까를 엘라우트(Cornelis Karel Elout, 1870-1947)였다. 그는 카이퍼와 가까운 사이였으며, 두 사람은 언론인 협회의 이사회에 함께 속해 있었다. 프레데릭 반 호헨도르프와 마찬가지로 엘라우트는 기자석에서 일했지만 시대는 달랐다. 그는 명망 있는 가문 출신으로 상류층 신문 「한덜스블랏」에 기고했지만, 스웨터를 입고 뾰족한 염소 수염을 가진 그의 모습은 사회주의자처럼 보였다. 그는 계급이나 신분에 얽매이지 않는 자유로운 인물이었다. 카이퍼는 직설적인 태도를 좋아했기에 엘라우트는 특별히 그의 신임을 얻고 있었다.

아브라함 카이퍼의 일곱 가지 삶

카이퍼가 총리로 재임하는 기간 동안, 엘라우트는 뉴스가 필요할 때면 언제든지 그의 집에 들릴 수 있었다. 그러나 1905년 선거를 앞두고 엘라우트가 카이퍼에 대해 비판적인 태도를 보이자, 카이퍼는 언론인 협회 명예회장직을 사임했다. 카이퍼는 상처를 받았고, 엘라우트는 그를 불쾌하게 할 수 있었다. 그러나 이것이 엘라우트가 카이퍼의 집 초인종을 누르는 것을 막지는 못했다.

1938년에 엘라우트는 「한델스블랏」의 연재물에서 이를 회고했고, 그것은 『빌헬미나 여왕 시대의 정치가들과 순간들』(*Figuren en momenten uit de politiek van koningin Wilhelmina's tijd*)이라는 제목으로 출판되었다. 엘라우트에 따르면, 카이퍼는 군중들 사이에서 두각을 나타냈고, 연설가로서는 다른 모든 사람들을 능가했다. "큰 머리에 검은 머리칼은 거의 세지 않았으며, 살이 오른 매끄럽게 면도한 얼굴에 차분한 눈과 단호한 입을 가진 그가 작지만 건장한 모습으로 총리 테이블 뒤의 중앙 의자에서 일어나자, 커피 룸은 즉시 텅 비었고 회의장은 가득 찼다."

그의 목소리는 선율감이 있었고, 전달은 항상 매혹적이었으며, 그가 주제에 몰입했을 때에도 활기찼지만, 항상 미학적인 경계 안에 있었다. 그는 목소리를 울리거나 크게 소리를 지르지도 않았다. 그는 그럴 필요가 없었고, 그의 발음은 목소리를 높이지 않고도 구석구석까지 들릴 수 있을 만큼 명확했다. 때로는 손이나 손가락을 움직이거나 어깨를 으쓱하며 자신의 주장을 뒷받침하기도 했지만, 그의 언어는 모든 일을 해냈다. 그의 문장은 항상 강렬했고, 그 안의 표현과 비유는 설득력이 뛰어났으며 설교조의 미사여구는 전혀 없었다. 엘라우트에 따르면, 자유주의자들을 대표해 카이퍼를 공격하도록 특별히 상원의원으로 선출된 사무엘 판 하우튼조차도 토론에서 그를 이길 수 없었다.

「드 스탄다르드」의 한 기자는 카이퍼의 또 다른 특징을 기억했다. 카이퍼가 농담을 하거나 어떤 의원을 가볍게 놀릴 때면, 그는 농담을 하는 동안 손수건을 꺼내 손에 쥐고 있었다. 그러면서 그는 하원의원들과 함께 거리낌 없이 웃었고, 농담의 대상인 의원만 덜 웃을 뿐이었다.

수년간의 연설과 매일 사설을 쓰는 일은 이런 순간을 위해 그를 단련시켜 주었다. 총리로 재임한 이 4년은 세계 일주여행을 제외하고는 카이퍼에게 있어서 가장 행복하고 편안한 시기였다. 의회의 연단에 서 있을 때, 그는 진정한 자신의 모습을 드러냈다. 어떤 문제나 논쟁도 그를 흔들 수 없었고 그는 자신의 역할을 마음껏 즐겼다.

국가 공동체 내부의 권력

특히 네 차례의 공개 연설은 모인 모든 사람들의 기억에 남았다. 매번 내용뿐만 아니라 그것이 전달되는 방식도 중요했다. 카이퍼는 마치 하나의 공연처럼 연극적 요소를 잘 살렸고, 연출에 대한 감각을 가지고 있었다. 이것은 그 자신에게는 너무나 자연스러웠기 때문에 자신은 거의 의식하지 못했다. 다른 사람들이 보기에는 전략적으로 행동하는 듯 보였지만, 정작 자신은 즉흥적으로 하는 행동이었다.

첫 번째 공개연설은 1880년 10월 20일 수요일, 정오 무렵 암스테르담의 담 광장에 있는 신교회에서 열렸다. 자유대학교의 개교식에서 많은 사람들이 연설을 했지만 나중까지 기억되는 사람은 카이퍼 한 명뿐이었다. 이 연설에서 '영역 주권'을 통해 카이퍼는 150년이 지난 후에도 여전히 반향을 불러일으킬 개념을 만들었지만, 종종 오해도 받고 있다.

신교회에는 약 500명의 손님이 있었는데, 카이퍼가 그들에게 좌석을 직접 배정했다. 앞줄에는 정부 대표, 하원의원 및 기타 고위 인사뿐만 아니라 암스테르담 신문 기자들 약 20명이 자리했다. 기자들은 보통 뒷좌석 어딘

　　　　　　　　　　아브라함 카이퍼의 일곱 가지 삶

가에 앉아 일을 했지만, 카이퍼는 그들을 직접 대면하여 연설했다. 그들을 다름 아닌 독립적인 '국가내의 권력'으로 인정했기 때문에 앞에 있는 다른 공직자들과 나란히 앉게 했던 것이다.

카이퍼에게는 저널리즘이 중요했다. 현대 사회를 주도하고 있는 공적 토론의 중심에는 언론인이 있다는 것이 그의 확고한 신념이었다. 열린 토론을 통해서만 민주주의가 발전할 수 있었고, 그는 자신을 평생 언론인으로 여겼으며, 신문은 그의 플랫폼이었다.

새로운 대학의 초대 총장으로서 카이퍼는 자신의 전공 분야인 신학, 문학, 철학에 대한 취임 연설을 하지 않고 일반적인 사회 문제를 주제로 한 연설을 선택했다. '영역 주권'은 사회와 정치 전반에서 대학의 위치에 관한 것이었다. 그것이 바로 그의 첫 문장이 말하고자 하는 바였다. 즉, 영역은 이념적인 것이 아니라 사회적인 것이었다.

1890년경 오른쪽에 신교회가 있는 담 광장
카이퍼가 1880년 자유대학교의 개교식에서 '영역 주권'에 대한 연설을 한 곳이다.

각 사회 집단은 자유롭게, 즉 자율적으로 발전할 수 있어야 했다. 카이퍼의 도발적인 언어로 표현하자면, 이 자율성은 심지어 '주권'에 해당했다. 즉, 현대 국가는 학문에 대해 절대 간섭해서는 안 되며, 저널리즘에 대해서는 더욱 그럴 수 없다는 것이다. 두 영역 모두 주권적 영역으로 각기 자신의 전문적 기준을 지켜야 했다. 그런 의미에서, 모든 대학은 자유로워야 한다고 그는 주장했다. 그렇지 않다면 독립적인 학문은 존재하지 않게 될 것이라는 이유였다. 국립대학이라는 개념은 그에게 모순처럼 보였다.

기자들 또한 정부나 그들의 고용주가 아닌 그들 스스로 직업에 대한 통제권을 가져야 했다. 3년 후, 네덜란드 언론인 협회가 결성되었는데, 카이퍼가 이사회에 참여했던 암스테르담의 언론인 협회에서 시작되었다. 이는 우연의 일치가 아니었다. 심지어 이름조차도 그의 아이디어에서 나왔을 가능성이 크다. 1899년부터 1901년까지 그가 위원장직을 맡았을 때 그의 주도 아래 이 단체는 진정한 협회로 변모할 수 있었다. 그에 따르면, 협회는 법적 테두리 안에서 가능한 한 주권적이고 독립적인 구조인 노동 조합으로 있을 때만 협회였다.

1880년에 그는 연단에서 두 번째 줄에 앉아 있던 기자들에게 직접 다음과 같이 말하면서 그들을 깜짝 놀라게 했다.

> 존경하는 기자 여러분! 여러분의 손에는 옛 대학들이 알지 못했던 권력이 주어졌으며, 새로운 이 대학은 처음부터 여러분을 동반자로 인정하고자 합니다. 저는 흐룬 판 프린스터러의 제자로서 언론을 국가의 권력으로 존중합니다. […] 이 대학의 총장으로서, 그리고 오랜 전우로서, 저는 여러분의 말로 이 새로운 대학을 축복해 주시기를 부탁드립니다!

카이퍼는 동료들에게 연설할 당시 그의 나이는 43세에 불과했다. 그는

    아브라함 카이퍼의 일곱 가지 삶

이제 새로운 사립 대학교의 총장이며 교수가 되었다. 이전에 레이든에서 그에게 교수직이 제안되었지만 그 문은 잠겨 있었다.

그러나 그는 레이든에서 빌린 정원의 성모(de maagd in de tuin) 문장을 암스테르담의 새로운 대학인 자유대학교에 사용했다. 80년 독립전쟁이 시작될 때 빌름 판 오란여가 새로 해방된 도시 레이든에 대학교를 세웠던 것처럼(1575), 카이퍼는 암스테르담에서 새로운 승리를 시작했다고 보았다. 레이든 대학교가 베드로교회(Pieterskerk)[6]에서 시작했던 것처럼, 카이퍼의 대학교는 담 광장에 있는 신교회에서 출발했다. 3백 년의 간격을 두고 설립된 이 두 대학은 모든 투쟁과 진보의 선봉인 깔뱅주의의 본거지였다.

구조적 비판(Architectonische kritiek)

제2막은 1891년, 암스테르담의 끌로프니어스부르흐발(Kloveniersburgwal)에 있는 노동자협회(Maatschappij voor den Werkenden Stand) 건물의 강당에서 열렸다. 이 건물은 겨우 1천 명 정도의 참가자만 수용할 수 있었다. 그럼에도 불구하고 카이퍼는 이 네오 르네상스 양식의 건물을 선호했는데, 특별히 암스테르담 노동자들을 위해 8년 전에 지어진 건물이었다. 1891년 11월, 그가 오랫동안 기다렸던 사회 대회(Sociaal Congres)를 앞두고 격렬한 논쟁이 있었다.

정확히 1년 전, 빠뜨리모니움(Patrimonium) 기독교노동조합의 지도자 끌라스 까터(Klaas Kater)는 반혁명당 동료들에게 최후통첩을 보냈다. 정부의 반혁명 장관들이 노동자의 고통을 이해하지 못하며, 아무런 조치도 취하

6　이 교회는 영국의 청교도들이 신앙의 박해를 피해 네덜란드 레이든에 와서 40년간 신앙생활한 곳이며 나중에 미국으로 이주하였다. (역자 주)

지 않고 있다는 것이었다. 그것을 감지한 카이퍼가 대회를 소집한 것이다. 게다가 까터의 불만 제기가 있은 지 3일 후, 카이퍼는 지역 선거 협회 회의에 깜짝 등장해, 놀란 참석자들 앞에서 암스테르담 지역 선거에 빌름 호비의 양조장 목수인 바르트 뿌시아트(Bart Poesiat)의 출마를 열렬히 지지했다. 「드 스탄다르드」도 최근까지 빠뜨리모니움에서 까터의 오른팔로 활동했던 뿌시아트 후보를 전폭적으로 지지했다.

이듬해 내부 갈등이 심화되었고, 이는 1894년의 분열로 이어졌다. 이런 상황 속에서 사회 대회가 개최되었다. 노동조합 내부에서는 독자적인 정당을 창당해야 한다는 생각이 강하게 대두되었다. 단순히 의원 한 명을 배출하는 것만으로는 충분하지 않다고 여겼던 것이다.

그러는 사이 총선은 끝났고, 연정은 과반수를 잃었다. 카이퍼는 이제 다소 차분해진 분위기 속에서 개회 연설을 할 수 있었다. 1891년 11월 9일 월요일 저녁, 강당은 이미 저녁 7시 30분에 사람들로 가득 찼다. 노동 조합원의 참가는 무료였으나 상류층은 2.50길더를 지불해야 했다. 논란이 되었던 몇몇 인물들은 그 금액을 지불하고 연단에 자리잡았으며, 이 모임에서도 계급의 차이는 여전히 드러났다. 카이퍼의 '사회 문제와 기독교 신앙(Het sociale vraagstuk en de christelijke religie)'라는 연설은 곧바로 출간되었고, 연설은 저녁 8시부터 10시가 넘도록 계속되었다. 특히 두 가지가 사람들에게 강렬하게 남았다.

우선 카이퍼의 '구조적 비판(architectonische kritiek)'이었는데 이는 네덜란드어를 풍요롭게 한 참신한 표현이었다. 문제의 시급성을 강조하기 위해, 카이퍼는 영국 및 기타 국제적인 사례를 들었다. 가령 목사 프레드릭 드니슨 모리스(Frederick Denison Maurice), 찰스 킹슬리(Charles Kingsley), 스튜어트 헤드램(Stewart Headlam)이 이끄는 기독교 사회주의자들을 제시했다. 이들은 교회가 사회 문제에 참여해야 한다는 것을 보여주었다. 카이퍼는 이

 아브라함 카이퍼의 일곱 가지 삶

미 20년 전에 모리스의 책을 읽었고, 독자들에게 추천한 바 있었다.

그런데 지금 네덜란드 상황은 '전부 아니면 전무'였다. 사회 문제는 현존하는 체제의 지속 불가능성을 의미했으며, 이는 '우리 사회적 공생의 기초에 내재된 결함'이었다. 경건과 자선 활동은 아무런 해결책도 제시하지 못했으며, 오히려 문제의 부정을 지속시켰다. 사회 문제는 사회 구조 자체의 변혁을 요구했다.

> 여러분이 인간 사회 자체에 대해 구조적으로 비판하고, 이에 따라 사회 구조의 새로운 설계가 필요하고 가능하다고 여길 때에만 이러한 변혁이 시작될 것입니다.

다른 하나는 카이퍼의 마음에서 우러나온 외침이었다. 특히 총리로서 '그들은 하루, 한 시간도 기다릴 수 없다'는 그의 말은 큰 울림을 주었다. 그러나 이 발언은 연설문 어디에도 기록되어 있지 않았으며, 20명의 기자가 현장에 있었음에도 불구하고 신문 보도에 나오지 않았다. 이 미스터리는 오랫동안 풀리지 않았지만, 디지털화된 신문 기록에서 답을 찾을 수 있었다.

사회주의 신문들의 암스테르담 정기 특파원이 카이퍼의 기도문에서 나온 이 문구를 기록한 것으로 밝혀졌다. 특파원은 기도라는 사실을 명시했으나 반복된 인용은 새로운 현실을 만들어 냈다. 그 이후로, 사회주의자들은 카이퍼의 절규를 마치 주문처럼 사용하였고, 반혁명당은 사회적 결단력이 부족하다고 비판할 때마다 언급했다. 카이퍼가 총리직을 맡게 되자, 이 발언은 여러 방향에서 비판의 도구로 활용되었다.

1919년에 두 번째 사회 대회가 열렸는데, 카이퍼는 더는 그 대회에 참석하지 않았다. 첫 번째 대회 100주년을 기념하여 기독교전국노동조합(CNV: Christelijk Nationaal Vakverbond)은 이 전통을 다시 이어 갔고, 2000년 이후에는 매년 기독교 사회 대회(Christelijk-Sociaal Congres)가 개최되고 있다.

국가산업궁전

　제3막은 그로부터 6년 후, 1897년 4월에 펼쳐졌다. 이번에 참석한 청중은 5천 명이었는데, 실제로는 그 두 배에 달하는 입장권이 순식간에 팔려나갔다. 불행히도, 국가산업궁전의 메인 홀에는 더이상 의자가 없었다. 따라서 엄격한 배분이 필요했다. 오직 「드 스탄다르드」 구독자만 입장할 수 있었고, 다른 사람들은 오후 리셉션에 참여할 수 있었다. 오후 4시 30분부터 남녀노소를 불문하고 긴 줄이 늘어섰고, 5시 30분이 되자 문이 열렸다.

　1897년 4월 1일 목요일 저녁, 「드 스탄다르드」의 창립 25주년을 기념하여 몇 차례의 연설이 진행되었다. 하지만 그중 주목을 받은 것은 오직 하나였다. 카이퍼가 1872년에 이 신문을 창간했을 때, 그는 5,000명의 구독자를 목표로 했지만, 수십 년 동안 이 숫자에 도달하지 못했었다. 하지만 이제 그의 앞에는 수많은 사람들이 앉아 있었다. 그의 독자들은 전국 각지에서

국가산업궁전은 1864년 암스테르담의 '크리스탈 궁전'으로 개관했으나 1929년에 화재로 소실되었다. (프레드릭스 광장에서 찍은 사진)

　　　　　　　　　　　　　　아브라함 카이퍼의 일곱 가지 삶

왔으며, 대부분의 사람들은 이 축제에서 그를 처음 보았다.

밖은 쌀쌀했으나 내부 분위기는 활기찼다. 이 자리에서는 그들이 자유 대학교를 시작할 때나 신문의 재정난이 심했던 초창기처럼 미래에 대한 걱정이 없었다. 그러는 동안 카이퍼는 이제 편집장일 뿐만 아니라 신문의 소유주이기도 했다. 물론, 이 신문이 결코 금광이 되지는 못했다. 발행 부수가 여전히 적었기 때문이었다. 광고 부서도 대형 신문들과, 특히 자유주의 신문들과는 경쟁할 수 없었다.

그의 연설은 이제 익숙한 청중 앞에서 하는 연설의 전형적인 틀을 따랐다. 두 요소로 구성되어 있었는데, 한편으로는 급속히 근대화되는 사회에서 신문의 중요성을 생생하게 전달하는 내용이었고, 다른 한편으로는 개인적인 고백이었지만 주제와 직접적으로 얽혀 있는 고백이었다. 연설 주제와 연설가는 하나였다.

이러한 요소는 카이퍼의 연설을 진정한 이벤트로 만들었다. 그는 청중들에게 자신의 내면을 들여다볼 기회를 허락했다. 그의 지지자들은 감동을 받았으며, 몇 시간 동안 그의 말 한마디 한마디에 몰입할 수 있었다. 그러나 그의 동료들은 이를 너무 연극적이라고 하면서 감정의 거래라고 비난했다. 카이퍼의 연설은 청중들에게 다양한 방식으로 들렸는데, 판 호헌도르프는 1885년 초에 이것을 증명했다. 카이퍼는 같은 연설로도 존경과 불신, 숭배와 비방을 동시에 받았다. 그의 남은 생애 동안에 같은 상황은 계속되었다.

국가산업궁전에서 그는 어린 시절부터 신문을 탐독했다고 밝혔다. 그는 처음에는 왕당파적 보수주의자로서 열렬한 반가톨릭주의자였으며, 토르베케에 대항하여 오란여 왕가를 지지했다. 이는 전형적인 네덜란드 소년의 모습이었다. 심지어 시골 목사 시절에도 그랬다. 1866년까지만 해도 그는 보수적인 헤이그 및 남홀란드 일간지 「다흐블랏」과 함께 반혁명주의자 뀌체니우스를 비판하면서 빌름 3세 왕을 열렬히 지지했다. 그러나 그의 회심은 모든 것을 바꾸어 놓았다. 그는 다시 배움의 길에 들어섰고, 한 걸음씩 자신의 새로운 목표를 발견해야 했다.

이 강연에서 카이퍼는 자신의 감정을 솔직히 드러냈다. 개인적인 고백이 가득 찬 이야기가 끝난 후에는 시적인 결말로 연설을 마무리했다. 처음 세 줄은 다 꼬스타의 시 "자유"의 울림을 떠올리게 했고, 이후 카이퍼 특유의 가사로 자신의 삶의 노래를 불렀다.

> 나에게는 열정 하나가 내 삶을 지배한다.
>
> > 하나의 더 높은 충동이 내 의지와 영혼을 이끈다.
>
> 나의 숨이 멈추더라도,
>
> > 나는 그 신성한 충동을 떠나지 않으리라.
>
> 그것은 하나님의 신성한 법을,
>
> > 가정과 교회에서, 학교와 국가에서,
>
> 세상의 반대에도 불구하고.
>
> > 국민을 위해 다시 세워야 한다.
>
> 그것은 주님의 법도를,
>
> > 말씀과 창조가 증언하는 그 법도를
>
> 사람들 속에 분명히 새겨 넣고,
>
> > 그 백성이 다시 하나님 앞에 엎드릴 때까지!

계속되는 박수갈채가 이어졌다고 기념 책자는 기록하고 있다. 그들의 지도자를 움직인 것은 더 높은 이상이었고, 5천 명의 서민들이 그것을 직접 목격했다.

아브라함 카이퍼의 일곱 가지 삶

콘세르트허바우에서의 빌더데이크(Bilderdijk)

1906년 10월 1일 월요일, 암스테르담에서 국가적인 빌더데이크 기념식이 이틀동안 진행되었다. 암스테르담 국립미술관에서 기념행사가 열렸고, 시립박물관(Stedelijk Museum)에서는 전시회가 열렸으며, 그 외 다양한 장소에서 여러 활동이 있었다. 하지만 이번 행사의 절정은 월요일 저녁 콘세르트허바우(Concertgebouw)에서 있었던 기념 연설이었다.

그해 여름, 네덜란드에서는 렘브란트(Rembrandt Harmenszoon van Rijn, 1606-1669) 탄생 400주년 기념행사도 열렸는데, 이는 네델란드 뿐만 아니라 국제적인 관심도 쏠린 행사였다. 그리고 10월에는 네덜란드 국민 시인, 빌더데이크의 탄생 150주년 기념행사가 이어졌다. 주로 가톨릭 부흥의 중심에 있던 폰델(Joost van den Vondel, 1587-1679)과는 달리, 빌더데이크는 개신교인으로서 전 국민의 시인이었다.

얼마간의 숙고 끝에, 빌더데이크 기념식 준비 위원회는 카이퍼에게 연설을 요청하기로 했다. 그해 5월, 카이퍼는 '국가의 자부심'을 묻는 설문 조사에서 네델란드에서 가장 인기 있는 인물로 선정되었다. 물론 빌헬미나 여왕 다음이지만, 화가 요제프 이스라엘스(Jozef Israëls)와 아체의 정복자 반 호이츠(Van Heutsz) 장군보다 앞섰다. 따라서 카이퍼라는 이름은 대중의 관심을 보장하는 것이었다. 더욱이 그는 항상 빌더데이크를 자신의 영웅으로 여기며, 네덜란드가 낳은 가장 위대한 깔뱅주의 예술가로 내세우곤 했었다. 문학 교수로서 그는 빌더데이크를 강의했으며 그에 대한 전문가이기도 했다.

9월 초, 축하 연설자의 이름이 발표되자, 프리슬란트에서도 표를 구하려는 열기가 뜨거웠다. 빌더데이크의 손자와 명예 위원회의 다른 위원들이 무대에 섰을 때, 홀은 청중들로 꽉 찬 상태였다. 연사가 계단을 올라와 좌우를 향해 고개를 끄덕이자 환호성이 터져 나왔다. 그는 두 시간 동안 연설을 했는데, 이따금 박수 갈채가 터져 나오곤 했다. 그야말로 카이퍼다운 명연설이었다.

그는 이전에도 콘세르트허바우 무대에서 강연한 적이 있었다. 1904년 5월, 그는 흐룬 판 프린스터러에 의해 설립된 전국기독학교협회 50주년 기념행사에서도 기독 교사들을 대상으로 연설을 했다. 당시 그는 낮은 봉급과 사회적 지위에도 기꺼이 헌신한 교사들의 희생정신을 칭찬했다. 또한 카이퍼는 예술에 대해서도 언급하며, 담 광장의 왕궁(Paleis op de Dam)과 암스테르담 국립미술관이 네덜란드 전통의 위대함을 보여준 반면, 1903년에 완공된 베를라허 증권 거래소(Beurs van Berlage)는 '예술적 빈곤의 전형'에 불과하다고 평가했다. 말할 필요도 없이, 그의 연설은 언제나 그랬듯 엄청난 열정의 폭발과 애국가 빌헬무스로 끝났다.

1906년의 이 기념행사에서 언론인 발비안 페르스터(Balbian Verster)는 그의 앞에 있는 다양한 청중들을 목격했다. 그 기념 연설은 주로 유복한 암스테르담 시민층을 위한 나들이 행사였지만, 또한 '입술을 매끈하게 면도하고 턱수염을 기른, 익숙한 칼뱅주의자 유형'도 그의 눈에 띄었다. 젊은이들, 학생들, 그리고 여성과 젊은 시인들도 카이퍼를 보러 왔다. 이들은 기념식이 끝난 후 열광적인 분위기를 주도했다.

물론 그 모임은 빌헬무스 합창으로 끝났지만, 그전에 연사는 기립 박수를 받으며 연단에서 내려왔다. 그는 여느 때와 같은 일반 출구를 통해 무대를 떠나지 않고 조용히 중앙 통로를 따라 천천히 걸어 나갔다. 이 행사는 카이퍼가 세계일주를 마치고 공개적으로 대중에게 복귀한 중요한 순간이었다. 만평가 알베르트 한은 이 행사에 죽은 시인이 기려지기보다는 살아 있는 카이퍼가 영광을 받는 모습을 보았다고 회상했다.

아브라함 카이퍼의 일곱 가지 삶

1880년대 문학운동가들

연사는 이미 일흔에 가까워지고 있었지만, 그의 목소리는 여전히 명료하게 들렸다. 그는 또한 할 말이 많았다. 연설문은 곧 풍부한 주석이 포함된 90쪽의 인쇄본으로 발간되어 서점에서 판매되었다. 그는 이미 8월에 자신의 휴양지 프랑스 보주(Vosges) 지방의 플롱비에르(Plombières)에서 이 원고를 썼기 때문에 출판사가 행사 당일에 연설문을 준비할 수 있었다.

빌더데이크는 분명히 국가적 인물이었고, 그의 중요성은 모든 정치적, 종교적 경계를 초월했다. 동시에, 빌더데이크의 '삶의 투쟁'은 또 다른 유명한 깔뱅주의자인 카이퍼의 투쟁과 비슷했다. 이 연설에서 카이퍼는 먼저 그의 시적 재능을 극찬했는데, 이 자리는 카이퍼가 문학 교수로서의 경력을 마무리하는 장이었다. 그는 아직 공식적으로는 은퇴하지 않았는데, 자유대학교는 1901년부터 제출한 그의 사직서를 보류하며 그의 복귀를 희망하고 있었다.

카이퍼는 콘세르트허바우(Concertgebouw)에서 '시(Poëzie)'라는 단어가 '창조'를 뜻하는 그리스어 '포이에시스(*poièsis*)'에서 유래했다고 설명하면서, 시야말로 최고의 예술이라고 역설했다. 시는 모든 예술 중에서 가장 비물질적인 형태이며, 단지 영혼과 채워진 펜만 있으면 되기 때문이라는 것이었다.

카이퍼는 1880년대 문학 운동에 속한 젊은 시인들(Tachtigers)을 겨냥했다. 특히 빌더데이크에 대해 다소 폄하하는 말을 했던 빌름 끌로스(Willem Kloos)와 알베르트 페르베이를 언급했다. 카이퍼는 연설 중 독창적이고 감각적인 방식으로 이들과 가상의 대화를 시도했다. "만약 그들이 '*빌더데이크는 시인이 아니다*'라고 말한다면, 나는 '*나같은 시인은 아니다*'를 덧붙이라고 대답하고 싶다. 그리고 내가 대답할 수 있다면, '*그리고 당신은 빌더데*

1906년 콘세르트허바우에서 열린 빌더데이크 연설
(요한 브라껀시끄의 「드 흐루너 암스테르담머」[De Groene Amsterdammer]의 만평)
알베르트 한의 눈에는 빌더데이크가 아니라 카이퍼가 더 영광을 받았다.

아브라함 카이퍼의 일곱 가지 삶

이크 같은 시인이 아니다. 그러면 화해가 이루어질 것이다'라고 할 것이다."

1880년대 문학운동인 80년대파의 시학적 이상, 곧 '지극히 개별적인 감정의 지극히 개별적인 표현'을 설명하면서, 카이퍼는 코닥을 비유로 들었다. 이는 한순간을 포착하는 순간의 정지(靜止), 곧 찰나의 영상과도 같은 것이었다. 카이퍼는 이들이 네덜란드 시의 부흥에 기여한 점은 인정했지만, 시의 진정한 의미를 간과했다고 지적했다.

이에 대해 끌로스와 페르베이는 각각 반응했다. 페르베이는 빌더데이크를 위대한 시인으로 볼 수 없다고 솔직하게 고백하며, "빌더데이크를 시인으로 기념하는 사람은 삶을 기념하는 것이 아니라 죽음을 기념하는 것이다"라고 말했다. 빌름 끌로스는 「드 니우브 힛즈」(De Nieuwe Gids 새로운 가이드)에서 '문학 평론가로서의 아브라함 카이퍼 박사에 대하여'라는 제목의 긴 논설을 출간했다. 끌로스는 빌더데이크 연설을 계기로 보다 더 넓은 주제에 대한 성찰을 이어갔다.

끌로스는 카이퍼가 성경 이야기들이 단지 시적인 신화라는 사실을 모른다는 것을 이해할 수 없다고 주장했다. 그는 카이퍼가 '잘 검증된 역사적 연구와 엄격한 인간의 사고를 거스르며 환상에 따라 움직였다'고 비판했다. 끌로스는 예수의 승천에 대해, "달팽이 속도로 올라간다면 수백만 년이 지나도 태양계를 벗어나지 못할 것"이라는 계산까지 하며 풍자했다.

이것은 단순히 유머였을까? 끌로스는 진지했다. 그는 다만 자신이 카이퍼의 어떤 글도 읽어 본 적이 없다고 고백하면서도 카이퍼의 문체가 자신을 놀라게 했다고 말했다. 그는 카이퍼의 문체는 뛰어나지만, 문학에 대해서는 문외한이라고 혹평했다.

Terar dum prosim(내가 유익하다면 불사르게 하소서)

비록 카이퍼가 1908년 말에 하원의원으로 복귀했지만, 그의 정치 경력은 사실상 대부분 끝난 상태였다. 새로운 세대의 반혁명주의자들이 그의 뒤를 이어받았다. 그가 예견했던 대로, 드 메이스터(De Meester)의 자유주의 내각(1905-1908)은 오래 가지 못했다. 새로운 내각을 구성하는 임무는 카이퍼가 아닌 반혁명당 지도자 테오 헤임스께르끄에게 주어졌다. 카이퍼는 자신이 직접 그 일을 마무리하지 못하게 된 것에 크게 실망했다. 1909년에 터진 훈장 스캔들은 그를 영구적으로 정치 무대에서 밀어냈다. 이 사건은 8장에서 더 자세히 다루겠다.

1907년 카이퍼의 70번째 생일은 하나의 중요한 이정표였다. 그날에 그는 훈장을 받지는 못했지만 많은 사람들이 엄청난 경의를 표했다. 헤이그 예술과 학문의 전당에서는 성대한 축하 행사가 준비되었다. 이날만큼은 평소와 달리, 카이퍼가 말하는 것보다 다른 강연자들이 더 많이 축하의 연설을 했다. 물론 카이퍼는 감사 인사를 준비해 놓았다. 그는 특히 많은 젊은이들과 청년 단체들이 참석한 것에 기뻐했다.

그날 저녁 드 뜨베 스테든(De Twee Steden) 호텔에서 축하 만찬이 열렸다. 물론 카이퍼는 열두 명의 사람이 축배와 축하 인사를 건네는 동안 각각의 인사에 답하는 연설을 했다. 그는 뜨거운 열정과 영감을 담아 연설을 이어갔으며, 마치 하루가 이제 막 시작된 것처럼 매우 강력한 에너지를 보여주었다. 그러나 이미 자정에 가까운 시각이었다. 『카이퍼 기념집』(*Kuyper-Gedenkboek*, 1907)에 "이 연설이 큰 박수갈채를 받은 것은 당연한 일이었다"고 기록되었다. 카이퍼는 그곳에 참석한 90명의 손님에게 그의 영혼을 엿볼 수 있게 해주었다. 손님 중 한 명이 그의 연설을 적었는데, 그 메모는 나중에 『카이퍼 박사 기념집』(*Dr. A. Kuyper Gedenkboek*, 1937)에 포

  아브라함 카이퍼의 일곱 가지 삶

함되었다.

그는 어렸을 때부터 자신만의 좌우명을 갖고 싶었다고 말했다. 그래서 그는 느슨하게 결합된 통나무판들로 이루어진 통그림을 그렸다. 그 밑에 '*Terar dum prosim*'이라는 모토를 적었다. 이는 라틴어로 '내가 유익하다면 불사르게 하소서'라는 의미였다. 카이퍼가 직접 설계한 이 상징물은 현재 사라졌지만, 그 메시지는 남아 있다. 식탁에 앉은 한 손님은 카이퍼의 설명을 이렇게 기록했다.

나는 목수가 어떻게 통을 만드는지 알고 있었다. 그는 느슨한 판자들을 한쪽 방향으로 구부리는 것이다. 그리고 그것들을 원형으로 배치한 후 안에 작은 불을 피운다. 불의 열기가 나무를 안쪽으로 구부리게 만들고, 판자들이 안으로 구부러지면 철제로 된 고리 안에 끼워 하나의 통으로 결합시킬 수 있다.

카이퍼(Kuyper)는 자신을 장인(kuiper)에 비유했고, 나무 판자는 '서민들'이었으며, 깔뱅주의는 그들 모두를 하나로 묶는 고리였고, 그 고리를 결합시키는 것은 바로 영혼의 불길이었으며 그는 이 불길을 계속해서 유지하고 싶어했다. 1880년 신교회에서 열린 자유대학교 개교식에서 '영역 주권'에 대한 연설을 하면서도 우연히 그는 같은 비유를 사용했다. 그러므로 그는 이미 그때 이 상징을 가지고 있었지만, 그것이 그가 자신의 삶의 업적을 묘사하고 있었다는 사실을 청중들은 전혀 눈치채지 못했을 것이다.

카이퍼는 항상 구체적인 이미지를 떠올리며 생각했다. 미국에서 그는 자신을 소개할 때 쿠퍼(Cooper, 통 제조업자)라고 했다. 이는 그 자신만의 별명이 아니라, 네덜란드 이민자들 사이에서도 일부 사람들은 자신들의 네덜란드 이름을 이런 식으로 번역한 것으로 밝혀졌다. 영어 단어 'cooper'는 사실 네덜란드어에서 파생되었으며, 자신의 성에서 이런 의미를 찾아낸 그의 풍부한 상상력을 엿볼 수 있는 대목이다.

위대한 아브라함

70대에 들어선 카이퍼의 일정은 한결 여유로워졌고, 마음의 짐도 가벼워졌다. 총리직에 오르며 교수직은 내려놓았지만, 매일 아침 자신이 가장 사랑하는 일인 글쓰기만큼은 거르지 않았다. 1908년 11월부터 4년간 하원의원으로 다시 활동하기도 했으나, 예전과 같은 압박감이 더이상 그를 괴롭히지는 않았다.

이런 여유 덕분에 카이퍼는 더 자주 초청을 받아들일 수 있었다. 약 5년 동안 그는 정기적으로 행사에 참석을 했고 그것은 규칙적인 패턴이 되었다. 하지만 그는 항상 신중하게 무대를 선택했고, 특별히 새로운 청중에 관심을 기울였다. 1900년경에 새로운 협회들이 설립되었고, 젊은 깔뱅주의자들이 그 선구자적인 역할을 했다. 그의 생애에서 처음으로 깔뱅주의자들이 조직된 모습으로 존재하게 되었으며, 이들 중 다수는 젊은이들이었고, 남성뿐만 아니라 여성들도 많았다. 그들의 세계에서 카이퍼는 아이콘이었으며, 사실 그는 그들을 깔뱅주의자로 변화시킨 사람이기도 했다.

그는 총리가 되기 전에는 거리에서 그를 알아보는 사람은 거의 없었다. 카이퍼는 체구가 작았고, 외모와 옷차림에서 눈에 띄지 않았다. 그럼에도 그가 '위대한 아브라함'으로 알려진 것은 다른 이유 때문이었다. 그는 펜과 목소리로 군중 속에서 눈에 띄었다. 그의 연설을 들은 수천 명의 사람들은 그를 진심으로 존경했고, 강단 위의 카이퍼는 많은 사람들의 상상 속에서 위대한 인물이었다. 그는 거의 언제나 연단에서 군중들의 따뜻한 찬사를 받았다. 70세가 되었을 때 그는 그 어느 때보다도 더 빛났다. 그는 생의 마지막까지 펜을 내려놓지 않고, 그의 성대도 거의 그때까지 버텨주었다.

아브라함 카이퍼의 일곱 가지 삶

그는 개혁주의 청년단(gereformeerde jongeren)의 명예 회원이 되면서 청년들과 더 가까워졌다. 당시 이 단체는 상류층과 마찬가지로 평일에도 집회를 열 수 있었는데 이는 당시 노동자들에게는 불가능한 일이었다. 1960년이 되어서야 노동조합들이 토요일 휴무를 통과시켰고, 카이퍼가 활동하던 시대에는 일요일 휴무에 대한 투쟁조차 여전히 진행중이었다.

1897년 5월 31일 토요일, 국가산업궁전에서의 행사가 있은 지 두 달 후, 개혁주의 청년단은 위트레흐트에서 연례 대회를 열었다. 네덜란드에서 가장 큰 홀 중 하나인 티볼리 콘서트홀에서 열린 대회에서 카이퍼는 오후 프로그램에서 강연을 했다. 그의 주제는 개혁주의 청년들이 받은 영국의 영향에 관한 것이었는데, 카이퍼는 네덜란드 깔뱅주의자들이 감리교도들의 사례를 본받았다고 말했다. 그는 입장할 때부터 박수갈채를 받았고, 그 후에 그들은 그를 명예 회원으로 추대했다.

1907년 1월, 델프트 공대는 여러 사람들에게 명예 박사 학위를 수여함으로써 대학교로 승격된 것을 기념하며 축하했다. 카이퍼는 이 행사에서 수상자들을 대신해 만찬에서 감사 연설을 했다. 그와 함께 수상한 인물들에는 엔지니어 꼬르넬리스 렐리(Cornelis Lely)와 건축가 삐에르 까위뻐스(Pierre Cuypers) 등이 있었다. 연설 후 그날 저녁, 그는 학생회의 초대를 받아 그곳에서 또 연설을 했고, 학생들의 '폭풍 같은 박수갈채'를 받았다.

70세 무렵의 카이퍼는 대중들에게 큰 인기가 있었지만, 특히 개혁주의 젊은이들 마음 속에 특별한 자리를 차지하고 있었다. 총리직과 세계 여행이 끝난 후 돌아온 카이퍼는 이들과의 관계를 이어갔고, 그것은 전통이 되어가고 있었다. 1908년 카이퍼는 승천일(Hemelvaartsdag)에 다시 그들의 대회에 참석했다. 그 대회는 주트펀(Zutphen)의 바위뜬소시에떼이뜨(Buitensociëteit)에서 개최되었는데 3천 명 이상의 호기심 많은 젊은이들로 가득 찼다. 주간지 「드 스피헐」의 한 사진기자가 딸 까토와 함께 마차를 타고 역으로 가

1908년 승천일, 주트펀(Zutphen)에 있는 바위뜬 소시에떼이뜨(Buitensociëteit) 극장으로 가는 길에 딸 까토와 함께 있는 카이퍼
(주간지 「드 스피헐」에 실린 사진)

는 카이퍼의 모습을 찍었다.

돌아오는 길에 그는 잠시 멈춰 서서 반혁명당의 베테랑인 아우드남프슨(G. J. M. Oudenampsen)과 인사를 나눴다. 같은 기사에 따르면, 그는 어느 곳에서나 박수갈채를 받았다. "주트펀의 거리를 따라 많은 군중이 그를 정중히 환영했다. 그는 역에 도착하자 그곳에서도 젊은이와 노인 모두의 열광이 일어났다. 그 열광은 전염성이 있었고 수백 명의 구경꾼들 마저도 동참했다."

명예회원이 무대에 등장했을 때 '홀을 가득 채운 감동'과 '터져 나온 폭풍 같은 박수'도 그에 못지 않았다. 하지만 연설 이후에 얼마나 많은 젊은이들이 그의 연설 내용을 기억할 수 있었는지는 의문이다.

인디언 섬머

이듬해에는 상황이 달랐다. 그 명예 회원은 이제 총리의 지위에 오른 몸으로 근거지 가까이에 머물렀다. 1909년 승천일, 제21회 전국대회를 위해 쿠어하우스(Kurhaus)가 임대되었다. 나중에 소책자로 출판된 보고서에 따르면, 약 6천 명의 젊은이들이 카이퍼가 도착했을 때 '박수와 환호의 폭풍'에 휩싸였다고 한다. 연사는 그들의 모습을 보는 것이 더없는 기쁨이라고

아브라함 카이퍼의 일곱 가지 삶

말했으며, 그날은 그야말로 성공적이었다.

사람들로 가득 찬 쿠어하우스에서도 그의 목소리는 모든 참석자들에게 닿는 데 충분했다. 그는 선물을 하나 가지고 왔는데 그것은 초상화였다. 그 초상화의 주인공은 은퇴한 노신사 디베츠(Henri Dibbetz)로 카이퍼가 암스테르담에서 활동을 시작할 초기에 그의 영적 아버지였다. 그는 한때 카이퍼에게 젊은이들이 다시 개혁주의 신앙을 가질 것이라고 예언한 적이 있었다. 그리고 오늘 그 예언이 실현된 것을 보며 카이퍼는 이것이 그 어떤 것과 비교할 수 없는 광경이라고 표현했다. 스코틀랜드와 스위스에서는 이와 같은 모습은 거의 찾아볼 수 없었고, 기껏해야 미국에서 이와 비슷한 청년 운동을 볼 수 있었다. 깔뱅 탄생 400주년을 맞아 그는 이 청년들을 특별한 선물로 여겼다.

기증된 초상화는 디베츠의 삶에 대한 특별출판물로 이어졌는데 부제는 '카이퍼 박사의 친구'였다. 연설이 끝나자 귀청이 터질듯한 환호가 이어졌다. 한편, 이날 카이퍼가 유일한 연사는 아니었고, 반혁명당 장관인 헤임스께르끄와 이든부르흐(Alexander Idenburg)가 그보다 먼저 연설을 했다. 헤이그 가까이에서 열린 행사였기에 젊은이들은 다양한 연설자를 선택할 수 있었다. 이제 카이퍼는 더이상 유일한 반혁명주의자가 아니었다. 새로운 신앙적 내각(confessioneel kabinet)이 들어섰고, 상황도 바뀌었다.

이러한 변화는 1912년 봄에 카이퍼가 했던 일련의 특별 연설의 주제이기도 했다. 그해 겨울 카이퍼는 쇠약하고 아팠다. 그의 75번째 생일을 하루 앞두고, 그의 건강에 대한 우려는 더 커졌다. 청력 저하와 목에 대한 두려움, 훈장 스캔들에 대한 굴욕적인 실망(그가 솔직하게 인정한 바이다.) 등은 그를 괴롭혔다. 하지만 봄이 되자 그는 다시 기력을 회복했고 이를 기념하기 위해 여러 차례의 공개 연설을 진행했다. 그의 가장 충성스러운 추종자들을 위해 레우바르든(Leeuwarden), 흐로닝언(Groningen) 및 로테르담에 있는 교회들이 임대되었다. 세 번의 저녁 동안 그는 설교단에 올랐다.

설교제목인 '종살이의 집에서 이끌어내어(Uit het diensthuis geleid)'는 그의 생애를 요약한 잠정적인 유언처럼 들렸다. 그는 지난 세기를 돌아보며, 그동안 개혁주의자들은 깊은 고난의 시간을 통과해 왔다고 말했다. 빌더데이크에서 흐룬 판 프린스터러에 이르기까지는, 소수의 사람들만 자신들의 목소리를 냈고, 사회적 지위는 고사하고 어떠한 운동도 없었다. 그 시절에는 모든 것이 자유주의적이었다. 특히 좋은 직업을 원하는 사람들에게는 더욱 그러했다. "비자유주의적인 것, 자유주의적인 수레에 의해 들어오지 않은 것은 문턱에 닿을 수조차 없었다."

그러나 모세가 이집트에서 노예 생활하던 이스라엘 백성들을 이끌고 약속의 땅으로 갔던 것처럼, 이제 새로운 미래가 밝아지고 있었다. 반혁명 선봉대가 이제 확고하게 자리를 잡았고, 연정은 하원에서 압도적 다수를 차지했으며, 테오 헤임스께르끄는 이미 3년째 총리직을 수행하고 있었다. 이제 그들은 새로운 방향으로 나아가야 했다. 반혁명주의자들은 이제 풍요로움과 영향력이 넘치는 미래를 준비해야 했다. 그러나 그것은 광야에서의 고된 여정만큼이나 큰 도전이었다.

카이퍼는 자신에 대해 이렇게 나누고 싶었다. 그는 평생동안 '모욕과 비난의 잔'을 받았지만 그것에 대해 감사한다. 이런 경험이 없었다면 다른 어떤 방법으로도 풍요로움에 대처하는 법을 배울 수 없었을 것이라고 말이다. 그는 자신의 여정이 인디언 섬머(Indian Summer)가 되기를 희망하며, 남은 힘을 계속해서 봉사하는 데 쓰겠다고 말했다. "나는 늙었지만 아직 끝난 것은 아니다"라고 그는 말했다.

1912년 10월 16일 수요일, 그는 로테르담 항구 근처의 드 반(De Baan)에 와서 아브라함 카이퍼학교(Dr. A. Kuyper School)의 초석을 놓았다. 그는 건설 현장에 임시로 마련된 연단에서 관계자들에게 연설을 했는데, 1천 장

　　　　　　　　　　　　아브라함 카이퍼의 일곱 가지 삶

의 티켓이 배부되었지만 충분하지 않았다. "현장 주변에서 집 창문 밖으로 호기심 많은 사람들이 몸을 내밀고 있었고, 심지어 지붕 위에서도 구경꾼들을 볼 수 있었다"고 기록되었다. 「드 스피헐」은 다시 한번 사진기자를 보냈는데, 그 사진들 중 하나가 이 장의 서두를 장식한 것이었다. 그 후 며칠 동안 카이퍼는 자신의 자화상을 그려 나가기 시작했다.

제4장

학자

1898년 10월 22일 토요일, 프린스턴의 나소 홀
정원에서 명예 박사 학위를 받은 카이퍼
(화려한 후드가 장식된 아름다운 검은 가운, 부분적으
로는 자주색, 부분적으로는 주황색.)

카이퍼의 『자화상』에 따르면, 그의 두 번째 공적 역할은 '그가 교회에서 한 일'에 관한 것이다. 여기에는 목회자, 교수, 장로, 교단 설립자 등 다양한 역할이 포함되었다. 교회는 그의 삶을 관통하는 실처럼 연결된 중심이었지만, 무엇보다도 그는 학자로서의 정체성이 강했다.

대중에게 더 잘 알려진 것은 돌레안치로 불리는 교회의 분열이었다. 1868년부터 그는 온 힘을 다해 국가개혁교회를 개혁하려고 노력했으나, 1886년에 긴장이 고조되자 카이퍼와 그의 추종자들은 교회에서 제명되었다. 교회에 대한 그의 접근 방식은 정치 못지않게 혁명적이었다.[1] 『자화상』에서 그는 이것을 정치에서와 마찬가지로 자유주의 엘리트에 대한 깔뱅주의 대중의 투쟁으로 묘사한다.

1892년에 그가 흩어져 있는 조각들을 하나로 붙여서 네덜란드 개혁교회를 설립하는 데 성공했다는 사실은 그의 조직적 재능과 설득력을 잘 보여준다. 더욱이, 그는 이 교회에서 어떤 지위도 추구하지 않았다. 그에게는 학문(wetenschap)이 더 매력적이었기에, 카이퍼는 교수로 남는 것을 선호했다.

1848년 미들부르흐(Middelburg)

카이퍼의 어린 시절에 대한 많은 이야기에는 한 가지 공통점이 있는데, 그것은 분명히 그의 특징이었다. 그는 나이가 들어서도 많은 사람들이 그를 교회적 인물로 여겼지만, 그는 단 10년 동안만 목회자로 활동했다. 오히려 그는 그 이전에도 그렇고 더 오랫동안 학자로 활동했다. 그 시작은 이미 그의 어린 시절로 거슬러 올라간다. 열 살에서 열한 살쯤의 이 소년 카이퍼에

---

1 최용준, "아브라함 카이퍼의 교회관", 「신앙과 학문」. 제17권 2호. (통권 51호) 2012년 6월, 229-254 참조. (역자 주)

대해 알려진 몇 가지 일화들이 있다. 그는 열 살 때 그가 태어난 마스슬라위스를 떠나 아버지가 개혁파 목사로 활동하던 미들부르흐[2]에서 살았다. 이곳에서의 몇 가지 이야기는 그의 후일 행보를 예고하는 듯하다.

1907년 70세 생일 즈음에 카이퍼는 몇몇 기자들과의 인터뷰에서 자신의 삶을 회고했다. 훗날 사회민주노동당(SDAP: De Sociaal-Democratische Arbeiderspartij) 의원이 된 「드 뗄레흐라프」의 기자 벤야민 끌레이르꼬뻐(Benjamin Kleerekoper)는 카이퍼가 직접 전하지 않았다면 우리가 다른 방법으로는 알 수 없는 세세한 내용들을 말했다. 그는 11살이 될 때까지 짧은 기간 미들부르흐에서 살았지만, 몇 가지 장면들이 그의 기억에 여전히 뚜렷하게 남았다고 한다.

그리고 나는 아직도 거기서 정통주의 설교자 하세브룩(Johannes Petrus Hasebroek, 1812-1896)을 처음 만났던 것을 기억한다. 그는 미들부르흐에 부름을 받은 사람이었다. 당시에는 엘리트와 일반 서민 사이에 치열한 갈등이 있었다. 이런 것들은 오랫동안 기억에 남는다. 또한 1948년에 새 헌법이 시청 발코니에서 공포된 장면도 나는 기억한다. 하지만 그때 나는 철부지 소년이었고 바다를 좋아했다. 나는 하루 종일 항구에 앉아 석탄 화물선 '스트레인저(Stranger)'호와 함께 바다로 나가고 싶은 열망이 간절했다. 나는 정말 해양 학교에 가고 싶었다.

카이퍼의 기억은 항상 장차 해야 할 사명과 연결되어 있었다. 그가 소년 시절에 배운 것은 남은 생애 동안 그를 사로잡았다. 개혁주의적 정통 신앙은 교회에서 그의 주제가 되었고, 헌법 개정은 그의 정치적 목표가 되었으며, 지배 엘리트에 대한 그의 투쟁은 말할 것도 없었다. 심지어 하루 종일 항

2　네덜란드 남서부 제이란트(Zeeland)주의 주도이다. (역자 주)

　　　　　아브라함 카이퍼의 일곱 가지 삶

구 주변을 어슬렁거리며 놀기 좋아했던 소년과 관련된 작은 이야기도 있다.

1906년 고향 마스슬라위스에서 행한 연설에서 그는 같은 기억을 회상했다. 학창 시절에 그는 학교를 다닌 다른 아이들과 마찬가지로 매일 9시부터 11시까지 홈스쿨링을 받았지만, 배와 항해 장비가 있는 곳에 머무는 것을 더 좋아했다.[3] "저녁에는 영국의 석탄 배의 선장과 함께 앉아 바다와 항해에 대해 이야기하는 것보다 더 좋은 일은 없었다. 나는 화물선 선장이 되어야 했고, 또 그렇게 되고 싶었다."

「미들부르흐 신문」(*Middelburgse Courant*)의 항구 데이터에 따르면 월튼(G. Walton) 선장이 이끌던 '스트레인저' 호는 정확히 이 시기에 왕복 운항했다. 이 영국의 화물선은 뉴캐슬(Newcastle) 근처의 타인강(River Tyne)에 있는 광산에서 석탄을 싣고 네덜란드의 페이르(Veere)를 거쳐 미들부르흐로 항해했다. 1848년 가을에 네 번, 1849년 5월부터 여섯 번, 1850년에는 한 번 더 운항한 후 무역 루트가 바뀐 것으로 보인다. 카이퍼 가족은 1849년 여름에 레이든으로 이사했다.

1848년 10월 10일 화요일, 스트레인저호는 뉴캐슬 옆, 쉴즈(Shields)에서 석탄 화물을 싣고 미들부르흐로 입항했는데, 그해 마지막 입항이었다. 그날 저녁, 열한 살 된 한 소년은 평생 간직할 감동적인 고백을 종이에 썼다.

1848년 10월 10일 10시 30분에 나는 잠자리에 들었다. 하지만 내가 저지른 잘못에 대한 불안감으로 잠을 이룰 수 없었다. 11시 15분경에 나는 회개하고, 악에서 떠나 선을 추구하기로 결심했다.

나: 아브라함 카이퍼, J. F. 아들, 미들부르흐. 1848년.

3 　지금도 카이퍼의 부친이 목회했던 마스슬라위스의 대교회(Grote Kerk)를 방문하면 그 안에 많은 배들의 모형이 전시되어 있음을 볼 수 있다. 당시 그 교회에는 선원들이 많이 출석하고 있었다. 어린 카이퍼도 이러한 분위기의 영향을 많이 받았을 것이다. (역자 주)

1906년 7월 26일 목요일, 마슬라위스의 카이퍼의 생가 앞에서. 그를 초대한 카이퍼학교의 새로운 이사회와 딸들인 항리에뜨와 요한나에 둘러싸여 있다. 참고로 이 방문 중 카이퍼는 학교의 가구와 시설의 질에 대해 이사회가 당황할 정도로 비판적이었다.

카이퍼가 나중에 자신의 종교적 배경에 대해 뭐라고 말하든, 회개에 대한 강조는 분명 그의 중요한 사상의 일부였다. 그의 신학에서 주요 개념이었던 중생(palingenesis)이나 거듭남(regeneratie) 또는 다시 태어남(wedergeboorte)은 이러한 어린 시절의 경험과 긴밀히 연결될 수 있다. 카이퍼는 그의 일생을 통해 많은 것들에 대해 회심했다.

1907년 인터뷰에서 그는 스트레인저호와 함께 바다로 나가는 것이 자신의 꿈이었다고 말했다. 미들부르흐에서도 그는 나중에 암스테르담에서 그랬던 것처럼 항구 바로 옆에 살았다. 구체적으로 말하자면, 그는 자신의 미래를 해양학교에서 찾고자 했다. 그의 남동생 헤르만은 훗날 실용적인 학교인 델프트 공과대학에서 공부했는데, 둘 다 아버지의 그늘에 서고 싶지 않았던 목사 아들들의 전형적인 모습이었을 것이다.

1906년 11월 전직 총리이자 세계 여행가인 그는 미들부르흐와 같은 항구 도시인 고향 마스슬라위스를 방문했을 때 연설을 했다. 그는 놀란 청중을 향해 육체 노동이야말로 자신이 매우 사랑하는 것이며 '그것은 위대하고 영광스러운 성품'을 형성한다고 말했다.

아브라함 카이퍼의 일곱 가지 삶

여기 마스슬라위스에서 저는 권하고 싶습니다. 여러분의 아이들을 바다로 내보
내십시오. 그들이 어부가 되게 하십시오. 마스슬라위스는 한때 위대한 도시였습
니다. 가정의 난로에서보다 여러 가지 요소들과 싸우면서 고결하고 위대한 성품
이 더 많이 길러질 것입니다. 이런 식으로 마스슬라위스는 높고 영광스러운 영혼
의 양성 학교가 될 수 있으며, 여러분들은 조상의 하나님에 대한 헌신과 충성심
으로 다시 위대해질 수 있습니다!

그러나 1849년에 그는 그의 아버지가 내린 결정으로 바다 대신 레이든
을 선택했다. 1907년의 같은 인터뷰에서 카이퍼는 그에게 두 가지 선택지
가 있었다고 말했다. 그의 아버지는 레이든에서 교회를 섬길 수 있지만, 카
이퍼가 바다로 가겠다고 한다면 미들부르흐에 머물겠다고 했다.

마스슬라위스에서 그가 한 연설에 따르면, 카이퍼의 세 여동생들이 레
이든으로 선택하는 데 영향을 미쳤다고 회고했다. 그녀들은 더 많은 세상을
보고 싶었고, 따라서 그를 설득하여 레이든을 선택하도록 했던 것이다.

격렬한 반가톨릭주의자

레이든으로의 이사는 김나지움 진학과 새로운 교육, 그리고 다른 미래를
의미했다. 카이퍼가 그곳에서 처음으로 학교 경험을 쌓았던 레이든 김나지
움은 이미 설립된 지 10년이 된 학교였다. 원래 라틴 학교였던 이 김나지움
은 여전히 주로 대학 진학을 목표로 삼고 있었지만 현대 언어, 수학 및 자연
과학에 이르기까지 다양한 과목을 다루었다.

회고록에서 카이퍼는 나중에 대법원 판사가 된 하인 끼스트(Hein Kist)와
경쟁하며 반에서 1등을 하기 위해 노력했다고 적었다. 현존하는 당시의 연
말 성적표들은 이러한 기억을 뒷받침해 주는데, 그는 특히 역사와 고전어에

뛰어났다. 1855년 9월 8일 토요일 졸업식이 열린 레이든 시청 강당에서 카이퍼는 '서고트족의 주교인 울필라와 그의 고트어 성서 번역에 대하여(Über Ulfila, Bischof der Visi-Gothen, und seine Gothische Bibelübersetzung)'라는 제목으로 독일어 연설을 했다. 이는 문학과 신학이 결합된 주제로, 훗날 그가 학문적 연구와 교수로서 다루었던 분야와 일치한다.

카이퍼가 김나지움을 다니던 시절에 일어난 1853년 4월 운동(Aprilbeweging)[4]에 그는 '마음과 영혼(de coeur et d'âme)'을 다해 참가했다. 이 운동은 보수적인 개신교 중심지였던 위트레흐트를 거점으로 한 전국적인 시위로 네덜란드의 몇몇 주교직 복원에 반대하는 것이었다. 토르베케는 이것을 개정된 헌법의 결과로 보고 이를 멈추지 않았다. 1907년 가톨릭 신문 「헷 센트룸」(Het Centrum)과의 인터뷰에서 그는 좀 더 자세한 내용을 설명했다.

> 4월 운동 당시에, 비록 나는 소년이었음에도 불구하고 얼마나 열정적으로 동참했는지 기억한다. 소책자가 나오지 않았지만, 나왔다면 용돈으로 샀을 것이다. 그리고 나는 토르베케의 몰락에 대해 함께 환호했다. 나는 그의 가톨릭적인 정책에 반대하는 폭풍에 휩싸여 있었다. 나는 그의 퇴진을 구원으로 느꼈다.

1897년 국가산업궁전에서 행한 「드 스탄다르드」 25주년 기념 연설에서, 카이퍼는 그의 추종자들과 같은 기억을 공유했다.

---

4 1853년 4월 운동은 교황 비오 9세(Pope Pius IX)에 의한 네덜란드의 주교 계층 복원에 반대하는 개신교와 보수주의 시위였다. 이 복원은 실제로 주교가 이끄는 5개 교구로 구성된 네덜란드 로마 가톨릭 교회 관구의 재건을 의미한다. 이 운동은 또한 교회와 국가의 분리와 종교의 자유를 이유로 로마 가톨릭 교회를 방해하지 않았던 토르베케 내각에 반대하는 목적도 있었다. (위키백과)

　　　　　　　　　　　　　　아브라함 카이퍼의 일곱 가지 삶

1853년, 토르베케가 몰락하던 해를 어제 일처럼 생생하게 기억합니다! 지금 여러분 앞에 서 있는 저는 당시 상상할 수 있는 가장 격렬한 반가톨릭주의자였으며 4월 운동은 저를 가장 격렬한 반토르베케주의자로 만들었습니다.

토르베케의 사임 소식이 레이든에 전해진 저녁, 카이퍼 학생은 계단을 뛰어내려가 아버지 방으로 달려 들어갔다. "아버지, 아버지, 토르베케가 물러났어요!" 그 시절, 그는 이미 '작은 정치인'으로서 당시 가장 인기 있는 신문이었던 「드 옵레흐트 할렘머」(*De Oprechte Haarlemmer*)를 읽었을 뿐만 아니라 「드 파컬」(*De Fakkel*: 횃불)과 같은 반가톨릭주의 소책자도 읽었는데, 이 책자는 보수적인 4월 운동으로 정점을 찍은 책으로 로마 가톨릭의 위협을 국가적 위험으로 묘사한 것이었다.

토르베케 시대에 벌어진 이런 정치적 소용돌이 덕분에, 그는 이미 어린 시절부터 신문에 중독되어 있었다고 그는 반혁명적인 청중에게 말했다.

> 그때 내 안에는 이미 저널리즘에 대한 열정이 너무나 강했기 때문에, 나는 (당시에는 내가 불순종적이었고 그것은 잘못이었다.) 신문을 손에 넣을 수만 있다면, 그것을 가지고 다락방으로 몰래 가서, 거기서 마치 어린 소년처럼 포장용 박스 위에 앉아 「드 옵레흐트 할렘머」를 읽곤 했다. 그러니 내가 대학에 오기 전에 이미 작은 *정치/인*이었던 것은 분명하다. (*큰 웃음*).

따라서 그는 어린 나이에 신학을 공부할 운명을 타고났을 뿐만 아니라, 일찍부터 정치에도 관심을 가졌다. 자신의 신문을 갖는 것의 중요성에 대한 그의 인식은 이 시기에 생겨났을 것이다. 베이스드에서 젊은 목사로 사역할 때도, 그는 보수적인 일간지 「다흐블랏」의 열렬한 독자였는데, 이 신문은 오란여 가문에 충성이 덜한 사람들에 맞서 빌름 3세를 강력히 옹호했다.

스승들

카이퍼가 깔뱅주의자로 전환하기에 앞서 10년 동안 그는 학생이자 초보 학자로 활동했다. 1855년 레이든 대학교에 입학한 그는 1857년 5월에 이미 문학과 철학 학사 학위를 받았다. 1년 후, 그는 고전 문학을 공부했는데, 모두 최우수상(*summa cum laude*)을 받았다.

나중에 그가 말하기를, 신학에 관한 한, 자신이 그 당시에 모더니스트(근대주의자)가 되었다고 했다. 다시 말해, 그는, 1904년에 총리로서 고등교육법에 대한 논쟁 중에 하원에서 말하곤 했던 것처럼, '가장 절대적인 지적 합리주의'의 신봉자였다. 학생 시절의 카이퍼는 모더니스트 신학자였다. 1873년에 쓴 자서전인 『확신』(*Confidentie*)에서도 자기의 대학 시절에 대해 회고하면서 몇 가지 전형적인 예를 들며 설명했다. 새로 임명된 라우벤호프(L. W. E. Rauwenhoff) 교수가 신약성경 강의 시간에 예수의 부활을 부인했다. 학생들은 그에게 우뢰와 같은 박수를 보냈고, 카이퍼도 동의했다고 한다. 1885년에 그는 드리스타 칼럼에서 그것을 언급했고, 독자들로부터 반응을 얻자 다시 한번 그것을 확인했다.

그는 조직신학자 스홀튼의 영향을 가장 많이 받았다. 그는 구약학자 꾸에는(A. Kuenen)과 함께 네덜란드 근대 신학의 창시자로 여겨졌다. 1871년 모더니즘이 신기루라고 비판한 소책자에서 카이퍼는 '나의 스승이자 친구'인 스홀튼이 학생이었던 그에게 미친 영향을 '전율적'이라고 불렀다. 한편 스홀튼은 비극적인 인물이었는데, 그의 합리주의는 이미 더 급진적인 입장에 의해 추월당했기 때문이다. 그로 인해 그가 평생을 바쳐 이룬 업적은 사실상 무의미한 것이 되었다. '스홀튼은 모더니즘에 의해 자신의 학문 영역에서 쫓겨났고' 그는 빈손으로 남았다.

비록 신학적으로는 완전히 반대되는 입장이었음에도 불구하고, 카이퍼

 아브라함 카이퍼의 일곱 가지 삶

는 항상 스홀튼을 그의 스승으로 존경했다. 그는 또한 깔뱅을 연구한 선구자였으며, 심지어 깔뱅주의라는 용어를 도입한 인물이었다. 카이퍼는 그의 스승에게 그 용어를 빚졌지만, 카이퍼가 이를 널리 알리지 않았다면 아무도 이 용어를 듣지 못했을 것이다.

카이퍼가 평생 동안 좋은 관계를 유지한 또 다른 스승은 문학 교수 드 프리스였는데, 그는 1864년부터 1998년까지 작업한 최고의 네덜란드어 사전(Het Woordenboek der Nederlandsche Taal)의 창시자이자 초대 편집자로 오늘날까지 여전히 유명한 교수이다. 그는 메노나이트 교도로서 스홀튼 못지 않은 자유주의자였지만, 그의 재능 있는 옛 제자 카이퍼를 높이 평가하여 개인적인 접촉을 소중히 여기며 지속했다. 카이퍼 역시 언어학과 문학 교수이기도 했기에 그들은 언어에 대한 애정을 공유했다. 그들이 남긴 수십 통의 편지에서 그들은 종종 언어 문제를 다루었다.

학생 시절 드 프리스는 카이퍼가 가장 좋아하는 교수이자 개인 멘토였다. "나는 그분에게 모든 것을 빚지고 있다"고 카이퍼는 약혼녀에게 편지를 썼는데, 그때 그는 그로부터 개인적으로 고트어 수업을 받고 있었다. 1892년 그가 세상을 떠나자, 카이퍼는 암스테르담 자유대학교에서 행한 총장 연설에서 그를 회고했다. 그는 충실한 친구를 잃었다며, 드 프리스야말로 그에게 학문과 연구에 대한 관심을 심어준 인물이라고 말했다.

그러나 카이퍼의 생애에 대한 드 프리스의 가장 중요한 공헌은 신학과 관련이 있다. 1859년 그는 카이퍼에게 흐로닝언 대학에서 주최하는 논문 경시대회에 참여해 보라고 권했다. 주제는 프랑스의 망명자 깔뱅과 폴란드의 망명자 아 라스코의 교회관을 비교하는 것이었다. 두 종교 개혁자의 교회론은 네덜란드 개혁 전통에 큰 영향을 미쳤으며, 흐로닝언 대학교 교수들은 암묵적으로 폴란드 출신인 아 라스코의 중요성이 더 크다는 결론이 나오길 기대했다. 깔뱅을 밀어내고 아 라스코를 찬양하려는 의도였다. 카이퍼는 그 기대에 부응했다. 수상 후에도, 그는 무려 10년 동안 아 라스코 연구와 그의 사료 출판에 전념했다. 그의 연구는 오랫동안 아 라스코에 관해 출판된 최고의 작품으로 평가받았다. 카이퍼 역시, 처음에 이 폴란드 개혁자에게 매료되었으며, 그가 남은 생애 동안 함께할 사람인 깔뱅을 이겼다.

유기체와 제도

이 논문 경시대회는 그의 학문적 경력 전체의 토대를 마련했다. 폴란드에서는 요하네스 아 라스코의 저작이 반종교 개혁 기간 동안 대부분 파괴되었다. 남은 것들은 영국에서 이탈리아에 이르기까지 이 망명자가 살았던 곳의 자료 보관소와 도서관에 흩어져 있었다. 카이퍼는 유럽의 가능한 모든 보관소와 연락을 취했고, 이를 위해 네덜란드 전역을 여행했는데, 이는 당시 막 개통된 철도 덕분에 가능했다.

가장 위대한 발견은, 그의 『확신』(1873)에서 그는 이것을 기적적인 돌파구로 표현했는데, 하를렘에서 이루어졌다. 드 프리스 교수의 연로한 아버지인 아브라함 드 프리스(Abraham de Vries)는 하를렘에 있는 그의 서재에서 아 라스코의 희귀한 전집 여섯 권을 발견했다. 그는 젊은 시절에 빌더데이크와 친구였고, 그 관계는 카이퍼에게도 매력적으로 다가왔다.

그가 라틴어로 쓴 논문(Commentatio)은 1860년 6월 흐로닝언 대학에서 금메달을 수상했다. 그는 유일한 참가자였기 때문만이 아니라 그 논문의 높은 수준 때문에 메달을 받을 자격이 있었다. 역사학자 야스퍼 프레이는 카이퍼의 교회 개념이 이미 새롭고 독창적이며, 그가 교회의 '유기적' 성격에 초점을 두었다고 평가했다. 그렇게 함으로써 카이퍼는 자신이 독일의 낭만주의 신학자 슐라이어마허의 제자임을 보여주었다. 그리고 동시에 깔뱅을 이 주제에 끌어들이려고 노력했다. 그는 이 두 가지의 사상을 조화시

  아브라함 카이퍼의 일곱 가지 삶

1886년 돌레안치 시기의 가족 사진. 앞줄 왼쪽에서 오른쪽으로: 항리에뜨(1870–1933), 까토(1876–1955), 요한나(1875–1948), 프레데릭(1866–1933). 뒷줄 왼쪽에서 오른쪽으로: 기(1878–1941), 헤르만(1864–1945), 빌리(1882–1892), 카이퍼, 요 카이퍼–스하이(1841–1899), 브람 주니어(1872–1941)

키려는 노력을 했는데 그렇게 할 수 있었던 공식은 교회가 하나의 유기체, 즉 따뜻한 둥지(슐라이어마허)인 동시에 하나의 제도(깔뱅)라는 것 때문이었다. 1870년 암스테르담에서 열린 그의 취임 설교 제목인 '뿌리가 박히고 터가 굳어져서[5]: 유기체와 제도로서의 교회(Geworteld en gegrond, de kerk als organisme en instituut)'는 이를 잘 보여준다. 그는 이후 이 개념에서 결코 벗어나지 않았다.

동시에, 1860년의 이 논문은 또한 카이퍼의 후기 다원주의 사상의 씨앗도 포함하고 있었다. 결국, 두 개혁자 모두 교회를 자신의 방식대로 정의한

---

5   이 제목은 카이퍼가 신약성경 에베소서 3장 17절에서 인용한 것이다. (역자 주)

이유가 있었으며, 카이퍼는 둘 다 존중할 수 있었지만, 이 시점에서는 폴란드 개혁가로부터 더 많은 영감을 받았다. 이러한 다원주의에 대한 인정은 훗날 공적 토론에 관한 카이퍼의 위대한 공헌을 의미하는 것이며, 여기서 이미 시작이 이루어진 셈이었다.

그 상은 그에게 더 많은 열망을 불러일으켰다. 그는 유럽 전역에 흩어져 있던 아 라스코의 저작을 출판하기로 결정했고, 두 권으로 된 비평적 판본은 실제로 1866년에 출간되어 새로운 학문적 이정표가 되었다. 그러는 동안 그는 신학을 전공하여 석사 학위를 취득했고, 1862년에는 이 논문을 발전시켜 박사 학위를 받았다. 두 번 모두 최우수 성적이었다.

카이퍼는 신진 학자로 명성을 얻었지만, 그의 마음속에는 다른 걱정거리가 있었다. 그는 몇 달 동안 과로에 시달렸는데, 그것은 그가 너무 많은 일을 맡고 있다는 첫 번째 신호였다. 그에게는 생계를 책임져야 한다는 압박감이 있었다. 그의 학문적 경력에는 많은 비용이 들었지만 그가 할 수 있는 무슨 다른 일이 있겠는가?

영국 소설

1858년 가을부터 카이퍼는 로테르담 상인 가문의 16세 딸인 요 스하이와 약혼한 상태였다. 그들의 활발한 서신 교환은 1987년 카이퍼의 해에 출판된 젊은 카이퍼 전기의 주요 출처가 되었다. 카이퍼 전문가인 조지 뿌칭거(George Puchinger)는 이 시기의 카이퍼를 낭만적이지만 특히나 요구가 많았던 학생으로 묘사했다. 그는 이미 건강을 해칠 정도로 열심히 공부하던 학생이었다. 카이퍼의 편지들은 너무나 잘 쓰여졌기 때문에 전기 저술가는 그것들을 의도적인 문체 연습으로 보았다. 카이퍼의 펜은 평생동안 그의 가장 강력한 무기였기 때문이다. 그가 이 시기에 영감을 받은 작품 중 하나는

 아브라함 카이퍼의 일곱 가지 삶

1860년 당시 베스트셀러인 물타툴리의 『막스 하플라』(*Max Havelaar*)였다. 카이퍼는 '문체가 너무 아름답다'고 썼고 그 해 성 니콜라우스 축일에 그는 이 책을 약혼녀의 부모에게 선물로 주었다.

그의 더 심오한 신앙적 회심은, 10년 후에 출간된 그의 저서 『확신』에서 자세히 설명했듯이, 그의 약혼녀가 선물한 소설 덕분이었다. 1863년 3월, 그는 네덜란드의 부흥운동(Réveil)[6]과 유사한 옥스퍼드 운동의 회원이었던 영국 작가 찰롯 메리 용(Charlotte Mary Yonge)이 쓴 『레드클리프의 상속인』(*The Heir of Redclyffe*)를 읽었다. 그녀의 가장 유명한 이 소설의 강조점은 신앙에 대한 개인적 경험이었다. 주인공 필립의 모든 자부심은 카이퍼 자신의 모습 같았고, 그 반대편인 가이의 모든 겸손함은 카이퍼가 배워야 할 점이었던 것이다. 이 소설은 카이퍼에게 깊은 감동을 주었다.

평생동안 그는 이 소설 한 권이 자신의 인생을 바꿨다는 사실을 부끄러워하지 않았다. 심지어 실제로도 그랬다. 이 소설의 등장인물 중 한 명은 카이퍼가 평생 입었던 옷과 같은 튀르키예식 가운을 입었고, 마찬가지로 그는 책과 신문에 둘러싸인 삶을 살았다. 카이퍼의 막내 여동생은 그들이 늦은 밤 그의 방에서 함께 이 소설을 읽으며 영어를 배웠던 기억을 떠올렸다.

그는 『확신』에서 네 페이지에 걸쳐 계속 이 소설에 대해 말했다. 놀랍게도, 이 소설이 그에게 끼친 가장 큰 영향은 그가 교회의 의미를 발견한 것이었다. 그것은 의외의 해석이었는데, 왜냐하면 교회는 전체 소설에서 작은 부분만을 차지하고 있었기 때문이다. 이것은 카이퍼 자신에 대해 많은 것을 보여준다. 카이퍼는 죽어가는 필립의 주변에서 이루어진 예식에서 '견고한 형태'를 발견했다고 말했다. 그는 이 소설을 다시 읽으며 교회의 역할에 특

---

6 유럽의 부흥운동(Réveil, 1815-1865년경)은 19세기 유럽 일부 지역에서 개혁주의 사상과 행동이 국제적으로 부활한 사건이었다. 네덜란드에서는 빌름 빌더데이크가 이 운동의 아버지였고 이삭 다 꼬스타와 흐룬 판 프린스터러는 그의 제자였다. (위키백과)

별한 관심을 기울였다. 그리고 그는 예식, 『성공회 기도서』, 마지막 성례에서 해답을 발견했다. 영혼이 그토록 필요로 하는 '견고함과 영원함'은 오직 교회 안에서만 찾을 수 있다는 것을 깨달았다. 이 소설은 그의 영혼에 충격이었을 뿐만 아니라, 교회에 대한 그의 관점을 완전히 바꾸는 전환점이 되었다.

카이퍼는 가정을 책임지기 위해 사역할 교회가 필요했다. 하지만 사역자리는 부족했고 지원자는 많았다. 카이퍼와 요는 1863년 7월에 결혼했는데, 1년간의 노력 끝에 카이퍼는 베이스드로 청빙되었다. 그곳은 상대적으로 외딴 마을이었고 대부분의 교통은 여전히 수로로 연결되었으며, 철도는 수십 년 후에 건설되었다. 그곳에서도 카이퍼는 계속해서 학문적 경력을 이어 나갔다.

그는 점차 역사가가 되어 갔다. 그는 아 라스코 연구를 위해 엠든(Emden)[7]을 두 번 방문했고, 동 프리슬란트의 자료 보관소를 샅샅이 뒤져 관련 자료를 찾았으며, 뤼테츠부르크(Lütetsburg) 성의 크니파우젠(Knyphausen) 백작을 방문하기도 했다. 그는 슬프게도 아우리히(Aurich)에서 혼자 25번째 생일을 보냈다. 그리고 이후에도 그런 생일이 더 많이 뒤따랐다.

절대적인 힘

1859년부터 1874년까지 15년간 카이퍼는 역사가로서 활발하게 활동했는데, 이것이 그의 첫 학문적 경력이었다. 당시 그는 목회자로 섬기던 베이스드에서 밤새도록 일하는 것으로 유명했다. 그의 하녀는 그가 새벽 4시까

---

7   최용준, "엠든(Emden)의 종교개혁과 변혁에 관한 역사적 고찰", 「신앙과 학문」 제22권 4호 (통권 73호), 2017년 12월 참조.

                                    아브라함 카이퍼의 일곱 가지 삶

지 계속 글을 썼다고 훗날 기억했다. 교회 회의 중에도 그는 계속해서 글을 쓰면서 여유롭게 회의를 이끌었는데, 사람들은 그를 '서기(de schriever)'라고 불렀다. 이처럼 여러 역할을 동시에 수행하는 모습은 평생 그를 상징하는 특징이 되었다. 카이퍼는 어떤 상황에서도 글을 쓸 수 있는 사람이었다.

1867년 여름, 그는 2장에 설명된 대로 런던의 자료 보관소에서 일하고 있었다. 이듬해에 그는 영국 파커 소사이어티(Parker Society)를 모델로 마르닉스 소사이어티(Marnix Society)를 설립하여 초기 종교 개혁가들의 저작을 편집하여 출판하고자 했다. 이 협회는 연구 자금을 마련하기 위해 이사회와 추천위원회를 구성했고, 이를 위해 반혁명주의자가 아닌 많은 저명한 인사들도 끌어들였다. 여기서도 카이퍼는 이미 유능한 조직가임을 보여주었지만, 역사가로서의 그의 경력은 그의 정치 활동이 우선시되면서 끝이 났다.

몇 권의 판본이 이미 출판되었으며, 가장 주목할 것은 카이퍼 자신이 편집한 런던의 난민 교회의 16세기 교회회의록이 있었다. 1882년에는 깔뱅의 제자이자 레이든 대학의 교수인 프란시스쿠스 유니우스(Franciscus Junius)의 작품을 출판하기도 했다. 그러나 그것은 나중에 레이든의 대안인 자유대학교의 설립 후에 이루어진 일련의 판본 시리즈의 출판을 알리는 것이었다.

그러는 동안, 시골 목회자로서 그는 큰 변화를 겪었다. 교회에 대한 그의 감성적인 선택은 1866년경에 개혁주의 신학에 대한 선택으로 이어졌다. 이 순간은 후에 그의 회심으로 묘사되었다. 유명한 이야기는 소박한 방앗간 주인 딸 삐쳐 발투스(Pietje Baltus)에 관한 것으로, 그녀는 카이퍼의 신앙이 너무 자유롭다는 이유로 심방을 거부했고 예배도 참석하지 않았다. 그러나 이 이야기는 1914년 그녀가 양로원에서 사망할 때까지 알려지지 않았고, 그 후 카이퍼는 「드 스탄다르드」의 드리스타 칼럼에서 그 이야기를 확인해 주었다.

그녀의 말이 옳았다. 카이퍼가 베이스드에 도착했을 때, 그는 정통 보수주의자였지만, 여전히 반쪽짜리 신학자였다. 그는 '강한 윤리주의자였기에 오히려 반깔뱅주의자'였다. 그러나 그녀의 태도에서 두드러진 특징은 '결단력(beslistheid)'이었다. 카이퍼는 삐쳐 발투스와 같은 평범한 사람들 속에서, 오랜 깔뱅주의 정신을 대표하는 불굴의 정신을 발견했다. 그녀는 그의 인생을 '반쪽에서 온전히' 바꾸어 놓았다. 그는 모든 반신반의하는 마음을 버리고 '절대적인 힘(de kracht van het absolute')'에 붙잡혔다.

1873년 그의 『확신』에서 그는 이미 베투브에 있는 농장 노동자들의 철저한 경건이 어디서 비롯되었는지 깨닫는 그 순간을 묘사했다. 교회가 아니라 가정 예배를 드리는 것을 선택한 그들의 결정에는 제네바 개혁자 깔뱅의 영향이 있었던 것이었다.

> 그 결과 무엇을 알게 되었는가? 결국, 그 시골 노동자들이 거친 베투브 방언으로 나에게 말했던 것은 바로 깔뱅이 그의 세련된 라틴어로 나에게 말했던 그대로였다. 깔뱅은 아무리 기형적이라 할지라도 그의 이름을 거의 들어본 적이 없는 순박한 농부들 속에 살아 있었고, 심지어 그가 죽은 지 수세기가 지난 후, 낯선 나라의 외딴 마을에서도 알아들을 수 있도록 가르쳤다. 그의 가르침은 평범한 노동자의 마음으로도 충분히 이해할 수 있는 것이었다.

이때부터 절대적인 힘은 그의 닻이 되었으며, 단지 교회와 개인적 경건함 이상의 의지처가 되었다. 카이퍼는 철저하고 결단력 있는 삐쳐 발투스 이전에 그에게 중요한 영향을 끼친 인물로는 지역 학교 교사였던 끼비츠(H. A. Kievits)를 언급했다. 공립학교 교장이기도 한 그는 예배당 관리인, 성가대원, 오르간 연주자로서 카이퍼에게 개혁주의 전통을 심어주었다. 결국 카이퍼는 교리적 의미에서 개혁되었고, 그는 스스로를 재창조해야만 했다.

카이퍼는 끼비츠를 포함한 몇몇 성도들과 함께 작은 독서 모임을 만들

 아브라함 카이퍼의 일곱 가지 삶

었다. 그 모임에서 이미 전국적으로 논란이 된 한 책을 다루었는데 1865년 10월 출간된 『피어슨 박사가 그의 마지막 교회에 보내는 편지』(*Dr. Pierson aan zijne laatste gemeente*)였다. 이것은 나중에 하이델베르크의 교수가 된 알라드 피어슨(Allard Pierson, 1831-1895)이 로테르담의 왈론 교회를 사임하면서 발표한 글이었다. 피어슨은 교회가 '인본주의의 이름으로' 존재할 권리가 더이상 없다고 보았기 때문에 그곳에서 목사직을 사임했다.

물론 카이퍼의 마음은 그의 마을에만 국한되지 않았다. 그는 그가 속한 부흥운동의 일원이었던 피어슨에게 큰 관심이 있었다. 처음에 카이퍼의 회심은 사실상 피어슨과 더 밀접한 관련이 있었고, 베이스드와는 거의 관련이 없었다. 하지만 그 이후로 단순한 베이스드 사람들은 그가 가장 좋아하는 이상적 거울이 되었다.

1865년 종교개혁 기념일이자 자신의 생일에 한 설교에서 카이퍼는 피어슨의 주제에 대해 언급했다. 그 후 매주일 설교에서 그는 계속 이 주제를 다루었다. 교회는 이제 끝났고, 인간의 이상은 이제부터 사회 자체에서 실현되어야 한다는 피어슨의 주장은 카이퍼의 내면에 큰 반응을 불러일으켰다. 그는 단번에 근대 신학은 이미 지나갔다는 것을 깨달았다. 그것을 넘어선 새로운 도전이 다가오고 있었다. 그는 절대적인 힘이야 말로 새로운 도전에 맞설 수 있는 유일한 해답임을 확신했다.

알라드 피어슨(Allard Pierson)

피어슨은 그 후 몇년 동안 카이퍼의 관심을 끌었다. 그는 교회를 떠난 최초의 근대주의 목사가 아니었다. 특히 1862년에는 콘라드 부스켄 휘트(Conrad Busken Huet)가 그보다 앞섰고, 페르디난트 도멜라 니우븐하위스가 그 뒤를 이었다. 그러나 카이퍼에게 있어서 피어슨은 차원이 달랐다. 그는 지적뿐만 아니라 실존적으로도 카이퍼에게 도전을 주었다. 피어슨이야말로 카이퍼가 개혁주의 교리로 회심하는데 가장 큰 동력을 준 것이라고 보는 것은 과장이 아니다. 피어슨이 인문주의의 이상을 보았다면, 카이퍼는 다른 전망을 선택했다.

피어슨은 철학적 의미에서 근대성의 화신이었고, 카이퍼는 다른 가능성을 보았다. 그러나 이를 위해서는 행동이 필요했다. 개혁주의 전통이 단순히 지하에 숨어 살아남았던 대중적인 경건을 넘어 다시 불꽃을 피우려면, 해야 할 일이 많았다. 시골 목사였던 그는 몇 년 안에 암스테르담에서 가장 잘 알려진 '추진자'가 되었고, 그의 지평은 국내적으로, 심지어 국제적으로도 넓어졌다. 베이스드에서 승리가 시작 되었지만, 수도에 기반이 없다면 전투는 곧 끝나게 될 것이었다.

당분간 그는 피어슨의 전개를 면밀히 따랐는데, 부분적으로는 그것이 그에게 깊은 감동을 주었기 때문이고, 동시에 자신의 대답으로 그것에 대응하기 위해서였다. 이러한 두 가지 면에서 피어슨은 이 시기에 카이퍼의 중요한 본보기였다. 피어슨의 독립성은 그에게 신선한 충격이었다.

1869년, 피어슨은 소책자 『정치 영역에서의 자유당』을 통해 비교파적 교육을 규정한 기존 학교법을 강하게 비판했다. 그는 자유당이 국민 대다수가 혐오하는 종교적 견해를 퍼뜨렸으며 이것은 '폭정'이라고 주장했다. 그는 공립학

1889년 화가 얀 페트(Jan Veth)가 그린 알라드 피어슨의 초상화를 위한 예비 스케치

     아브라함 카이퍼의 일곱 가지 삶

교는 중립적이라는 자유당의 주장은 단순한 허구에 불과하며, 그것은 '근대 주의 종파 학교'라고 비난했다. 카이퍼는 이에 열광했다. 드디어 자유당의 편협함을 비난하는 믿을 만한 목소리가 나온 것이다. 이후 학교투쟁에서 카이퍼는 공립학교를 피어슨의 표현을 인용하여 '근대주의 종파 학교'라고 불렀다.

카이퍼는 자유주의 저널인 「드 힛즈」에 실린 기사에 더욱 기뻐했다. 카이퍼 자신은 네덜란드 문학 협회의 회원임에도 불구하고 이 저널에 글을 싣지 못했다. 카이퍼에게 피어슨은 '철학적 발전의 전환점'이었다. 그는 유물론을 비판하면서, 그가 카이퍼와 공유한 핵심 단어인 양심이 결정적이라고 주장했다.

그해 여름, 카이퍼는 이에 대해 「잘못된 조개껍질 속의 진주」(*Een perel in verkeerde schelp*)라는 논문을 썼다. 피어슨이 주장한 '도덕적 세계 질서'(진주)는 그의 경험적 방법론(조개껍데기)과 상충된다는 것이었다. 하지만 피어슨의 논문은 근대주의의 종말을 의미했다.

> 양심, 정신적 인격, 세계의 도덕적 질서를 철학의 기초로 대담하게 상정하는 것은, 만일 그가 생각하는 인류의 양심을 붙잡는다면, 그 결과가 엄청날 수 있는 용기 있는 행동이다.

피어슨은 단지 감정적인 공감을 넘어 카이퍼에게 깊은 인상을 남겼다. 이것은 카이퍼가 모더니즘을 거부한 동기가 되었다. 피어슨이 주장한 것은 카이퍼 자신의 탐구 여정과 같았지만, 그는 이것을 개혁주의 전통의 관점에서 해석하려고 노력했다. 그 출발점은 새롭게 인문주의자로 자리잡은 피어슨이나 개혁파로 돌아온 카이퍼나 동일했다. 이에 카이퍼는 크게 고무되었다.

그러는 동안, 그들 사이에 개인적인 접촉도 있었다. 스위스로 가는 길에 카이퍼는 1871년 4월 30일 일요일 하이델베르크에서 피어슨을 만났다. 그것이 그들의 첫 만남이었다. 카이퍼는 집에 머물렀던 요에게 보낸 편지에서, 피어슨은 그를 일관된 사상가로 바라보았으며, 서로의 의견 차이에도 불구하고 '미지근한 라오디게아 사람들'[8]에 대한 반감을 그와 공유했다고 전했다. 피어슨의 편지에 따르면, 그들은 또한 '신기루'의 어원에 대해 논의했는데, 카이퍼는 이것을 모더니즘에 대한 강의에서 사용했다.

훗날, 카이퍼는 피어슨에 대해 더 많은 사실을 밝혀냈다. 1893년 그가 자유주의자들보다 급진주의자들을 선호한다는 사설에서 피어슨에 대해 언급했다. 흐룬 판 프린스터러조차도 그에게서 국가의 지나친 개입으로부터 양심을 보호하고자 하는 새로운 종류의 자유주의의 대표자로서 무언가를 보았다. 흐룬의 승인을 얻어 카이퍼는 1871년에 한 걸음 더 나아가, 하이델베르크에 있는 피어슨에게 연락해 반혁명주의자들의 지지를 얻어 하원의원에 출마할 의향이 있는지 타진했다.

이 글은 1893년 2월 24일 금요일 「드 스탄다르드」의 1면에 실렸다. 이 기간 동안, 카이퍼는 당시 암스테르담에서 교수로 재직 중이던 피어슨과 여전히 연락을 유지했다. 따라서 이것이 사실임은 의심의 여지가 없었고, 그렇지 않았다면 피어슨의 반박이 불가피했을 것이다. 카이퍼가 흐룬의 전폭적인 지지를 얻어 인문주의자 피어슨을 하원의원 후보로 내세웠다는 사실은 그들이 당시에 이루고자 했던 급진적 변화의 필요성이 얼마나 컸는지를 말해준다. 자유당의 압도적인 세력에 맞서기 위해 피어슨과 같은 친구의 지원은 큰 힘이 되었던 것이다.

---

8   요한계시록 3:14-22 참조. (역자 주)

    아브라함 카이퍼의 일곱 가지 삶

알바(Alva)의 폭정

반대로, 알라드 피어슨도 카이퍼에 대한 기대를 가지고 있었다. 1874년 1월 카이퍼가 하원의원으로 선출되었을 때, 그는 자유주의 신문「헷 파더란트」에 그의 기쁨을 표현하면서 대규모 인구 집단이 더이상 배제되지 않게 되었다고 평가했다. 카이퍼가 새로 설립된 자유대학교의 교수직을 맡으면서 그들의 관계는 새로운 국면에 접어들기 시작했다.

1880년, 피어슨은「알허메인 한덜스블랏」에서 카이퍼의 개교 연설 '영역 주권'에 대해 논했는데, 그 기사는 신문 전면에 실렸다. 피어슨은 카이퍼가 자신의 아이디어를 '성경과 깔뱅의 가르침'에 검토해 보았어야 한다고 주장했다. 그런 다음 그가 직접 이를 실행에 옮기자 그 결과는 카이퍼의 주장과는 매우 달랐다. 그는 카이퍼가 "평범한 합리주의자로서, 오직 변증법만 의존해 주장을 내세운다"고 비판했다. 피어슨의 주된 논제는 항상 동일했다. 반복되는 주제는 정치는 국민의 일이며, 종교가 관여할 필요가 없다는 것이었다.

언제나 그랬듯이 피어슨의 비판은 카이퍼에게 영향을 주었다. 카이퍼는 주간지「드 헤라우트」의 세차례 연속된 기사에서 그의 비판을 반박했다. 그는 삶이 다원적이라는 것을 알기 위해서 특별한 계시가 필요하지 않다고 반박했다. "해와 달 그리고 별이 있다는 것을 알기 위해 나는 성경 본문에 의지하지 않으며, 마찬가지로 삶이 단순한지 다양한지를 알기 위해 나는 잠언을 읽지 않고, 내 창문을 통해 인생을 본다." 창밖을 내다보는 것만으로도 인생을 알 수 있다는 것이 전형적인 카이퍼의 대답이었다.

요점은 물론 카이퍼가 자신의 신깔뱅주의가 깔뱅의 가르침을 문자 그대로 받아들이지 않고 현재적 상황에 맞게 사건들을 재해석했다는 것이다. 역설적이게도 카이퍼와 피어슨은 깔뱅에 대한 공통된 관심에 있었기에 그들의 관계는 독특했다. 1988년 암스테르담 자유대학교에서 열린 카이퍼 강연에서, 역사학자 하이코 오버만(Heiko Oberman)은 두사람이 각자의 연구에서 서로에게 눈에 띄게 영향을 미쳤다고 언급했다. 카이퍼 또한 피어슨이 깔뱅의 명예 회복에 부분적으로 기여했다고 보았다.

피어슨의 『요하네스 깔뱅에 대한 연구』(*Studiën over Johannes Kalvijn*)에서 피어슨은 깔뱅을 역사적 유물로 생각했다. "그에게 깔뱅주의는 방부 처리된 미라가 되었지만, 우리는 그에게 깔뱅주의가 여전히 살아 있다는 것을 보여주고 싶다"고 카이퍼는 주장했다. 그럼에도 카이퍼는 피어슨의 편견 없는 견해를 높이 평가했다. 카이퍼는 또한 자신의 출판물을 피어슨에게 보내 주었다. 1891년 피어슨이 엽서로 카이퍼의 『깔뱅주의와 개정』(*Calvinisme en Revisie*)에 대해 감사를 표하면서 기도에 관한 한 구절을 '단순하면서도 숭고하다'고 평가했을 때, 카이퍼는 그 엽서를 손에 들고 계단을 내려와 가족에게 보여주었다. 그는 그일로 '아이처럼 행복해했다'고 그의 딸 항리에뜨는 나중에 회고했다.

자유대학교에서 카이퍼의 교수직은 20년 이상 지속되었고 1901년 총리직을 맡으면서 끝났다. 두 신문의 편집장직과 교수직을 병행하며 오전에는 신문 편집, 오후와 토요일에는 교수직을 수행했다. 이 시기는 카이퍼에게 매우 행복한 기간이었다.

암스테르담에서 그의 교수직은 레이든의 개혁주의 신학자들에게는 주어지지 않은 역할을 가능하게 했다. 만약 로만이 그에게 의회에 들어가도록 압박하지 않았더라면(카이퍼 자신은 정치적 책임을 지지 않으면서, 「드 스탄다르드」가 반혁명파 장관들과 의원들을 맹렬히 공격하는 상황을 그는 더는 견딜 수 없었기 때문이다.), 그랬더라면 카이퍼는 교수로 남아 더 많은 이론적 저술을 완성할 수 있었을 것이다. 그러나 1894년 이후로는 그것이 더이상 가능하지 않았다.

그러나 그때까지 그는 적어도 세 가지 학문 분야를 담당하는 교수였다.

　아브라함 카이퍼의 일곱 가지 삶

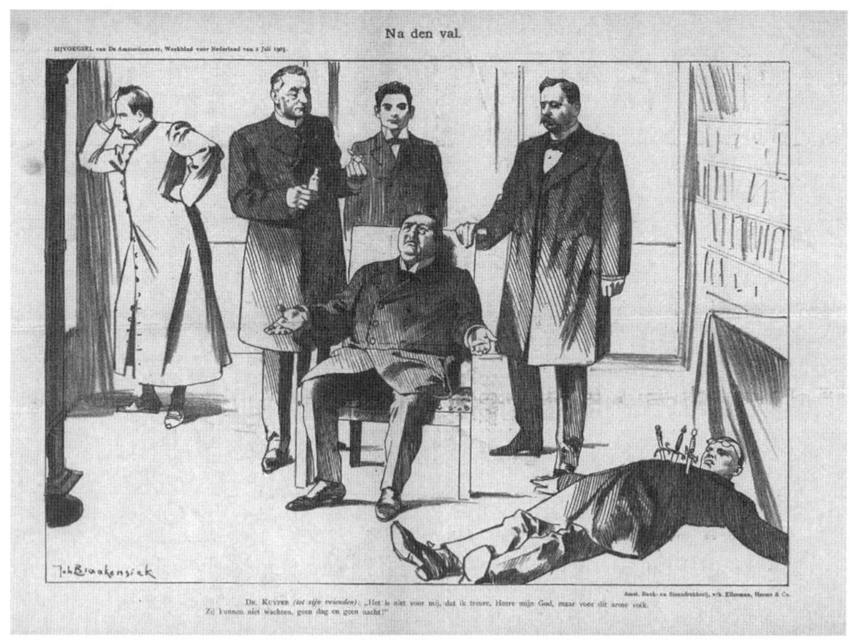

1905년 카이퍼 정부가 무너졌을 때, 사보르닌 로만은 카이퍼에게 힘을 실어주었다. 반혁명당 지도자 탈마(Talma)와 수염을 기른 헤임스께르끄가 바라보고 있고, 가톨릭 지도자 놀런스(Nolens)는 단검에 찔려 바닥에 쓰러져 있다.

카이퍼는 신학에 대해 '신적 학문(godgeleerdheid)'이라는 용어을 고집했다(그는 신학[theologie]이라는 용어가 라틴어에 속하지 않는 그리스의 야만적인 용어로 간주했다.). 2018년에야 자유대 교수진이 이 이름(godgeleerdheid)을 폐지하고 일반적으로 받아들여지는 이름(theologie)으로 대체했다. 그는 또한 철학과 문학을 가르쳤는데, 당시에 문학은 언어학과 문학을 통칭하는 용어였다.

1987년 카이퍼 탄생 150주년 기념 연구에서, 자유대학교의 도서관 사서였던 요한 스텔링베르프(Johan Stellingwerff)는 카이퍼가 학문을 어떻게 보았는지 설명했다. 카이퍼는 개혁주의 원칙들에 기초하여 모든 현실을 새롭게 재구성해야 한다고 믿었는데, 그것은 엄청난 과업이었다. 그 자신은 동료들보다 다소 더 많은 몫을 차지했지만, 교수로서 그는 레이든에서 배운 세 가지 학문을 교수로서 계속 이어갔다. 카이퍼는 자유대학교가 알바의 폭정에 대항하여 빌름 1세에 의해 자유 깔뱅주의 학문의 보루로 설립된 레이든 대학교의 연장선에 있다고 보았다.

세 가지 신앙고백서

카이퍼는 역사적 유사점을 찾아내는데 능숙했다. 1580년 스페인 왕의 이름으로 자행된 전제정치는 1880년 당시 대학에서의 자유주의적 지배와 평행을 이루었다. 그 해에 시작된 '자유' 대학은 교회와 국가로부터 독립되어 있었기 때문에 기존의 주립 대학들보다 더 자유로웠다. 벨기에 독립 직후, 브뤼셀-미디에도 1834년에 이미 자유대학교(Université Libre)[9]가 있었는데, 카이퍼는 산책길에 이곳을 방문했었다. 그는 그 이름의 아이러니를 확실히 알고 있었다. 브뤼셀에서 이 대학은 프리메이슨(vrijmetselaars)에 의해 주로 가톨릭인 다른 세 개의 벨기에 대학에 대한 대안으로 설립되었기에 그런 의미의 자유대학교였다.

자유는 진정한 자유이어야 한다는 점에 대해 카이퍼도 동의했다. 모든 대학은 근본적으로 교회와 국가로부터 자유로워야 했다. 1877년 암스테르담 시가 *아테네움 일루스트르(Athenaeum Illustre)*를 암스테르담 시립 대학으로 개편한 것조차도 카이퍼는 받아들일 수 없었다. 지방자치단체의 통제 하에서는 역시 자유로운 학문을 만들어 낼 수 없다고 그는 생각했다. 이 시립대 교수직에 그의 이름이 거론되었지만, 그는 분노하면서 그 제안을 거절하였다. 학문은 정치적이든 교회적이든 모든 영향에서 완전히 독립되고 자

---

9   브뤼셀 자유대학교(ULB: Université libre de Bruxelles)은 벨기에 브뤼셀에 있는 프랑스어 연구 대학으로 1834년 변호사이자 자유주의 정치가인 피에르 테오도르 베르헤겐(Pierre-Théodore Verhaegen)이 설립했다. (위키백과)

       아브라함 카이퍼의 일곱 가지 삶

유로워야 한다고 그는 주장했다. 게다가 그는 시립 대학이 결코 이룰 수 없
는 자신만의 목표를 염두에 두고 있었다.

1883년은 종교 개혁 400주년이라는 또 하나의 역사적인 해였다. 적어도
루터의 탄생 연도를 종교 개혁의 출발점으로 기념하고 싶었던 사람들에게
는 그랬다. 이것은 유럽의 절반에 해당하는 것으로 나타났으며, 개신교 강
대국인 영국과 독일이 주도했다. 2장에서 언급한 바와 같이 카이퍼는 베를
린의 궁정 설교자인 아돌프 슈퇴커와 함께 런던에서 열린 루터 기념식에 참
석해달라는 요청을 받았다. 네덜란드에서도 수많은 집회가 있었다. 1883년
당시 루터는 유럽의 위대한 종교 개혁자로 여겨졌으며, 독일에서는 국가의
아버지이기도 하였다.

카이퍼 자신의 기여는 소책자였다. 『교회의 개혁에 관한 논고』(*Tractaat
van de Reformatie der Kerken*)를 통해 그는 1872년에 덴 브리엘(Den Briel)의
해적들(geuzen)[10]을 언급하는 방식으로 루터를 회상했다. 카이퍼가 늘 그랬
듯이, 개혁의 필요성만큼이나 긴급성도 높았다. 당시 개혁주의 교단은 극심
한 곤경에 처해 있었고 더이상 계속될 수는 없었다. 그는 다시금 앞으로 나
아갔다. 같은 해에 그는 네덜란드 깔뱅주의 역사에서 중요한 세 가지 역사
적 문서들을 출판했다.

그것 또한 전형적인 카이퍼의 해결책이었다. 그는 『벨직 신앙고백서』
(*Confessio Belgica*, 1561), 『하이델베르크 교리문답』(*Heidelbergse catechismus*,
1563), 그리고 1619년 돌트 총회(Synode van Dordrecht)에서 채택된 『돌트

---

10 헤위즌(Geuzen)은 1566년부터 스페인의 네덜란드 지배를 반대한 깔뱅파 네덜란드 귀족
    들의 연맹에서 사용한 이름으로 독립운동가들을 지칭했다. 그들은 주로 바다에서 활동하
    여 '바다의 해적들(Watergeuzen)'로 불렸다. 네덜란드 독립 전쟁 당시 157년 이들에 의한
    덴 브리엘 공방전은 독립된 네덜란드 공화국을 설립하려는 첫 발판을 마련하였다. (위키백
    과)

신경』(*Dordtse Leerregels*)을 다시 발굴함으로 당시 사회를 자극할 강력한 도구를 만들어 냈다. 이 세 문서는 이후 '일치의 세 신앙고백서(drie formulieren van enigheid)'로 불리게 되었으며, 이는 오히려 심각한 분열을 초래했다. 이 신앙고백서들을 전심으로 고백하는 사람들은 개혁주의자들이었고, 머뭇거리는 사람들은 단지 국가교회에서 모호하게 정의된 개신교도들로 분류되었다. 카이퍼는 이보다 더 나은 십볼렛(판단 기준)을 생각할 수 없었다. 이 세 문서는 절대적인 경계선이 되었다. 그것들은 개혁주의 원칙들 그 자체였고, 타협은 더이상 가능하지 않았다.

찬성하느냐 반대하느냐, 개혁주의 원칙은 모든 것을 벼랑 끝으로 몰아넣었다. 따라서 루터의 해는 돌레안치로 가는 디딤돌이 되었다. 물론 더 많은 동기들도 작용했다. 그중 하나는 간단했다. 자유대학교를 졸업하는 첫 번째 신학생들을 위한 일자리가 없을 위험이 있다는 것이었다. 어쨌든, 그들의 교육은 국가개혁교회에서 인정받지 못했으며, 이 교회는 다른 국립 대학에서 교육받은 목사들만 받아들였다. 1885년경, 최초의 자유대 졸업생들은 목사의 지위를 얻지 못한 채 학업을 마칠 위험에 처해 있었다.

돌레안치(Doleantie)

자유대학교 졸업생 중 첫 번째 목회자 후보가 된 사람은 얀 헨드리쿠스 하우트자허스(Jan Hendrikus Houtzagers)였다. 그는 벨루브(Veluwe)에 있는 마을인 꼬뜨베이끄(Kootwijk)에서 안수받고 취임할 예정이었는데, 그곳은 당시 카이퍼의 시대에는 근대주의 설교자들이 활동하던 지역이었다. 꼬뜨베이끄 교회 성도들은 17년 동안 목회자 없이 지냈다. 게다가, 그들은 개혁주의 원칙을 가진 목사를 찾고 있었다.

카이퍼와 그의 동료들이 함께 사용한 모델은 지역 교회의 자율성이었다.

     아브라함 카이퍼의 일곱 가지 삶

이것은 전형적인 카이퍼의 방식이었다. 교회의 운영을 결정하는 것은 빌름 1세가 임명한 상위 행정 기관이 아니라 회중 성원들이었다. 즉, 남성과 여성을 포함한 모든 교회 신자들이 선출한 교회 회의를 통해 행하도록 되어 있었다. 그의 목표는 가능한 한 많은 지역 교회에 개혁파 목회자를 배치하여 장기적으로 네덜란드 국가개혁교회가 개혁주의 신앙에 지배되도록 하는 것이었다. 왜냐하면 대부분의 신자들이 개혁주의 교인들이었기 때문이다. 암스테르담에서는 개혁파가 점차 교회를 장악해 나갔고, 이제 그 운동을 전국적으로 확대하고자 했다.

이제 꼬뜨베이끄에서 승리가 시작되었다. 아니, 오히려 여기에서 국가교회의 개혁이 시작된 셈이었다. 카이퍼는 이것을 일관되게 제2의 종교개혁으로 간주했다. 국가개혁교회의 총회(synode)라는 멍에를 벗어 던지는 것은 '제2의' 계급 체제로부터의 해방이었다. 물론, 첫 번째 계급체제는 로마의 그것, 가톨릭 교회였다.

1886년 2월 7일 일요일, 하우트자허스의 목사 임직 예배는 평소보다 한 시간 일찍 시작되었다. 그 계획이 유출되어, 지역 당국의 목사들, 즉 행정관들이 이를 저지하려고 했기 때문이었다. 카이퍼의 장남 헤르만은 20명의 자유대학교 학생들과 함께 경호를 맡았다. 이것은 필요한 조치였는데, 교회당 관리인이 일찍 문을 여는 것을 거부했기 때문이었다. 오전 10시경, 두 명의 총회 목사와 네 명의 경찰관이 도착했을 때, 안수식은 이미 끝난 상태였다. 이로써 꼬뜨베이끄는 개혁파 교회가 되었고, 이후 수십 개의 교회가 그 뒤를 따랐다.

그 일이 일어나기 전에, 암스테르담에서는 일년간 치열한 싸움이 벌어졌다. 꼬뜨베이끄 이전에도 카이퍼와 그의 동료들은 1886년 1월 6일 수요일 이른 아침에 담 광장의 신교회를 점거했다. 행정과 회의는 이곳 교회 회의실에서 집행되고 개최되었다. 암스테르담에서는 개혁주의 신자들이 회중

내에서 다수를 차지했지만, 지역 총회에서는 그렇지 않았다. 갈등은 교회 건물 관리권을 둘러싸고 극에 달했다. 결정권이 교회 회의(kerkenraad), 즉 카이퍼와 그의 동료들에게 있는가, 아니면 교회관리 위원회(kerkbestuur)에 있는가가 핵심 쟁점이었다.[11]

지역 총회 징계 위원회는 이미 모든 반대자들, 총 80명을 정직시켰다. 이 직무 정지는 28명의 목회자 중 5명과 대다수의 장로와 집사가 포함되었다. 이에 대해 자유대학교 법률가들이 반발하며 싸움을 이어갔다. 로만과 뤼트허스, 파비우스(Fabius), 볼처(Woltjer)를 포함한 모든 교수들이 이 논쟁에 관여하면서 진퇴양난에 빠졌다.

눈과 살을 에는 추위

새로 설치된 자물쇠를 부수기 위해 빠뜨리모니움의 장인들이 왔는데, 자신도 정직된 장로인 목수 바르트 뿌시아트가 그들을 이끌었다. 그들은 또한 현관문 뒤에 나무 바리케이드를 세웠는데, 그것은 1년 동안 그대로 있었다. 카이퍼가 교회 문을 강제로 여는 것에는 무언가 특별한 연결고리가 있을 거라고 풍자 잡지 「아윌런스피헐」은 비꼬았다. 그들은 문 패널을 뜯어 교회 문을 열 수 있었고 그 행동은 전설이 되었다. 그때부터 카이퍼와 그의 동료들은 '패널 톱질꾼들(paneelzagers)'이라는 별명을 얻게 되었는데, 이는 당시 악명 높은 절도범 가족인 라베르튀(Lavertu) 형제가 같은 방식으로 집에 침입하다가 체포되어 결국 교도소에 수감된 것을 본 따 붙인 것이었다.

그 주 금요일, 「한델스블랏」은 마치 전쟁터와 같은 교회 상황을 묘사하

---

11 교회회의(kerkenraad)는 장로교회에서 제직회와 같이 모든 교인을 대표하는 모임인 반면, 교회관리 위원회(kerkbestuur)는 당회 및 총회나 노회에서 파송한 대표를 포함한다고 볼 수 있다. (역자 주)

　　　　　　　　　　　　　아브라함 카이퍼의 일곱 가지 삶

면서 이를 1870-1871년 파리 전투의 기억을 떠올리는 장면이라고 보도했다. 신교회는 요새처럼 방어되고 있었으며, 문에는 쇠사슬이 걸려 있고 그 뒤에는 나무 바리케이드가 세워져 있었다. 정오 무렵, 정직되지 않은 목사들이 평소와 같이 교회 회의에 참석하기 위해 모였다. 그러나 그들은 안으로 들어가지 못하고 눈 덮인 담 광장에서 살을 에는 추위 속에 무리를 지어 서 있었다.

목사들이 검은 우산을 들고 무릎 높이까지 오는 눈 속에 묻혀 떨고 있는 모습은 언론에서 큰 화제가 되었다. 훗날 샤를 보아스뱅은 그의 유명한 칼럼 '하루 하루'에서 이 장면이 자신에게 지울 수 없는 인상을 남겼다고 썼다. 삐이뻔마르트(Pijpenmarkt)에 있는 「알허메인 한덜스블랏」 신문사로 가는 길에, 그는 목사들이 '눈과 살을 에는 추위 속에 자신들의 회의 장소 앞에 서 있는 것'을 보았다. 그 장소는 다름 아닌 카이퍼와 그의 추종자들이 점거한 곳이었다. 심지어 로만은 창문 뒤에서 웃고 있는 모습이 목격되기도 했다.

「니우스 판 덴 다흐」(*Nieuws van den Dag*: 오늘의 뉴스) 기자도 직접 현장을 찾아갔다. 그는 출입이 허락되어 카이퍼와 면담을 가졌는데, 카이퍼는 그에게 교회 재산 관리 문제에 대해 설명했는데, 이것이 그의 생애 첫 인터뷰였다. 그러나 자유주의적인 「한덜스블랏」의 기자들은 '교회 습격자들'과 '패널 톱질꾼들'에 대해 노골적으로 비판적이었기에, 카이퍼는 그들에게 인터뷰를 허락하지 않았다. 자유주의 언론은 반혁명 지도자인 카이퍼를 혁명가로 계속 비난했다. 같은 해, 카이퍼는 계속해서 사회주의자인 도멜라 니우븐하위스와 비교되었다. 특히 여름에 장어 폭동(Palingoproer)[12]이 일어났

---

12 장어 폭동은 1886년 7월 25일과 26일, 암스테르담 요르단에서 일어난 대중적인 봉기였다. 이 폭동은 경찰이 린덴그라흐트(Lindengracht)에서 뱀장어를 잡아당기는 금지된 놀이를 막으려고 하자 시작되었다. 이어진 폭동으로 인해 26명이 사망했는데, 사회역사학자

을 때 그는 암스테르담의 요르단(Jordaan) 지역 주민들의 동기를 어느 정도 이해할 수 있다고 말하면서 더욱 그런 이미지를 얻었다.

1886년 내내, 교회 반란 세력은 신교회를 점거하며, 법적 분쟁의 결과를 기다렸으나 결국 그들은 패소했다. 그동안 카이퍼와 그의 동료들은 '성경 읽기 모임'이라는 중립적인 이름으로 그들 자신의 예배를 드렸다. 카이퍼는 직접 마차를 타고 암스테르담을 돌아다니며 프라스카티(Frascati) 극장, 플란시우스(Plancius) 빌딩, 메종 스트루켄(Maison Stroucken)과 노동자협회 건물에 이르기까지 다양한 큰 홀들을 임대했다고 한다. 그는 몇 년 만에 처음으로 예배를 인도했다. 이러한 모임들은 참석자들로 가득 찬 대규모 집회로 이어졌고 그 자체로 큰 사건이 되었다.

보름스(Worms)의 루터(Luther)처럼

돌레안치는 카이퍼의 가장 큰 패배였다. '애통하는(dolerende)' 교회들의 이탈(이 역시 카이퍼가 인용한 종교개혁 시절의 용어다.)은 제한적으로 이루어졌다. 1887년 한 해 동안 76명의 목사와 약 18만 명의 교인들이 동참했다. 90퍼센트 이상이 국가개혁교회에 남았기에, 교회를 개혁하려던 카이퍼의 투쟁은 실패로 돌아갔다. 또한 법적으로도 교회 건물을 차지하기 위한 싸움에서 패소했다. 이로 인해 200개의 새로운 교회가 설립되었고, 1892년까지 그 수는 300개 이상으로 늘어났다. 새로운 개혁교회들이 필요에 의해 도처에 생겨났다.

암스테르담에서 교회 건물은 상징적 의미를 가졌다. 11개의 개혁교회

들은 이 사건을 19세기 암스테르담 사회의 사회 경제적 차이 증가로 인한 사회적 긴장의 맥락에서 설명한다. (위키백과)

    아브라함 카이퍼의 일곱 가지 삶

1907년 10월 29일, 카이퍼의 70세 생일에 촬영한 가족 사진. 앉은 줄 왼쪽에서 오른쪽으로: 딸 항리에뜨, 마리 헤이블롬(Marie Heyblom, 헤르만의 아내), 딸 까토. 서 있는 줄 왼쪽에서 오른쪽으로: 딸 요한나, 손자 아브라함(헤르만의 아들), 손녀 아드리아나(브람 주니어의 딸), 아들 기, 카이퍼 자신, 손자 빌름(헤르만의 아들), 아들 헤르만, 아들 브람 주니어, 항리에뜨 카이퍼 반 오르트(브람 주니어의 아내)

중 담 광장의 신교회가 가장 중요한 곳이었기 때문에 카이퍼와 그의 추종자들이 1년 동안 점거했던 것이었다. 하지만 1888년, '애통하는' 교인들은 께이저흐라흐트 거리에 열두 번째 교회 또는 '개혁교회의 대성당'으로 알려진 자체 교회를 건축했다. 수도 암스테르담의 첫 번째 교회에서 열두 번째 교회로 밀려난 상징성은 카이퍼에게 큰 의미로 다가왔다. 20년 동안 전체 교회를 개혁하려 했던 그의 노력은 결국 변두리로 밀려나는 결과를 낳았다.

그가 총회 대표단 앞에 선 것도 상징적이었다. 『총회 앞에 선 카이퍼 박사』(*Dr. Kuyper voor de Synode*)라는 소책자에서 그는 1886년 9월 16일 목요일 아침에 있었던 그의 경험을 묘사했다. 관리인 판 뿌떠런(Van Poeteren)의

안내로 헤이그의 빌름스교회(Willemskerk)에 들어간 그는 복도 끝에 있는 비좁은 회의실에서 열두 명의 목사를 만났다. 이 '답답한 방'에서, 목사들은 창가에 등을 기대고 앉아 있었고 카이퍼는 등을 기둥에 기대고 앉았다. 논의는 없었고, 그들은 미리 준비된 질문에 대한 답변만을 요구했다.

회의가 끝난 후, 카이퍼는 판 뿌떠른의 도움 없이 출구를 찾아 육중한 문을 닫았다. 그는 "마치 답답하고 썩어가는 무덤에서 자유의 신선한 공기로 돌아오는 것"에 비유했다. 그리고 그는 곧장 스헤브닝언(Scheveningen)으로 걸어가 해변을 따라 신선한 공기를 마셨다. 그곳에는 내부가 검게 그을린 불에 탄 바드하우스(Badhuis)의 벽이 폐허처럼 여전히 서 있었다. (그 자리에 쿠어하우스가 세워질 예정이었다.) 그는 자신이 방금 떠난 개혁교회의 모습과 이 폐허 이미지를 분리시킬 수 없었다.

카이퍼 특유의 다채로운 묘사는 보름스(Worms)의 루터를 묘사한 학교 교과서의 삽화와도 같았다. 그러나 루터와 달리 그는 말할 기회조차 갖지 못했고, 그의 탄원을 서면으로 제출해야 했다. 그는 1년 동안 '총회의 멍에를 벗어 버리는 것(afwerping van het synodale juk)'에 관한 아홉 권의 소책자를 발행했다. 돌레안치는 카이퍼 안에 잠자던 그의 오래된 습관에 다시 불을 붙였고, 딸 항리에뜨는 나중에 그가 엄격한 일상 리듬을 버리고 다시 밤을 새워 일하기 시작했다고 회상했다. 하지만 이 모든 것은 헛수고로 끝났고, 교회의 운영권은 기존 관리들에게 돌아갔다.

달콤한 복수

카이퍼가 그의 반대자들과 결별한 것은 단순한 상징적 행위를 넘어서는 것이었다. 그들 중 가장 대표적인 인물은 암스테르담 교회 회의의 의장인 헤릿 얀 포스(Gerrit Jan Vos, 1841-1912) 목사였다. 돌레안치에 무관심한 대

    아브라함 카이퍼의 일곱 가지 삶

부분의 목사들과 마찬가지로, 포스는 수년간 암스테르담 교회에 우세했던 정통파 운동을 대표했지만, 돌레안치 기간 동안에 그는 카이퍼를 반대했다. 격동의 한 해를 회고하면서 쓴 『전환점』(*Het Keerpunt*, 1887)에서, 포스는 관련된 많은 사람들, 특히 카이퍼에 대해 쓴 소리를 했다. 400페이지에 달하는 그의 책은 하나의 긴 고발장이 되었다.

반대로, 카이퍼에게도 포스는 평생 분노의 표적이었으며 그를 배신자로 간주했다. 1887년 신교회의 그 유명한 회의실에서 열린 교회 회의 중, 포스는 동료들로부터 모피를 선물 받았다. 카이퍼는 그 사실에 바로 대응했다 . 1886년의 추운 겨울동안, 「드 헤라우트」에 따르면, 포스 목사는 그의 동료들을 공격하여 그들의 마음을 찢어 놓았다. 이듬해 겨울, 그의 친구들이 그에게 야만적인 짐승의 가죽을 보상으로 주었는데, 분명히 그들은 "너무 차가워진 마음에 조금이나마 따뜻함을 가져다주기"를 바랐던 것 같다며 비꼬았다.

카이퍼는 일요신문 「드 헤라우트」에서 포스를 맹렬히 공격한 것에 대해 비난을 받았고, 그는 어느 정도 사과했다. 하지만 그것은 다음 기회에 카이퍼가 「드 스탄다르드」에 또 다른 풍자를 시작하는 것을 막지는 못했다. 이번에는 목사이자 시인인 엘리자 로리야르(Eliza Laurillard, 1830-1908)와 포스 목사와의 가상 대화 형태로 풍자를 쏟아내었는데, 로리야르 역시 돌레안치 기간 동안 암스테르담 교회 회의에서 카이퍼의 주요 반대자였다. 그들의 대화에서, 정통파 목사와 근대주의 목사는 오직 한 가지 점, 즉 카이퍼에 대한 그들의 혐오만 동의하는 것으로 보인다. 그 외의 모든 대화는 오해와 모순된 견해의 점철이었으나, 역설적이게도 두 목사는 그 '혐오'라는 한마음만으로도 암스테르담 교회를 세우기에 충분한 공통 기반이 마련되었다고 보았다.

카이퍼는 훗날 총리가 되어 달콤한 복수를 했다. 당시 그는 내무부 장관으로 왕실의 훈장을 추천하는 권한이 있었는데, 그는 두 목사에게 훈장을 수여하지 않았다. 특히 로리야르 목사는 시를 활발히 썼는데 1903년 말, 그는 뜻밖에도 그의 문학 작품 전체에 대해 인정받아 기사 작위를 받았다. 한 관찰력 있는 기자는 그 이유를 알고 있었는데 그것은 총리의 '장난'이었다는 것이다. 로리야르는 곧 목회자로서 50년을 축하할 예정이었고, 그에 따라 관례적으로 수여되는 훈장이 요청되었지만, 이제 그 기회는 사라졌다. 동시에 그의 문학적 공로에 대한 훈장은 의문을 제기했다. "그의 시들이 그렇게 뛰어난 작품이었는가?"

1912년 프랑스어로 쓴 『자화상』에서 카이퍼는 교회를 위한 전쟁이 불가피했다고 썼다. 상황은 참을 수 없었고, 교회위원회는 잘못되었다. 전체적인 모습은 파열의 불가피성을 보여주었다.

네덜란드의 첫 번째 왕은 베를린의 프로이센 왕의 모범을 따라 개혁교회들을 교회적 권위 대신에 정부가 구성한 총회의 권위에 두는 대담함을 보였다. 그 결과, 목사들 사이에 모든 형태의 이단이 나타났다. 그들은 심지어 무신론, 불가지론, 사회주의를 고백하기도 했다.

깔뱅주의 교회주의자들은 이러한 상태를 용납할 수 없었다. 그래서 그들이 암스테르담의 교회 회의에서 불신자들을 주의 만찬에 공개적으로 받아들이도록 강요받았을 때, 카이퍼는 그것을 반대했다.

그의 이 접근법은 전국적으로 받아들여졌으나, 총회 위원회는 그 결정을 따르기는커녕 카이퍼 박사와 그의 동료들을 교회에서 추방했다. 그 결과, 700개의 개혁교회들이 그들의 온전한 자유를 되찾았고, 그들은 다시 1618년 돌트 총회 당시의 교회 상태를 대표하게 되었다.

카이퍼는 자신이 교회를 떠난 것이 아니라 쫓겨난 것이라고 평생 한탄했

아브라함 카이퍼의 일곱 가지 삶

다. 물론, 그 700개의 교회들(400개의 분리된 교회들이 추가되었다.)은 깔뱅주의 기드온 용사가 되었지만, 그는 교회 개혁이라는 전쟁에서 승리하기 위해서는 더 많은 것이 필요했다. 1892년 네덜란드 개혁교회(GKN)가 설립된 후, 그는 자신의 정치적 목표에 힘을 쏟았다. 그러나 그는 먼저 학문적 연구를 끝내야 했다.

최고의 역작

그때부터 카이퍼는 이른바 '투 트랙 정책'을 추구했다. 한편으로 그는 국가개혁교회 밖에 있는 그룹들, 즉 분리주의자들(afgescheidenen)[13]과 돌레안치 그룹의 통일을 직접적인 목표로 삼았다. 그 결과 네덜란드 개혁 교단이 탄생한 데에는 그의 공로가 컸으며, 이것은 그 자체로 대단한 업적이었다. 그는 이 업적을 마치 공화국 시대에 자유 교회를 회복한 것처럼 자신의 『자화상』에서 제시했다.

다른 한편으로, 그는 그의 신문과 정당을 통해 훨씬 더 많은 지지자들을 결집시켰다. 무엇보다도, 정치적으로 성공하기 위해서는 공식적인 개혁파 신자(GKN) 수의 몇 배에 달하는 국가개혁교회 신도들의 지지가 필요했다. 그는 다시 한번 국가교회 지도자들에 맞서 일반 교인들에게 호소하였다. 그리하여 돌레안치에는 그를 따르지 않았더라도 정치적으로는 대다수가 그의 편을 들었다. 1897년 선거 이후, 국가개혁교회 신도들은 그의 교회 운동을 기꺼이 용서하는 태도를 보였다. 그런 점에서 피어슨이 지적했듯이, 정치와 종교는 별개의 문제였다.

---

13 1834년의 분리(Afscheiding van 1834)는 19세기 네덜란드에서 국가개혁교회로부터 독립한 개혁교회로 이어진 운동이다. 이것은 비록 작은 규모로 시작되었지만 현대 네덜란드 사회 내에서 개혁 교단(gereformeerde gezindte)의 형성에 큰 영향을 미쳤다. (위키백과)

그것은 그가 새로운 개혁교회의 설립 이후 결코 두드러진 역할을 하지 않았던 이유 중 하나였다. 그것은 그의 정치적 목표에 방해가 될 수 있었기 때문이었다. 현실적인 이유도 있었다. 교수, 편집장, 그리고 의회 의원이라는 직책을 동시에 맡아, 그는 그 어느 때보다 바쁜 삶을 살아 더이상 일을 추가할 여유가 없었다.

새로운 교단이 설립된 후에 확보된 시간은 다시 학문에 사용되었다. 카이퍼는 깔뱅주의 신학에 대한 철학적 해석과 개혁주의 교의학이라는 두 가지 프로젝트를 염두에 두고 있었다. 첫 번째 프로젝트는 그의 최고의 역작인 세 권의 방대한 분량의 『신학백과전서』로, 모두 1894년에 출간되었다.

다른 학문들 가운데서 신학이 차지하는 위치를 결정하기 위해, 이 신학백과전서는 기독교의 역사를 되돌아보았다. 카이퍼에게 가장 중요한 순간은 토마스 아퀴나스의 『신학대전』이었다. 그는 종교개혁이 스콜라 철학을 확장시켰듯이, 이제 자신의 시대에 새로운 전환점이 도래했다고 보았다. 실제로 카이퍼는 자신의 신깔뱅주의가 세계사에 있어 다음 단계를 열 것이라고 믿었다. 그 자신은 종을 울리는 사람이었고 또한 첫 장에서 설명한 바와 같이 금세공인이었다.

후기 칸트철학과 독일 관념론의 '세계관'을 학문에 적용한 것도 그의 지적 혁명의 일부였다. 그는 우리의 학문적 통찰이 항상 '세계관'을 전제하고 있다는 증거를 제시했다. 스톤 강연에서 그는 어쩔 수 없이 이를 '삶의 체계(life system)'라고 묘사했는데, 이는 당시 '세계관'이라는 용어가 존재하지 않았기 때문이다. 경험적 자료의 해석은 문자 그대로 그러한 관점을 벗어날 수 없다는 그의 주장은 인식론에서 카이퍼가 남긴 변치 않는 공헌으로 남게 되었다. 『신학백과전서』는 그의 대표작이었지만, 그 당시에는 거의 주목받지 못했다.

세 권 중에서 제2권만 영어로 번역되어 출간되었다. 세 권 모두 네덜란

                                    아브라함 카이퍼의 일곱 가지 삶

드어 개정판이 1909년에 출판되었지만 그것으로 끝이었다. 카이퍼가 그의 서재 속에서 성취한 작업은 한 세기 후에야 영어권을 통해 더 넓은 범위로 퍼져나갈 수 있었다.

이와 같은 통찰은 학기 초에 총장으로 행한 두 차례 개강 연설에서도 드러났다. 두 연설 모두 사랑하는 사람의 죽음 직후에 이루어진 것으로, 이보다 더 실존적일 수는 없었고 두 연설 모두에서 그 감정이 느껴졌다. 1892년 10월, 막내아들 빌리가 열 살을 앞두고 갑자기 사망한 지 몇 주 후에 카이퍼는 '경계의 모호함'이라는 제목으로 자유대학교의 새학기를 열었다. 이것은 그가 니체를 네덜란드에 소개하는 계기가 되었으며, 그는 이를 19세기의 마지막 화려한 불꽃으로 보았다. 카이퍼는 니체의 영원 회귀사상[14]에 반대하여 근본적인 중생에 기초한 학문을 주장했다. 또한 그는 다윈과 다윈주의에 대해서도 논의했다.

이것은 1899년의 학기 개강 연설인 '진화론'의 유일한 주제가 되었다. 이 연설은 총장으로서의 마지막 연설이었으며, 그의 아내 요의 죽음 이후 인터라켄에서 외로움을 느꼈던 조용한 몇 주 동안 쓴 것이다. 또한 이 몇 주간 그는 매일 산을 올랐는데, 그렇지 않고는 견딜 수 없었다. 그러는 동안 그는 더 많은 자료를 읽었고, 스위스의 마이링겐으로 서둘러 떠나기 전에 피레네산맥에 있는 그의 스파에서 이미 책들을 읽고 있었다. 그는 아마도 그 전 해에 프린스턴 대학에서 그를 초대했던 벤자민 워필드(Benjamin Warfield, 1851-1921)와 이 주제에 대해 토론했을 것인데, 그는 다윈의 진화론과 그 자신의 신학을 조화시키는 데 별 어려움이 없었다.

1882년 4월 다윈이 사망했을 때, 그의 업적에 대한 기사가 「드 스탄다

14　영원 회귀(永遠回歸, ewig wiederkehren) 또는 동일한 것의 영원 회귀(Ewige Wiederkunft des Gleichen)는 니체의 근본 사상으로 모든 존재와 에너지가 반복되어 왔으며, 무한한 시간을 가로질러 무한한 횟수로 계속 반복될 것이라는 개념이다. (위키백과)

1912년 7월 4일 목요일, 개혁주의 고등교육 협회의 제32차 총회 참석을 위해 하를렘으로 가는 길에 있는 카이퍼 (마차는 하를렘의 콘세르트허바우 앞에서 멈췄다.)

르드」의 1면에 실렸다. 카이퍼 역시 다윈의 학문적 업적을 높이 평가했다. 특히 고생물학은 최근 수십 년 동안 인상적인 발전을 이루었다. 그러나 아킬레스건은 카이퍼가 이미 그의 『신학백과전서』에서 보여준 바와 같이, 수집된 모든 경험적 자료의 해석에 있었다. 그가 가장 혐오한 대상(*bête noire*)은 당대 가장 유명한 대중 철학자인 독일의 에른스트 헤켈(Ernst Haeckel, 1834-1919)이었다.

그보다 앞선 허버트 스펜서(Herbert Spencer, 1820-1903)처럼, 헤켈은 다윈의 무작위적 변이 과정을 가능한 한 크고 낙관적인 진보에 대한 선형적 믿음으로 쉽게 변형시켰다. 헤켈의 단순한 유물론, 즉 화학적 과정으로서의 인간 생명 역시 카이퍼의 손쉬운 비판의 대상이었다. 헤켈이 모든 종교도 이런 식으로 설명할 수 있었기 때문에 더욱 그랬다. 그는 신을 단순히 모든 원자력과 에테르 진동의 총합인 '기체 척추동물'이라고 말했다.

유물론과 진보에 대한 믿음의 결합은 카이퍼가 진화의 '도그마'라고 묘사한 것이었다. 그래서 그의 유명한 첫 문장은 다음과 같다. "우리의 19세기는 진화론이라는 도그마의 최면 아래에서 죽어가고 있다." 학문은 한 가지 문제였지만, 헤켈과 스펜서가 학문을 남용하는 방식은 근대성에서 세계관의 중요성을 증명하는 설득력 있는 사례였다.

          아브라함 카이퍼의 일곱 가지 삶

충돌하는 성격

한편 다른 프로젝트는 뒷전으로 미뤄야 했고, 이제는 정치가 우선시되어야 했다. 카이퍼는 여전히 『신학백과전서』에 기초해 개혁주의 교의학을 설계하려는 확고한 의지를 가지고 있었다. 하지만 그 일은 더이상 실현되지 않았고, 그는 그 점에 대해 아쉬워했다. 1895년부터 1912년까지는 그의 정치적인 의무가 많은 시간을 차지했다.

그가 정치적으로 가장 활발하게 활동하던 시기에 문화와 사회에 대한 성찰에 힘을 쏟은 것은 우연이 아니었다. 1895년 9월부터 내각 구성 요청을 받은 1901년 7월까지 그는 주간지 「드 헤라우트」에 '일반 은총'이라는 고풍스러운 제목으로 일련의 글을 발표했다. 그는 이를 통해 근대화라는 배경 속에서 자신을 정치가로서 몰두하게 만든 근대성의 발전을 다루며, 가장 넓은 의미로 문화를 언급했다. 교회와 국가의 관계에서부터 예술과 문화에 이르기까지 모든 것이 논의되었다. 이 책들은 그의 총리 재임 기간 동안 같은 제목으로 세 권의 두꺼운 책으로 출판되었는데, 내각 지도자가 그토록 근본적인 주제를 출판한 것은 토르베케 이래 유일무이한 일이었다.[15]

그럼에도 불구하고, 1891년에 카이퍼의 이름으로 다섯 권의 교의학이 출판되었다. 이것들은 학생들이 그의 강의 노트를 정리한 것이었으며, 실제 작품이 부족한 상태에서 합리적인 대안으로 출판되었다. 그러나 이 책들은 공식적으로 출판되지는 않았다. 그 후 1910년에 카이퍼가 직접 서문을 쓴 책이 다시 출판되었다. 그는 그 출판물에 반대하지 않았지만, 자신이라면 다르게 표현했을 것이라고 했다. 그는 여전히 진정한 교리학을 쓰고 싶어했지만 앞으로 몇 년 동안은 힘들 것이라고 말했다.

---

15 2016년 Lexham Press에서 영어 번역본이 나왔다. (역자 주)

1908년 『옛 세계의 바다 여행』을 완성한 후, 그는 다시 「드 헤라우트」에 연재를 시작했다. 이 글들은 보다 실용적인 의미에서, 사실상 교육에서 여론에 이르기까지 사회 전체를 다루었다. 그것은 모든 삶이 그리스도에게 속한다는 그의 신깔뱅주의 신조의 실천적 적용이었다. 그리고 그것을 하나하나 구체화했는데 이것은 다소간 교리학의 거울이 되었다. 이 글들 역시 1910년에서 1912년 사이에 『왕을 위하여』(*Pro Rege*)라는 제목으로 세 권의 두꺼운 책으로 출간되었다.

그러는 동안, 그가 사역하던 암스테르담 자유대학교는 뒷전으로 밀려나고 있었다. 제1차 세계대전 중 그가 또 다른 주요 프로젝트를 맡았을 때, 그것은 그의 헤이그 중심의 생활과 더 잘 어울리는 정치였다. 두 권의 저서 『반혁명 국가학』은 그의 마지막 대작이었는데, 그 책에는 그의 공적 생활 전체에 대한 회고로 가득 차 있었다.

로만과의 정치적 불화는 1894년 카이퍼가 병에 걸리기 직전에 이미 일어났다. 이 균열은 로만이 자유대학교를 떠나는 것으로 완성되었다. 그 원인은 카이퍼가 복귀하자마자 발표했던 것, 즉 개혁주의 원칙을 선언한 것 때문이었다. 그때부터 이 원칙들은 염소와 양을 가르는 기준이 되었으며, 이는 카이퍼의 생각에 대학이 취해야 할 방침을 의미했다. 돌레안치 기간 동안 여전히 어깨를 나란히 하던 로만은 개혁교회의 일원이자 전직 자유대학교 총장이었다. 그들은 서로 서신을 주고받으면서 여러 차례 심각한 갈등이 있었지만 시간이 지나면 다시 회복되곤 했었다. 결국 이 위기도 그렇게 될 것이었으나 이번에는 카이퍼의 생애 말미에 가서야 화해가 이루어졌다.

이전과 달리 1895년에는 모든 것이 그렇게 간단하지 않았다. 그것은 물론 개혁주의 원칙들 때문이기도 했지만 동시에 양립할 수 없는 서로 다른 성격의 충돌 때문이기도 했다. 1884년에 카이퍼는 이미 서로의 자존심을 뛰어넘을 수 없다는 것을 이렇게 표현했다.

    아브라함 카이퍼의 일곱 가지 삶

당신은 나만큼 까다롭지 않고, 나도 당신처럼 고집이 세지 않습니다. 그 초록색과 붉은색 실을 우리가 제대로 엮기만 한다면, 우리는 목표에 도달할 수 있을 겁니다. 진심으로 당신을 사랑하는 친구 K.

그 반대로, 로만은 자신의 편지에서 카이퍼의 지성에 대한 존경을 나타냈지만, 자신의 입장을 바꾸지는 않았다. 훗날 카이퍼는 로만을 개인주의자로 묘사하며, 그는 항상 상황에 따라 행동했으며, 프로그램은 고사하고 원칙에 기초하지도 않았다고 했다. 카이퍼에게 있어서 결국 그들을 갈라놓은 것은 바로 이러한 원칙들이었고, 그것은 그 사람에 대한 모든 감사와는 전혀 상관이 없었다. 카이퍼만큼 일관되게 원칙과 우정을 분리할 수 있는 사람은 거의 없었다. 1895년 결국 붉은색과 초록색 실은 완전히 분리되고 말았다.

사인포스트(Seinpost)에서의 공격

카이퍼와 로만 사이의 종종 격렬한 서신교환으로 인해 긴장은 수년 동안 고조되어 왔다. 해임은 마카이 내각이 카이퍼가 염두에 두었던 것에 부응하지 못했을 때 일어났다. 처음에는 하원의원으로 그 다음에는 내무부 장관으로 활동했던 로만이 책임을 졌다. 로만은 「드 스탄다르드」가 끊임없이 가하는 압박에서 벗어나고 싶었고, 그래서 1894년 로테르담에서 대안 신문인 「드 네덜란더」(*De Nederlander*)를 창간했다.

카이퍼가 알프스로 떠나던 날 로만이 그에게 보낸 편지는 그들의 관계를 잘 보여주는 것이었다. 카이퍼는 자신이 6개월이 지나서야 집으로 돌아오게 될 줄은 몰랐다. 로만은 대학 동료 교수였던 루트허스로부터 카이퍼가 자신을 로베스피에르(Robespierre)[16]와 자코뱅당(Jacobins)[17]에 비교했다는 말을 들었다고 했고, 이미 상황은 그 정도로 악화되어 있었다. 카이퍼는 4개월 후 피레네산맥에 있는 스파에서 치료를 받고 있을 때에야 비로소 그의 생일에 화해의 편지를 보낼 수 있었다. 카이퍼는 그때 가서야 반응할 수 있는 여유가 생겼다. 그동안 그의 마음속에 많은 것들이 스쳐 지나갔고 그는 또한 로만에게 실망감을 숨기지 않았다. 그러나 그들은 여전히 형제로 남았다.

그가 튀니스에서 집으로 돌아온 후, 두사람의 이별은 피할 수 없는 일이 되었다. 그러나 카이퍼가 모든 점에서 이 결별에 주도적으로 관여했는지는 의문이다. 자유대학교 교수진이 '개혁주의 원칙'을 그들의 학문적 작업의 토대로 다시 한번 천명했을 때, 로만의 소외감은 더욱 커졌다. 이것은 매우 중요한 단계였고 카이퍼가 옳았다. 원칙은 눈사태와 같아서, 한 번 굴러가면 아무도 그것을 멈출 수 없었다. 이런 의미에서 로만도 이 원칙이 그 대학 규정의 일부가 되는 것에 대해 처음부터 우려를 표했었다. 그는 즉시 대학 법령의 이 부분에 반대했다. 결국, 개혁주의 원칙은 이전에 존재하지 않았던 분열을 만들어 냈다.

어쩌면 그보다 더 큰 영향을 미친 것은 1894년 5월의 비참한 선거 결과

---

16 막시밀리앵 프랑수아 마리 이지도르 드 로베스피에르(Maximilien François Marie Isidore de Robespierre, 1758-1794)는 프랑스의 부르봉 왕조와 프랑스 대혁명기의 정치인, 철학자, 법률가, 혁명가, 작가로서 프랑스 혁명을 주도했다. 공포정치를 행하다가 되려 반대파에 의해 처형당했다. (위키백과)

17 클뢰브 데 자코뱅(Club des jacobins)이라는 별칭으로 유명한 자유와 평등의 벗, 자코뱅회(Société des Jacobins, amis de la liberté et de l'égalité)는 프랑스 혁명 시기에 생긴 정파 중 하나이다. 자코뱅이라는 이름은 파리 자코뱅 수도원을 본거지로 한 데서 유래되었다. 1792년 이전의 정식 명칭은 헌법 친우회(Société des Amis de la Constitution)이었다. 막시밀리앙 로베스피에르가 중심이 되어 급진적인 프랑스 혁명을 주도한 주류로, 공포 정치로 활약하다 테르미도르의 쿠데타 이후 몰락의 길을 걷게 되었다. (위키백과)

   아브라함 카이퍼의 일곱 가지 삶

를 초래한 지난 몇 년간의 정치적 갈등이었을 것이다. 로만은 '귀족들의 반란(herenmuiterij)'의 상징적인 인물로 떠올랐는데, 이는 카이퍼가 주장하는 참정권 추가 확대 법안을 반대하는 반혁명당 귀족파의 저항이었다. 이로 인해 1894년 반혁명당 내에서 분열이 일어났고, 자유대학교 역시 그 뒤를 따랐다.

특히, 1895년 6월, 자유대학교 이사회의 제15차 연례 회의에서 36명의 회원들이 로만 교수의 강의에 대한 조사를 제안했다. 로만의 강의가 개혁주의 원칙에 부합하느냐 하는 것이었다. 이 안건은 만장일치로 채택되었고 깜뻔의 신학자 헤르만 바빙크가 위원장을 맡은 5인 위원회가 활동할 수 있도록 허락되었다.

연례 회의는 스헤브닝언 사인포스트(Seinpost) 파빌리온에서 열렸고 이 사건은 '사인포스트의 공격'이라는 이름으로 기록되었다. 로만 전 총장은 격앙된 반응을 보였다. 그의 소책자 『사인포스트에서의 공격』(*De aanval op Seinpost*)에서 그는 문제의 본질을 정확히 지적했다. 즉, 그는 최근 학문의 자유가 '개혁주의 원칙 또는 깔뱅주의 헌법이라고 불리는, 특정한 인간 체계'에 얽매이기 시작했다고 비판했던 것이다.

모든 것이 카이퍼의 중심으로 돌아갔고, 자유대학교도 마찬가지였다. 동료들은 그의 『신학백과전서』를 모든 것의 척도로 여겼다. 조사위원회는 로만의 입장이 이 기준에 맞지 않는다고 판단했다. 하지만 로만은 이를 받아들일 수 없었고, 사직을 요청하여 명예롭게 퇴직했다. 조사위원회의 결과는 이듬해 레우바르덴에서 열린 연례 회의에서 의제로 다루어졌다. 72대 4의 표결로 회원들은 로만의 입장이 개혁주의 원칙에 부합하지 않는다는 결론을 채택했다. 자유대학교 교수들도 이 평가를 지지했다.

카이퍼 자신은 이 일에서 벗어나 있다고 느꼈다. 1895년 여름, 그는 다시 치료를 위해 피레네산맥으로 갔다. 그는 자유대학교의 이사장이자 주요 후원자인 양조업자 빌름 호비로부터 두 통의 긴 편지를 받았는데, 그의 딸은 로만의 아들과 결혼한 관계였다. 카이퍼는 가족에게 보내는 편지에 호비가 아무것도 이해하지 못한다고 썼다. "그는 원칙에 대해 아무것도 알지 못하며, 모든 것을 나의 개인적인 취향으로 여긴다." 카이퍼는 호비가 로만의 편을 들 것이라고 예견했고, 실제로 그런 일이 벌어졌다. 호비는 결국 자유대학교 이사장직에서는 물러났지만 재정적으로는 계속 자유대학교를 지원했다.

1899년이 되어서야 카이퍼는 침묵을 깼다. 그는 주요 쟁점은 정치적 결렬이었다고 「드 스탄다르드」의 일련의 사설에서 분석했다. 그것은 양립할 수 없는 두 입장 사이의 불가피한 분리일 뿐이었다. 그는 이것을 보수주의-귀족주의 대 깔뱅주의-민주주의의 흐름으로 묘사했는데, 그것은 일리가 있는 분석이었다. 그리고 로만의 개인주의도 중요한 영향을 미쳤다. 이것이 일간지 「드 네덜란더」와 원칙에 대한 논의를 전혀 할 수 없었던 이유이기도 했다. 그곳에서는 오직 개인적인 견해에 대한 것만 이루어졌다. 카이퍼는 다음과 같이 설명했다.

> 로만은 원칙적으로 어떤 체계에도 반대한다. 그는 체계를 잘못된 것으로 본다. 그는 *메달리온 철학자(philosophe des medallions)*만큼이나 탁월하다. 즉, 그는 모든 세부 사항을 합리적인 틀에 능숙하게 배치하는 방법을 알고 있는 철학자이다. 그러나 그는 철학 그 자체에 대해서는 반대한다.
>
> 체계를 목표로 하는 모든 것은 그를 불편하게 만든다. 그의 게릴라 전술은 경탄을 자아내지만, 폰 몰트케(Von Moltke)[18]의 정신은 그를 끌어당기지 못한다.

---

18 헬무트 카를 베른하르트 폰 몰트케(Helmuth Karl Bernhard von Moltke, 1800-1891) , 프로이센의 참모총장으로서 독일 통일 전쟁에 핵심적인 역할을 했다. (위키백과)

   아브라함 카이퍼의 일곱 가지 삶

로만과 함께하면 전쟁에서 이길 수 없었다. 하지만 그는 동맹으로서 여전히 환영받았고, 그래서 두 반혁명 지도자는 개인적으로 좋든 싫든 그 후 20년 동안 함께 일했다.

개혁주의 대 개혁파(Hervormd versus gereformeerd)[19]

그러는 동안, 카이퍼 자신도 피고석에 서게 되었다. 이번에는 그가 속한 개혁교회(GKN)의 총회 앞에서였다.

1896년 8월 미들부르흐 총회에서, 흐로닝언의 베둠(Bedum)교회는 공식적인 의의를 제기했다. 그것은 세례, 교회, 칭의, 중생에 대한 카이퍼의 견해와 여러 가지 개혁주의 이슈들에 관한 것이었다. 의의를 제기한 사람은 카이퍼가 그의 신학백과 전서에서 신학자라기보다는 철학자처럼 접근했다고 불평했고, 그것은 개혁주의 신앙고백에 해를 끼친다고 주장했다. 이틀 간의 토론 끝에, 총회는 이 문제를 보류하기로 결정하였다.

그해 초, 카이퍼는 「드 스탄다르드」에 기고하는 글에서 자신이 1869년 이래로 유리집에서 살고 있다고 주장했다. 그러므로 모든 사람이 그의 신학적 입장을 잘 알고 있었기에 더이상의 설명은 불필요하다는 것이었다. 미들부르흐 총회는 그에게 어린 시절의 도시를 다시 볼 수 있는 좋은 기회였다. 쉬는 시간 동안, 그가 도시를 걷는 것이 목격되었는데, 한 사진 작가가 랑어 델프트(Lange Delft)에서 시가를 들고 있는 그를 포착하기도 했다.

카이퍼가 사망한 후, 한 목격자는 그당시 많은 제이란트 사람들이 카이퍼를 보기 위해 미들부르흐로 왔었다고 회상했다. 미들부르흐 주민들도 그

---

19 'Hervormed(헤르포름드)'는 국가교회(HK)를, 'gereformeerd(허레포미어드)'는 카이퍼가 만든 개혁교회(GKN)를 의미한다. 두 단어는 모두 영어로 reformed(개혁된)라는 의미로 동일하다. (역자주)

1896년 8월, 미들부르흐의 랑어 델프트 거리에서 담배를 피우며 딸들과 함께 있는 카이퍼를 사진가가 포착했다.

를 보고 감탄했다.

그 당시 그가 미들부르흐의 거리를 걸을 때면 많은 사람들이 창가나 문으로 그를 보러 나왔다. 나는 성 베드로거리(St. Pieterstraat)에서 사무원들이 "저기 카이퍼 박사가 있다"는 소리를 듣고 몇몇 건물에서 달려 나왔던 것을 기억한다. 그리고 그들은 오랫동안 그를 바라보았다.

그의 가족까지 함께 왔기에 그것은 가족 나들이가 되었다. 십대 자녀들은 즉시 '-ling'으로 끝나는 모든 단어를 사전에서 찾는 작업에 투입되었다고 딸 요한나는 나중에 회상했다. 카이퍼는 '선교사(*zendeling*)'라는 단어는 잘못된 용어이며, 그는 개혁교회에서 그것을 없애고 싶다고 주장했다. 대신 그는 '선교 목사'라는 새로운 명칭을 원했다. 전형적인 카이퍼의 언어적 감각에 따르면, 선교사(zendeling)는 비참한 사람(ellendeling), 게으름뱅이

 아브라함 카이퍼의 일곱 가지 삶

(lammeling), 멍청이(stommeling)와 운율이 맞기 때문에 더 나은 단어가 필요하다는 것이었다.

'선교사'는 또한 부흥운동의 중심이 되는 단어였다. 매년 여름에는 선교 축제가 열렸지만 1896년 미들부르흐 회의는 이에 대한 작별을 고하는 날이기도 했다. 이제부터는 개혁주의 원칙이 개혁주의 총회의 중심이 되었고, 깔뱅주의가 주도권을 잡았다. 이러한 원칙이 현대화되야 할 필요가 있다고 해도 말이다. 1896년 미들부르흐 총회는 벨기에 신앙고백서의 유명한 36조, 즉 세 가지 신앙고백 중 하나가 논의된 순간이기도 하다. 9년 후, 이 조항은 수정되었다. 정부에게 더이상 참 종교와 거짓 종교를 구별하도록 위임하지 않게 되었다.

이 시기에 카이퍼는 개인적으로 부흥서클의 동료들과 마지막 관계를 끊었다. 앨러드(알라드)의 남동생인 헨드릭 피어슨은 대표적인 내적 선교 활동가였는데, 이는 부흥운동의 전형적 특징이었고 카이퍼는 이를 반대했다. 피어슨은 로만의 절친한 친구였고, 둘 다 카이퍼와 거리를 두었다. 브뤼셀에서 카이퍼가 병을 앓고 있는 동안, 피어슨은 「드 네덜란더」에 7회에 걸쳐 카이퍼를 비판하는 글을 실었다. 카이퍼는 돌아온 후에도 그것을 마음에 두고 있었고 이를 불편하게 여겼다.

신학자 요하네스 후닝 주니어도 이와 비슷했다. 피어슨과 마찬가지로 후닝도 부흥운동과 깊은 관련이 있었고, 이들 역시 그들과 마찬가지로 카이퍼의 깔뱅주의 벽에 부딪혔다. 1장에서 설명한 것처럼 돌레안치 동안 약간의 충돌은 있었지만 이 사건이 없었더라도 그들은 결국 갈라졌을 것이다. 한때 부흥주의자였던 사람은 신깔뱅주의자가 될 수 없었고 그 반대도 마찬가지였다. 결국 그 후로는 개혁주의 대 개혁파(hervormd versus gereformeerd)라는 구도가 형성되었다. 그 대조는 오랜 기간 분명하지 않았으나, 20세기 내내 그렇게 명확하게 남아 있었다.

천 송이의 꽃

특별한 하나의 범주에 속하는 논쟁은 벤스도르프 신부의 논쟁이었다. 테오도루스 프란시스쿠스 벤스도르프(Theodorus Franciscus Bensdorp, 1860-1917)는 암스테르담 구속주회(Amsterdamse orde der redemptoristen)의 회원으로 께이저스트라트에 교회와 수도원이 있었다. 그 논쟁은 대체로 그의 필생의 과업이었는데, 건강이 좋지 않은 말년에 다른 일에서 면제되었기에 이것에 더욱 전념할 수 있었다. 그가 사망한 후, 세 권의 『변증학』(*Apologetica*)으로 모아졌으며, 그 책들은 2,000페이지가 넘는 방대한 분량이었다.

주로 성직자들이 읽는 월간지 「드 까톨리끄」(*De Katholiek*)에서, 그는 오류가 있다고 생각하는 모든 교리를 비판하였다. 그의 눈에 카이퍼는 비판의 중심이었다. 그가 쓴 200편 이상의 논쟁 중 4분의 1 이상이 카이퍼를 겨냥한 것이었다. 이를 위해 벤스도르프 신부는 매주 「드 헤라우트」를 읽었는데, 특히 교회 문제가 그의 가장 큰 관심사였다. 특히 관심을 끈 것은 교회 내의 통일성과 다양성에 대한 논쟁이었다. 1901년, 이 논쟁은 카이퍼의 반박이 실린 소책자 『다원주의: 카이퍼 박사의 근본적인 오해』(*Pluriformiteit: Een fundamentele misvatting van dr. A. Kuyper*)로 출간되었고, 1916년에 재출판되었다.

벤스도르프 신부가 실제로 다룬 질문은 단 한 가지였다. 즉, '서로 다른 신앙고백이 공존할 수 있는가?'라는 것이었다. 그의 대답은 거의 의기양양했다. 계시된 진리는 하나이며 나눌 수 없다는 것이었다. 그러나 카이퍼는 달랐다. 그는 그것을 올바르게 보았기 때문이다. 카이퍼는 당시 가톨릭 교회 만큼이나 보편적으로 생각했지만, 문화적 다양성의 역할을 다르게 보았다. 아시아, 아프리카, 유럽에서는 같은 지역 내에서도 국가 간의 차이가 너무 커서 동일한 교회 구조가 가능하다고는 상상조차 할 수 없다고 보았다.

 아브라함 카이퍼의 일곱 가지 삶

"이처럼 서로 다른 대륙과 집단, 그리고 국가들에서, 하나님께서 원하시는 *민족적 다양성*(pluriformiteit)을 가지고 있었기 때문에, 교회의 삶은 다양화 *되어야* 했다."

천 송이의 꽃이 피어야 한다고 카이퍼는 믿었다. 진리는 다형적(pluriform)이며 모든 시대와 모든 장소에서 동일할 수 없다는 것이었다. 구체적으로 그는 자바에서 선교사들이 겪은 경험을 언급했다.

> 자바인들은 우리와 다른 인종으로, 다른 나라에 살고 있고, 완전히 다른 발달 단계에 있으며, 정서적 생활도 매우 다르고, 전혀 다른 과거를 가지고 있으며, 완전히 다른 생각 속에서 성장했다. 그러므로 그들이 우리의 신앙고백과 교리문답에서 *그들의* 신앙에 대해 적절한 표현을 찾을 수 있으리라고 기대하는 것은 터무니없는 일이다.

자유는 자유로운 양심의 자유라는 것이 처음부터 그의 신념이었다. 이 완전한 자유 속에서만 사람들이 발전할 수 있고, 공적 논의가 존재할 수 있었다. 진리는 객관적으로가 아니라 모든 인간의 주관적 이해/통찰을 통해서만 발견될 수 있다고 그는 믿었다. 『신학백과전서』에서 그는 인식론적 관점에서 이러한 다원주의를 뒷받침했다. 모든 인식은 주관적이며 진리에 대한 우리의 지식도 마찬가지였다.

그렇다면 진리에는 미래가 여전히 존재하는가? 1907년에 프랑스의 잡지 「머큐어 드 프랑스」(*Mercure de France*)는 전 세계 다양한 인사들에게 이와 유사한 질문을 던졌다. "종교에는 아직도 미래가 있는가?" 이것이 바로 이 시기에 카이퍼를 사로잡았던 질문이었으며, 그의 저서 『옛 세계의 바다 여행』에서도 이런 실존적 질문을 중심으로 이루어졌다. 1908년 5월, 그는 주트펜에서 열린 개혁주의 청년대회에서 3천 명의 개혁파 젊은이들 앞에서 이 문제를 제기했다. 급속히 세속화되는 세상에서 그들의 믿음에 과연 미래가 있을 것인가?

「머큐어 드 프랑스」를 위해 카이퍼는 솔직한 답을 내놓았다. 그와 함께 이 질문에 답한 인물들은 막심 고리키(Maksim Gorky)(부정), 미구엘 데 우나무노(Miguel de Unamuno)(긍정), 앙리 베르그송(Henri Bergson)(아마도), 에밀 뒤르껭(긍정), 그리고 작곡가이자 철학자인 카미유 생상스(Camille Saint-Saëns)(부정)등이 있었다. 그들의 다양한 견해 속에서 카이퍼는 여섯 개의 간결한 문단으로 답했다. 카이퍼는 주트펜의 쾌활한 젊은이들을 위해 자신의 생각을 큰 소리로 말했다. 비록 그들이 신앙의 저조기를 겪고 있고, 전망이 밝지 않아 보이지만, 각 위기는 다음 단계를 위한 에너지를 방출한다고 믿었다. 그의 기독교 신앙의 핵심이었던 실존적 질문들은 앞으로도 계속해서 새로운 대답으로 이어질 것이다.

> 발전은 끊임 없이 계속된다. 투쟁 그 자체가 더 강해지고, 힘을 실어주고, 깊어진다. 현재의 침체기가 지나면 종교적 수용성의 시기가 뒤따를 것이며, 이것은 과거의 종교적 수용성보다 훨씬 더 깊을 것이다.

아브라함 카이퍼의 일곱 가지 삶

제5장

활동가

1903년 알베르트 한의 '목 조르기' 만평

카이퍼는 『자화상』에서 자신의 핵심 경력에 가장 많은 관심을 기울였다. '정치의 삶(Sa politique)'이 그의 공적 목표였던 카이퍼는 정치인이자 활동가 그 이상이었다. 이 모든 행동주의가 '깔뱅주의'라는 한 단어로 요약될 수 있다는 것은 언제나 놀라운 일이다.

카이퍼에게 있어서 깔뱅주의는 교회에만 국한된 것이 아니었다. 그것은 삶 전체, 특히 모든 사회 생활을 포함하는 것이었다. 그가 행동의 요점들을 정리할 때, 그는 그의 깔뱅주의의 관점에서 그렇게 했다. 1912년에는 '신깔뱅주의'로 불렸으며 이 『자화상』에도 그렇게 언급되어 있다. 카이퍼는 여섯 가지 분명한 원칙을 사용했는데, 이에 대해서는 나중에 더 자세히 설명하겠다.

그는 또한 『자화상』에서 1874년 이후 자신에 대한 천 개 이상의 만평에 대해서도 언급한다. 이것은 놀랄 일이 아니다. 정치가 카이퍼와 마찬가지로 활동가로서 그는 많은 풍자의 대상이었으며, 물론 깔뱅주의자라는 점에서 더욱 두드러졌다. 그의 아카이브에는 그가 직접 수집한 만화 스크랩들이 포함되어 있다.

역사적 인물 중 카이퍼만큼 많은 이미지가 남아 있는 사람은 거의 없다. 수백 장의 사진과 수십 점의 초상화가 있으며, 이 초상화는 대부분 그의 충실한 지지자들을 위한 것이었다. 초선 의원 시절부터 이미 그의 사진이 시장에 나와 있었고, 그가 80대가 되었을 때도 새로운 초상화가 여전히 시중에 나와 있었다. 그의 사진조차도 운동의 일부였던 것이다.

브라껀시크(Braakensiek)에 대한 찬사

1909년에 자주 재판된 소책자가 나왔다. 그 책에는 예외 없이 카이퍼를 겨냥한 100여 편의 만화가 포함되어 있었다. 카이퍼는 서문을 직접 작성했다. 그는 풍자가 기존 권력층만을 풍자하는 경향이 있던 네덜란드와 달리,

국제적으로 소수자들도 풍자의 대상이 되는 것이 일반적임을 강조하며 만평을 자유로운 예술 형태로 발전시키는 데 기여했다는 사실에 기뻐했다. 1888년과 1901년의 선거에서 승리를 거두면서 그는 만화가들을 곤경에서 해방시켰다고 주장했으며, 다가오는 선거에서 그는 그들을 더욱 돕기를 희망했다. 그리고 그것은 실제로 성공했다.

카이퍼는 문체와 내용 모두에서 유쾌하고 재미있는 글을 쓸 수 있는 재능이 있었고, 평소 사회 생활에서 보여주는 그의 모습보다 더 재치 있게 글을 쓸 수 있었다. 그의 글은 종종 순수한 풍자극처럼 느껴졌으며, 이것이 그의 인기를 높이는 중요한 이유였다. 동시에 그는 행동가이자, 논쟁적인 글과 투쟁을 중시하는 사람이었다. 그는 스스로를 비유의 챔피언이라 여겼고, 자신의 작품을 그렇게 표현했다. 그의 작업에는 전투적인 은유가 지배적이었기에 거의 모든 사람들과 갈등을 빚었다.

하지만 만평가들과는 그렇지 않았다. 그는 1909년 자신의 『자화상』을 쓴 후 무명의 프랑스인에게 보냈다. 카이퍼는 분명히 그것을 자랑스러워했다. 그당시에 가장 잘 알려진 만평은 알베르트 한과 요한 브라껀시크의 작품으로, 각각 사회주의 언론과「드 흐루너 암스테르담머」에 실렸다. 카이퍼는 두 사람 모두와 특별한 관계를 가지고 있었다.

카이퍼의 커리어는 근대화의 진보와 궤를 같이했으며, 특히 1870년대 이후 언론 매체에서 만평이 비약적으로 증가하던 시기와 맞물려 전개되었다. 이 세계에서도 카이퍼는 곧 중심적인 공적 인물이 되었으며, 특히 그의 총리 재임 기간 동안에는 더욱 그러했다. 개인적으로 그는 만평이 그를 해칠 수 있다고 인정했지만, 공개적으로는 전혀 내색하지 않았다.

요한 브라껀시크(1858-1940)는 완전히 그림 같은 만평을 그리는 것으로 유명했다. 1888년부터 그가 사망할 때까지 카이퍼는「드 흐루너 암스테르담머」에 그의 만평 230점에 등장했는데, 이는 다른 어떤 정치인이나 공인

　　　　　　　　　　아브라함 카이퍼의 일곱 가지 삶

보다 훨씬 더 많았다. 브라껀시크는 역사적 상황에 그의 대상들을 배치하는 것으로 유명했다. 그의 작품이 항상 비판적이었음에도 불구하고, 카이퍼는 주간지 「드 흐루너 암스테르담머」의 초대 편집장 얀 드 꼬(Jan de Koo, 1841-1909)의 독립적인 목소리를 높이 평가했던 것처럼 브라껀시크에 대해서도 어느 정도 존경을 표했다. 1890년대에 같은 이름의 신문이 그랬던 것처럼, 이 신문은 카이퍼만큼이나 자유주의자들로부터 독립된 급진적인 노선을 추구했다.

1911년 브라껀시크는 「드 흐루너」 신문 25주년을 맞이하여 표창을 받았으며, 축사 중에는 카이퍼가 직접 보낸 것도 있었다.

브라껀시크는 나를 여러 번 심하게 공격했지만, 나는 그의 작품에 즐거움을 느끼며 때로는 참을 수 없을 정도로 웃곤했다. 그의 그림은 결코 경멸이나 조롱으로 더럽혀지지 않았으며, 결코 독설적이거나 폄하하려는 의도도 없었다. 그의 그림 때문에 내 얼굴에 상처가 남거나 손에 긁힌 자국이 남은 적이 없다. 브라껀시크는 결코 만평을 타락시키지 않았으며, 상처를 주고 그 상처에 독을 떨어뜨리는 악의적인 풍자 화가들의 부류에 결코 들어가지 않았다. 그는 결코 해하려는 의도가 없었고, 그는 종종 나에게 선한 영향을 끼치기도 했다. 따라서 그의 축하 행사에서, 나는 진심으로 감사를 전하고 싶다. 만약 가능하다면 앞으로의 그의 활동도 응원하고 싶다.

이는 알베르트 한에 대한 그의 생각과는 분명히 달랐다. 물론 카이퍼는 한의 이름을 직접 언급하지는 않았지만, 그는 한과는 다른 관계를 가지고 있었다.

한(Hahn)의 목 조르기

다소 젊은 알베르트 한은 사회주의 신문, 특히 일간지 「헷 폴끄」(*Het Volk*)와 일요 신문 「드 노튼끄라커」(*De Notenkraker*)에서 일했는데, 둘 다 카이퍼가 총리가 되기 1년 전인 1900년에 발행되었다. 1911년 리 브루스(Rie Brusse) 기자와의 인터뷰에서 한은 솔직하게 이야기했다.

그는 카이퍼와 한 번도 대화를 나눠 본 적이 없었고, 그를 본 것은 평생 단 두 번뿐이었다. 한번은 암스테르담의 깔버스트라트(Kalverstraat)에서 어렴풋이 낯익은 모습을 보았는데, 말 그대로 지나가며 본 것이며 또 한번은 카이퍼가 비넌호프를 가로지르는 것을 본 것이었다.

> 1년 전쯤 저는 사회주의자 의원인 샤퍼(Jan Schaper)와 함께 비넌호프를 걷고 있었는데, 그때 그가 처음으로 제게 그를 가리켰어요. 그가 모자를 머리 뒤에 쓰고 작은 지팡이를 짚고 회의장에 들어갔을 때, 저는 '정말 재미있는 사람이다, 참 독특한 인물이네'라고 생각했지요.

그는 결코 카이퍼를 실물 그대로 그린 적이 없었다고 말했다.

> 카이퍼의 얼굴을 그릴 때, 사실 처음부터 내가 다 만들어 낸 거예요. 그러다 보니 원래 모습과는 아무런 상관이 없어졌지요. 이런 얼굴이 필요했어요. 다루기 쉬운 '펀칭백' 같은 얼굴이지요. 그게 저한테는 카이퍼였어요. 저는 그 이미지를 만들어 냈고, 그걸로 모든 걸 표현할 수 있었지요. 하지만 개인적으로 저는 그 사람에 대해 아무런 감정도 없어요. 그는 천재적인 인물이고, 그 점은 부정할 수 없어요. 다만 그는 우리 정치의 상징일 뿐이고, 저는 그의 정치가 마음에 들지 않을 뿐이지요.

 아브라함 카이퍼의 일곱 가지 삶

카이퍼의 가장 잘 알려진 외모, 즉 한이 그린 독특한 얼굴들은 실제 모습과는 거의 닮지 않았다. 한이 단지 상징으로 삼은 이 이미지는 카이퍼에게 개인적으로 모욕감을 주었다. 이처럼 같은 만평을 두고 두 사람이 느낀 감정은 극명하게 달랐다.

한번은 한의 만평이 법정에 서게 된 사건도 있었다. 1903년 철도 노동자들의 파업 당시, 한은 카이퍼가 노동자의 목을 졸라 살해하는 모습을 그렸다. 이 만평은 정부의 비상사태 법령이 '목 조르기 법'으로 알려지던 것을 표현한 것이었다. 이 작품은 즉시 여러 변형된 버전으로 인기를 끌며 유명해졌다. 검찰은 경고를 내리고, 여기저기에서 그 만평을 진열장에 걸어둔 가게 주인들을 상대로 소송을 제기했다.

하지만 상점과 진열된 만평 사이의 연관성은 항상 명확하지 않았다. 가령, 덴 보쉬의 펍 주인인 미망인 H와, 암스테르담의 청과물 상인 이스라엘 판 프라그(Israël van Praag)

및 세 명의 서점상이 소환되었다. 청과물 상인은 질문을 받았을 때, 자기는 신문을 읽지 않으며, 그 그림이 무엇을 상징하는지 전혀 몰랐고, 단지 누군가 제공한 것을 걸어 놓았을 뿐이라고 말하였다. 암스테르담 사건에서, 변호사 멘델스(Mendels)는 해당 장관을 증인으로 불렀다. 카이퍼는 법정에서 그 만평이 자신에게 모욕적이라고 증언

1909년에 출판된, 인기 있고 자주 재인쇄된 소책자 『만화 속의 카이퍼』(Kuyper in caricature)에는 100개의 만평이 실려 있으며, 카이퍼 본인이 서문을 썼다.

하며, "네, 매우 심하게 상처를 주었습니다"라고 말했다.

그러나 모든 소송은 기각되었다. 암스테르담 법원은 모욕의 의도를 입증할 수 없다고 판단했으며, 이는 이와 유사한 사건에서 일반적으로 내려지는 판결이었다. 그러나 카이퍼의 증언은 그의 감정을 잘 드러내었고, 사적으로 한 진술에서도 분명하게 드러났다. 카이퍼는 깊이 상처를 받았으며, 한은 브라건시크와 다르다는 것을 분명히 느꼈다. 1909년에 그 출판사는 신중하게 몇 장의 만평을 책에서 제외했으며, 이 만평도 빠져 있었다.

암스테르담 사회역사연구소(ISG : Instituut voor Sociale Geschiedenis)의 한 컬렉션에는 80세의 카이퍼 사진이 있다. 사진 뒷면에는 이렇게 적혀 있다. "만평가 알베르트 한에게, A. 카이퍼 박사(서명)." 이는 아마도 마지막으로 그에게 그의 만평은 실제 모습과는 거리가 멀다는 것을 알리고 싶어 한 시도였을 것이다. 어쨌든 카이퍼는 유머 감각이 있었기 때문이다.

깔뱅주의와 민주주의

깔뱅주의가 무엇이며 어디서 왔는지에 대해 카이퍼는 두 차례에 걸쳐 자세히 설명했다. 중요한 해는 1873년과 1898년이었으며, 1898년은 특히 스톤 강연이 있었던 해였다. 카이퍼의 깔뱅주의는 25년의 간격을 두고 파도처럼 주기적으로 나타났다.

1848년의 헌법 개정안이 미들부르흐 시청에서 낭독되었을 때, 겨우 열한 살밖에 안 된 소년이 듣고 있었다. 카이퍼는 그의 70번째 생일에 한 인터뷰에서 1848년이 자신에게 얼마나 큰 의미가 있었는지 설명했다. 깔뱅주의와 민주주의라는 그의 전체 정치 강령은 1848년에 주어진 시민의 자유를 그 나름대로 해석한 것이었다. 하지만 구체적인 입법으로 충분히 구현되지 않았다고 보았다.

아브라함 카이퍼의 일곱 가지 삶

젊은 카이퍼의 헌신을 의심했던 사람들은 1873년에 명백한 답을 얻었다. 깔뱅주의가 모든 헌정적 자유의 기원이자 보증이라는 그의 강연으로 그는 정치적 투쟁을 실제로 시작했다. 그는 자신의 위대한 발견을 '네덜란드적 사상'으로 제시했으며, 그 제목을 흐룬에게서 빌려왔다.

그해 11월, 헌법 개정 25주년을 맞아 카이퍼는 「드 스탄다르드」에 긴 사설을 실었다. 그는 헌법 개정이 중대한 진전이었다고 평가했다. 그러나 토르베케 내각 하에서 이것을 실행하는 방식은 다소 달랐다. 특정 계층 하나만 체계적으로 혜택을 누렸고, 국가의 나머지 구성원들에게는 피해를 주었다. 물론 "1848년은 이전의 시대를 위협하던 전제정치에 대항하여 방파제 역할을 했다"는 점은 인정했다.

> 우리 깔뱅주의자들은 항상 진보와 자유로운 삶의 발전의 깃발을 높이 들어왔다. 우리는 토르베케주의의 이 열매를 결코 경시하지 않는다.
>
> 다만 우리는 이 점에서 우리의 자유주의자들보다 더일관성 있는 자세로 경계한다. 그들로 인해, 또 다른 형태의, 어쩌면 더 견디기 어려운 전제주의가 우리에게 다가오지 않도록 경계한다. 그것은 바로 비인격적 국가의 치명적인 전능성이다.

이제 '우리의 자유주의자들'이 거의 모든 국가기구를 장악했기 때문에, 시민들의 자유에 대한 가장 큰 위협이 그들로부터 온다고 카이퍼는 생각했다. 카이퍼는 특히 프랑스 시대 이래 국가의 손으로 넘어가버린 교육에 대해 생각하고 있었다. 교육뿐 아니라 전체 행정 및 사법 기구들 또한 거의 전적으로 자유주의자들의 손에 넘어갔다. 깔뱅주의자들은 이런 새로운 압제에 대항하여 싸우는 새로운 해적들(geuzen)이 되었다. 헌법은 모든 개인적, 사회적 자유를 보장해야 한다. "하지만 그것이 더이상 그렇게 하지 않는다. *이제 그렇게 해야 한다!*"라고 그는 주장했다.

카이퍼가 흐룬 및 다른 사람들과 토론하면서, 항상 반복된 주제는 그들이 새로운 헌법 개정을 요구해야 하는가 라는 것이었다. 모든 시민의 자유가 기존의 틀 안에서 성취될 수 있는가, 아니면 그 틀 자체를 조정해야 하는가? 카이퍼는 일단 후자를 선택했다. '국민의 양심'이 그것을 요구한다면, 헌법 역시 다시 개정하여 개선해야 한다는 입장이었다. 자유주의자들은 카이퍼의 입장을 명확히 알고 있었다. 깔뱅주의는 해방을 위한 구호가 되었다.

그것은 그의 첫 번째 정치 강령이 되었고, 1873년, 반혁명 운동이 재출발했으며, 이는 1848년 이후 정확히 25년이 지난 후였다. 카이퍼는 그의 『자화상』에서 이때부터 자신의 정치적 리더십이 시작되었다고 말했다. 흐룬 판 프린스터러와 그는 현직 반혁명 의원들과 결별했는데, 그들은 두 사람의 눈에 보수주의자로 전락한 듯 보였다. 카이퍼와 흐룬이 요구한 것은 더 급진적이었다. 카이퍼는 정면으로 맞서는 반대와 광범위한 강령을 요구했다. 그때부터 카이퍼는 깔뱅주의와 민주주의 이외의 것은 결코 받아들이지 않았다. 그의 주장은, 자유! 하지만 모두를 위한 자유였다.

귀족들의 반란

정치적 측면에서 1894년 4월의 선거는 결정적인 사건이었다. 이 선거를 앞두고, 1875년 하원의원직을 떠난 이래 처음으로 후보로 나선 카이퍼는 깔뱅주의를 강력히 옹호했다.

그의 반혁명당 내부의 분열은 선거 전부터 이미 사실이 되어 있었다. 1894년 3월 30일 전당대회 직전, 10명의 반혁명 의원들이 조기 총선의 쟁점인 딱(Tak) 선거법에 반대하는 선언문을 발표했다. 딱 판 뽀르트플리트 (Tak van Poortvliet) 장관이 제안한 참정권 확대는 보통선거로 가는 길을 열었지만, 이들은 그것을 중단시키고자 했다. 서명자들은 주로 귀족 출신으

 아브라함 카이퍼의 일곱 가지 삶

로, 카이퍼는 그들을 '백만장자 귀족들(heren miljonairs)'이라고 불렀다. 역사학자 룰 카이퍼(Roel Kuiper)는 이들의 반발을 '신사들의 반란(herenmuiterij)'이라고 불렀다.

전당대회는 카이퍼에 대한 지지 선언으로 가득 찼고, 그로 인해 분열은 사실이 되었다. 선거는 혼란에 빠졌고, 카이퍼는 귀족 반대파가 출마한 지역구에 급진적인 후보들을 추천하기까지 했다. 그러나 헛된 일이었다. 선거 결과, 귀족 반대파 7명은 로만 그룹을 결성한 반면 카이퍼 그룹은 6명에 불과했다. 반혁명 세력 내부의 분열은 이제 명백한 사실이 되었다.

카이퍼는 두 개의 면도날처럼 날카로운 사설을 통해 새로운 상황을 분석했다. 상류 계층을 깔뱅주의로 끌어드리려는 시도는 실패로 돌아갔다. '우리의 출신과 재산을 가진 사람들'이라는 소수의 귀족 집단은 '더이상 깔뱅주의의 역사적 전통과 함께 성장할 수 없다'는 것이 드러났다. 결국, 그들은 자기 집단의 이기심이 항상 우선이었다. 더 심각한 것은 그들이 진정한 깔뱅주의 대중을 외면했다는 것이다. 1891년, 카이퍼는 그들이 사회 대회에 참석할 노력을 기울이지 않은 것을 이미 비난했다. 이들은 평범한 민중의 이익에 무관심했다. 그들과의 협력은 끝났고, 더이상 진행되지 않았다.

붉은 목도리와 적절한 무기를 착용한 프랑스 혁명가 복장인 '상퀼로트(sansculotte)'로 분장한 카이퍼 (요한 브라껀시크의 만평)

카이퍼는 하원에 있는 반혁명 의원들의 이름을 열거했다. 한쪽에는 판 빌란트(Van Bylandt) 백작, 마카이 남작, 판 데뎀(Van Dedem) 남작, 드 사보르닌 로만 경 및 판 림부르흐 스티룸(Van Limburg Stirum) 백작이 있었다. 반면 다른쪽에는 반 알펜(Van Alphen), 엇 후프트('t Hooft), 카이퍼, 루카스(Lucasse), 세레트(Seret)라는 짧은 평민 이름들이 있었다. 카이퍼는 독자들에게 스스로 결론을 내리라고 말했다.

'귀중한 유산'인 깔뱅주의의 비밀은 무엇보다도 '우리의 하층민들 사이에서, 특히 농촌 지역에서' 잘 보존되어 있었다. 이 깔뱅주의의 유산이 당의 존재 이유였고, 의회 의원들도 그것에 맞는 급진적인 선택을 해야 했다. 네덜란드 국민은 항상 시민 계층으로 구성되었으며 자유를 사랑했다. 과거에 그들이 이미 황제 카를 5세(Keizer Karel V)에게 저항했던 것처럼, 단순한 깔뱅주의자들은 수세기 동안 권력을 거부하고 상류층의 보수주의에 결코 가담하지 않았다. 오히려, 네덜란드의 깔뱅주의자들은 매 세기마다 '우리의 정치적 자유를 가장 광범위하고 관대한 방식으로 발전시키기 위해 싸워왔다.'

깔뱅주의는 자유와 민주주의를 의미했으며, 1894년에도 마찬가지였다. 카이퍼는 자신이 해야 할 일을 잘 알고 있었다. 그는 '철은 철로 대해야 한다'고 말했다. 그의 시대의 자유주의 세력에 맞서 싸우기 위해서는 오직 대항 세력, 단호한 깔뱅주의뿐이었다. 그는 당에 혁신이 필요하다고 주장했다. 로만과 그의 지지자들은 깔뱅주의의 깃발 아래 싸울 것인가, 아니면 떠날 것인가를 선택해야 했다. 결국 그들은 후자를 택했다.

그의 스승이자 레이든 대학의 역사학자 로베르트 프라윈이 우려하는 것은 전혀 이상하지 않았다. 선거 기간 동안 그는 카이퍼를 '반혁명주의자와 급진적 민주주의자들의 혁명적 지도자'라고 불렀다. 그러나 진정한 혁명가는 브뤼셀에서 병을 앓고 난 후에야 모습을 드러냈다. 매번 위기 후 그랬듯이 카이퍼는 강철같은 결심을 가지고 돌아왔다.

　　　　　　　　　아브라함 카이퍼의 일곱 가지 삶

마법 같은 밤

1895년 1월 21일 월요일, 카이퍼의 컴백은 「드 스탄다르드」 1면을 가득 채웠다. 아직 완전히 회복되지 않은 상태에서 그는 독자들에게 직접 서명한 공개 편지 형식으로 돌아왔음을 알렸다. 그보다 앞서 6개월간 그는 조용한 성찰의 시간을 보냈다. 어쩔 수 없이 그는 모든 것을 멀리서 지켜봐야 했고, 심지어 자신의 행보조차도 다른사람의 시각으로 바라보았다. 1876년 위기 이후와 마찬가지로, 그는 다시금 무엇이 중요한지 더욱 깊이 깨달았다. 이 것은 그를 두 가지 확고한 결심으로 이끌었고 그는 그것을 독자들과 공유하 고 싶었다.

우선 개인적으로, 그는 때때로 너무 강경하게 행동했으며, 아이디어 뒤 에 있는 사람을 제대로 보지 못했다는 것을 인정했다. 그는 앞으로 좀 더 관 대해지고, 각 개인에 대해 더 많은 존중을 보이고자 했다. 두 번째는 내용적 으로, 깔뱅주의가 그의 마음속에 그토록 명확하게 다가온 적은 일찍이 없었 다. 반혁명주의자들 중에는 알곡 사이에 쭉정이가 있었고, 모든 사람이 민 주주의를 시대의 절대적 요구로 받아들이고 있는 것은 아니었다. 하지만 여 전히 많은 사람들은 두 가지 모두 원했으며, 카이퍼는 앞으로 더 단호히 나 서기를 다짐했다.

그리고 그는 실제로 그렇게 했다. 해가 바뀌기 전에 분열은 완전히 마무 리되었다. 반란을 일으킨 귀족들은 당을 떠났고, 그 선두에는 로만이 있었 다. 마치 마르크스가 헤이그에서 바쿠닌을 밀어냈던 것처럼, 카이퍼는 이제 로만과 그의 지지자들을 떨쳐냈다. 이전에는 한 번도 이렇게 분명하게 선을 긋지 않았던 그는 어느때보다 단호했다. 이제는 하원에서도 동일한 태도를 취했다. 반혁명주의자가 되려면, 반혁명 원칙을 따라야 한다는 것이 그의 주장이었다.

이제부터는 배에 선장은 오직 한 명뿐이었고, 젊은 세대가 그의 뒤를 따랐다. 카이퍼가 일흔 살쯤 되었을 때, 그 세대가 권력을 잡았고 같은 과정이 반복되었다. 하지만 이번에는 정반대의 결과가 나왔고 비록 공식적으로는 아니지만 비공식적으로 여전히 그들의 지도자로 남았다.

카이퍼는 적극적으로 공격에 나섰다. 대부분의 지역구에서 그는 승리를 거두었고 전국적으로도 마찬가지였다. 동시에, 대안 세력도 등장했다. 로만 그룹은 자신들의 일간지인 「드 네덜란더」를 중심으로 뭉쳤다. 로테르담에 기반을 둔 이 신문은 공개적으로 카이퍼에 반대했다. 하원과 언론 모두에서 새로운 목소리가 나온 것이다.

카이퍼가 하원에 복귀하면서 새로운 정치적 국면이 시작되었다. 그의 프로그램이 갱신되었을 뿐만 아니라 그의 정치 활동 방식도 이전과는 달라졌으며 더 대중적으로 변모했다. 1897년 6월 선거에서 그는 선거 유세를 다녔다. 그는 슬리드레흐트(Sliedrecht) 선거구의 후보로 출마했으며, 리어담(Leerdam)에서 선거 캠페인을 벌였다. 그는 호프 판 홀란드(Hof van Holland) 호텔의 가득 찬 군중 앞에서 보통 선거를 강력히 주장하면서 이제는 유권자 배후에 있는 사람들이 자신의 목소리를 내어야 할 때라고 말했다. 그의 연설은 여러 신문에 널리 보도되었고, 그가 했던 북부 지방에서의 연설도 열흘 후에 마찬가지로 보도되었다.

40년이 지난 후에도 흐로닝언의 자위트호른(Zuidhorn)에서 열린 정치 집회에 참석했던 두 명은 그날 저녁을 회상할 수 있었다. 여기서도 카이퍼는 지역구 후보로 나섰는데, 사회주의 세력이 강했던 북부 지역에서 카이퍼는 힘을 실어줄 인물로 기대받았다. 1시간 30분 전에 이미 홀은 꽉 찼고, 카이퍼는 사람들로 인해 단상으로 올라갈 수 없었다. 자유주의 지주가 자기 땅을 제공하자, 모든 참석자와 가구가 그곳으로 이동했다. 카이퍼는 야외의 즉석 연단에서 선거 연설을 했다.

    아브라함 카이퍼의 일곱 가지 삶

연설 후, 그는 두 명의 자유주의 반대자들과 한 명의 사회주의자인 아헤마(Agema), 오스터반(Oosterbaan), 도니아(Donia)와 토론을 벌였다. 보도에 따르면 토론은 자정 무렵까지 이어졌다. 어두운 밤, 성냥불로 밝혀진 이 밤은 그야말로 마법 같은 순간이었다. 카이퍼는 그의 지지자들을 움직이는 방법을 알고 있었고 그것은 그의 재능 중 하나였다.

1897년 판 하우튼 선거법(딱 장관이 제안한 것과 이 초안을 약화시킨 그 반대안으로 나뉜 법)에 따라 반혁명적 득표율은 제한적이었다. 결국 다시 한번 자유주의 내각이 들어섰다. 하지만 카이퍼는 승리를 예감했고, 그 예상은 옳았다. 그는 도덕적 승자였고, 반혁명적 유권자들은 압도적으로 그의 편에 섰다. 점차적으로 자유주의 유권자들이 반혁명주의자들과 기독교 역사주의 진영으로 이동하면서 카이퍼의 진영은 더욱 승리하게 되었다.

깔뱅주의는 이제 단순한 구호가 아니었고, 그의 추종자들은 처음으로 자신들을 깔뱅주의자라고 부르기 시작했다. 1890년대는 카이퍼의 깔뱅주의가 가장 뚜렷한 시기였으며, 그 사상은 앞에 놓인 민주주의와 깊이 연결되어 있었다. 보통참정권에 대한 그의 지지자들의 태도도 마찬가지였다. 그러나 이 속에는 한 가지 함정이 숨어 있었다.

인구의 세 부분

카이퍼는 깔뱅주의를 구체적으로 어떻게 실천하고자 했을까? 그는 깔뱅주의를 참정권과 하층계급을 위한 투쟁 외에도 모든 분야에서 나타낼 수 있다고 보았다. 물론, 그것은 학교투쟁에서 시작되었다. 네덜란드의 공교육은 프랑스 시대의 유산이었다. 카이퍼가 보기에 당시의 교육법은 국가의 독점과 반드시 가르쳐야 하는 '기독교적 덕목'으로 악명이 높았다.

1878년, 카이퍼는 자유주의 지도자 얀 까뻬이느 판 드 꼬뻴로의 새로운 교육법을 청원을 통해 강력히 반대하였다. 그의 눈에는 소수의 자유주의 엘리트가 대다수 국민의 의사에 반하여 교육을 지배하고 있었다. 그는 이 엘리트를 '꼬떼리(coterie)'라고 불렀으며 자유주의자들과 같은 의미로 이 단어를 일관되게 사용했다. 이들은 거의 모든 정치적, 사회적 위치를 독점하며 평범한 국민을 억압하고 있었다.

교회 안에서도 마찬가지였다. 어느 곳에서나 자유주의와 보수주의 엘리트들이 모든 권력을 장악하고 있었다. 카이퍼의 민주적 성향을 잘 보여주는 사례는 그의 첫 번째 목회지인 베이스드에서 권력을 전환하는 데 성공한 방식이다. 1867년 교회 회의는 카이퍼의 제안에 따라 목사와 대표자들을 모든 교인들이 선출하도록 결정했다. 이것은 대부분 가난한 여성과 남성으로

「드 스탄다르드」를 타고 반혁명가들을 이끄는 카이퍼
(1875년 풍자 잡지 「아윌런스피헐」에 실린 티므[D. A. Thieme]의 만평)

아브라함 카이퍼의 일곱 가지 삶

구성된 평범한 마을 주민들이 투표권을 갖게 된 것을 의미했다. 이는 그들이 하원의원 투표권을 얻기 50년 전에 이루어진 일이었다. 하지만 이로 인해 그는 수십 년 동안 마을과 교회의 실질적 지배자였던 판 빌란트(Van By-landt) 백작과 충돌하게 되었다. 아이러니하게도 카이퍼는 그의 임명으로 이곳에 담임목사가 되었었다.

카이퍼의 모든 활동의 바탕에는 깔뱅주의가 네덜란드 전통의 주류라는 그의 생각이 깔려 있었다. 우선 카이퍼는 깔뱅주의를 구상하기 이전에 이미 네덜란드를 세 가지 민족적 구성 요소로 나누었다. 그는 이러한 근본적인 사상이 이미 젊은 시절부터 형성되었음을 보여준다.

1871년 1월 6일, 주간지 「드 헤라우트」는 카이퍼를 새 편집장으로 공식 임명한 후 창간호에서 '자유로운 네덜란드의 자유로운 교회와 자유로운 학교를 위하여'라는 새로운 부제를 달았다. 여기서 그는 세 민족적 구성을 처음으로 제시했다. 그는 이들을 각각 기독교, 가톨릭 및 자유주의로 묘사하며, 이 세 흐름이 네덜란드 역사의 산물이라고 설명했다.

카이퍼는 또한 이 세 가지 운동 각각에 대해 동등한 권리를 보장하자는 의미로 '모든 사람을 위한 평등한 권리'에 대한 요구로 이 글을 끝맺었다. 당시에는 자유주의자들만이 시민권을 누리고 있었다. 카이퍼가 제안한 것은 "동등한 기회와 발전의 자유를 보장함으로써 갈등의 뿌리를 제거하고 정치적 환경을 정화하자"는 것이었다. 기회의 평등이 있을 때에만 공적인 토론이 이루어질 수 있었다.

인구의 세 부분. 종종 그렇듯이, 카이퍼는 이 개념을 더 발전시켰다. 1871년 7월 네덜란드 민족성에 관한 기사에서, 카이퍼는 네덜란드 국민을 가톨릭, 자유주의자들, 그리고 '기독-개혁주의자'라고 구분했다. 그러면서, 세 집단 각각에는 고유한 시대가 할당되었는데, 가톨릭 신자들은 중세를, 자유주의자들은 프랑스 혁명을, 그리고 개혁파는 네덜란드 공화국 시대에 지배적인 위치를 상징했다.

이 세부분의 인구 형태는 1879년에 출범한 반혁명당의 정치강령인 『우리의 강령』 서문에서 나타났다. 1871년의 논설은 전체 강령과 통합되었다. 카이퍼는 이에 앞서 1878년 4월 26일자 「드 스탄다르드」에서 '우리 국민성의 기조'라는 논설에서 발췌한 논설을 먼저 발표했다.

기독-민족적, 기독-역사적, 반혁명적, 깔뱅주의적 그리고 개혁주의적이라는 말은 이제 각각 그들 나름의 의미를 가지게 되었고, 각각 다르지만 서로 밀접하게 관련되어 있었다. 그러는 동안, 인구의 세 부분은 더욱 확고히 자리잡았다. 그러나 카이퍼는 나중에 새로운 용어를 사용했다.

> 우리 민족적 존재의 모태에서 *세 가지* 민족적 색채가 우선권을 다투고 있다. *로마적* 이미지와 유토피아는 중세의 황금기에 있다. *혁명가적* 이상과 유형은 프랑스 또는 독일 이론가들이 모델로 삼는 국가를 구성한다. 그리고 *기독-청교도*가 이 둘 사이에 있는데, 이것은 우리의 방향을 대표하고 그 전성기는 우리 공화국의 영광스러운 시대와 일치한다.
>
> 이들 세 가지는 각각에서 항상 동일한 네덜란드 *국민성*을 보여주었지만 발동 원리와 선택한 목표에 따라 매번 다른 음조로 연주했다.

카이퍼가 깔뱅주의를 독점적으로 자신의 것으로 삼기까지는 시간이 좀 걸렸다. 깔뱅주의가 네덜란드 역사의 기조였던 것처럼, 여기서도 자유주의자들과 가톨릭 신자들이 각각 자신의 기조를 연주했다.

물론 핵심 메시지는 같았다. 네덜란드의 깔뱅주의가 가장 강력하고, 가장 민족적이었으며, 기본 음조의 중심을 이루었다는 것이다. 하지만 그것이 다시금 주도적 위치를 차지하기 위해서는 세 가지 정당한 주장을 가진 구성요소 모두에게 동등한 권리가 주어져야 한다고 카이퍼는 주장했다.

    아브라함 카이퍼의 일곱 가지 삶

현대판 헤위즌(Geuzen)

남아프리카의 보어인들로 관심이 옮겨가는 것은 자연스러웠다. 이들에게도 카이퍼의 깔뱅주의가 중심이 되었기 때문이다. 역사학자 크리스 판 꼬뻰(Chris van Koppen)은 카이퍼와 남아프리카와의 관계를 다룬 박사논문 『19세기의 해적들』(*De Geuzen van de negentiende eeuw*, 1992)에서, 카이퍼가 1880년경 「드 스탄다르드」에서 보어 공화국의 운명에 대해 다른 어떤 국제적 사건보다 더 많은 관심을 보였다고 지적했다. 카이퍼에게 있어서 특히 트랜스바알은 깔뱅주의 투쟁의 주요 무대로 비춰졌다.

제1차 보어전쟁(1880-1881)이 발발했을 때, 네덜란드에서는 모든 당파를 초월하여 동정의 물결이 일어났다. 트랜스바알의 보어인들이 영국의 통치로부터 독립에 성공했을 때, 그들은 현대판 헤위즌으로 칭송을 받았다. 위트레흐트에서 가장 큰 트랜스바알 위원회가 결성되었고, 그것은 대체로 자유주의적 성향을 띠고 있었다. 반면에 암스테르담 트랜스바알 위원회는 보다 다양한 배경을 가진 인물들로 구성되었다.

가장 두드러진 인물은 샤를 보아스뱅의 전임자이며 「알허메인 한들스블랏」의 유명한 편집장인 안똔 판 다윌(Anton van Duyl, 1829-1918)이었다. 카이퍼도 이 위원회에 합류했고, 2년 후 이 두 사람은 암스테르담 언론인 모임의 창립에도 참여했다. 판 다윌 자신은 옵조머의 경험주의 철학의 영향을 받아 '근대주의적' 훈련을 받은 신학자였다. 그렇다고 해서 그가 카이퍼에 대한 동정심을 갖지 않는 것은 아니었다. 돌레안치 기간 동안 판 다윌은 그를 옹호한 몇 안되는 자유주의자 중 한 명이었고 심지어 소책자를 발표하면서 그의 권리를 옹호했다.

위트레흐트와 암스테르담 두 위원회는 1881년 3월 5일 토요일 저녁 암스테르담 아르티스(Artis) 대강당에서 만났으며 2천 명이 참석했다. 그러한 회의에서 대중의 분위기를 조성하는 데 능했던 카이퍼는 그의 세 가지 결의안을 통과시키는 데 성공했다. 회의가 끝날 무렵, 의회는 보어인들에 대한 지지와 새로운 영국 정부에 대한 신뢰를 표명했다. 마침 이 영국 정부는 당시 선거에서 벤자민 디즈레일리(Benjamin Disraeli)를 꺾은 윌리엄 글래드스톤이 이끌고 있었는데 이것은 우연이 아니었다. 두 달 후, 위트레흐트에서 네덜란드-남아프리카 협회가 설립되었고, 카이퍼 등이 이 협회의 이사회에 참여했다. 이는 자유주의자들이 주도하는 단체에서 그가 맡은 첫 번째 직책이었으며, 이후에도 유사한 사례들이 이어졌다. 그의 새로운 지위는 또한 2장에서 언급한 바와 같이 카이퍼에게 그해 여름 런던에서 글래드스톤에게 개인적으로 접근하려고 시도할 기회를 주었다. 그러나 이 협회에서 자유주의자들의 쿠데타로 인해, 카이퍼는 같은 해 가을에 이사직을 사임했다. 이후 트랜스바알에 대한 그의 관심은 점점 더 커져만 갔고, 그때부터 그는 깔뱅주의적 접근법을 취했다.

머나먼 낙원

대인관계도 한몫을 했는데, 남아프리카로 이주한 목사 프란스 리옹 카셰(Frans Lion Cachet, 1835-1899)는 그중에서도 핵심 인물이었다. 유대인 부모 밑에서 자랐지만, 이삭 다 꼬스타의 영향으로 세례를 받은 그는 남아프리카에서 개혁 운동의 투사로 부상했다. 1875년에 그는 네덜란드로 돌아왔다. 그는 트랜스바알의 새로운 보어 공화국에 대해 강연하며 더 많은 네덜란드 사람들의 이주를 촉구했다. 그는 이 시기부터 카이퍼를 알았고, 그 해에 함께 여행했던 브라이튼에서 더 가까와지게 되었다.

카셰는 「드 스탄다르드」에서 트랜스바알의 정치적 발전에 대한 카이퍼의 주요 정보 제공자이었을 뿐만 아니라, 자기 자신이 직접 정기적으로 기

　　　　　　　　　　아브라함 카이퍼의 일곱 가지 삶

사를 기고하기도 했다. 남아프리카 전체에 대한 카이퍼의 견해는 이를 통해 형성되었다. 트랜스바알은 20세기에 '머나먼 낙원'이라고 불렸던 곳, 즉 다른 대륙에 있는 사회주의적 이상 국가의 모습을 갖추게 되었다. 카이퍼는 이러한 사회주의적 이상에 동조하지는 않았지만, 트랜스바알은 그의 깔뱅주의 실험장이 되었다.

이외에도 카이퍼는 더 많은 개인적인 연결을 가지고 있었다. 카셰의 어린 시절 친구였던 브뤼셀의 치즈 상인 판 데스도 그중 한 명이었다. 이 아르투르(Arthur) 또는 아트(Aart) 판 데스는 수십 년 동안 카이퍼의 가장 충실한 친구 중 한 사람이었다. 카이퍼는 유일하게 그의 집에만 머물렀고 보통 그는 호텔에 머무르곤 했다. 카이퍼는 아마도 카셰를 통해 그를 알았을 것이고, 그들은 또한 트랜스바알에 대한 열정을 공유했다.

판 데스는 브뤼셀 중심부의 그랑 플라스(Grand-Place)에서 멀지 않은 곳에서 고급 델리 가게를 운영했다. 위층 집은 1893년에 개혁교회 예배를 드릴 수 있을 만큼 컸고, 그는 카이퍼의 열렬한 지지자였으며, 1894년에 병을 앓고 있던 카이퍼가 피레네산맥에 있는 스파로 떠나기 전에 두 달 동안 이곳에서 보살핌을 받았다. 아르투르 판 데스는 트랜스바알 공화국의 벨기에 총영사로 활동했기 때문에 네트워크의 일부였다. 카이퍼는 그를 통해서도 남아프리카 특히 트랜스바알과 수많은 연결고리를 형성했다.

세 번째 라인은 설교자 스테파누스 야코부스 뒤 또와(Stephanus Jacobus du Toit, 1847-1911)를 통해 이루어졌다. 그 또한 카셰를 통해 카이퍼를 알게 되었는데, 카셰는 아마도 1880년 카이퍼의 유럽 여행 중에 뒤 또와의 개인적인 만남을 주선했을 것이다. 케이프타운(De Kaap)의 목회자이자 개혁주의 운동의 일원이었던 뒤 또와는 네덜란드에 영구히 정착한 카셰를 대신해 점차 카이퍼의 남아프리카 내 주요 정보원 역할을 맡게 되었다. 뒤 또와는 곧 남아프리카에서 카이퍼의 가장 가까운 정신적 동지로 자리잡았다. 그는 카이퍼의 영향을 받아 다양한 분야에서 활동하며 아프리카에 신깔뱅주의를 발전시켰다. 이를 통해 카이퍼는 국제적으로 자신의 이름을 알리기 시작했고, 그의 깔뱅주의는 국제적인 주목을 받기 시작했다. 그러나 뒤 또와는 아프리카 민족주의자로 변모하면서 카이퍼와 멀어지게 되었다.

1884년, 뒤 또와는 폴 크뤼거 대통령과 니콜라스 스미트 장군과 함께 대표단을 구성하여 트랜스바알을 대표하여 런던에 와서 항구적인 평화조약을 위한 협상을 진행했다. 그는 협상 지원을 위해 카이퍼를 런던으로 초청했는데, 이는 2장에서 이미 설명했다. 협상이 종료된 후, 이 대표단은 네덜란드 증기선 회사(Nederlandse Stoomboot Maatschappij)가 제공한 '바타비어(Batavier)'호를 타고 네덜란드로 돌아왔다. 네덜란드에서는 보어전쟁 중에 강렬한 동정심이 있었던 만큼 이들의 귀환은 축하의 장이 되었다. 이 과정에서 카이퍼는 더 큰 주목을 받게 되었다.

약속의 땅 트랜스바알(Transvaal)

네덜란드에서 보어 대표단은 마치 개선장군처럼 환영받았다. 헤이그, 암스테르담, 아른헴, 아머스포르트, 레이든, 위트레흐트, 로테르담, 깜뻰, 흐로닝언, 그리고 4월 1일에는 덴 브리엘(Den Briel)에서도 대규모 리셉션이 열렸다. 많은 지역에서 트랜스바알 위원회가 활동하고 있었고, 암스테르담에서는 빠뜨리모니움 노동조합이 후원했다. 하지만 이 환영 행사는 국제적인 논란을 일으켰다.

빠뜨리모니움은 카이퍼가 설립에 거의 관여하지 않았고, 1876년 그가 부재 중일 때 창립되었음에도 카이퍼는 환영받는 손님이었다. 이번 행사에서도 그는 빠뜨리모니움을 대표하여 대표단을 환영했다. 3일 후, 그는 프린스 헨드릭까드에 있는 자기 집에서 성대한 만찬을 베풀었고, 이어서 반혁명

　　　　　　아브라함 카이퍼의 일곱 가지 삶

고위층 전체가 참여하는 연회를 열었다.

이에 앞서 1884년 3월 11일 화요일 저녁, 아르티스 입구 맞은편에 사람들로 가득 찬 플란시우스(Plancius) 건물에서 리셉션이 열렸다. 카이퍼는 이 자리에서 연설을 했고, 물론 그가 의도한 대로 되지는 않았지만 많은 주목을 받았다. 그는 트랜스바알러(Transvalers)와 네덜란드인들이 공통 조상을 공유한다며 두 민족의 유대를 강조했다. 트랜스바알의 보어인들은 네덜란드 사람들에게 그들의 위대한 역사를 상기시켜 준다고 역설하자, 청중들은 열광적으로 환호했다.

그러나 그는 또한 깔뱅주의가 그들을 연결한다고 언급하며 자신의 입장을 드러냈다. 더 나아가 그는 개혁주의자들이 겪는 억압을 강조하면서, 만약 네덜란드의 땅이 개혁주의자들에게 너무 가혹하다면, '그 그리스도인들의 핵심 집단은 바다를 건너 트랜스바알로 갈 것이다!'라는 감탄으로 결론을 맺었다. 자유주의의 압제에 굴복하기보다는, 그와 그의 추종자들은 보어인들과 함께 새로운 깔뱅주의의 모험에 동참하겠다는 것이다.

카이퍼에게 트랜스바알은 네덜란드 깔뱅주의자들에게 약속의 땅이었다. 그것은 그가 리옹 카셰를 통해 발전시킨 보어 공화국에 대한 그의 비전의 논리적 결론이었다. 연설 후 카이퍼는 요가 '하나님 안에서 우리는 용감한 행동을 할 것이다'라는 문구를 수놓은 트랜스바알 삼색기를 스미트 장군에게 선물했다. 장군은 그 깃발이 결코 영국군의 손에 넘어가지 않을 것이라고 약속해야 했다.

카이퍼의 행사는 성공적이었지만 이야기는 여기서 끝나지 않았다. 「더 타임즈」의 브뤼셀 특파원은 카이퍼가 영국을 모욕했다고 보도했다. 정확히 말하자면, '네덜란드 기독교 사회주의 노동자 협회'의 의장이 그러한 발언을 했다고 보도했다. 그것은 빠뜨리모니움을 지칭한 것이었는데, 특파원이 직접 그 행사에 참석했을 수도 있으나, 네덜란드 언론 보도를 철저히 검토했을 가능성이 크다. 그 말들은 실제로 다음과 같다. "당신들은 우리처럼 깔뱅주의자들이다; 그러나 심지어 우리 깔뱅주의자들 사이에서도 불화가 있고, 당신들의 도착은 우리로 하여금 그런 불화를 잊게 만든다."

실제로, 카이퍼는 연설 후반부에서, 네덜란드와 아프리카의 깔뱅주의자들을 언급하며, 깔뱅주의자들은 아무리 강력한 권력이 불의를 저지르더라도 정의를 위해 어떤 권력에도 굴복하지 않는다고 말했다. 그러나 영국 독자들의 눈에 띄었던 점은 영국인들이 쫓겨났다는 것이었고, 카이퍼에 따르면 "이 모든 나라들에서 쫓겨나야 한다"고 언급한 부분이었다. 1884년에도 그러한 일은 정치적 논란을 일으켰으며, 특히 철저히 중립을 고수하던 네덜란드에서 큰 문제가 되었다.

카이퍼는 다수의 적대자들의 비난에 직면했는데, 논란의 중심에 있었던 발언은 *쇠퇴한 나라(nation éteinte)*'라는 표현이었다. 바로 카이퍼가 네덜란드를 그렇게 묘사하며 떠오르는 독일 제국에 공격당한다면 속수무책일것처럼 보이게 했다는 비판이었다. 이에 대해 카이퍼는 자신의 방식대로 대응했다. 처음에는 드리스타 칼럼을 통해 논란이 된 구절들을 자신이 그대로 공개했다. 그가 언론의 목소리를 통해 전달하는 전략이 다시 한번 효과를 발휘한 것이었다. 비난 받았던 두 발언 모두에서 깔뱅주의자들이 지쳤다는 흔적은 전혀 없었고, 오히려 그 반대였다. 그 달 말에는 모든 비판을 잠재우기 위해 연설 전문이 인쇄되어 나왔다. 그 연설은 즉흥적으로 이루어졌지만, 기억을 통해 충실하게 재구성되었다고 그는 서문에 썼다. 그리고 독자들에게 직접 판단할 기회를 주었다. "이제 누구나 스스로 확인하고, 그 지나치게 소란스러운 반대가 얼마나 근거 없는 것이었는지를 알 수 있을 것이다."

덧붙이자면, 요가 수놓은 용감한 행동이 담긴 깃발은 제2차 보어전쟁 (1899-1902) 동안 분실되었다. 1908년 플란시우스의 저녁 주최자 중 한 명이 보어 장군 보타(Botha)에게 문의했을 때 그는 그것이 어디로 갔는지 모른다고 대답했다.

반유대주의

「드 스탄다르드」 독자들에게도 카이퍼의 주요 비평가를 판단할 기회가 주어졌다. 동명으로 주간 녹색판도 발행된 일간지 「드 암스테르담머」(*De Amsterdammer*)에서 법률가 이삭 아브라함 레비(Isaäc Abraham Levy, 1836-1920)는 카이퍼를 강력히 비판했다. 카이퍼는 그의 '플란시우스 연설'의 짧은 서문에서 그를 인용했다. 레비는 국가가 위협받을 수 있는 어떤 정통주의에 대해서도 헌법적 저항을 촉구하면서 이렇게 말했다. "가능하다면 말로 저항하되, 가능한 한 오랫동안 하고, 필요하다면 행동으로 저항하라." 이에 카이퍼는 간단히 "*사피엔티 삿*(*Sapienti sat*: 지혜로운 자에게는 한 마디로 충분하다)"이라고 덧붙였다. 이는 누가 이 글을 썼는지 아는 것만으로도, 반란을 일으킨 개혁파에 가해지는 폭력의 정당화가 얼마나 심각한 것인지 판단하기에 충분하다는 뜻이었다.

하지만 카이퍼 자신은 단순히 비판에서 멈추지 않았다. 암스테르담 언론계의 중심 인물인 「드 암스테르담머」의 편집장 얀 드 꼬가 사회 역사 연구소에 남긴 작은 아카이브에는 그의 이름으로 발행된 신문과 주간지 그리고 카이퍼의 편지가 보관되어 있다. 전직 근대주의 설교자인 드 꼬와 카이퍼는 암스테르담 언론인 모임에서 처음 만나 1년 동안 개인적으로 알고 지낸 사이였다. 카이퍼는 드 꼬가 독립적인 목소리를 내는 사람, 특히 자유주의자들로부터 독립적인 목소리를 내는 사람으로서 높이 평가했다. 카이퍼와 드 꼬는 종종 같은 세력과 싸웠고, 서로 연대하고 있다고 느꼈다. 이러한 공통된 배경에서 카이퍼의 편지는 그에게 호소력이 있었다.

레비의 비판은 전적으로 신문 기사에만 의존했다고 카이퍼는 불평했다.

심지어 「드 스탄다르드」에 실린 기사 내용조차 자신이 책임질 수 없다고 주장했다. "만약 나를 공격하고 싶다면, 기자들이 내 말을 어떻게 보도했는가 하는 것이 아니라 내가 말한 것을 공격해야 하지 않는가?" 그는 정정보도를 원했다.

카이퍼는 또한 「드 스탄다르드」를 인용한 모든 사람들에 대해 공개적으로 그런 입장을 취했다. 그는 그 기사를 사전에 보지 못했고, 그 내용에 책임이 없다는 것이다. 요컨대, '플란시우스 연설'을 둘러싼 논란은 카이퍼가 「드 스탄다르드」에서 맡은 다양한 역할을 보여주는 좋은 예였다. 설령 그가 자신의 신문에 실린 주인공이라 할지라도, 그는 그 내용을 보증할 수 없었다. 그러나 카이퍼는 이와 별도로 또 다른 것을 암시하고 있었다.

암스테르담의 변호사이자 평론가였던 레비는 단지 동시대의 자유주의자에 그치지 않았다. 이 시기에 그는 최초의 자유주의 정당인 자유연합(Liber-ale Unie)의 창립 발기인으로서 주목을 받았다. 그의 날카로운 펜 때문에 그는 얀 드 꼬의 여러 출판물에 정기적으로 등장하는 이름이기도 했다. 게다가, 그는 카이퍼가 1879년에 특별 소책자를 통해 비판했던 언론인 부류의 대표자였다.

'자유주의자들과 유대인들(Liberalisten en Joden)'은 1878년 10월 「드 스탄다르드」에서 발간된 일곱 편의 글을 모은 것이다. 이 소책자는 역사학자 이보 쇠퍼(Ivo Schöffer)가 1984년에 제기한 카이퍼의 반유대주의 캠페인 주장의 주요 근거가 되었다. 그의 깔뱅주의와 트랜스바알에 대한 사랑은 독일의 베를린 궁정 설교자 아돌프 슈퇴커와 오스트리아의 칼 뤼거(Karl Lueger)와 같은 정치적 노선과 맞닿아 있었다. 두사람 모두 민족과 국가를 점점 더 배타적으로 정의하며 반유대주의의 전형적 사례로 떠올랐다. 그렇다면 카이퍼는?

　　　　　　　　　아브라함 카이퍼의 일곱 가지 삶

자유주의자들과 유대인들

카이퍼는 유럽의 언론은 대부분 유대인 소유이며, 유대인 언론인들이 여론을 지배하고 있다고 주장한다. 네덜란드에서는 유대인들이 자유주의 언론을 장악하고 있으며, 근대주의 설교자들도 같은 정신을 지지한다. 기독교의 배교는 유대교로의 회귀라는 불가피한 결과를 초래한다는 것이다.

돌이켜 보면, 이 이슈가 당시에는 큰 반향을 일으키지 못했지만, 카이퍼의 오랜 경력에서 가장 논란이 많은 주장 중 하나였다. 이 주장은 1875년 10월 「드 스탄다르드」에 처음 실렸다. '기독교 국가 속의 유대인들(De Joden onder de Christen-natiën)'이라는 다섯 편의 사설은 현대 민족국가에서 유대인의 위치를 다루었다. 카이퍼는 은행과 증권 거래소뿐만 아니라 언론에서도 유대인들의 지배력을 관찰했으며, 여기에 당시 은퇴한 근대주의 설교자들도 합류했다고 주장했다.

> *유럽의 언론* 역시 거의 전적으로 유대인들의 수중에 있다. 이것은 근대주의 설교자들이 떠나기 전까지 우리나라에서도 그랬다는 것은 잘 알려진 사실이다. 지금도 그들은 재능과 재정적 영향력을 통해 편집국과 기자 사무실을 장악하고 있다.

이 사설은 카이퍼가 탈진하여 네덜란드를 떠나기 몇 달 전에 나온 것이었으며, 돌아온 후에야 그는 이 주제를 다시 다루기 시작했다. 정확히 3년 후인 1878년 10월에는 '자유주의자들과 유대인들' 시리즈가 이어졌다. 이제 카이퍼는 자유주의가 유럽의 여론을 장악한 것은 유대인의 위치와 연관되어 있다는 보다 구체적인 생각을 발전시켰다. 카이퍼는 유럽의 어디를 가든지, "빈과 베를린, 프랑크푸르트와 함부르크, 쾰른과 파리"에서 주요 신문들이 모두 유대인의 손에 있다는 사실을 관찰했다고 썼다.

그 후, 카이퍼는 유대인의 지배가 기독교 신앙의 배교와 상호관련이 있다고 말했다. 이는 문화적 퇴행의 한 형태였으며, 이전 문화 단계로의 퇴보였다. 그는 기독교가 유대교에 그 기원을 두고 있듯이, 기독교 신앙의 배교는 유대교로의 회귀를 의미한다고 보았다. 더 나아가, 그는 유대인들조차도 두려워할 만한 또 다른 퇴행, 즉 유대교와 기독교 이전의 단계인 현대적 이교로의 회귀 가능성을 제기했다.

네덜란드에서는 '정신적 유대인'이 더 중요하다고 카이퍼는 보았다. 자유주의자들은 '위장한' 유대인과 별반 다르지 않았다. 그러므로 위험은 자유주의를 받아들인 유대인이 아니라, 그 반대, 즉 철저하게 유대교화된 자유주의자들이었다. 혈통적 유대인보다 더 중요한 것은 정신적 유대인이었다. 자유주의적 유대인들과 근대주의 설교자들은 단지 '동일한 정신적 종류의 변종들'에 불과했다. 언론에서 근대주의 설교자들(특히 카이퍼는 가장 중요한 자유주의 신문의 편집장들을 언급)은 기독교가 유대교로 퇴행하고 있다는 가시적인 증거였다.

2020년경, 반유대주의에 대한 국제적 관심이 높아지면서 카이퍼의 소책자가 갑자기 다시 주목을 받게 되었다. 역사학자 바르트 발렛(Bart Wallet)은 왜 반유대주의가 네덜란드 기독교 사회 전통에서는 유행하지 않았는지 궁금해했다. 그는 독일과 오스트리아에서와 마찬가지로 네덜란드에서도 기독교 사회 운동이 퍼져 나갔지만, 카이퍼는 그의 동료들과 다른 길을 선택했다고 분석했다. 그러나 카이퍼의 사상에서도 반유대주의의 전형적인 요소는 발견된다고 그는 지적했다. "카이퍼의 기본 논조는 유대인들이 유럽의 기독교인들과 근본적으로 다른 존재로 간주하는 것이다."

카이퍼의 소책자 '자유주의자들와 유대인들'에 대한 가장 광범위한 분석은 역사학자 조지 하링크에 의해 이루어졌다. 그는 이 시리즈의 초반부에서 카이퍼가 유대인의 차별성을 강조했으며, 한번은 그들을 '독자적인 민족'으

　　　　　　　　　　아브라함 카이퍼의 일곱 가지 삶

로 언급했다고 지적했다. 그
러나 마지막 부분에서 카이
퍼가 동등한 시민권을 강조
했음에도 불구하고, 이런 주
장은 이미 쌓인 차별적 내용
때문에 이를 상쇄하지 못했
다고 그는 결론지었다. 카이
퍼의 주장은 '달콤 쓸쓸한'
것으로, 유대인의 권리를 인
정하지만, 동시에 반유대주
의적 고정관념에서 벗어나지
못했다. 이것이 바로 1930년
대에 이 소책자가 나치와 그
들의 동조자들에게 환영받은
이유이다.

1878년에 출간된 카이퍼의 소책자 『자유주의 자들과 유대인들』의 표지

　앞서 언급했듯이 1878년 에는 거의 반응이 없었다. 다만 「알허메인 한델스블랏」에서 한 익명의 유대인 기자가 첫 번째 기사가 나오자마자 반응을 보였다. 그는 카이퍼가 이제 유대인의 시민권에 반대하는 국민청원운동을 조직할 것이라며 풍자적으로 언급했다. 이로 인해 카이퍼는 전체 시리즈를 소책자로 출판하여 모든 사람 이 그가 실제로 유대인들의 시민권을 옹호하고 있으며 그의 모든 비판은 단 지 자유주의 언론만을 겨냥한 것임을 보여주려 했다.

감동적인 드리스타(Driestar)

슈퇴커(Stoecker)와 같은 독일의 반혁명주의자 동료들과의 차이점도 쉽게 알 수 있었다. 예를 들어, 카이퍼는 결코 민족과 국가에 대한 비슷한 개념을 발전시키지 않았다. 그에게 있어 민족과 국가는 인종이나 혈통의 문제가 아니라 역사적 과정의 결과였다. 다시 말해, 유대인들은 다른 누구와 마찬가지로 쉽게 완전한 혈통의 네덜란드인이 될 수 있었다. 그는 이를 문자 그대로 주장했으며, 다른 지역에서 또 다른 형태의 민족주의가 대두할수록 오히려 더욱 강하게 그렇게 역설했다. 카이퍼는 인종차별주의자가 아니었다. 그는 또한 신흥 반유대주의를 기독교 문화적 뿌리와의 청산으로 보았다.

더욱 중요한 것은 카이퍼가 시민권을 강조한 것이다. 처음부터 그의 깔뱅주의는 자유주의를 뛰어넘는 시민권을 주장하는 것이었다. 특히 총리로 재임하는 동안, 그는 유대인 동포들에게 자신들만의 사회적 지위를 가질 권리가 있음을 설득하기 위해 적극적으로 노력했다. 그의 관점에서, 유대인들은 가톨릭 신자들과 같은 단계를 밟아야 했다. 처음에는 가톨릭 엘리트들도 토르베케를 의지했지만, 1900년경부터는 자유주의자들 없이 가톨릭 해방을 추구했다. 카이퍼의 이상적인 세계에서는, 유대인들 또한 그렇게 행동하여, 가령 유대인 학교를 설립할 것을 제안했다.

1895년부터 1901년까지 네덜란드 언론인 모임에서 활발하게 활동하던 기간 동안 그의 몇몇 가까운 동료들은 유대인이었다. 이사회 동료인 마르틴 판 랄터(Martin van Raalte)와 쟈끄 데인(Jacques 또는 Jacob Mozes Deen)은 각각 헤이그와 암스테르담의 자유주의 선거구에서 정치적으로 활동했으며, 종교적으로는 자신들의 회당에서 활동적이었다. 유대인 동료들과의 이러한 실천적 교류는 이전의 이론적 고찰보다 더 큰 영향을 미쳤을 것이다. 따라서 저널리즘에서 유대인의 역할을 바라보는 카이퍼의 시각은 쉽게 긍정적

 아브라함 카이퍼의 일곱 가지 삶

인 평가로 바뀔 수 있었다.

그는 일생 동안 유대인 기자들이 일을 더 잘하고, 언론에서 더 능숙하다는 확신을 가지고 있었다. 이러한 생각은 앞선 관점만큼 본질주의적이었으나, 동료들에게 반드시 나쁘게 작용하지는 않았다. 그는 「드 스탄다르드」의 편집자들에게 유대인 기자들을 고용하고 싶다고 한숨을 쉬기도 했다. 실제로 마르틴 판 랄터는 카이퍼가 총리가 되었을 때 거의 노골적으로 봉사를 제안했으나, 이는 다른 기자들도 마찬가지였다.

이러한 선입견은 (비록 카이퍼가 그것을 많은 이들과 공유하고 있었을지라도) 어디까지나 문화적 성격의 것이었으며, 인종주의적 용어로 표현되지는 않았다. 그가 죽을 때까지 쟈끄 데인과 긴밀한 관계를 유지한 것은 우연이 아니었다. 이덴부르흐 및 가족들에게 보낸 서신에서 카이퍼는 항상 데인을 높이 평가했다. '보기 드문 충성스럽고 진심 어린 친구'라고 표현했다. 이는 카이퍼가 가진 암스테르담의 정통 유대인 행정가이자 자선가였던 데인의 이미지였다. 1915년 데인이 덴마크에서 사망하자, 카이퍼는 그를 기리기 위해 감동적인 드리스타 칼럼을 헌정했다.

카이퍼는 유대인들을 자신의 가장 친한 친구로 보는 것을 좋아했다. 그러나 이것이 그가 다시 한번 이삭 아브라함 레비와 격렬히 충돌하는 것을 막지는 못했다. 이번에도 문제의 중심에는 트랜스바알이 있었다.

최후의 모히칸(Mohican)

1897년, 이번에는 1면 뉴스였다. 이 논쟁은 1893년 창간 이래 가장 인기 있는 주요 일간지인 「드 뗄레흐라프」(*De Telegraaf*)에서 일어났다. 카이퍼는 국가산업궁전에서 「드 스탄다르드」 25주년을 기념한 후 일주일을 브뤼셀에서 보냈다. 그는 그의 기념 행사에 대해 보도한 「드 뗄레흐라프」를 가지고 갔는데, 이번 호에는 트랜스바알에 대한 보도에 관해 편집장에게 보낸 그의 글이 실려 있었기 때문이다. 그 보도에서는 트랜스바알의 대통령과 의회가 대법원과 충돌한 사건이 다뤄졌다.

그의 투고에서 카이퍼는 국민의 대표자들과 대통령의 편에 섰다. 그가 국민의 주권을 믿었던 것은 아니었지만, 크뤼거 대통령도 역시 같은 입장이었다. 하지만 주권을 가진 공화국에서는 국민의 대표가 주권자였으며, 트랜스바알도 마찬가지였다. 그것은 카이퍼에게 중요한 주제였으며, 그가 사랑하는 트랜스바알의 경우에는 더욱 그러했다. 헌법학자 레비는 자신의 전문 분야에서 카이퍼를 공격할 좋은 기회로 보았다.

레비는 당연히 판사들의 편에 섰다. 만약 그들이 헌법을 검증할 수 없다면, 통제불능의 상태가 될 것이고 그 결과 기본권은 어디에서도 안전하지 않을 것이었다. 이 논쟁은 거의 정반대의 입장을 두고 벌어진 논쟁이었다. 카이퍼가 명시적으로 표현하지는 않았지만 사실상 민중주권을 옹호했고, 자유주의자인 레비는 정반대의 입장을 굳건히 지켰다. 문제는 「드 뗄레흐라프」의 독자들이 이러한 법적인 논쟁을 모두 이해했는지는 의문이지만, 두 논객간의 대결은 어쨌든 흥미있었기 때문에 신문의 1면을 장식했다. 이 논쟁은 여러 차례의 기고를 통해 계속되었으며, 더 많은 이들이 참여하기도 했다. 여기서 요점은 카이퍼가 주권에 관한 논쟁에 얼마나 민감했는가 하는 것이다. 그것은 그의 깔뱅주의의 핵심에 해당했다.

카이퍼와 레비는 이후에도 종종 갈등을 빚었으며, 다시금 「드 흐루너 암스테르담머」에서 논쟁을 벌였다. 1910년에 카이퍼는 「드 스탄다르드」의 드 리스타 칼럼에서 레비와 같은 자유주의자들이 드물어졌음을 지적했다. 레비는 여전히 깔뱅주의자들을 위험한 성직주의자로 여기고, 그들이 평등한 시민권을 옹호하는 것을 다른 사람들에 대한 위협으로 간주했다. 지난 수십 년 동안 자유주의자들 대부분이 이런 반응을 보였으며, 이제 레비는 거의

     아브라함 카이퍼의 일곱 가지 삶

마지막 모히칸이 된셈이었다.

레비 씨가 지금 생각하는 방식은 과거 대다수의 자유주의 지도자들이 생각하던 방식이다. 그는 그들의 전형적인 인물이다. 그는 그라나다 술탄국 가문의 마지막 아벤세라지(Abencerrages)다. 그가 예언하듯 말하는 방식으로는 이제 거의 아무도 말하지 않는다.

그러나 이러한 변화는 오랜 시간이 걸렸고, 그 이유는 카이퍼가 항상 자신의 정치적 견해를 깔뱅주의라고 하는 불가능한 제목 아래서 팔았던 것과 관련이 있다. 그 당시에도 깔뱅주의는 많은 오해를 불러일으키는 원인이었으며 지금도 여전히 그렇다.

초보자들을 위한 깔뱅주의 안내

카이퍼는 자신의 깔뱅주의를 국제적인 청중에게 설명하려고 할 때 가장 명확하게 표현하곤 했다. 그러나 1912년의 『자화상』에서도 그는 여전히 많은 단어를 사용해야 했다. 어쨌든, 깔뱅주의에 대한 이상한 인식들이 국제적으로도 존재했기 때문이다. 카이퍼는 청중들에게 이렇게 설득했다. 깔뱅주의를 떠올릴 때, 세르베투스(Servetus)[1]의 처형을 생각하지 말고, 오히려 그것의 자유로운 발전을 생각하라고. 스코틀랜드, 네덜란드, 미국과 같은 나라들에서 깔뱅주의가 자유롭게 꽃을 피울 수 있었다는 것이다.

1 　세르베투스(Michael Servetus 또는 프랑스어 표기: Michel Servet 또는 스페인어 표기: Miguel Serveto; 1509 혹은 1511-1553)는 스페인 아라곤 출신의 의학자이자 신학자이다. 그는 삼위일체와 유아 세례를 거부한 죄로 사형을 선고받아 1553년 10월 27일 제네바에서 화형당했다. (위키백과)

현대 깔뱅주의는 보통 참정권, 식민지 문제 및 사회 문제와 같은 현대적 이슈들과 관련이 있었다. 그래서 독일에서는 신깔뱅주의로 알려지게 되었다. 카이퍼는 프린스턴 대학에서 열린 강연을 통해 큰 주목을 받았고, 이 강연은 뉴욕에서 출판되기도 했다.

카이퍼는 깔뱅주의를 여섯 가지 기본 원칙으로 요약하며 초보자들도 쉽게 이해할 수 있도록 설명했다.

1. 어떤 인간도 다른 인간에게 복종해서는 안 된다.
2. 인간은 오직 하나님께 복종해야 한다.
3. 모든 주권은 하나님의 은혜로 존재하며, 각 영역 내 주권에 의해 제한된다.
4. 가장 투표권
5. 종교의 자유
6. 교육의 자유

이와 같은 원칙은 1898년, 네덜란드 언론인 협회가 빌헬미나 여왕의 즉위를 취재하러 온 모든 국제 기자들에게 배포한 부드러운 가죽 제본으로 된 안내서에도 실렸다. 카이퍼는 이러한 원칙들을 즉석에서 설명할 수 있는 준비가 되어 있었다. 각 원칙에 대한 해석도 당연히 덧붙였다.

카이퍼가 설명한 깔뱅주의의 핵심은 모든 권력을 제한하는 것이었다. 어떤 인간도 절대적으로 다른 인간에게 예속될 수 없다는 것이 그 출발점이었다. 이는 자유를 의미했다. 자유는 깔뱅주의의 출발점이었으며, 이는 어떤 주권적 권위도 그 자유를 침해할 수 없다는 것이다. 이것이 카이퍼에게 있어 두 번째 원칙의 핵심이었다. 모든 주권이 하나님의 손에 있다면, 인간은 그 주권에 대해 제한된 권리만 가질 수 있다는 의미였다.

1930년대에 영국의 작가 체스터턴(G. K. Chesterton)은 이것을 모든 형태

  아브라함 카이퍼의 일곱 가지 삶

의 전체주의 국가에 대한 해결책으로 보았다. 그는 유럽 전역에서 그 반대 현상이 일어나고 있는 것을 보았다. "한 번 하나님을 폐지하면, 정부가 곧 신이 된다(Once abolish the God, and the Government becomes the God)." 카이퍼도 이에 전적으로 동의했을 것이다. 현대 국가는 전체주의 국가의 위험을 내포하고 있으며, 그의 눈에 이를 막는 유일한 방법은 모든 권력의 상대화였다. 실제로는 각 사회적 영역의 독립성을 인정함으로써 이를 실현할 수 있었다. 다시 말해, 영역 주권은 국가가 시민의 삶에 과도하게 간섭하는 것에 대한 해독제였다.

교육의 자유는 물론 종교의 자유도 중요했다. 레비와 다른 자유주의자들이 우려했음에도 불구하고, 카이퍼는 처음부터 시민적 자유의 열렬한 옹호자였다. 그의 이상적인 국가는 모든 견해가 공개 토론을 통해 시민들의 지지를 얻기 위해 경쟁하는 곳이었다. 양심의 자유가 기본이었고, 모든 사람을 위한 종교의 자유도 마찬가지였다. 카이퍼는 동시대의 많은 사람들과는 달리, 유대인, 무신론자, 또는 다른 어떤 신념을 가진 사람에게도 예외를 두지 않았다. 그가 주권을 상대화한 것처럼, 자유에 대한 요구도 확고했다.

그러나 네 번째 원칙인 호주의 참정권은 카이퍼가 다른 원칙들로 얻은 지지를 종종 잃게 만들었다. 그는 유기적 연대를 굳게 믿었으며 개인주의적 사고보다는 사회적 연대를 중시했다. 그의 이상적인 국가는 노동 조합, 무역 및 교육에 이르기까지 모든 사회적 이익이 유기적으로 대표되는 상원으로 구성되어 있었다.

투표권도 마찬가지였다. 그는 참정권은 개인이 아닌 가족과 같은 유기적 단위에 속한다고 믿었다. 각 가정을 대표하여 가장만이 투표할 수 있었으며, 가장이 없을 경우 미망인이나 독신 여성이 대신할 수 있었다. 이것이 그의 유명한 '가장 참정권'이었는데, 이 생각은 1900년 이후에도 자유주의 진영에서 널리 받아들여졌다. 그러나 카이퍼와 그의 당은 1917년 평화조약

이후까지도 이를 고수했다. 그것 역시 전형적인 카이퍼의 모습이었다. 즉, 원칙이 우선이었고, 타협은 그의 특기가 아니었다.

스톤 강연(Stone Lectures)

이 모든 모험의 시작이 된 깔뱅주의에 대한 강연이 있은 지 25년 후, 카이퍼는 다시 무대에 섰다. 이번에는 뉴욕에서 기차로 한 시간 이상 떨어진 뉴저지의 프린스턴 대학교 캠퍼스에 있는 그리스 신전 모양의 고전주의 교회인 밀러 채플(Miller Chapel)에서 열렸다. 1898년 10월, 카이퍼는 주로 신학자들, 네덜란드 이민자들 그리고 다른 이해 당사자들로 구성된 '관심 있는 많은 청중들'을 위해 2주 동안 여섯 번이나 강단에 섰다.

스톤 강연은 모두 깔뱅주의의 다양한 측면에 관한 것이었다. 카이퍼가

밀러 채플(Miller Chapel, 1831)은 프린스턴의 영적 중심지로, 그리스 고전 양식으로 지어졌으며, 카이퍼가 1898년 10월, 수백 명의 미국인 청중에게 여섯 차례 스톤 강연을 한 곳이다.

아브라함 카이퍼의 일곱 가지 삶

영어로 말한 것은 그때가 처음이어서 다소 망설였다. 그가 도착했을 때 빠른 미국식 말투를 전혀 이해하지 못했기 때문이다. 그래서 그는 조금 천천히 말하기로 결정했고, 그래서 강연이 때로는 두 시간이나 걸리기도 했다. 하지만 그가 예상했던 것보다 더 잘 진행되었고, 그는 용기를 얻어 이후 시카고를 포함한 다른 지역에서도 일부 강연을 진행했다.

강연은 1873년에 끝맺은 주제에서 다시 시작되었다. 깔뱅주의의 역사적 발전이었다. 가톨릭 측에서 시작된 모욕적인 표현이었던 깔뱅주의라는 용어는 이제 한 개신교 운동을 학문적으로 받아들여진 명칭이 되었다. 1873년보다 훨씬 더 카이퍼는 깔뱅주의가 미국 문화에 끼친 영향력을 강조했다. 그는 바로 본론으로 들어가 19세기에 미국에서 대히트를 친 미국 시인 롱펠로우의 시 "엑셀시오르"를 언급했다. 그는 이곳 뉴욕 주의 산악 지대에서 비로소 그 의미를 더 잘 이해할 수 있었다고 고백했다.

어쨌든 그는 이 강의를 위해 그 어느 때보다도 철저히 준비했다. 이는 그의 경력에서 가장 중요한 순간이었다. 그는 미국으로 항해하던 루카니아호에서 미국 역사를 더욱 깊이 탐구했으며, 거기서 얻은 통찰도 강연에 반영했다. 카이퍼는 미국 사회를 형성한 민족적, 문화적 용광로 같은 특성이 깔뱅주의가 더욱 발전할 수 있는 기회를 제공한다고 보았다.

깔뱅주의는 인종적 의미에서 민족주의를 인정하지 않았고, 오히려 가톨릭과 이슬람보다 더 보편적이었다. 바로 이러한 이유로, 현대 칼뱅주의는 인간 발전사에서 잠정적인 정점으로 여겨졌다. 인종 혼합(Racial mixing or miscegenation)이라고 당시에 불렸던 것은 단점이 아니라 오히려 필수 조건이었다. 역사는 동쪽에서 서쪽으로 흘러왔으며, 카이퍼 개인에게도 서쪽으로의 여행은 일종의 성취였다.

카이퍼는 10일 동안 밀러 채플의 강단에 섰다. 첫 강연에서 그는 깔뱅주의의 역사를 논한 후, 두 번째 강연에서는 깔뱅주의의 종교적 측면을 다루었다. 이어진 세 번째 강연에서는 정치적 비전을 설명했는데, 이는 한때 그가 흐룬 판 프린스터러와 함께 탐구했던 주제였다. 여기서 그는 모든 형태의 주권적 권력이 상대적이라는 자신의 관점을 펼쳤다. 근대 국가가 점점 팽창하고 있었지만, 각 사회적 영역이 자체 주권을 유지한다면 국가 권력을 통제할 수 있었다. 그는 미국만큼 국가의 권력을 한계 내에 두는 자유와 시민권에 대한 자신의 이야기를 효과적으로 전달할 수 있는 곳은 없다고 느꼈다. 여기서 그는 소수자가 다수에 맞서 양심의 자유를 소중히 여길 수 있는 자유와 시민권의 중요성을 강조했다.

네 번째와 다섯 번째 강연은 학문과 예술이라는 두 가지 사회적 영역에 초점을 맞추었다. 첫 번째 주제는 카이퍼의 전공이었는데, 여기서 그는 교수로서 학자들 앞에서 자신있게 연설했는데 이는 학자들에게 큰 호응을 얻었다. 깔뱅주의는 역사적으로 학문의 발전을 촉진했을 뿐만 아니라, 학문의 자유와 독립성을 보장하는 데 있어 다른 어떤 사상보다도 뛰어났다. 여기서 그는 과거 자신의 저서 『오류는 처벌 받아야 하는가?』에서 발전시켰던 논지를 다시 펼쳤다. 즉, 학문적 진리는 완전한 자유를 통해서만 달성될 수 있으며, 이것이 없으면 학문이 존재할 수 없다는 것이었다. 하지만 예술은 다른 이야기가 아닌가?

에올루스 하프(Aeolus Harp)

겉으로 보기에 깔뱅주의는 예술과 관련하여 부정적인 이미지를 가지고 있었으며, 카이퍼도 이것을 인정했다. 청교도 전통 중 일부는 예술에 큰 관심을 두지 않았다. 하지만 깔뱅주의에 대한 이같은 비판은 부당하다고 그는 주장했다. 이번에도 그는 역사적 배경을 먼저 다루었고, 자유의 이상은 그 후에 다루었다. 가령, 역사적으로 깔뱅주의는 네덜란드 화가들의 사실주의

   아브라함 카이퍼의 일곱 가지 삶

적 작품을 가능하게 한 토대를 제공했다.

네덜란드 회화 학파가 현실에 대한 깔뱅주의적 세계관을 반영했다는 카이퍼의 주장은 20세기까지 계속되는 학문적 토론으로 이어졌다. 흥미롭게도 그는 음악에 소양이 없어 악보를 읽을 줄도 모르고, 음악회에 가본 적도 없으며, 사회 생활에서 시각 예술에 대한 특별한 안목이 없었지만, 그는 그의 사상을 발전시키는 데 예술을 중요한 위치에 두었다.

이미 1871년에 쓴 모더니즘에 관한 소책자에서 그는 베토벤(Ludwig van Beethoven)과 모차르트(Wolfgang Amadeus Mozart)를 주어진 아름다움을 발견해낸 이들로 묘사했다. 그의 주요 저서인 『신학백과전서』에서 카이퍼는 바흐, 모차르트, 베토벤의 음악을 예로 들면서 그들이 황금 비율을 무의식적으로 적용한 예를 제시했다. 다시 말해, 카이퍼는 음악의 예를 들면서 예술의 신성한 성격을 설명했다.

그의 다섯 번째 강의는 지난 몇 세기의 음악에 대한 논의로 마무리되었다. 그는 깔뱅주의의 장점은 음악을 교회로부터 해방시켜, 음악이 단순한 응용예술을 넘어 독립적인 예술 형태로 발전하게 한 것이라고 주장했다. 종교개혁 이후로, 특히 깔뱅주의의 영향 아래서, 예술은 해방되었으며, 회화와 음악은 그 본래의 모습을 찾았다. 이것이 카이퍼가 말하는 깔뱅주의였다. 즉, 자유와 자유로운 발전은 예술에서 신성한 것이 발현될 수 있는 조건이었다. 작곡가들이 자유롭게 창작할 수 있었던 것처럼, 그의 이상적인 사회도 마찬가지로 그러한 자유를 기반으로 해야 했다.

카이퍼의 마지막 강연은 깔뱅주의와 미래에 관한 것이었다. 그때는 1898년 10월 21일 금요일이었, 다음 날 그는 명예 박사 학위를 받을 예정이었으며, 본격적인 순회 강연은 이제 막 시작하려는 참이었다. 강연 시리즈에서 그는 처음에는 조심스럽게 시작했으나, 곧 본격적인 흐름을 탔다. "박수 소리가 귀청을 찔렀고, 나는 이내 집에서처럼 편안히 연단에 서 있을 수 있었다.”

그러나 그의 강연은 낙관적 어조로 시작하지 않았다. 그는 세계를 둘러보며 당시 퍼져가던 물질주의와 새로운 이데올로기들에 대한 우려를 표했다. 카이퍼는 아직 ‘이데올로기’라는 용어를 사용하지 않았지만, 서구 세계가 이러한 사상들 속에서 길을 잃을 위험에 처해 있다고 보았다. 이처럼 강력한 현대적 폭력 앞에서 연약한 깔뱅주의 전통은 무엇을 제시할 수 있었을까? 카이퍼는 이를 창문에 있는 바람이 불 때만 소리를 내는 에올루스 하프(Aeolus Harp)[2]에 비유했다. 이 악기는 바람이 불기를 기다리며 창가에 놓여있었고, 적절한 때가 오면 바람 소리에 울려 퍼질 것이다.

21세기를 위해

2019년에 한스-게오르그 울리히스(Hans-Georg Ulrichs)의 스톤 강연에 대한 연구서, 『깔뱅주의 이데올로그로서 아브라함 카이퍼: 새로운 시각』(*Ideologe des Calvinismus–neu gelesen*)가 출간되었다. 비록 그것이 신학자의 접근이지만, 울리히스는 독일의 독자들에게 카이퍼의 깔뱅주의가 신학에만 국한되지 않는다는 것을 분명히 보여준다. 카이퍼의 비전은 단순한 세계관이나 ‘삶의 원리(Lebensprinzip)’ 그 이상이며, 역동적이고 광범위한 사회관으로, 지금까지 종종 간과되어온 만큼 현재에도 더욱 시사적이고 심오한 의미를 지니고 있다고 그는 말한다.

스톤 강연은 1904년에 독일어로 번역, 출간되었지만, 독일어권에서 그 내용을 본격적으로 분석한 연구는 울리히스의 저서가 사실상 최초이다. 그

2　에올루스 하프(Aeolus Harp) 또는 윈드 하프(Wind Harp)는 바람에 의해 연주되는 악기로 이 악기의 이름은 그리스 바람의 신인 아이올로스(Aeolus)의 이름을 따서 명명되었다. (위키백과)

　아브라함 카이퍼의 일곱 가지 삶

는 카이퍼의 강연들 속에서 반복적으로 등장하는 기본 원칙들을 발견한다. 즉, 모든 사람을 위한 급진적 자유와 책임, 계층적 위계질서가 아닌 민주주의, 획일성이 아닌 다원주의, 각 영역의 권력이 독립적 주권에 의해 제한받는 권위이다.

자유에 대한 불굴의 투사인 카이퍼는 그의 기본 원칙들이 논의된 각 영역에서 어떻게 영향을 미치는지 잘 보여준다고 울리히스는 말한다. 종교, 정치, 학문, 예술

화가 헨드릭 하퍼만(Hendrik Haverman)이 그린 초상화(캔버스에 유화)
1907년 카이퍼의 70번째 생일에 2,700명의 교사가 선물했다.

은 오직 자유 속에서만 발전할 수 있지만, 서로 구분된 책임 속에 뿌리내려야 한다고 카이퍼는 말한다. 그렇지 않으면 절대적 자율성은 계몽주의의 변증법적 결과로 이어져 파멸을 낳을 수도 있다. 울리히스는 이 개념을 카이퍼가 명시적으로 언급하지는 않았지만, 20세기에 계몽주의 프로젝트의 탈선을 거의 예언적으로 인식했다는 것을 발견했다.

그는 특히 카이퍼가 스톤 강연에서 두 가지 탈선에 주목했다고 지적한다. 하나는 현대 국가가 지나치게 확장되어 통제가 불가능한 이데올로기적 독재로 변질될 위험이다. 이는 단순히 시민의 삶을 전반적으로 억압하는 전체주의적 국가의 모습뿐만 아니라, 제국주의에서도 동일한 위협이 있음을 카이퍼는 감지했기에 백악관을 방문했을 때 미국 대통령 매킨리에게 직접

경고했다. 그는 미국에서의 인터뷰에서도 같은 메시지를 반복해서 강조했다. 즉, 제국주의는 전 세계적으로 탈선할 위험에 처해 있고, 영국이 선두를 달리고 있지만, 미국도 같은 비극적 길을 걸어갈 수 있다고 경고했다.

또 다른 문제는 통제되지 않은 자본주의였다. 카이퍼는 마지막 강연에서 사회적 다윈주의 사상에 의해 정당화된 빈곤층 증가와 함께 부의 집중 가능성을 예견했다. 카이퍼의 이 두 가지 경고 모두 지난 세기에 현실로 나타났으며, 이 놀라운 통찰만으로도 스톤 강연을 읽는 것은 특별한 경험이었다고 울리히스는 말한다.

그는 주저 없이 카이퍼를 자유의 옹호자이자 현대적이고 시의적절한 사상가로 평가한다. 반(反)아파르트헤이트 신학자 알란 부삭(Allan Boesak)은 스톤 강연에 대한 자신의 연구에서 남아프리카공화국의 아파르트헤이트(apartheid)[3]에 대해 카이퍼의 책임이 있다는 주장은 틀렸다고 강조했다. 오히려, 카이퍼의 사상은 계급, 인종, 성별(젠더)에 관한 현대적 논의에서 놀라운 통찰을 제공한다고 그는 보았다. 결국, 카이퍼의 사상은 '해방적인 미래의 가능성(befreiendes Zukunftspotential)'으로 남아 있으며, 따라서 21세기의 시각으로 카이퍼를 새롭게 읽을 필요가 있음을 강력히 주장한다.

---

3   아파르트헤이트(Apartheid)는 과거 남아프리카의 아프리카너(Afrikaner: 남아프리카에 거주하는 백인 중, 케이프 식민지를 형성한 네덜란드 이민자를 중심으로, 프랑스의 위그노, 독일계 개신교도 같은 종교적 자유를 찾아 유럽에서 아프리카 남부에 정착한 개신교도가 합류하여 형성된 민족집단) 주도의 극우 국민당 정권에 의하여 1948년에 법률로 공식화된 인종분리, 즉 남아프리카 백인정권의 유색인종에 대한 차별 정책을 말한다. 1990년부터 1993년까지 벌인 남아프리카 백인 정부와 흑인 대표인 아프리카 민족회의와 넬슨 만델라 간의 협상 끝에 급속히 해체되기 시작했고, 민주적 선거에 의해 남아프리카 대통령으로 당선된 만델라가 1994년 4월 27일에 완전 폐지를 선언하였다. (위키백과)

아브라함 카이퍼의 일곱 가지 삶

신앙과 무정부 상태 사이

1907년, 카이퍼의 70번째 생일을 맞아 자유주의적 계승자는 그에게 훈장을 수여하지 않았지만, 각계각층에서 찬사가 쏟아졌다. 헤이그의 스카이라인을 장식하는 세 개의 정부 청사가 자리잡고 있는 곳에 위치한 예술과 학문의 전당은 사람들로 가득 찼는데, 그의 지지자들만 참석한 것은 아니었다. 주류 자유주의 신문들은 침묵했지만, 「드 학스 꾸란트」(*De Haagsche Courant*)의 도르만(J. D. Doorman)과 「드 뉴브 꾸란트」의 뿔렘쁘 판 다위플란트(L. J. Plemp van Duiveland)가 언론인 협회를 대표하여 이 전직 의장에게 존경을 표하러 왔다.

이날, 2,700명의 교사들이 헌정한 새로운 카이퍼 초상화가 공개되었다. 교사들의 이름은 함께 제공된 앨범에 기록되었다. 화가 헨드릭 하퍼만(Hendrik Haverman)은 이전에 카이퍼의 대리석 흉상을 만들었던 조각가 뜬 뒤뿌위의 추천으로 의뢰를 받았다. 하퍼만은 나중에 이와 관련된 일화를 자주 이야기하곤 했다. 그가 카이퍼를 처음 만났을 때, 산책하면서 왜 그렇게 몸을 앞으로 숙이고 걷는지 물었더니 카이퍼는 이렇게 대답했다고 한다. "우리 하나님의 사람들은 항상 넘어질까 두려워하기 때문입니다."

하퍼만은 카이퍼가 9월, 위트레흐트의 티볼리 극장에서 연설하던 모습을 초상화로 담아냈다. 연설 중의 카이퍼는 손에 안경을 들고, 왼쪽 옷깃에는 훈장을 달고 있었다. 카이퍼는 자신만의 스타일을 지닌 활동가로서, 티볼리에서 제빵업 노동자들의 야간 노동 폐지를 강력히 호소했다.

수많은 편지와 축하 메시지 중에는 예상치 못한 인물이 보낸 긴 편지 한 통이 있었다. 카이퍼와 니우븐하위스는 긴 평행선을 그린 인생 속에서 한 번도 직접 만난 적이 없었지만, 이 무정부주의 지도자는 항상 멀리서 메시아적 그림자처럼 카이퍼를 지켜보았다.

전직 목사이자 메시아적 사회주의자이며 나중에 무정부주의자가 된 페르디난드 도멜라 니우븐하위스(1846–1919)

1888년, 카이퍼는 프리슬란트 스호터란드 지역구 결선 투표에서 자신의 지지자들에게 자유주의 후보 대신 전직 목사인 도멜라 니우븐하위스에게 투표하라고 권유했고, 그 결과 그는 승리를 거두었다. 그러나 니우븐하위스는 하원에서도 여전히 고독한 존재였다. 그럼에도 카이퍼는 「드 스탄다르드」에서 사회주의자들의 시민권을 거리낌 없이 옹호했고, 1886년 암스테르담에서 26명이 사망한 뱀장어 폭동의 동기에 대해서도 이해한다고 말했다. 보수주의자들은 도멜라 니우븐하위스를 붉은 유령의 상징으로 여겼지만, 카이퍼는 단지 그의 이념에서 어떤 구원도 발견하지 못했을 뿐, 공포의 상징으로 보지는 않았다. 1907년에 니우븐하위스는 자신의 회고를 담은 편지를 카이퍼에게 보냈다.

'존경하는 반대자'에게 보낸 이례적으로 솔직한 편지에서 도멜라 니우븐하위스는 두 사람의 삶을 돌아보았다. 그는 1903년 카이퍼의 파업법이 자신을 크게 실망시켰음을 숨기지 않았다. 노동자 파업의 패배는 그의 삶에서 가장 큰 좌절이었다고 밝혔다. 카이퍼가 총리로 있던 기간은 그에게 가장 암울한 시기였으며, 카이퍼가 권력을 추구하면서 그리스도를 부인한 것이나 다름 없었다고 했다. 어떤 사람이 다른 사람을 지배할 권리가 있는가?

아브라함 카이퍼의 일곱 가지 삶

4년의 권력 기간동안 카이퍼는 이전 모든 세월을 합친 것보다 더 많은 해를 끼쳤다고 그는 비판했다.

그러나 니우븐하위스는 둘 사이의 유대감 또한 숨기지 않았다. 그들은 모두 극도로 사랑을 받았고, 동시에 극도로 미움도 받았다. 다만 카이퍼의 길은 자신의 길만큼 곧고다 언덕을 지나지 않았을 뿐이었다. 비록 직접 만난 적은 없었지만, 그는 항상 카이퍼를 주의 깊게 지켜 보았다. 카이퍼의 재능과 헌신은 인정하면서도 그는 이렇게 말했다.

> 사실, 당신의 글을 읽으며, 저는 종종 우리가 본질적으로 그렇게 멀리 떨어져 있지 않다고 생각했습니다. 당신의 글 중 일부는 내가 그냥 복사해서 연설에 사용해도 될 정도였지요. 다만 우리 사이에는 믿음의 간극만이 가로놓여 있었을 뿐입니다.

그들은 원칙 면에서 차이가 있었다. 그러나 카이퍼에게는 적어도 원칙이 있었다. 그런 점에서 카이퍼는 자유주의자들보다 한층 우뚝 서 있었다. 그리고 니우븐하위스는 두 사람 모두가 세상을 떠난 후에, 그들의 원칙들 사이, 곧, 신앙과 무정부주의 사이의 최후의 전투가 벌어질 것이라고 말했다. 하지만 그는 이날 개인적인 존경의 표시를 보내지 않을 수 없었다(서명, 당신의 충실한, F. 도멜라 니우븐하위스).

제6장

언론인

언론인으로서의 카이퍼
(얀 베스[Jan Veth]의 연필 삽화[1892년 경])

『자화상』에서 카이퍼가 언론인으로서 자신의 역할을 축소하려는 데에는 두 가지 이유가 있다. 첫 번째는 간단하다. 그의『자화상』은 주로 내용에 초점을 맞추며, 언론은 단지 하나의 수단일 뿐이기 때문이다. 카이퍼의 목표는 더 크고, 본질적으로 정치적 성격을 띠고 있다.

두 번째 이유는 이해하기가 조금 더 어렵다. 그의『자화상』은 자신의 이름으로 출판된 것만 인정하고 있다. 이 책들은 약 200권이었지만, 대다수는 이전에 그의 일간지나 주간지에 일련의 기사로 실렸던 것들이었다. 그러나 익명으로 발표된 것은 익명으로 남아야 했다. 그 글들은 그가 속한 운동의 목소리였고, 그 매체의 표현일 뿐이었다. 제목 페이지에 그의 이름이 적혀 있는 것만이 실제로 그의 작품이었다. 따라서, 그의 책들은 그의 것으로 간주되었지만, 그의 언론 활동은 포함되지 않았다.

그의 책들 중 일부는 프랑스어, 영어, 독일어 그리고 한글로 번역되었다. 그는 스톤 강연(1898)과 보어전쟁에 관한 프랑스어 소책자(1900)처럼 다른 언어로도 직접 몇 편을 썼다. 또한 그는 주로 프랑스어, 영어로 약 30편의 개별 논설을 발표하기도 했다.

카이퍼는 프랑스어를 모국어인 네덜란드어처럼 능숙하게 구사할 수 있었다. 신학자들에게 그는 라틴어로 엽서를 썼으며, 영어와 독일어로도 유창하게 말하고 썼다. 세계 곳곳을 여행하는 동안 그는 랍비들과 히브리어로 대화하기도 했다. 하지만 아테네에서 열린 자신의 환영 만찬에서 그가 고대 그리스어로 연설했을 때, 당시 그리스인들은 그의 말을 이해하지 못했다.

시계에 맞춰

세계 최초의 무선 라디오 방송은 1919년 11월 6일 목요일 저녁 8시에 시작되었다. 엔지니어 한조 이드제르다(Hanso Idzerda)는 헤이그 중심부에 있는 자신의 홈 스튜디오에서 라디오 방송을 진행했으며, 사전에 광고로 미리 이를 알렸다. 사람들이 들을 수 있는 것은 대중 음악이었고 처음 몇 년 동안은 그렇게 유지되었다. 그 방송은 멀리 런던까지 들렸고, 이는 광고 시장에도 영향을 미쳤다. 하지만 1922년이 되어서야 언론인들은 이 새로운 매체를 탐구하기 시작했다.

1919년에 카이퍼는 그 근처에 살았지만, 이 새로운 기술에 큰 관심을 갖지는 않았던 것으로 보인다. 12월에 그는 병에 걸렸고, 「드 스탄다르드」에서 그의 일은 끝났다. 반세기가 넘는 세월 동안 그는 오로지 자신의 펜으로 저널리즘에 헌신해 왔다. 20세기 초에, 딸 항리에뜨는 때때로 그의 글을 타이핑해주곤 했다. 그의 필체는 읽을 수 없을 정도로 악명이 높았지만, 그 자신은 타자기에 손을 대지 않았다. 강연장에서는 그의 목소리가 가득 찬 관객을 매료시켰다면, 그의 서재에서는 그의 펜이 그를 지배했다. 그는 오래 쓸 수 있는 만년필을 사용했고, 엄지손가락에 덮개를 씌워 경련을 막았다. 카이퍼가 글을 쓰면 거의 멈추지 않고 진행되었다.

글쓰기는 그가 가장 좋아하는 일이었고 어디서든 할 수 있었다. 카이퍼는 호텔 방과 산장에서, 임시로 마련된 탁자 한 구석, 심지어 배의 선실에서도 글을 썼다. 그가 방문객들과의 대화를 나누면서도 다음 날 신문에 실릴 원고를 작성해내는 모습을 목격한 이들이 많았다. 덧붙이자면, 그는 정해진 시간에 맞춰 작업했다.

시간 엄수는 카이퍼가 자신의 업무량을 처리하는 수단이었다. 그는 자신의 시간을 철저히 통제했으며, 그 주된 목적은 매일의 휴식을 확보하는 것이었다. 그는 의무감으로 산을 등반하는 것과 같은 방식으로 이를 실천했다. 80번째 생일에 그의 딸 항리에뜨는 그의 빡빡한 하루일과를 설명했다. 카이퍼 자신은 1877년 니스에서 돌아온 후 이 일과를 개발했다고 신문 기사에 응답했다.

　　　　　　　　　　　아브라함 카이퍼의 일곱 가지 삶

그는 불면증을 겪었기 때문에 하루를 일찍 시작하지는 않았다. 아침에는 체조를 했는데, 때로는 링을 사용하기도 했다. 그는 서재에서 아침 식사를 하고, 9시에 본격적인 일과를 시작했다. 그 시점부터 하루는 계획된 일정에 따라 문자 그대로 분 단위까지 엄격히 유지되었다.

오전 9시부터 12시까지 카이퍼는 그의 일간지와 주간지에 사설을 썼다. 그는 항상 미리 작업해 두었으며, 가능하면 며칠이나 몇 주치 원고를 준비했다. 특히 휴가 중에는 더욱 그러했다. 그는 거의 쉬지 않고 글을 썼으며, 아침에 몇 개의 기사를 작성하곤 했다. 그가 다룬 주제는 매우 다양했다. 그의 생각은 중단 없이 곧장 종이에 옮겨졌다.

1897년, 딸 항리에뜨는 그의 하루일과를 다음과 같이 묘사했다.

카이퍼 박사는 *글을 쓴다*. 그에게 글쓰기는 그의 생각이 눈에 보이는 기호로 즉시 나타나는 행위이다. 그는 스케치나, 미리 작성된 요점 없이 글을 쓴다. 그는 자기 앞에 종이를 두고, 모든 것이 서로 관련된 복잡한 생각들 속에서, 필요한 것들이 모여들어 목표로 이끄는 실타래를 풀어낸다. 생각의 흐름이 시작되자마자 펜이 종이를 두드린다. 처음에는 둥근 글자로 천천히 쓰기 시작하다가, 생각의 강도가 높아지면 점차 속도가 붙고 작은 점과 선으로 이어지는 글씨로 바뀐다.

오전 11시에는 꼭 차를 마셨다. 1분이라도 일찍 문을 두드린 하녀는 잠시 기다려야 했다. 정오부터 1시까지는 그가 가장 좋아하는 일을 했다. 즉, 뉴스에 대해 짧고 날카로운 댓글을 다는 '드리스타'라고 불리는 칼럼이었다. 그는 가능한 한 많은 방향으로 비판의 날을 세우는 것을 즐겼다. 오후 1시에 펜을 내려놓으면 글쓰는 일이 끝났다. 그 이후로는 대학에서의 일, 하원 방문 또는 기타 회의 참석과 같은 활동들이 이어졌다. 오후에는 학생들과 언론인을 포함한 방문객을 맞는 시간도 가졌다.

브뤼셀 중심부의 앙스파흐 대로(Boulevard Anspach)
1890년대 증권 거래소에서 바라본 모습. 바로 모퉁이를 돌아가면 있는 판 데스 가족
의 집에 카이퍼는 종종 머물렀다.

저녁에 따뜻한 식사를 한 후 그는 교정 작업을 했지만, 그것은 휴식과도
같았다. 신문도 주로 저녁 시간에 읽었다. 휴양지에서도, 그는 오전 9시부
터 오후 1시까지 글을 쓰는 동일한 패턴을 따랐다. 치료는 이른 아침에 이
루어졌다. 다만 산을 여행하는 동안에만 그는 아침에 글을 쓸 수 없었고, 그
럴 경우 나중에 시간을 보충하기도 했다.

매일 오후 4시 30분에는 정확히 '시계에 맞춰' 산책을 시작했다. 규정된
두 시간을 채우지 못한 경우, 저녁에 이를 보충했다. 카이퍼는 암스테르담
과 헤이그에 고정된 산책 루트를 가지고 있었다. 그는 여름이나 겨울이나,
비가 오나 눈이 오나 외투 없이 혼자 걸었다. 암스테르담에서 바떠흐랍스미
어(Watergraafsmeer)를 통해 디멘(Diemen) 방향과 암스텔강을 따라 걸었다.
그는 베이스퍼제이드(Weesperzijde)의 카페 스홀른브루흐(Schollenbrug)에

　　　　　　　　　　　　　아브라함 카이퍼의 일곱 가지 삶

서 정기적으로 목격되었는데 이곳에서 많은 '드리스타'가 탄생했다고 한다. 헤이그에서 그는 홀란즈 스포어(Hollands Spoor)로 걸어 가거나 학스 보스 (Haagse Bos: 헤이그 숲)를 통해 스헤브닝언 방향으로 걸었다. 1901년, 헤이그 주민들은 늦은 밤 외롭게 걸어가고 있는 총리를 발견하고 깜짝 놀랐다.

그러는 동안 그는 아이디어를 떠올렸다. 그것들은 다음날 그의 글, 특히 드리스타 칼럼에서 다시 나타났다. 심지어 브뤼셀에서도, 그리고 그가 방문한 미국 도시들에서도 그는 이 패턴을 따랐다. 런던과 파리에서도 그렇게 했을 가능성이 높지만, 거리에서 그를 알아본 목격자들은 없었다. 카이퍼는 어디에 있었든 늘 걸었다. 이것만은 확실하다.

외로운 산책을 하는 동안 그는 머릿속으로 글을 썼다. 그 자신의 인식 속에서 그의 펜이 스스로 생각하는 것처럼 보였다. 모든 것이 끊임없이 흘러나왔으며, 그의 머리는 거의 관여하지 않았다. 그렇게 매일 아침 몇 편의 기사를 작성했고, 전체적으로 수만 편의 기사로 이루어진 그의 작품은 결코 누구도 쉽게 따라갈 수 없는 경지에 이르렀다. 이를 위해 그는 하루에 4시간 이상은 필요하지 않았다.

파리(Paris)의 몰락

카이퍼의 언론인 경력은 한 세금 정책에서 시작되었다. 카이퍼의 이름은 「드 스탄다르드」와 떼려야 뗄 수 없는 연관이 있지만, 그 시작은 그보다 3년 전으로 거슬러 올라간다. 수년간의 논쟁 끝에 1869년 여름, 신문 인지세가 폐지되었다. 이 세금은 프랑스가 네덜란드를 통치하던 시기부터 시작되었으며 이는 신문 가격을 두 배나 올려, 신문을 가격과 내용 면에서 엘리트층의 전유물로 만들었다.

새로운 신문 창간 계획이 여기저기에서 떠돌았다. 그중 몇몇 신문이 실제로 창간되었다. 이를테면 헤이그의 자유주의 일간지 「헷 파더란트」와 암스테르담의 대중 신문 「니우스 판 덴 다흐」가 생겨났다. 19세기 말에는 니우브제이즈 포르부르흐발(Nieuwezijds Voorburgwal) 거리를 따라 약 10개의 신문사가 모이게 되었다. 이 거리는 암스테르담의 플리트 스트리트(Fleet Street)[1]였다.

담 광장의 왕궁 뒤에 네오 고딕 양식으로 새롭게 건축된 중앙 우체국에서 전신 서비스가 시작된 것이 큰 영향을 미쳤다. 이 건물 근처에 주요 신문사가 자리잡았고, 「레흐트 포 알런」과 「드 스탄다르드」도 그곳으로 이사했다. 「알허메인 한덜스블랏」의 신축 건물 옆에 있는 카페 스헬트마(Café Scheltema)는 언론인 모임에서 이미 알고 지내던 암스테르담 기자들의 본거지가 되었다. 하지만 카이퍼만큼 바쁜 사람은 없었다.

1869년 당시, 카이퍼는 또한 위트레흐트의 아우드흐라흐트(Oudegracht)에 있는 사택에 살면서 목회자로 활동했다. 그는 이미 몇 가지 신문 창간 기획에 참여했는데, 가장 흥미로운 것은 알라드 피어슨의 이름이 명시적으로 언급된 급진적 성향의 신문 기획이었다. 카이퍼는 관심이 있었고, 이 사임한 목사 피어슨을 잠재적 동맹으로 보았다. 피어슨은 자유주의자들의 자만심을 비판하며, 그들에게 날카로운 지적을 가했다. 하지만 이 계획은 무산되었고, 그 자리는 헤이그에 본사를 둔 「헷 파더란트」가 채웠는데 이 신문은 기존 자유주의 신문들과 경쟁하며 더 독립적으로 운영되었다.

카이퍼는 결국 자신의 신문을 갖기를 선호했다. 그러나 그 전까지는 임시로 다른 방법을 찾았다. 1869년 7월부터 그는 이미 존재하던 주간지 「드 헤라우트」(영어권에서는 「헤럴드」[*Herald*]가 훨씬 더 일반적이었다.)에 기고하기

---

1 플리트 스트리트는 영국 런던 중심부에 있는 거리로 영국 언론을 지칭하는 말로 사용되고 있다. (위키백과)

      아브라함 카이퍼의 일곱 가지 삶

시작했다. 이 신문은 유대인 선교를 위한 기관지였으나, 이후 더 넓은 독자층을 대상으로 하게 되었다. 카이퍼는 이 점을 적극 활용했고, 6개월 만에 비공식적으로 편집장이 되었으며, 1870년 말에는 공식적으로 이 자리를 맡았다. 그는 이 주간지를 자신의 색깔로 확 바꾸었다. 「드 헤라우트」는 정치적인 성격을 띠기 시작했고, 이는 그가 꿈꾸던 반혁명적 일간지를 위한 실험장이 되었다.

그의 언론 활동은 큰 주목을 받아, 그는 레이든에 기반을 둔 네덜란드 문학 협회(Nederlandse Maatschappij voor Letterkunde)의 회원으로 임명되었다. 이것은 종신직이었고, 그의 첫 번째 공식적인 명예였으며, 오랫동안 유일한 상이었다.

그러나 카이퍼가 1870년경에 이미 썼던 모든 정치적, 사회적 논설들은 때때로 나중에 간과되었다. 하지만 이것들을 읽어 본 사람은 누구나 곧 이곳에서 새로운 목소리가 울려 퍼지고 있음을 알 수 있었다. 이전에는 민주주의가 개혁교회 진영에서 이토록 명확하게 옹호된 적이 없었다. 사회 문제가 그토록 명백하게 하층계급의 관점에서 다뤄진 적도 일찍이 없었다. 평소 온건한 어조를 기대했던 사람들은 새로운 경험을 하게 되었다. 카이퍼는 어디를 가든 뚜렷한 자신의 목소리를 내기 시작했다. '모두를 위한 평등한 정의'를 그는 외쳤다. 심지어 도멜라 니우븐하위스가 1879년 그의 사회주의 신문에 「레흐트 포 알런」이라는 이름을 붙였을 때, 그는 카이퍼가 이미 10년 전에 사용한 구호를 선택한 것이었다.

카이퍼의 특징 중 하나는 국제 뉴스에 대한 관심이었다. 「드 헤라우트」는 프랑스-프로이센 전쟁을 마치 일간지처럼 상세히 다루었다. 파리의 극적인 몰락은 카이퍼가 직접 쓴 세 개의 기사로 다뤄졌다. 이를 통해 독자들은 이미 1870년에 카이퍼가 위트레흐트를 넘어 세계를 바라보고 있음을 알게 되었다. 그해 여름에 그가 암스테르담으로 이사한 후에도 마찬가지였다.

한편 그에게는 안토니 브루믈깜프 주니어(Anthony Brummelkamp Junior, 1839-1919)라는 기자가 있었다. 그는 께이저스흐라흐트에 있는 카이퍼의 집 지하실에서 「드 헤라우트」의 일을 처리했다. 그는 두 층 위에 있는 편집장 카이퍼와의 소통을 위해 음성 전달기를 사용했다. 카이퍼는 그의 유일한 직원에게도 상세한 업무 지침을 작성했으며 심지어 하루 일과를 시간별로 정해주었다. 이로 인해 브루믈깜프는 서면으로 항의해야 한다고 느꼈다.

그러나 카이퍼는 자신이 맡은 일을 결코 게을리하지 않았다. 세계 뉴스는 해석을 요구했고, 그는 그 역할을 충실히 수행했다. 그는 흐룬 판 프린스터러에게 그가 일에 파묻혀 있다고 불평했으며, 이후에는 더 바쁜 삶을 살게 되었다.

헤이그(Hague)의 문 앞에

1872년, 마침내 때가 되었다. 반혁명적인 신문을 창간하기에 충분한 자본이 마련되었고, 당연히 카이퍼가 편집장이 되었다. 이번에도 신문의 이름 「드 스탄다르드」는 중립적이었다. 영어권에서는 '스탠다드(Standard)'라는 이름이 흔했고 나중에 벨기에의 주요 신문도 그렇게 불렸다. 카이퍼 자신은 스페인에 대항했던 네덜란드의 독립군을 암시하는 '드 헤위스(De Geus)'라는 이름을 선호했다. 시작 날짜인 4월 1일조차도 우연의 일치였는데 당시 가용 자원에 따라 정해진 날짜였지만 카이퍼는 이를 기회로 활용했다.

덴 브리엘 점령 300주년을 기념하는 행사는 자유주의자들의 잔치처럼 보였고, 다른 사람들은 소외감을 느꼈다. 카이퍼가 보기에 이 독립군들은 단순한 민족주의자들이 아니라 평범한 서민이었다. 그는 「드 스탄다르드」의 첫 2주 동안 이 주제를 다루며 독창적인 시각을 담았다. 1572년 4월은 1872년 4월이 되었고 카이퍼는 상상 속에서 독립군들은 덴 브리엘의 문 앞

    아브라함 카이퍼의 일곱 가지 삶

이 아니라 헤이그의 문 앞에 서 있었다. 신문의 헤드라인은 며칠 동안 "자유!"라는 구호로 가득했다.

이러한 목소리는 수도 암스테르담에서 울려 퍼졌고, 이는 반혁명 진영에서 새로운 일이었다. 카이퍼는 항상 전국적인 캠페인을 염두에 두고 있었다. 신문은 암스테르담에 있어야 했고, 그가 꿈꾸는 대학도 마찬가지였다. 아직 정당이나 실질적인 운동은 없었지만, 카이퍼는 신문이 그 역할을 할 수 있다고 믿었다. 카이퍼는 흐룬에게 신문이 성공한다면, 모든 것이 뒤따를 것이라고 예언했다.

하지만 초기의 「드 스탄다르드」는 어려움을 겪었다. 초창기에는 기자 몇 명을 고용할 자금조차 부족했다. 카이퍼는 우선순위를 비넌호프의 기자 회견장에 있어야 할 법률가로 정했지만, 뜻대로 되지 않았다. 결국 그는 오랫동안 의회 소식 보도를 사실상 독점하고 있던 벨인판테(Belinfante)와 파스 디아스(Vas Dias) 형제의 통신사에 뉴스 구독을 신청할 수밖에 없었다. 의회 뉴스에 대한 자신의 논평은 신문의 주요 기사와 드리스타 칼럼을 통해 드러났다. 이는 그가 이미 「드 헤라우트」에서 실험한 형식이었다.

이 형식은 영국 신문에서 보던 '시사 노트(occasional notes)'에서 영감을 얻은 것이었고, 네덜란드에서는 독창적이었다. 얼마 지나지 않아 드리스타 칼럼이 신문의 다른 어떤 부분보다도 더 효과적이고 인기가 많았다. 특히 선거철에는 카이퍼가 이 형식을 대대적으로 활용했다. 그는 간결한 기사와 논평들로 가득한 페이지를 통해 전국적인 캠페인을 전개했다. 카이퍼는 각 선거구의 특징과 유권자의 성향까지 꿰뚫고 있었으며, 이는 사회학자 못지 않은 식견이었다. 그는 종종 통계자료를 준비해두었고, 숫자에 대한 분석과 배경 설명도 빠뜨리지 않았다. 그의 이러한 꼼꼼함과 활발한 활동은 그를 '상세함을 갖춘 지휘관'으로 불리게 했다.

그럼에도 불구하고 「드 스탄다르드」는 여전히 고전을 면치 못했다. 특히 편집장인 카이퍼가 하원의원이 되어 활동하던 시기에는 더욱 힘들어졌다. 1876년 초부터 1877년 5월까지 카이퍼가 알프스와 니스로 떠나 있었던 동안, 「드 스탄다르드」는 동료들의 힘을 모아 간신히 유지되었다. 그의 가장 중요한 대리자는 그룬 판 프린스터러의 측근 인사 가운데 한 사람이었는데, 덴 보쉬 출신의 한 법률가였다. 로만의 증언에 따르면, 카이퍼는 1878년 8월 민중청원서를 제출하기 직전 아뻴도른에서 그를 처음 만났다고 한다.

아뻴도른에서의 그 산책 이후, 드 사보르닌 로만과 카이퍼의 관계는 1895년 결별 이후에도 사실상 떨어질 수 없는 것이 되었다. 그들은 함께 반혁명 운동을 대표하는 인물로 활동하며, 그 운동에서 나온 세 개의 기독 정당 연합 내각[2]을 형성했다.

카이퍼의 예언대로, 「드 스탄다르드」에서 시작된 승리는 예상보다 더 빨리 찾아왔다. 결정적인 것은 독자의 수가 아니라 반혁명 운동의 가시성이었다. 「드 스탄다르드」는 자유주의 진영에 대항하여 지속적인 캠페인을 벌였고 선거에서 보상을 받았다. 곧 자유주의 유권자의 수를 넘어서게 되었지만, 의석 수는 아직 따라잡지 못한 상태였다.

암스테르담 세계 박람회

1877년 여름, 완전히 복귀한 카이퍼는 자신의 활동을 정비하기 시작했다. 그는 하원의원직을 사임했으며, 이후 17년이 지나서야 재선에 도전할 수 있었다. 그 후 그의 초점은 신문에 맞춰졌고, 여기에도 변화가 필요했다. 당시 대부분의 신문들이 발행하던 일요판은 독립된 주간지로 바뀌었고, 이

---

2 반혁명당(ARP: Anti-Revolutionaire Partij), 로마 가톨릭 국가당(RKSP: Rooms-Katholieke Staatspartij) 그리고 기독교역사연합(CHU: Christelijk-Historische Unie)을 말한다.

                                      아브라함 카이퍼의 일곱 가지 삶

새로운 주간지는 다시 「드 헤라우트」라는 이름을 사용했다. 그때부터 두 신문은 명백히 다른 목적을 수행했다. 신문은 공적 토론을 주도했고, 주간지는 교회와 신학에 초점을 맞췄다.

그 후, 이 주간지는 주로 가정에서 읽혔으며, 해외로 이주한 네덜란드 이민자들에게도 인기가 많았다. 1912년, 미국 이민자 사회로부터 당시 새로운 미국 대통령 우드로 윌슨(Woodrow Wilson)이 자신의 서재에서 종종 「드 헤라우트」를 읽는 모습이 목격되었다는 소식이 전해졌다. 미국 순방 중에도, 카이퍼는 많은 구독자들을 만나며 감격했다. 그는 아이오와주 오렌지 시티에서 집으로 보낸 편지에 이렇게 썼다. "이곳에서는 이 주간지가 널리 읽히며, 많은 사람들이 「드 헤라우트」를 통해 영적 부흥과 회복을 얻었다고 고백해요. 요, 정말 감격스럽고, 감사하게 생각해요."

카이퍼가 1877년에 변화를 추진한 또 다른 동기가 있었다. 즉, 자체 대학교를 설립하기 위해 열심히 준비하고 있었기 때문이었다. 니스에서 돌아온 후, 카이퍼 부부는 헤이그에 있는 임시 임대주택에서 지냈지만, 이 프로젝트를 위해 암스테르담으로 이주했다. 1879년 9월, 대학교가 설립 중인 상태에서 그는 이미 교수로 임명되었다. 더욱이 같은 해 봄에는 전국 정당인 반혁명당이 창당되어, 카이퍼는 이제 정당, 신문 그리고 대학이라는 세 군대를 이끄는 야전사령관이 되었다. 이 세 진영 모두 암스테르담을 거점으로 삼았는

1900년경, 신문을 든 카이퍼 스케치
(파트릭 크론[Patricq Kroon] 작)

데, 헤이그는 활동하기에 너무 조용하다고 판단했기 때문이었다. 1901년, 그는 아내를 잃은 후에야 헤이그로 돌아갔지만, 암스테르담의 활기를 항상 그리워했다. 그러나 헤이그는 브뤼셀과 파리에서 한 시간 정도 더 가깝다는 이점이 있긴 했다.

암스테르담은 다른 이점도 있었다. 네덜란드의 젊은 수도[3]로 1883년 세계 박람회를 개최하는데 성공했을 때 전국이 흥분으로 떠들썩했다. 새로운 암스테르담 국립미술관의 뒤편 부지가 행사 장소로 선정되었으며, 파리보다는 작았지만, 이후 뮤제움쁠레인(Museumplein, 박물관 광장)으로 알려지게 될 만큼 넓은 공간이었다. 이 박람회의 필수 요소 중 하나는 국제 언론센터 역할을 할 언론관(perspaviljoen)이었다.

이를 위해 암스테르담의 편집장 5명이 힘을 합쳤다. 이것은 언론인들이 처음으로 단결을 추구한 계기였는데, 이전까지 그들은 주로 서로 싸우기에 바빴다. 그것은 네덜란드 저널리즘 역사의 새로운 장이 되었다. 그들이 직접 만난 후, 관계가 바뀌었다. 카이퍼는 이를 통해 큰 이익을 보았다. 그는 다른 언론인들이 싫어한 적이었으나 이제 가장 인기 있는 지도자로 바뀌었다.

그들은 1월에는 이 모임을 여전히 '협회(vereniging)'라고 불렀지만, 3월에는 갑자기 '언론인 모임(journalistenkring)'으로 바뀌었다. 그 이름은 2년 전에 신교회에서 영역 주권을 선언한 카이퍼의 아이디어일 수 있지만 그의 아카이브에 이를 입증할 자료는 없다. 어쨌든 암스테르담의 언론인들은 단합했고, 언론관은 네덜란드답지 않은 큰 성공을 거두었다.

세계 박람회 전체도 마찬가지로 성공적이었다. 약 150만 명의 방문객이 적어도 하루 이상 암스테르담을 방문했다. 이는 젊은 수도가 지도에 등장하는 순간이자 많은 새로운 활동들이 시작되는 순간이었다. 그중 하나는 국제

---

3 1839년 벨기에 독립 이후에야 공식 수도로 지정되었다. (역자 주)

　　　　　　　　　　　　아브라함 카이퍼의 일곱 가지 삶

적인 주목 덕분에 새로운 시대에 접어 든 저널리즘이었다.

터무니없는 조롱

1872년 인터내셔널이 헤이그에서 열렸던 격동의 주간을 제외하면, 외국 언론인들이 네덜란드를 방문할 만한 특별한 계기가 없었다. 하지만 1883년 암스테르담 세계박람회는 전환점이 되었고, 1898년 빌헬미나 여왕의 즉위식에는 그 관심이 더욱 커졌다.

파리에는 1878년 세계박람회에 이미 자체 프레스 센터가 있었는데 그 예를 본보기로 암스테르담에서도 언론인들이 힘을 합쳤다. 이 단체는 암스테르담 국립미술관의 건축가인 피에르 까위뻐스에게 우아한 2층 건물 설계를 의뢰했고, 그 내부는 새로 결성된 언론인 협회가 책임졌다. 3월에는 「알허메인 한덜스블랏」, 「니우스 판 덴 다흐」, 「드 스탄다르드」, 「드 떼이드」 및 「드 암스테르담머」의 편집장들, 곧 판 다월, 드 피어(De Veer), 카이퍼, 판 덴 회의블(Van den Heuvel) 및 드 꼬의 명의로 회람문이 배포되었다.

언론인 모임은 방문하는 외국 기자들에게 유리한 혜택을 제시했다. 바로 일등석 기차 무료 이용과 다양한 행사의 무료 입장이었다. 암스테르담에서는 아르티스[4], 파놉티콘(Panopticon), 두 개의 파노라마(Panoramas) 및 식물원(Hortus Botanicus)도 무료로 방문할 수 있었다. 더 큰 도움이 된 것은 대부분의 호텔에서 제공한 저렴한 숙박비였다. 레이즈광장(Leidseplein)의 아메리칸 호텔(American Hotel)과 담 광장에 있는 크라스나폴스키 호텔(Krasnapolsky Hotel)은 모두 박람회를 염두에 두고 지어진 새로운 호텔들이었다. 와인만 가격에 포함되지 않았는데, 이는 호텔리어들이 손님들의 취향

---

4 동물원 이름이다. (역자 주)

을 잘 알고 있었기 때문이었다.

세계 박람회 개막 전날인 5월 1일 화요일, 외국 기자들은 크라스나폴스키 호텔에서 환영을 받았다. 7월 4일 공식 개장 이후 모든 모임은 새로 건축된 프레스 센터에서 진행되었다. 한 기자는 이 '기자의 전당(ridderzaal der Pers)' 시설에 감탄하며 걷던 중, 100여 종에 달하는 국제 잡지와 전기 시계, 피아노 등 다양한 시설을 볼 수 있었다. 벽에는 언론인 모임의 회장인 판 다월의 연인이자 나중에 아내가 된 테레제 슈바르츠(Thérèse Schwartze)의 작품과 같은 고전 명화와 현대 작품들이 전시되어 있었다.

이사회 멤버였지만, 카이퍼는 이 행사에 참석하지 않았다. 그는 이미 6월에 노르웨이 산악지역으로 떠난 후였다. 그러나 오버레이셀(Overijssel) 주 하셀트(Hasselt)의 개혁주의 목사인 다테마(P. G. Datema)는 두 개의 소책자에서 카이퍼를 강하게 비난했다. 그는 카이퍼가 '무신론적인 언론의 대표자들'과 함께 너무나도 세속적인 박람회의 개막식에 참석하려 했다는 사실을 받아들일 수 없었다. 나아가, 카이퍼가 7월 4일 수요일의 언론 축제(Pers-feest)에도 부분적으로 책임이 있다는 것이었다.

프레스 센터의 공식 개막식에서 고용된 거리 공연가가 '알게마이네 벨트 가제트 회보(Bulletin of the Algemeine Weltgazette)'를 나눠주었는데, 다테마 목사의 시선은 다음 문구에 쏠려 있었다. '모든 정당의 언론인들이 평화롭게 함께 앉아 있다. 초대된 손님들은 포도주에 취해 서로 다른 언어로 대화한다(Journalisten of all parties sitzen paisiblement bijeen. Les convives are vol zoeten wijns en talk different sprachen.).' 다테마는 카이퍼가 오순절 사건에 대한 이러한 터무니없는 조롱을 결코 그냥 지나치지 말았어야 한다고 주장했다.

10월 1일 세계박람회가 폐막한 후에도 암스테르담 기자단은 프레스 센터에서 계속 모임을 가졌고, 곧 전국 각지에서 온 기자들도 참여하게 되었

   아브라함 카이퍼의 일곱 가지 삶

다. 10월에 네덜란드 언론인 모임이 설립되었고, 회장은 다시 판 다월이 맡았다. 그 후 10년간은 거의 특별한 일이 없이 주로 사교 모임, 언론인을 위한 신사 클럽이었다. 1894년 앤트워프에서 열린 제1차 국제 언론 회의가 있을 때까지 새로운 움직임이 모색되지 않았다.

1895년 6월, 「알허메인 한덜스블랏」의 편집장인 샤를 보아스뱅을 의장으로 하는 새로운 네덜란드 언론인 모임 이사회가 선출되었다. 카이퍼도 5인 이사회에 합류하게 되었으나, 그날은 일요일이라 불참한 상태였다. 이것은 그의 언론인 경력에서 새로운 국면의 시작이었다. 선출된 5명의 이사회는 놀라울 정도로 혼합된 구성원이었는데, 이는 자유주의의 지배력이 약화되기 시작했다는 증거라고 참석한 한 인도네시아 언론인은 지적했다. 자유주의자, 반혁명주의자, 급진주의자, 보수주의자, 가톨릭 신자로 구성된 독특한 조합이었다.

3년 후에는 한 걸음 더 나아갔다. 1898년 12월 26일에 병든 보아스뱅을 대신해 새로운 의장이 선출되었다. 카이퍼는 31표를 얻었고 「뉴브 로테르담 꾸란트」 편집장 맥칼레스터 루프(Macalester Loup)는 20표를 얻었다. 선출된 카이퍼는 심지어 그 회의에 참석하지도 않았다. 미국 순회공연을 마치고 돌아오는 길에 카이퍼는 그날 파리에 머물렀다. 그는 다시 런던까지 들른 후 거의 6개월 만에 12월 30일에 프린스 헨드릭까더에 있는 집으로 돌아왔다.

승리의 조직자

카이퍼는 빌헬미나 여왕의 즉위식에도 참석하지 못했다. 이것은 특히 흥미로웠는데, 이는 그가 국제 기자단을 환영하고 안내하는 언론인 모임의 첫 번째 대규모 시험대, 즉 행사의 조직자였기 때문이다. 이 즉위식 축하 행사는 1883년 세계박람회보다 더 큰 도전 과제였고, 공식적으로는 200명에 가까운 외국 기자들이 참석했다.

실제로 카이퍼는 이들을 환영하고 행사를 관리할 위원회를 이끌었다. 이 즉위식은 최우선 순위의 국가적 대사로 여겨졌다. 카이퍼는 개인 후원과 2만 5천 길더의 정부 보조금을 확보해서 성대한 환영 행사를 준비할 수 있었다.

미국 기자들에게는 홀란드-아메리카 라인(Holland-America Line)을 통한 로테르담행 티켓이, 영국 기자들에게는 플리싱언(Vlissingen)행 무료 왕복 티켓이 제공되었다. 도착 후에는 일등석 열차 승차권과 함께 모든 행사에 무료로 입장할 수 있는 혜택이 주어졌다. 암스테르담의 스파위(Spui)에는 에인스허진트헤이드(Eensgezindheid) 클럽하우스가 프레스 센터(maison de la presse) 로 준비되었다. 방문 기자들 중에는 테오도르 헤르츨(Theodor Herzl)도 있었다. 그가 시온주의 운동으로 유명해지기 전, 비엔나의 「노이어 프라이어 프레세」라는 신문사에서 일했는데, 이 신문은 4년 후 카이퍼가 총리로 있을 때 그를 인터뷰했다.

또한 부드러운 가죽으로 만든 핸드북인 『네덜란드』(Les Pays-Bas)도 있었는데, 이 책은 이 행사를 위해 특별히 발행되었다. 이 책은 식민지를 포함한 네덜란드의 문화와 제도에 대한 개요를 제공했으며, 여러 분야를 대표하는 수십 명의 전문가가 기고했다. 스헤입만, 로만, 트룰스트라, 도멜라 니우븐하위스가 각각 기고했고, 카이퍼 자신도 반혁명당에 대한 설명을 제공했다.

행사 이후 또 다른 배가 마련되었다. '꼬닝인 레헨테스(Koningin Regentes)'호를 타고 국제 언론인 연합(UIAP: Union Internationale des Associations de Presse) 회원들은 그달 말, 연례 언론인회의가 열리는 리스본으로 바로 갈 수 있었다. 하지만 그 사이에 있었던 두 주간의 프로그램이 가장 인상 깊었다.

　　　　　　　　　　　　아브라함 카이퍼의 일곱 가지 삶

카이퍼의 위원회는 리셉션, 저녁 만찬 및 견학 프로그램을 주선했다. 그 당시 필수 방문 코스는 가톨릭 지역인 폴렌담(Volendam)과 개혁파 마을 마르켄(Marken)이었다.[5] 1898년 9월 10일 토요일, 오스트리아 황후 시시(Sisi)에 대한 암살 시도라는 세계적인 뉴스는 기자들이 저녁에 증기선을 타고 암스테르담으로 돌아온 뒤에야 전해졌다.

하이라이트는 쿠어하우스에서의 열린 마지막 밤이었다. 즉위식에 참석했던 상류층들이 기자들을 위해 성대한 연회를 베풀었다. 축사와 축배가 오갔으며, 심지어 스헤브닝언 해변 전역에서는 불꽃놀이가 펼쳐졌다. 모든 참가자에게는 카이퍼가 직접 디자인한 기념 메달이 수여되었는데, 이 메달에는 언론인에 대한 라틴어 설명인 'commentatorium scriptiores(논평 작성자)'가 새겨져 있었다.

이 모든 것의 성공으로 카이퍼는 네덜란드 언론인 모임의 선두에 서게 되었다. 당시 네덜란드 언론인 모임 회장으로 병약한 보아스뱅은 카이퍼의 조직적 능력에 대해 공개적으로 칭찬했다. 행사 후 그는 카이퍼를 가리켜 "항상 자신의 의지를 관철시키고, 모든 것을 나보다 열 배는 더 잘한 승리의 조직자"라고 칭송했다.

국제적인 논란

즉위식 몇 달 전부터 이미 카이퍼는 네덜란드 언론인 모임 비서실장 쟈끄 데인과 긴밀한 협력 관계를 맺고 있었다. 그는 몇 달 동안 심장 질환을 앓고 있던 보아스뱅 회장 대행으로 활동했다. 카이퍼-데인 듀오는 향후 몇 년 동안 네덜란드 언론인 모임 밖에서도 정기적으로 협력했다. 1909년 훈

5　두 지역은 자위더르 해(Zuyder Zee)를 따라 자리잡은 전통적인 어촌 마을이었다. (역자 주)

장 스캔들 당시에도 데인은 전직 회장인 카이퍼를 적극 지원했다.

쟈끄 또는 야콥 모제스 데인은 언론인이자 사업가였다. 그는 헤렌흐라흐트(Herengracht, 신사의 운하) 거리의 하우든 보흐트(Gouden Bocht, 황금 곡선)에서 가족과 함께 살았다. 그는 일찍이 암스테르담에서 자동차를 몰고 다니던 사람이었고 카이퍼도 그의 차를 탔을 수도 있다. 네덜란드 언론인 모임 활동후에도 데인은 가끔 헤이그를 방문했다. 1906년, 카이퍼는 운전사가 딸린 차를 타고 알제리의 주르주라 산맥(Djurdjuragebergte)에서 이틀 동안 돌아다녔다.

데인은 네덜란드령 동인도에서 부를 쌓았다. 1884년 그는 수마트라에서 「델리 꾸란트」(Deli Courant)라는 소규모 신문을 창간했는데, 네덜란드로 돌아온 후에도 여전히 이 신문의 편집장직을 유지했다. 이 신문 덕분에 그는 식민지 사업계에 접근할 수 있었다. 데인은 왕립 석유회사에 양도한 주식 덕분에 큰 부를 쌓았으며, 유대인 사회에서 그는 오랫동안 자선가로 기억되었다.

1901년 선거에서 데인은 드 뻬이쁘 선거구에서 자유연합을 대표하여 출마했으나 급진파 의원 께뜰라르(Ketelaar)에게 근소한 차이로 패배했다. 두 번째 라운드에서 그는 그를 식민지 분야의 전문가로 칭찬한 카이퍼의 지원을 받았다. 얼마 지나지 않아 네덜란드 언론인 모임 이사회가 다시 만났을 때, 그는 데인과 팔짱을 끼고 이사회 테이블 앞에서 '이번 선거의 두 희생자'라고 자신을 소개했다.

빌헬미나 여왕 즉위식에서 카이퍼와 데인은 공동으로 외국 언론인들의 환영 행사를 준비했다. 6개월 전, 그들은 이미 국제 언론인 연합의 선발대에게 전체 프로그램을 제시할 수 있었다.

의장으로서 카이퍼는 젊은 여왕과 직접 접촉할 수 있게 되었다. 1899년 4월, 그는 데인과 함께 담 광장의 왕궁에서 여왕을 알현했다. 카이퍼는 국

아브라함 카이퍼의 일곱 가지 삶

제 언론인 이사회의 감사를 전했다. 모든 신문에 실린 익명의 보도에 따르면, 이에 대해 빌헬미나는 공감의 뜻을 밝혔다. 카이퍼가 그 배후로 의심을 받았으나, 데인과의 사전 공모였을 가능성이 더 컸다. 신문 보도에 따르면, 그녀는 그가 모든 준비를 마치고도 정작 축제 자체에는 참석하지 못한 것을 아쉬워했다고 전해진다.

이듬해에 그들은 궁전에 다시 들어왔고 다시 모든 신문에 보도가 나왔다. 이번에 여왕은 카이퍼가 보어전쟁에 관해 쓴 프랑스어 소책자를 칭찬하면서 미국에서도 배포되었으면 좋겠다는 바람을 피력한 것으로 전해졌다.

그것은 국제적인 논란이 되었다. 네덜란드 여왕이 보어인에 대한 미국의 지원을 희망한다는 소식이 「더 타임즈」에 실렸다. 영국 신문들은 프랑스 언론인 이브 귀요가 네덜란드 외교부 장관 빌름 헨드릭 드 보포르트에게 보낸 항의 서한을 열심히 인용했다. 그의 일기에서 이 장관은 자신의 외교 업무에 카이퍼가 다시금 끼어든 것에 대해 불쾌감을 표현했다.

메마른 땅에 핀 작은 꽃

그 전해에도 드 보포르트는 카이퍼와 한 차례 충돌했다. 하원의원으로서 카이퍼는 신트-뻬떠스부르크(Sint-Petersburg) 주재 네덜란드 대사에 대해 질문한 적이 있었다. 1883년, 베테랑 외교관인 에드몬드 비트발 판 스투트베헌(Edmond Wttewaall van Stoetwegen) 경은 유럽의 절반을 아우르는 제국의 궁정에서 주 러시아 특사 겸 전권대사로서 그의 마지막이자 가장 명예로운 직책에 올랐다. 카이퍼의 의회 질의에 대한 답변으로, 그는 「뉴브 로테르담 꾸란트」에 제출한 서한에서 카이퍼의 '외교적 무지'를 경멸하는 태도를 거리낌없이 드러냈다.

하지만 카이퍼에게 그런 일을 하지 않는 것이 더 나을 것임을 그의 동료

1896년, 니콜라이 2세(Nicolaas II)의 즉위식을 맞아 신트-뻬떠스부르크에서 네덜란드 외교단을 접견하는 알렉산드라 표도로브나 황후(Tsarina Alexandra Fjodorovna). 긴 수염을 기른 비트발 판 스투트베헌 남작이 앉아 있다.

들은 알고 있었다. 결국 그들의 예상은 맞았다. 1면의 드리스타에 나타난 공개 서한에서 카이퍼는 이 대사를 하늘로 치켜세우는 듯한 풍자적인 표현을 사용했다. 그러나 이 서한은 사람들이 웃음을 터뜨리며 신문 「드 스탄다르드」를 찾아보게 만드는 익살극이 되어 버렸다.

우선, 카이퍼는 이 대사의 보기 드문 솔직함에 감사를 표했다. 어쨌든 그가 제출한 것은 공식적인 직무 서한이나 다름없었다. 그의 서한에서 명백히 드러난 것은, 보어 공화국을 헤이그 평화 회의에서 배제시킨 것은 주최국인 러시아가 아니라 영국의 책임이 분명하다는 것이었다. 그와는 반대로, 드 보포르트 장관은 영국의 압력을 거부하기 위해 온갖 노력을 기울였다.

카이퍼는 외교 무대 뒷모습을 보여준 독특한 통찰력에 대해 비트발 경에게 진심으로 감사를 표했다. "귀하의 탁월한 기여로 외교단에 대한 지식이 향상되어 저에게 매우 흥미로웠습니다." 이어서 그는 네 가지 점을 열거

    아브라함 카이퍼의 일곱 가지 삶

하며 대사의 솔직함이 네덜란드 외교의 실상에 대해 새로운 빛을 비췄다고 평가했다. 그것은 당시 의회가 그 모든 자금과 노력이 여전히 가치가 있는지에 대해 공개적으로 의문을 제기하던 시점이었다. 당시 하원은 대사관 유지 비용이 과연 그만한 가치가 있는지를 의심하기 시작했으며, 비용이 훨씬 적게 드는 영사관과의 비교가 논의되고 있었다. 비트발의 경멸적인 태도는 '메마른 땅에 핀 작은 꽃'처럼 일반적인 공식 서한보다 더 두드러졌다(서명, 당신의 겸손한 종 카이퍼).

반응은 너무나 컸고, 심지어 「더 타임즈」(*The Times*)도 네덜란드의 이 국제적인 사건을 다루었기 때문에 드 보포르트는 그 대사를 소환할 수밖에 없었다. 여왕은 그에게 명예 퇴임을 허락했지만 연금은 지급하지 않았다. 다시 말해, 그는 네덜란드의 국가 기밀을 유출한 이유로 인해 가차없이 해임되었고, 카이퍼는 이를 명확하게 입증해 보인 것이었다. 이것은 카이퍼가 네덜란드 언론인 모임 기자들 사이에서 입지를 굳히는 계기가 되었다.

네덜란드 언론인 모임의 회장으로서 카이퍼는 그의 영역 주권 사상에 따라 이 모임을 진정한 직업 조직으로 전환하는 일에 전적으로 헌신했다. 그래서 그는 자신과 같은 편집장이 회원 자격을 가질 수 있는지 의문을 제기하기도 했다. 그러나 이러한 논리는 받아들여지지 않았고, 당분간은 신문 이사회 임원조차도 그 모임 이사회의 일원으로 남아 있었다. 1919년이 되어서야 비로소 네덜란드 언론인 모임은 언론인만을 위한 노동조합으로 재편되었다.

점차적으로 협회의 역할도 재정의되었다. 새로운 헌법에서는 노동조합의 기능이 중심이 되었고, 그때부터 전문 기자들이 주도권을 잡게 되었다. 즉위식 축제 무렵에는 회원 수가 거의 300명으로 늘어났다.

이 문제는 1900년 성탄절 다음 날에 해결되었다. 헤이그에서 열린 이 회의에서 카이퍼는 각 지부의 자율성을 옹호하는 연설을 했다. 암스테르담과 헤이그 지부는 즉시 1901년 2월 빌헬미나 여왕과 헨드릭 왕자의 결혼식에 참석할 국제 언론인들을 환영하는 임무를 맡았다.

그해 8월 5일, 카이퍼는 서신을 통해 자신의 새로운 직책(총리직)으로 인해 더이상 '언론인 모임의 회원이나 이사로 남을 수 없게 되었음'을 밝혔다. 10월, 네덜란드 언론인 모임 회원들은 「학스 꾸란트」의 편집장 도르만을 그의 후임으로 선출했고, 카이퍼는 만장일치로 명예 회장이 되었다. 결국, 그들의 동료였던 카이퍼는 총리 자리에 올랐다.

독특한 연극 연출가

카이퍼가 네덜란드 언론인 모임에서 활동하던 시기, 특히 1895년에서 1901년 사이에, 그의 세계관이 바뀌었다. 이전에 그는 자신의 서재에서 동료 기자들과 논쟁을 벌였지만, 언론의 최전선에 직접 뛰어든 현실은 생각보다 그리 나쁘지 않았다. 언론인 모임 내에서 그의 활동에 관한 모든 이야기는 지금까지 알려지지 않은 새로운 카이퍼를 보여준다.

동료 기자들을 콘프레르(confrères, 협력자들)라고 부르며 그는 진심으로 다가갔다. 그는 기자들과 함께 있을 때 편안함을 느꼈다는 인상을 지울 수 없다. 특히 카이퍼는 자기보다 나이가 어린 평범한 기자들과 우호적인 접촉을 유지할 수 있었다. 그와 마찬가지로 그들 역시 일을 처리하는 것을 좋아했고, 그것은 그의 성향에 잘 맞았다. 그들의 상대적인 비전형적인 태도도 그가 더욱 그들을 존중하게 만들었다. 그들은 자유롭고 개방적인 태도를 지닌 이들로 카이퍼는 그런 유형의 사람을 좋아했다.

유명한 이야기가 있다. 나중에 「뉴브 로테르담 꾸란트」의 스타 기자가 된 리 브뤼스에 대한 이야기이다. 16세 고등학생 시절, 그는 유명인과 스타들의 사인을 수집했다. 그는 카이퍼의 사인도 꼭 받아야겠다고 결심했다.

 아브라함 카이퍼의 일곱 가지 삶

1890년 초 어느 일요일 아침, 그는 카이퍼의 집 초인종을 눌렀다. 카이퍼가 세상을 떠났을 때, 그는 그 뒤에 있었던 장면을 *NRC*에서 다시 회상했다.

이 학생은 '창백하고 수척한, 전형적인 교회 목사' 같은 모습을 예상했었다. 하지만 문 앞에 나타난 사람은 전혀 다른 인물이었다. '풍성한 머리락 위에 붉은 튀르키예식 페즈를 쓴 운동선수 같은 사람으로, 밝은 체크무늬 재킷에 색색의 자수가 놓인 실크 조끼를 입고 반짝이는 금실로 수놓은 슬리퍼를 신고 있었다. 그리고 그의 얼굴은 카이사르의 초상처럼 넓고 강인한 선들로 둘러싸여 있었다.'

여러 해가 지났고 브뤼스는 그의 화려한 묘사로 유명했지만, 그 장면은 의심할 여지없이 실제 사건이었다. 단 페즈는 아마 꾸며낸 것일 수 있다. 그렇지 않으면 코미디언 토미 쿠퍼(Tommy Cooper)와 너무 비슷했을 것이다. 이것이 카이퍼가 아침에 글을 쓸 때의 모습이었다. 물론 가족들은 모두 교회에 갔지만, 그는 일요일 아침이면 언제나 「드 헤라우트」를 위한 묵상을 썼다. 이는 그에게 순수한 휴식이었다. 그 초인종 소리는 아마 크게 방해되지 않았을 것이다.

그 학생은 '어떤 독특한 연극 연출가'같은 사람이 자기 앞에 서 있으니까 약간 더듬거리며 실수로 이웃집 초인종을 잘못 누른 것으로 생각했다. 하지만 그는 카이퍼였고, 결국 사인은 받을 수 있었다. 하지만 카이퍼는 자신을 유명 인사로 간주하는 것을 원치 않았다.

브뤼스는 너무 자유로운 영혼이어서, 네덜란드 언론인 모임에서 활동하지 않았지만 카이퍼는 다른 편집장들을 만날 수 있었다. 가장 중요한 인물은 「알허메인 한들스블랏」에서 판 다월의 후계자인 샤를 보아스뱅이었다. 둘 사이는 거의 엄청난 규모의 애증 관계로 발전했으며, 그 자체로 네덜란드 언론 역사의 한 장이 되었다. 1900년경, 두 사람은 언론계의 대표적인 인물로 여겨졌으며 지도자로 꼽혔다. 그들은 동시대 사람들이었고, 그들의 기자 경력도 대체로 평행했으며, 게다가 두 사람은 서로를 개인적으로 잘 알고 있었다. 특히 네덜란드 언론인 모임에서 활발히 활동하던 시절, 그들은 정기적으로 서로 만났다.

1895년부터 그들은 네덜란드 언론인 모임 이사회에서 함께 활동했고, 1898년 보아스뱅이 건강 문제로 어려움을 겪을 때 카이퍼가 임시로 회장직을 맡았다. 그보다 1년 전, 보아스뱅은 카이퍼에게 헌사를 바친 적이 있었다. 1897년 4월 1일 「드 스탄다르드」의 기념일을 맞아 그는 개인적으로 카이퍼를 축하하러 왔고, 그 다음날 '열 개의 머리와 백 개의 팔을 가진 적수'라는 비판적인 찬사가 「한덜스블랏」의 1면을 채웠다.

자유주의자 대 성직자

1897년 후반에 그들은 돌레안치의 책임 소재를 두고 언론에서 논쟁을 벌였다. 이는 공동 소책자로 출간되었는데 이로인해 그들 사이에 일종의 기사도적 관계가 형성되었다는 인상을 주게 되었다. 1905년 4월, 총리로 재임 중이었음에도, 카이퍼는 보아스뱅의 「한덜스블랏」 40주년을 축하하는 글을 드리스타 칼럼에 다음과 같이 실었다. "보아스뱅은 인간의 감정을 꿰뚫어보는 대가였으며, 때로 '그는 보아스뱅 그 이상으로' 네덜란드 국민의 마음을 대변하는 목소리를 낼 줄 아는 사람이었다."

개인적으로도 두 동료 사이의 관계는 훌륭해 보였다. 보아스뱅이 카이퍼에게 보낸 15통의 편지가 보존되어 있는데, 이 서신을 보면 카이퍼에 대한 보아스뱅의 존경심이 드러난다. 그는 카이퍼의 '탁월한 재능'이 자유주의적 대의를 위해 사용되지 않았음을 거듭 안타까워하며 이렇게 말했다. "당신은 진정한 인물입니다! 당신이 우리 편에 남지 않은 것이 유감입니다!" 그는 카이퍼와의 좋은 관계를 소중히 여겼다. "우리는 예리한 토론가가 동시

    아브라함 카이퍼의 일곱 가지 삶

에 좋은 친구도 될 수 있다는 것을 세상에 계속 보여줄 것이다"라고 미국에서 돌아온 카이퍼에게 편지를 썼다.

보아스뱅의 명성은 칼럼과 논평이 혼합된 「하루 하루」에 기반을 두었으며, 30년 이상 「알허메인 한덜스블랏」에 게재했다. 1887년부터 1919년까지 그는 정치와 문화 분야에서 접하는 모든 것에 대해 자신의 생각을 자유롭게 표현했다. 그의 칼럼은 신문에 개인적인 색채를 부여했으며, 널리 알려졌다.

보아스뱅은 4,000회 이상 국제 정세에 대해 논의했고, 그중 300회 이상 카이퍼가 언급되었다. 보아스뱅은 그 누구보다 카이퍼에 대해 자주, 그리고 깊이 논평했다. 많은 공통점이 있었고, 그는 문자 그대로 어디에서나 카이퍼를 만났다. 무엇보다도, 이것은 두 사람 모두 관심을 가지고 있는 분야, 즉 국내 정치와 국제 정치, 교회와 종교, 그리고 저널리즘 자체에 관한 것이었다. 대부분의 기자들과 달리 보아스뱅은 정기적으로 「드 헤라우트」를 구독했다.

카이퍼가 총리가 되어 헤이그로 완전히 이주한 순간부터 둘 사이의 거리감이 커졌고, 그들의 서신 교환도 중단되었다. 1902년 4월 「드 멜레흐라프」와의 논란의 여지

카이퍼가 러시아의 곰(황제) 앞에서 그의 곰 새끼(비트발 판 스투트베헌 남작)를 씻기는 모습 (요한 브라건시끄의 만평)

가 있는 인터뷰에서 카이퍼는 '친구 보아스뱅'을 불필요하게 자극받아서는 안 되는 신경쇠약 환자라고 불렀다. 물론 그 결과는 정반대였고, 하루 동안 침묵을 지킨 후 보아스뱅은 결국 스스로 굴욕을 무릅쓰고 개인적인 반박을 하지 않을 수 없었다.

어떤 기자는 이것을 두고 보아스뱅이 느끼기에 우정이 식었다고 보았다. 카이퍼는 종교적 경계를 따라 분열을 조장하며, 그리하여 종교 자체를 더럽혔다고 그는 보았다. 보아스뱅에게 있어서 개신교는 종교의 가장 높은 형태였으며 "카이퍼가 배교한 진정한 개신교는 양심, 생각, 상상의 자유를 강조하는 개인주의이다. 진정한 개신교도는 혁명가이며, 개인주의자이고, 자유인이다"라고 말했다.

보아스뱅은 70세 생일을 맞아 얀 파이트(Jan Feith)와의 인터뷰에서 하나님에 대한 확고한 믿음을 저널리즘에서도 언제나 표출했다고 설명했다. 카이퍼가 그의 반대자들을 이교도라고 불렀을 때, 그것은 그에게 오히려 명예로운 칭호였다. "우리 이교도들은 그리스도를 따르는 것을 더 좋아했다"고 말했다. 일찍이 카이퍼는 보아스뱅의 종교적 견해를 신비주의, 즉 무의미한 형태의 종교로 일축했다.

1907년 카이퍼의 70세 생일날, 보아스뱅은 동료 기자인 엘라우트에게 축하를 맡겼다. 또한 1912년 「드 스탄다르드」의 40주년에서도 보아스뱅은 더이상 축하하기를 원하지 않았으며 이에 대해 자세한 해명을 제공했다. 즉, 카이퍼는 언론계에 너무 많은 분열을 조장함으로써 해를 끼쳤다는 것이다. 보아스뱅에게 이것은 기사도적 관계와 언론 윤리에 대한 배신이었다.

보아스뱅을 괴롭힌 또 다른 점은 정치적 역학 관계의 변화였다. 그가 계속 '성직자들'이라고 불렀던 이들이, 결국 카이퍼의 논쟁적 저널리즘 덕분에 권력을 잡았다. 결국, 그들의 입장은 여전히 굳건한 대립 상태로 남았다. 카이퍼의 자유주의자 대 보아스뱅의 성직자.

　　　　　　　　　아브라함 카이퍼의 일곱 가지 삶

대화의 의자에 앉아

1900년경부터 저널리즘이 급속히 발전하기 시작했다. 이 분야는 아직 초기 단계였으며, 1870년이 되어서야 독립적인 직업적 특성을 갖기 시작했다. 1880년 이후 처음으로 직업 단체가 등장했고, 그 후 모든 것이 빠르게 발전하게 되었다. 이 전문직이 국제적으로 독립성을 갖추게 된 특징은 저널리즘이라는 고유한 장르가 탄생한 것이다. 신문 보도는 기자 자신의 관찰을 담은 리포트로 발전할 수 있었다. 미국에서는 정치인과 다른 저명 인사를 인터뷰하는 것이 어느 정도 보편화되어 있었으나, 유럽에서는 1900년경 무렵이 되어서야 등장했다.

네덜란드 계급 사회에서는 인터뷰가 오랫동안 의심스러운 행위로 간주되었다. 외국 신문의 인터뷰 기사가 인용될 경우, 종종 그 기사는 신뢰할 수 없다는 주석이 달리곤 했다. 저명한 네덜란드인들은 인터뷰에 응하지 않았고, 언론인들도 자신을 그 수준까지 낮추고 싶어 하지 않았다. 대부분의 사람들 눈에는 '인터뷰'가 전형적인 미국식 센세이셔널리즘으로 여겨졌으며, 전반적으로 미국적인 것들은 비난받는 경우가 많았다. 미국 저널리즘은 평판이 나빴고, 네덜란드 언론인들은 미국 기자로 오해받고 싶어 하지 않았다.

인터뷰를 직업으로 삼은 최초의 사람은 까를 엘라우트로, 그는 훗날 「알허메인 한델스블랏」의 대표 기자가 되었으며, 의회 기사에 그의 트레이드마크인 오메가 기호를 그의 상징으로 사용했다. 그는 1896년부터 새로 창간된 잡지 「엘스피어」(*Elsevier*)를 위해 5편의 인터뷰 시리즈를 진행했다. 이 인터뷰들은 2012년에 다시 책으로 묶여 출판되었는데, 그만한 이유가 있었다. 엘라우트가 인터뷰를 예술의 경지로 끌어올렸기 때문이었다. 그의 대표작은 은퇴한 '아체의 영웅' 까를 판 데어 헤이든(Karel van der Heijden)을 방문한 인터뷰로, 즉시 「한델스블랏」에 실렸다. '장군은 아체 문제나 다른 어떤 것이 아니라 바로 당신 자신에 관한 인터뷰라는 것을 이해하지 못하는 것 같았다'고 엘라우트는 썼고, 이후 그는 브론베이크(Bronbeek) 군인 요양원에서 그의 사소하고 일상적인 행동들을 묘사함으로써 잊을 수 없는 인물로 그려냈다.

1897년 4월, 엘라우트는 카이퍼를 인터뷰하고 싶어 했다. 그러나 그는 "전문 언론인은 인터뷰라는 동사를 능동적으로만 사용한다"며 서면으로 거절했다. 그것은 그가 처했던 이중적 역할을 상징적으로 보여주는 사건이었다. 카이퍼는 주로 언론인이었을까? 아니면 1년 후 모든 언론인들의 대표가 된 정치인이었을까? 그가 「드 스탄다르드」에서 자신을 제3자로 지칭하며 글을 쓴 습관은 이러한 모순을 그대로 보여준다.

엘라우트는 결국 스헤잎만과 판 하우튼과의 인터뷰로 만족해야 했다. 이러한 인터뷰들도 지속적인 가치가 있음이 입증되었으며, 이 최초의 인터뷰 기자인 엘라우트는 순수하게 질문을 이어가며 이들을 대화의 의자에 앉힌 것처럼 말 문을 열어 대화하게 만드는 능력을 지니고 있었다. 카이퍼 또한 그 자리를 좋아했다. 실제로, 그는 다른 어떤 네덜란드인보다 먼저 광범위한 인터뷰를 받은 적이 있었지만, 네덜란드에서는 거의 주목받지 못했다.

인터뷰가 네덜란드에 존재하기 전부터 이 새로운 저널리즘 형식은 이미 프랑스 기자들에 의해 사용되고 있었다. 그들 중 한 명은 나중에 군주주의자로 프랑스 의회에 입성한 저명한 언론인으로, 그는 일찌기 카이퍼를 발견했다. 1890년과 1894년에 그는 프린스 헨드릭까드에 있는 카이퍼의 서재에서 긴 인터뷰를 진행했다. 이 인터뷰들은 첫 번째 연정 당시, 민주주의와 투표권의 확대를 지지하지 않았던 로만 및 반혁명당 내 인사들과의 갈등이 고조되던 당시, 카이퍼의 삶을 독립적으로 엿볼 수 있는 기록이었다.

 아브라함 카이퍼의 일곱 가지 삶

심각한 사안

　1890년 10월 말, 샤를 베누아가 카이퍼를 인터뷰하기 위해 헤이그에서 기차를 타고 암스테르담으로 갔을 때는 이미 눈이 내리고 있었다. 프린스 헨드릭까드에 도착한 그는 지하실을 통해 집 안으로 들어가 1층의 연구실로 안내되었다. 베누아는 그곳에서 카이퍼를 만나고, 이후 그를 황제와 같은 옆모습, 나폴레옹, 네로 및 비텔리우스(Vitellius)[6] 등을 언급하며 묘사하였다. 이는 모든 초기 인터뷰 기자들이 자주 사용했던 표현이었다. 또 하나 눈길을 끌었던 것은 그의 화려한 실내 가운이었는데, 이전에 '개혁 교회의 교황'으로 불렸던 그에게는 어울리지 않는 다소 의외의 모습이었다.

1879년부터 1900년까지 카이퍼 가족이 살았던 프린스 헨드릭까더 173번지의 집. 서재는 암스테르담의 에이(IJ)강을 내려다볼 수 있는 2층에 있었다.

　베누아와 카이퍼의 첫 접촉은 벨기에에서 베누아를 만난 스헤입만을 통해 이루어졌다. 1890년 베누아는 스헤입만과 카이퍼를 동시에 인터뷰 했으며, 두 사람 역시 서로의 의견에도 응답을 했다. 1894년 베누아는 자신의

6　아울루스 비텔리우스(Aulus Vitellius, 15-69)는 로마 제국의 여덟 번째 황제이다. (위키백과)

인터뷰 대상에 다른 정치인들, 특히 자유주의자인 사무엘 판 하우튼을 포함시켰는데, 그는 3년 후 엘라우트도 인터뷰 대상자로 선택한 인물이었다.

두 차례의 프랑스 인터뷰에서 카이퍼는 마치 대화의 의자에 앉은 것처럼 말문이 트인 상태였다. 이 인터뷰들은 첫 번째 멕케이 연립내각에 대한 그의 생각과 반혁명주의자들과 가톨릭의 새로운 연합 관계에 대한 개인적인 통찰력을 제공했다. 베누아가 일했던 매체인 1890년의 일간지 「르 땅」(*Le Temps*)과 1894년의 주간지 「레뷔 데 뒤 몽드」(*Revue des deux Mondes*)에서 그는 자신이 발견한 내용을 간결하게 요약하여 전달했다. 그러나 회고록에서 그는 그의 오래된 메모들을 '감정없이는 지나칠 수 없는' 마음으로 다시 검토하며, 당시의 모든 내용을 세세히 되짚었다. 여기에는 빌름 3세, 엠마 그리고 빌헬미나에 대한 카이퍼의 민감한 발언들도 포함되어 있었다. 이 회고록은 1930년대 초 파리에서 『수브니어』(*Souvenirs*)라는 제목으로 세 권으로 출간되었다.

베누아의 인터뷰들은 카이퍼를 대상으로 한 최초의 인터뷰들로, 이후 약 80여 건의 인터뷰로 이어졌지만, 그것은 주로 카이퍼가 총리로 재임 중이던 시기에 진행되었다. 이 모든 인터뷰들의 공통점은 주로 외국 기자들에 의해 진행되었는데, 세기가 바뀐 후에도 네덜란드 언론인들은 이러한 작업을 선호하지 않았다.

1894년 2월, 카이퍼의 집은 더 많은 사람들로 가득 찼고, 집주인은 더 안정된 모습이 되었으며, 이제는 더이상 나폴레옹이나 카이사르 같지 않다고 베누아는 적었다. 그러나 그의 에너지와 의지는 여전히 예전 수준이었다. 베누아는 4년 전의 대화 주제를 되짚어보며 현재 상황이 어떤지 들어봤다. 카이퍼는 여러 방면에서 진전을 보았다고 평가했다. 더 많은 학교들, 더 순수한 깔뱅주의자들 그리고 독자적인 개혁교단이 그 예였다. 빌름 판 오란여 치하에서도 그들은 전체인구의 10분의 1도 차지하지 못했지만, 이제는

  아브라함 카이퍼의 일곱 가지 삶

훨씬 더 많은 수를 차지하게 되었다. 물론, 참정권의 확대와 사회주의자들의 부상도 논의되었는데, 프리슬란트에서 사회주의자의 부상을 주로 재세례파의 유산이라고 카이퍼는 보았다.

결정적인 이야기는 회고록의 마지막 문장에서 드러난다. 1919년 베누아와 카이퍼는 다시 만났다. 당시 베누아는 프랑스 대사로 임명되어 헤이그에 있었고, 베르사이유 조약 협상이 진행 중이었다. 그러나 카이퍼는 과거 모습과 전혀 달랐다고 베누아는 두 번이나 강조했다. 그 전까지만 해도 그는 카이퍼를 파리에서 한 번 다시 만난 적이 있었는데, '*심각한 사안(une circonstance grave)*' 때문에 프랑스 정치인들에게 경고의 메시지를 전하려 했지만, 아무도 그의 말을 들으려 하지 않았다고 한다.

파리에서의 사명

그 말은 문자 그대로 암호 같았지만, 그 의미는 누구나 추측할 수 있다. 베누아의 편지에 따르면, 1898년 크리스마스 무렵 그는 미국에서 돌아오는 길에 런던을 거쳐 며칠 동안 파리를 방문한 카이퍼를 만났다. 그러면서 퍼즐 조각이 맞춰졌다. 항상 의문이었던 것은 카이퍼가 미국에서 돌아오는 길에 왜 불로뉴(Boulogne)에 도착했음에도 불구하고 런던과 파리에서 열흘을 보냈는가 하는 것이었다.

적어도 그 해답의 일부는 아프리카와 관련이 있었다. 런던에서 카이퍼는 전직 장관 존 몰리(John Morley)와 새로 일어날 가능성이 있는 보어전쟁의 위협에 대해 '매우 흥미로운 대화'를 나눴는데, 아마도 몰리의 자택에서 이루어진 것으로 보인다. 그날 아침, 몰리는 담당 장관인 조셉 체임벌린(Joseph Chamberlain)과 이미 이야기를 나누었고, 당시 상황을 카이퍼에게 알려 줄 수 있었다. 장관은 몰리에게 영국의 전쟁 계획은 없다고 안심시켰다.

하지만 늙은 카이퍼는 이것이 마치 매킨리 대통령이 자신을 떠나보낼 때 주었던 것과 같은, 속 빈 대답으로 느껴졌다. 베누아의 설명에 따르면, 카이퍼는 이후 비슷한 사명을 띠고 파리를 방문한 것으로 보인다.

그러므로 카이퍼는 이번 미국 여행을 기회로 삼아, 워싱턴뿐 아니라 런던과 파리에서도 정치적 차원에서 보어인들을 위해 무엇을 할 수 있는지 직접 확인하고자 했다. 하지만 그는 매킨리 대통령을 방문한 후 별다른 성과가 없을 것이라고 결론지었다. 베누아의 기록에 따르면 파리에서도 카이퍼는 같은 결론에 도달했다.

그러나 이듬해 제2차 보어전쟁이 발발했을 때, 카이퍼는 같은 샤를 베누아의 제안으로 『남아프리카의 위기』(La Crise Sud-Africaine)라는 소책자를 집필하게 되었다. 당시, 「레뷔 데 뒤 몽드」의 편집 책임자는 프랑스의 저명한 지식인이자 자유 사상가였던 페르디낭 브루네티에르(Ferdinand Bru-netière)였다. 그러나 그는 1895년, 당시의 합리주의에 대한 신념을 잃고 가톨릭 신자가 되었다. 그 이후로 그는 카이퍼와 정신적으로 동질감을 느꼈고, 카이퍼 또한 그의 스톤 강연에서 브루네티에르를 '새로운 볼테르(Vol-taire)', 즉 종교적 볼테르로 소개했다.

따라서 1899년 10월 보어전쟁이 발발했을 때, 베누아가 브루네티에르를 대신하여 카이퍼에게 논설을 써 달라고 요청한 것은 우연이 아니었다. 브루네티에르와 베누아 모두 그들의 편지에서 최근 요의 사망에 깊은 애도의 뜻을 전했으며, 전쟁의 전개 과정에 대해서도 깊은 관심을 보였다. 그들은 카이퍼에게 '유럽 최고 수준의 독자층(plus haut public européen)'에게 자신의 목소리를 낼 수 있는 독특한 기회라고 설득했다. 이 저명한 잡지에 글을 기고하는 것은 국제적인 주목을 보장하는 것이었다.

『남아프리카의 위기』는 1900년 2월 1일 「레뷔 데 뒤 몽드」에 게재되었고, 합의된 대로 또한 독립적인 소책자로도 출간되었다. 카이퍼는 이미

　　　　　　　　　아브라함 카이퍼의 일곱 가지 삶

100부의 저자용 책자를 확보했고 번역본도 준비되었다. 카이퍼의 소책자는 그 해 국제 언론의 주목을 받게 되었다. 요컨대, 파리에서의 그의 기자 인맥은 카이퍼에게 국제 무대에서 활약할 수 있는 발판을 제공한 것이다.

화려한 장관

4월에 카이퍼는 다시 파리를 방문했는데, 이번에는 확실히 최고위층과 교류했다. 네덜란드 언론인 모임 회장으로서 그는 국제 언론인 연합의 네덜란드 대표였다. 그 자격으로, 그는 8월에 파리에서 열리는 언론인 회의에 참석하기를 원하는 네덜란드 언론인 대표단의 숙소를 마련하기 위해 방문했다. 이 회의는 세계 박람회 기간 동안 열리는 많은 회의 중 하나였다.

딸 항리에뜨에게 보낸 엽서에서 그는 프랑스 대통령 루베(Loubet)의 궁전에서 열린 대규모 리셉션에 초대받았다는 것을 알 수 있다. 그곳에서 4월 16일 월요일, 「알허메인 한덜스블랏」의 특파원 루이스 이스라엘스(Louis Is-raëls)가 그를 목격했는데, 이스라엘스는 카이퍼와 함께 네덜란드 대표단의 도착을 준비하고 있었다. 그는 파리에서 잘 알려진 인물이었고, 국제 언론인 연합 회의에 항상 활동적으로 참여하며, 이것을 그의 신문에 기사로 실었다.

엘리제(Élysée)궁에서 열린 리셉션에는 네덜란드 언론인 모임 회장인 카이퍼를 포함하여 266명의 외교관과 고위 인사가 참석했다. 이스라엘스에 따르면 그는 루베 대통령 재임중 이런 행사를 경험한 것이 처음이었다. 공화국 근위대의 악대가 연주를 했고, 자정쯤 되자 젊은이들은 춤을 추기 시작했다. '꽤 오랫동안 계속된 이 축제는 엘리제궁에서 열린 가장 화려한 축제 중 하나로 꼽힐 수 있다'고 이스라엘스는 보도했다.

카이퍼가 이 자리에서 반 년 동안 격렬하게 벌어지고 있던 보어전쟁을 언급했는지 여부는 기록에 남아 있지 않다. 하지만 그는 새벽 2시가 되어서야 까쀠신 대로(Boulevard des Capucines)에 있는 그랑 호텔(Grand-Hôtel)로 돌아갔으며, 다음 날 아침 딸 항리에뜨에게 엽서를 쓰면서 매우 즐거웠다고 전했다. 이 엽서는 모든 엽서가 그렇듯 영어로 쓰여졌는데, "어젯밤 엘리제 궁에서 열린 리셉션은 정말 멋졌어. 새벽 2시가 되어서야 집에 들어갔지만 푹 잤어"라고 말했다.

그는 또한 토요일에도 즐거운 시간을 보냈다. 그는 또한 세계 박람회의 공식 개막식에 초대받아 그날 기자 전용 센터에서 점심을 먹고 루베 대통령의 좌석 가까운 곳에서 개막식을 관람했다. 그것은 화려한 장관이었다. "오늘 박람회 개막식이 있었어. 나는 대통령과 아주 가까운 곳에 자리를 잡고 있었기 때문에 모든 것을 보고 들을 수 있었어. 정말 화려하고 웅장했어."

이렇게 해서, 네덜란드 언론인들의 지도자는 이틀 동안 장관, 대사 및 기타 귀빈들로 이루어진 대통령 수행단과 함께 시간을 보냈다. 당시 촬영된 필름 속에서 군중을 가로질러 손을 흔드는 루베 대통령이 보이며, 그 뒤로 수많은 실크 모자가 보이는데, 그중 어딘가에 카이퍼의 모자도 있었을 것이다.

공적인 일은 공개적으로

만약 1901년 카이퍼가 자신의 예상과 달리 내각을 구성하라는 요청을 받지 않았다면, 우리는 그를 주로 언론인으로만 알았을 것이다. 그가 네덜란드 언론인 모임에서 활동하던 몇년 동안 새로운 패턴이 나타나기 시작했다. 카이퍼는 동료 언론인들, 특히 암스테르담 출신의 기자들과 친분을 쌓았고, 그들의 모임에서 편안함을 느꼈다.

회장으로 활동하면서 그는 새로운 세계를 접하게 되었다. 파리에서 그는 20년 동안 국제 언론인 운동의 원동력이 된 국제 언론인 협회 사무총장

아브라함 카이퍼의 일곱 가지 삶

빅토르 또네(Victor Taunay, 1852-1926)를 방문했다. 도덕적으로 청렴했던 또네는 루 드 세브레(Rue de Sèvres)에서 사무국을 운영하며 가톨릭 신문「라베리테」(*La Vérité*)의 편집장이었다. 카이퍼는 그와 가까와지며 새로운 세계에 발을 들여놓았다. 비엔나의「노이에스 비너 타그블랏」(*Neues Wiener Tag-blatt*)의 편집장인 빌헬름 싱어(Wilhelm Singer)와도 마찬가지였다. 카이퍼는 독실한 프랑스 가톨릭 신자와 비엔나 유대인과 함께 교제하며 좋은 관계를 유지했다.

총리로서 카이퍼는 네덜란드 언론인 모임 회원직을 사임했지만, 명예 회장으로서 계속해서 관계를 유지했다. 1902년 4월, 국제 이사회(Bureau Central)는 인데스 호텔(Hotel Des Indes)에서 이틀 동안 회의를 가졌고 쟈끄 데인이 네덜란드 언론인 모임을 대표하였다. 싱어와 또네 외에도 독일인, 영국인, 미국인, 벨기에인, 스웨덴인, 헝가리인들이 참석했는데 모두 남성들이었다. 카이퍼는 이미 베를린에서 전보를 통해 그들의 방문을 데인과 함께 준비했었다.

4월 16일 수요일, 그는 비넌호프에 있는 자신의 부처에서 그들을 맞았고, 다음 날 저녁에는 일행 전체가 까날스트라트에 있는 그의 집에서 만찬을 가졌다. 또한 그날 저녁 네덜란드 언론인 모임 회장인 도르만과 헤이그 기자단의 대표 뻴렘프 판 다위플란트도 그들과 함께 참석했다. 국제 언론인 협회에서 당시 카이퍼는 국제적으로도 가장 많은 가능성을 가진 인물이었다. "주인은 매우 친절했고, 참석자들은 그의 쾌활함과 말솜씨에 큰 찬사를 보냈다"고 신문들은 보도했다.

언론인으로서 그의 새로운 역할이 그에게 미친 영향은 또 다른 측면에서도 드러났다. 이 시기는 카이퍼가 자신의 원칙에 입각하여 세상을 분석하고자 하는 그의 멈출 수 없는 욕구를 언론에도 적용하던 시기였다. 일찍이 1895년, 그는 이미「드 스탄다르드」에 '자유로운 말(Het Vrije Woord)'이라는 제목으로 네 편의 사설을 실었다. 여기서 그는 학자와 해당 분야의 실천가로서의 면모가 함께 등장했다.

이 시기에 카이퍼는 당시 등장한 전 세계적인 매스 커뮤니케이션을 이론적으로 분석했다. 발신자와 수신자 사이의 상호 작용, 언론인과 대중과 함께 형성하는 가치 공동체를 탐구했다. 그의 분석은 19세기의 틀을 벗어난 것이었다. 2022년에는 미국에서 저널리즘과 공개 토론의 의미에 대한 그의 에세이가 『자선과 정의에 관하여』(*On Charity & Justice*)라는 제목으로 출간되었다.

그가 주장한 기본적인 원칙은 1874년에 발표한 '오류는 처벌 받아야 하는가?' 시리즈에서 주장했던 것과 같았다. 즉, 국가의 개입으로부터 완전한 자유를 보장해야 한다는 것이었다. 카이퍼는 네덜란드 언론인 모임 내외에서 독립적인 저널리즘을 옹호했으며, 실제 행동으로 이를 지지했다. 자유롭게 소통하는 시민들만이 여론을 형성할 수 있고, 자유로운 공개 토론만이 민주주의에 산소를 공급할 수 있다는 것이 그의 신념이었다. 그의 모토는 '공적인 일은 공개적으로'였다. 이는 1899년 제1차 헤이그 평화회의가 비공개로 열리면서 더욱 화제가 되었다. 당시 네덜란드 언론인 모임 회장이었던 그는 이에 반발했다.

이 모든 일에서 카이퍼는 많은 동료들, 특히 편집장들보다 더 단호했다. 그는 이론적으로 시대를 앞서갔으며 실용주의자들의 세계에서 학문적인 흰 까마귀와 같은 존재였다. 그럼에도 그는 동료들과의 관계가 매우 좋았다. 그의 논설에서도 카이퍼는 저널리즘이 학문이 아니라 실용적인 직업, 기술임을 강조했다. 기자들이 실무에 능숙할수록 그의 호감은 더 커졌다.

 아브라함 카이퍼의 일곱 가지 삶

언론 모기떼

　한편, 카이퍼는 언론인에 대한 교육은 대학 수준에서 이루어져야 한다고 주장했다. 1900년 9월, 카이퍼는 네덜란드 언론인 모임에서 큰 반향을 일으킨 제안을 내놓았다. 그는 파리에서 막 돌아온 참이었다. 그는 요의 1주기 추모를 위해 스위스에 있는 그녀의 묘지를 방문하였기에 국제 언론인 회의에는 참석하지 못했다. 당시 파리에서는 세계 박람회가 여전히 진행 중이었다. 의심할 여지 없이 그는 파리에서 최고의 저널리즘 전문가들이 강의하고 있던 사회과학 고등연구학교(EHESS: École des hautes études en sciences sociales)의 새로운 저널리즘 과정을 접하게 되었을 것이다.

　카이퍼의 결론은 확실했다. 네덜란드에도 언론인을 위한 체계적인 교육 과정이 있어야 하며, 법학부 내에 전담 학과를 두어야 한다고 주장했다. 이것은 그가 1880년 자유대학교 개교식에서 이미 제시한 아이디어의 완성이었다. 그는 델프트의 공학생들이 대학 수준의 교육을 받아야 하듯, 언론인들도 마찬가지라고 주장했다. 그는 언론이 현대 사회에서 가장 중요한 요소 중 하나라고 보았다. 즉, "언론은 오랫동안 정치적, 사회적 삶의 과정을 지배하는 중요한 권력 중 하나였으며 점점 더 그렇게 될 것이다"라고 말했다. 신뢰할 수 있는 언론은 공익에 부합한다. "언론의 수준이 높아질수록 공공 여론은 더 안전하게 형성될 것이다."

　네덜란드 언론인 모임 회장으로서 카이퍼의 분명한 입장이었다. 하지만 이번에는 회원들이 그의 의견에 동의하지 않았다. 샤를 보아스뱅이 이끄는 주요 언론인들은 이 아이디어를 거부했다. 보아스뱅과 마찬가지로 대부분의 사람들은 언론이 개인 윤리의 문제라고 주장했다. 따라서 어떤 학위도 도움이 되지 않는다는 입장이었다.

　카이퍼가 약간의 의구심을 가졌던 것은 바로 개인 윤리였다. 미국에서도

카이퍼 총리가 기차로 가는 길에 취재 기자들(언론 모기떼)에 둘러싸여 있다.
'가난한 자들은 기다릴 수 없다. 낮에도, 밤에도' (요한 브라켄시크의 만평)

그는 기자들에게 둘러싸여 있었는데, 그들은 그저 자극적인 기사를 쓰는 데에만 관심이 있었다. 1902년 4월 「드 떨레흐라프」와의 인터뷰에서 카이퍼 총리는 '언론 모기떼(persmuskieten)'라는 표현을 사용했다. 이 단어는 즉시 널리 알려지며 네덜란드 신조어가 되었고, 그의 오랜 동료들은 겉으로는 분노한 척했지만 흥미롭게 받아들였다. 그것은 전형적인 카이퍼의 표현이었다. 그는 미국에서 그들이 몰려드는 것을 보았고, 이제는 비넌호프에서도 기자들에게 포위되었다.

그러나 언론 모기떼도 언제나 환영받았다. 사실, 1902년 1월 22일에 그가 집으로 들인 사람은 유죄 판결을 받은 무정부주의자였다. "이곳에 도착한 이후, 나는 말 그대로 웃음을 멈출 수 없어. 반혁명 총리에게 환영을 받다니!"라고 무정부주의자는 파리에 있는 여자친구에게 썼다.

   아브라함 카이퍼의 일곱 가지 삶

삼국 동맹

그날 수요일 아침, 한 프리랜서 기자가 프랑스 일간지 「르 땅」을 대표해 카이퍼와 마주 앉았다. 카이퍼는 런던에서 막 돌아왔는데, 표면상으로는 내셔널 갤러리에 있는 네덜란드 화가들의 작품들을 감상하기 위해서라고 했지만, 실제로는 보어전쟁을 중재하기 위해 영국의 수도를 방문한 것이었다. 기자는 뉴스 냄새를 맡았다.

알렉산더 코헨(Alexander Cohen)은 네덜란드 언론계의 악동으로 알려져 있었다. 레우바르덴의 유대인 가정에서 자란 그는 12가지 직업과 13번의 사고로 점철된 삶을 살았다. 「레흐트 포 알런」의 교정자로서 그는 도멜라 니우븐하위스와 접촉했다. 코헨은 왕실 마차를 향해 "고릴라는 물러가라!"고 소리쳐 왕실 모독죄로 유죄 판결을 받았다. 그후 그는 파리로 도망쳤으나 암스테르담에서 복역하였고 5년 후에 네덜란드 총리와 마주 앉았다.

코헨은 무작정 파리에서 헤이그로 찾아왔다. 그리고 그는 운이 좋았다. 약간의 조사를 거친 후, 카이퍼는 오후가 끝날 무렵 그를 집으로 초대했다. '그는 솔직할 뿐만 아니라 쾌활했으며 친절하고 아버지 같이 부드러운 남자였다'라고 코헨은 흥분하면서 집으로 편지를 적어 보냈다.

5일간의 긴장된 기다림 끝에, 마침내 그의 인터뷰가 「르 땅」에 실렸지만, 실망스럽게도 그의 이름은 언급되지 않고 기사는 요약되었다. 그럼에도 불구하고 네덜란드 총리가 보어인들을 지지했지만 신중한 태도를 유지한다는 소식은 영국과 미국의 신문에 대서특필되었다. 카이퍼의 계산은 옳았다. 이제부터 카이퍼는 파리를 통해 그의 메시지를 전달할 수 있었으며, 그는 그 후 몇 차례 더 이 경로를 활용했다. 코헨 또한 보상을 받았다. 그는 영향력 있는 신문 「르 피가로」에 취직했고, 카이퍼와의 독점 인터뷰를 몇 차례 더 얻어낼 수 있었다.

그해 3월, 그는 다시 돌아왔다. 이번에 카이퍼는 비넌호프에 있는 그의 총리 집무실에서 그를 영접했다. '녹색 벽지로 장식된 제국 스타일의 방'이었다. 그 기사는 「르 피가로」의 1면에 실렸다. '브란달(Brandal, 말레이어로 도적을 의미)'이라는 필명으로 작성되어 있었지만 프랑스 편집자들은 이를 눈치채지 못했을 것이다. 카이퍼는 다시 남아프리카의 평화 가능성에 대해 논의했고, 이번에는 그해 1월 런던에서 자신의 행보에 대해서도 솔직하게 공개했다. 그것은 다시 세계적인 뉴스가 되었다.

코헨은 카이퍼가 기자로 활동했다는 사실이 분명히 눈에 띄었다고 덧붙였다. 카이퍼는 동료로서 그에게 친절하고 개방적이었다. 코헨은 동료 아나키스트에게 '내 친구인 총리님'이 그들의 진보적 생각을 공유하는 것 같았으며 의심할 여지 없이 "우리의 가장 열렬한 형제 중 한 명"이 될 것이라고 말했다. 카이퍼가 낭만적인 무정부주의자와도 잘 지냈다는 점은 분명하다.

여름 휴가 즈음에 두 사람은 편지를 주고 받았고, 카이퍼가 돌아오자마자 코헨은 세 번째로 그의 집 문 앞에 섰다. 이번에는 카이퍼가 베를린, 빈, 토리노에서 비밀리에 삼국동맹 가입 협상을 벌였다는 모든 소문을 완전히 부인했다.

이 만남에서 코헨은 보어인 장군들에게 보내는 따뜻한 추천서와 함께 총리의 명함을 받았다. 이는 그에게 또 다른 기회를 열어주었다. 1906년 「드 멜레흐라프」는 코헨을 파리 특파원으로 임명했고, 코헨은 결국 네덜란드 언론계에서 확고한 이름을 남겼다.

언론인-총리

1901년 총리직에 취임하면서 카이퍼는 공식적으로 「드 스탄다르드」의 편집장을 포함한 거의 모든 공직을 내려놓았다. 실제로 다른 사람이 쓴 드

     아브라함 카이퍼의 일곱 가지 삶

리스타 칼럼이 등장했다. 그리고 즉시 사람들은 그를 그리워했다. 한 독자는 누가 카이퍼 내각의 방향을 설명할 것인가라고 불평했다.

하지만 카이퍼는 여전히 영향력을 행사하고 있었다. 그의 동료 언론인들은 「드 스탄다르드」의 날카로운 논평 뒤에 여전히 명예 회장직을 맡고 있는 그가 숨어 있다는 것을 금방 깨달았다. 다만, 당시 관례로 인해 이를 문제 삼지는 않았다. 게다가 「드 스탄다르드」는 단순한 신문이 아니었다. 이것은 반혁명 운동의 기관지였으며, 거의 모든 기자들이 편집부 뒤에 숨어 있었다. 그러나 흥미로운 점은 이 신문이 내각 구성원들에 대한 논평을 싣기도 했다는 것이다. 더 놀라운 것은 이러한 논평들 또한 총리인 카이퍼의 손에서 나왔을 가능성이 높다는 의혹이었다.

한편, 「드 스탄다르드」의 한 기자는 나중에 자신이 헤이그에서 받은 원고를 항상 새로 필사해야 했다고 폭로했다. 이는 원고의 작성자를 숨기기 위함이었다. 비넌호프에는 또 다른 이야기가 돌았고, 「헷 파더란트」의 한 기자는 나중에 그 이야기를 즐겨 전하곤 했다.

지나치게 긴 회의 동안, 총리는 듣는 척하면서 앉아서, 자신의 셔츠 소매에 드리스타 칼럼을 적고 있었고 그것은 바로 인쇄소로 갔다는 것이다. 또 다른 기자는 더욱 과장해서 말했다.

우리는 이것을 확인할 수 있으며, 지금까지 비밀로 남아 있던 또 다른 특별한 사실을 추가할 수 있다. 카이퍼 박사가 한번은 사설을 작성하고 있었는데, 소맷단의 공간이 부족해지자 셔츠의 소매 부분에 쓰기 시작했다. 그러다 자신이 어디에 있는지도 까맣게 잊어버린 채, 그 옷을 벗어 인쇄소로 보내려고 일어섰지만, 서기가 간신히 그를 제지했다. 결국 그 셔츠는 저녁에야 보내졌는데, 지금 그 셔츠를 찾아 언론 박물관에 전시하면 재미있을 것이다. 심지어 카이퍼는 옆에 앉은 동료들의 소맷단까지 빌려 글을 썼다는 이야기도 있다.

이것은 언론계의 유머일 뿐이었다. 하지만 총리로서 카이퍼는 집필을 멈추지 못했다는 사실은 누구나 알 수 있었다. 그의 이중적인 역할은 특히 가장 가까운 동료들을 짜증나게 했다.

그럼에도 불구하고 언론계 동료들 사이에서 카이퍼는 특별한 존재였다. '언론인-총리'라는 직함은 드 보포르트와 같은 사람에게는 조롱의 표현일 수 있었지만, 동료 언론인들에게는 명예로운 칭호였다. 비판은 특히 카이퍼가 외국 기자들에게 인터뷰를 허용한다는 사실이 알려지면서 더욱 커졌다.

그것은 전례가 없는 일이었다. 정부의 주요 정책을 국제 언론을 통해 설명하는 총리라니, 특히 그의 솔직한 태도가 문제였다. 1902년 4월, 「드 뗄레흐라프」의 한 기자가 카이퍼를 찾아와 물었다. 총리가 외국 기자들과 이야기하는 것을 선호했다는 것이 사실인지? 혹시 그 자신이 최근의 드리스타 사설도 직접 작성했는지? 그것은 전환점이 되었다.

카이퍼는 자신이 총리로 있는 동안, 「드 스탄다르드」의 내용은 자신의 손을 떠난 것이 당연하다고 말했다. 외국 기자들에 대해서도, 그들은 그의 여행 중에 '언론 모기떼'처럼 몰려들어 그의 말을 왜곡한다고 주장했다.

이 발언은 신경쇠약증 환자라고 묘사되며 경질된 보아스뱅을 필두로 한 기자들의 반격을 불러일으켰다. 명예회장인 카이퍼가 네덜란드 언론계를 높이 평가한 것은 사실이었지만, '언론 모기떼'라는 표현은 도를 넘었다는 것이었다. 보아스뱅도 마침내 자신의 불만을 표출했다. 그는 카이퍼를 광고-총리라며, 그의 달콤한 말들이 불필요한 분열을 일으키고 있다고 비난했다. 결국 기자들과 카이퍼 사이의 관계는 다시 원점으로 돌아갔다.

타이타닉(Titanic)

윌리엄 스테드는 영국 저널리즘의 아버지로 널리 알려져 있다. 런던에서

   아브라함 카이퍼의 일곱 가지 삶

그는 폭로 저널리즘과 정치 캠페인을 혼합한 '뉴 저널리즘(New Journalism)'으로 큰 반향을 일으켰고, 이를 통해 영국을 넘어 국제적인 영향력을 행사했다. 카이퍼도 네덜란드를 방문한 윌리엄 스테드를 만난 적이 있었다.

첫 만남은 1899년 헤이그 만국 평화회의에서였다. 당시 스테드는 미국에서도 발행된 잡지 「리뷰 오브 리뷰즈」(*Review of Reviews*)를 주도하고 있었다. 그는 헤이그의 스헤브닝언 숲(Scheveningse

1905년, 영국 기자 윌리엄 스테드. E. H. 밀스 (Mills)의 초상 사진 (위키미디어)

Bosjes)의 빌라 팍스 인트란티부스(Pax Intrantibus)에 머물면서 그곳에서 국제 평화십자군(international peace crusade) 활동을 계속했다. 그는 평화 회의의 보도를 담당했는데, 보수적인 「헷 다흐블랏」 신문에 프랑스어 기사도 게재했다.

1901년 「리뷰 오브 리뷰즈」에서 그는 새로운 네덜란드 총리인 카이퍼를 소개하는 글을 실었다. 그 때, 스테드는 헤이그에서 카이퍼와 스헤입만과 함께 식사했던 것을 회상했다. 아마도 이 만남과 관련이 있을 수도 있지만, 카이퍼는 1899년 6월 「드 스탄다르드」에 영어로 된 편지를 실었는데, 그 편지에서 스테드는 평화회의가 비공개로 진행된 것을 비판했다. 카이퍼는 "만약 스테드가 네덜란드어를 읽을 수 있었다면, 그는 우리 네덜란드 언론 전체가 그의 동맹임을 알았을 것이다"라는 말을 덧붙였다.

보어전쟁에 대한 스테드의 반대도 그의 평화운동 연장선상에 있었다. 그는 전쟁 초기부터 두 권의 소책자를 발행하였으며, 「전쟁에 반대하는 전쟁」(*War Against War*)이라는 잡지를 통해 전쟁을 반대하는 영국 내 목소리를 대변했다. 카이퍼도 자신의 소책자에서 끊임없이 스테드를 언급하며 영국에서 더 많은 공감을 얻기를 희망했다. 하지만 보어전쟁으로 스테드의 긍정적인 평판에도 타격을 입었다. 이렇게 1902년 스테드가 그를 직접 만나러 왔을 때, 그들은 분명히 서로에게 낯선 사람이 아니었고, 이제 카이퍼는 총리 자격으로 있었다.

1902년, 스테드는 새로운 임무를 시작했다. 미국의 철강왕이자 자선가인 앤드류 카네기(Andrew Carnegie)의 의뢰를 받아 그는 헤이그에 지속 가능한 무언가를 설립할 수 있는 가능성을 조사하기 시작했다. 9월에 그는 까날스트라트에 있는 카이퍼의 집에서 카이퍼와 두 차례 회담을 가졌다. 하버드 대학 자료 보관소에 보존되어 있는 그의 보고서에서, 스테드는 기금을 도서관뿐만 아니라 평화의 궁전(그 이름은 언급되지 않음)을 세우는 데 쓰는 것이 좋겠다는 카이퍼의 호소에 동의했다.

그 후, 그는 1904년 남아프리카를 방문한 후, 네덜란드 정부가 취해야 할 바람직한 입장에 대해 자발적으로 조언을 하기 위해 카이퍼를 다시 방문하기를 희망했다. 1907년, 그는 제2차 헤이그 만국 평화회의에도 참가했는데, 이때 그는 자신의 신문인 「평화회의신문」(*Courrier de la conférence de la paix*)을 운영했다.

그들이 또다시 만났는지는 확실하지 않다. 다만 카이퍼가 1914년 4월 완공된 평화궁에서 스테드의 흉상을 제막하는 위원회의 명예 회원이었다는 것은 분명하다. 스테드는 그의 모국에서 논란의 인물이었고, 결국 그가 죽음을 맞이한 방식도 어떻게 보면 그의 생애를 상징적으로 보여주는 듯했다.

 아브라함 카이퍼의 일곱 가지 삶

그는 타이타닉 호가 침몰하면서 함께 세상을 떠났다.

그는 한 국가를 통치한다

이때쯤 카이퍼는 이미 오래 전에 그의 본업, 즉 주간지와 일간 신문에 글을 쓰는 일로 돌아가 있었다. 1912년 9월 하원의원직을 사임하면서 그의 정치 경력은 사실상 끝난것이나 마찬가지였다.

75세 생일을 맞은 그는 자신의 공적 생활을 회고하는 자화상을 그렸다. 그는 자신의 정치 경력이 과거의 일이 되었음을 분명히 알고 있었다. 하지만 여전히 그의 신문이 자신 앞에 놓여 있다는 사실도 깨달았다. 그는 결실이 풍부한 인디언 섬머를 맞이했고, 이는 그의 마지막 장의 주제가 되었다. 노년의 카이퍼는 여전히 카이퍼였고, 「드 스탄다르드」는 그 어느 때보다도 그의 신문이었으며, 그의 영향력은 여전히 막강했다.

1898년 영국 시인 에델 애쉬튼(Ethel Ashton)은 프린스 헨드릭까드에 있는 카이퍼의 집에 잠시 머물면서 그의 딸들에게 영어 회화를 가르쳤다. 그녀는 카이퍼의 스톤 강연을 영어로 번역하는 것을 도왔는데, 이것은 그가 루카니아호를 타고 뉴욕으로 건너갈 때 가지고 있던 첫 번째 버전이었다. 카이퍼에 관한 많은 시들이 쓰여졌는데, 거의 예외 없이 불굴의 축제 시인 텐 카테(J. L. L. ten Kate)가 즐겨 사용하던 19세기의 장중한 어조로 쓰여졌다. 이에 비해 에델 애쉬튼의 시 "초상화"(A Portrait, 1898)는 결코 뒤지지 않았다. 여섯 개의 절로 구성된 이 시에서 애쉬튼은 단지 펜 하나로 온 국민을 감동시킨 카이퍼의 초상을 그렸다.

그를 보라, 이제 승리자로 서 있도다,

그는 한때 죽음과도 싸웠으며,

실패나 후회에도 굴하지 않고

모든 것을 정복했으니, 이는

하나님께서 그의 이마에 천재의 표식을 새기셨기 때문이리라.

그는 그의 펜으로 한 국가를 통치하노라.

아브라함 카이퍼의 일곱 가지 삶

제7장

정치가

총리 복장을 한 카이퍼

『자화상』에서 카이퍼는 총리로서 다섯 가지 업적을 이루었다고 말한다. 그는 철도 파업을 종식시켰고 영국 정부와 협상하여 보어전쟁을 끝내는 평화를 이끌어냈다. 사실, 이 두 가지는 그가 국제적으로 가장 큰 화제를 모았던 사안들이었다.

그리고 세 가지 국내 업적이 더 있었다. 주류법, 자유대학교를 포함한 초등학교 및 대학교에 대한 교육의 자유, 델프트 공과 대학을 대학 수준으로 격상시킨 것이다. 각각의 업적에는 관련된 이야기가 있었으며, 더 많은 내용을 덧붙일 수 있었다. 카이퍼가 언론인으로 활동할 당시 '공적인 일은 공개적으로 다루어야 한다'는 신념을 가지고 있었다. 그러나 그가 총리로서 한 모든 일이 공개적으로 이루어진 것은 아니었다. 일부는 그를 수년간 따라다니며 논란의 대상이 되기도 했다.

그럼에도 불구하고, 그는 줄곧 정치가로 남았다. 그 소명은 그가 무엇을 하든 계속해서 그를 따라다녔다. 정치가로서, 그는 생애 마지막 20년을 보냈으며 어느 곳에서나 그에 걸맞은 예우를 받았다. 그는 왕들과 황제들과 함께 만찬을 즐겼으며, 독일의 황제 빌헬름 2세(Kaiser Wilhelm II)는 그에 대해 특별한 호감을 가지고 있었다.

무대 뒤에서

반혁명주의자 후베르투스 드 빌드(Hubertus de Wilde, 1853-1929)가 세상을 떠났을 때, 그의 삶이 회고되었다. 제이란트 소시민 가정에서 태어난 그는 독학으로 경력을 쌓아 헤이그에 정착했고, 그곳에 묻혔다. 1890년에 그는 「드 스탄다르드」의 의회 특파원으로 고용되었으며, 이후 지방 정치와 지방 의회에서 활동했다. 1901년, 신임 총리 카이퍼는 그를 개인 비서로 임명했다.

총리 재임 기간 동안 카이퍼의 오른팔로 활약한 그의 역할은 많은 사람들의 상상력을 자극했다. 드 빌드는 카이퍼의 신뢰받는 조언자였으며 수많은 임명에 영향을 미쳤다고 동료 언론인 블록(J. Ch. Blok)은 주장했다. 블록은 당시 그를 가까이서 지켜 보았고, 드 빌드가 그것에 대해 더이상 말하고 싶어하지 않는다는 것을 알고 있었다.

드 빌드 자신도 1905년에 쓴 카이퍼의 총리 시절에 대한 회고록에서, 더 많은 개인적인 고백을 할 수는 있지만, 그런 내용은 철저히 피하고 공개된 사안들만 논의할 것이라고 밝혔다. 다시 말해, 그는 무대 뒤에서 벌어진 비하인드 스토리들을 목격한 것이다. 카이퍼는 1912년 「드 스탄다르드」의 40주년을 맞아 총리 재임 시절 자신을 대신해 언론인 역할은 해 준 사람으로 드 빌드를 언급했다.

그의 역할은 이 신문의 의회 기자로 활동하면서 시작되었다. 드 빌드는 1894년부터 하원의원으로 복귀한 카이퍼를 지켜봤으며, 1901년에는 정치적으로도 정통한 인물이 되어 있었다. 그는 「드 스탄다르드」에서 일하면서도 동시에 자신의 이상을 추구했다. 그는 헤이그에서 독립 신문인 「드 홀랜더」(*De Hollander*)를 창간하려 했는데, 이는 반혁명주의를 따르는 평범한 남성과 여성을 위한 신문이었다. 드 빌드는 평생 이들과 깊은 공감대를 유지했다.

1901년 선거가 끝난 후, 그는 내각 구성을 마친 카이퍼에게 편지를 썼다. 카이퍼는 7월 중순에 비교적 예기치 않게 이 임무를 받았다. 그는 자신이 왕실에서 인기가 없다는 것을 알고 있었고, 여왕이 로만에게 내각 구성을 요청할 것으로 예상했다. 그러나 8월 1일 목요일, 새 내각은 워털루홀(Waterloozaal)에서 빌헬미나 여왕의 주재 아래 취임 선서를 하기 위해 국영 철도를 타고 주스트데이크(Soestdijk) 궁전으로 이동했다. 카이퍼와 그의 국민 청원이 헷 로 궁전에서 환영받지 못한 지 거의 23년이 지난 시점이었다.

다음 날, 드 빌드는 카이퍼에게 축하하는 편지를 보냈고, 자신이 카이퍼에게 도움을 줄 수 있는 일이 있는지 물었다. 그 대답은 8월 6일 화요일 「드 스탄다르드」에 실렸다. 적어도, 행간을 읽을 수 있는 사람들에게만 말이다. 그날 암스테르담 신문은 「드 홀랜더」에서 가져온 정부 구성에 관한 짧은 기사를 실었다. 새 내각을 구성하는 데 정확히 12일이 걸렸다고 보도했으며, 장관직 제안을 받았으나 여러 이유로 이를 거절한 6명의 이름이 언급되었다. 이들은 전쟁부 장관으로 물망에 올랐던 꼴(Kool)과 세렛(Seret), 마카이, 드 사보르닌 로만, 헤임스께르끄 그리고 하펠라르였다.

그것은 전형적인 카이퍼의 방식이었다. 이 6명은 갑자기 신문에 자신들의 이름이 오르내렸을 때 놀랐을 것이다. 그러나 비밀리에 범행을 저지른 범인인 카이퍼는 이미 오스트리아 요양지로 가는 중이었다.

'카이퍼는 거짓말쟁이다'

카이퍼의 내각 구성에 대해 의구심을 가진 사람들도 이제 그 배경을 알게 되었다. 베테랑 마카이와 로만뿐만 아니라, 한때 토르베케와 번갈아 가며 활동했던 테오 헤임스께르끄도 제안을 거절했다. 그는 보수주의자였던 아버지의 뒤를 이어 반혁명파가 된 인물로 한창 떠오르던 인물이었다.

카이퍼는 책임을 지지 않고 자신의 메시지를 신문에 실을 수 있는 방법을 찾았다. 「드 홀랜더」에 실린 이 짧은 글은 그의 스타일을 그대로 드러냈으며, 그는 이 글을 직접 드 빌드에게 제출했거나 거의 직접 불러주었을 것이 분명했다. 후베르투스 드 빌드는 이때부터 무대 뒤에서 그의 오른팔 역할을 하게 되었고, 그의 유용성은 이미 입증되었다.

또한 대중은 새로운 각료들이 그의 첫 번째 선택이 아니었음을 알게 되었다. 카이퍼는 그의 정치적 최우선 순위였던 사회 문제 해결에 전념하고자 새로운 노동부를 신설하고 이를 직접 이끌기를 원했다. 하지만 마카이, 로만 및 헤임스께르끄가 모두 제안을 거절했기 때문에 그는 불가피하게 내무부 장관직을 맡게 되었다. 그의 지지자들은 이에 불만을 가질 이유가 없었다.

그의 이러한 임시방편은 그의 총리직의 성공에 지대한 영향을 미쳤다. 카이퍼는 총리로서의 역할뿐만 아니라 교육부와 사회부 업무를 포함하는 내무부 장관직을 맡게 되었고, 외교부 소관인 국제 임무까지 겸임하게 되었다. 그는 순번제로 돌아가며 내각을 의장했던 이전의 방식에서 벗어나 최초의 총리 역할을 수행했다.

그럼에도 불구하고 그의 내각은 구성되었다. 이들은 카이퍼 외에도 반혁명주의자들인 판 아쉬 판 베이끄(Van Asch van Wijck, 식민지부), 멜빌 판 린든 남작(Melvil Baron van Lynden, 외교부), 드 마레즈 오옌스(De Marez Oyens, 수자원 및 상공업부)였다. 또한 가톨릭 신자인 뢰프(Loeff, 법무부), 베르한시우

카이퍼 내각, "트레브홀(Trêveszaal, 1697년 위그노 난민 다니엘 마로[Daniel Marot]가 건축)에서 회의 중". 왼쪽에서 오른쪽으로: 이덴부르흐, 베르한시우스, 드 마레즈 오옌스, 엘리스, 멜빌 반 린덴, 카이퍼, 뢰프, 하르트 판 떼끌렌부르흐

   아브라함 카이퍼의 일곱 가지 삶

스(Bergansius, 국방부), 하르테 판 떼끌렌부르크(Harte van Tecklenburg, 재무부)가 임명되었고, 무소속인 크뤼스(Kruys) 부제독이 해군부를 담당했다.

카이퍼의 제한된 선택권으로 인해 내각에는 몇 가지 변동이 있었다. 1902년 크뤼스와 판 아쉬 판 베이크가 사망하여 크뤼스의 후임은 해군 장교 엘리스(Ellis)였는데, 그는 가나-수리남-유대인 혼혈인 최초의 네덜란드 '유색인종' 장관이었다. 또한 '무능한' 판 린든 남작은 외무장관으로서 카이퍼에 의해 압도당한 끝에 조기 사임했다. 이러한 요인들이 카이퍼의 내각이 그가 구상한 만큼 많은 성과를 내지 못한 주요 이유가 되었으나, 예상치 못한 사건들이 결과를 좌우하기도 했다.

초기 내각의 가장 큰 문제점은 카이퍼가 도저히 예측할 수 없었던 이유 때문이었다. 뛰어난 능력을 가진 암스테르담 재정 담당 시의원이며 그의 젊은 당 동료인 떼오 헤임스께르끄가 카이퍼가 아무리 강력히 받아들이라고 촉구해도 머뭇거리며 내무부 장관직을 거절했던 것이다. 시의원직을 포기할 수 없다는 그의 변명은 전혀 설득력이 없었다. 사실 헤임스께르끄가 밝히지 못한 진짜 이유는 단순히 그의 아내로부터 허락을 받지 못했기 때문이었다.

그의 아내 리디아 폰 자렘바(Lydia von Zaremba)는 폴란드-러시아 귀족 출신이었고 카이퍼에 대한 자신만의 생각을 가지고 있었다. 7월 23일, 그녀는 스위스 인터라켄의 휴가지에서 남편에게 전보를 보냈는데, 그것은 상상을 초월했다.

> 카이퍼는 거짓말쟁이에요. 최고의 사람들이 그를 떠나는데, 당신은 거기에 동참하고 싶어요? 그것은 미친 짓이에요. 이런 상황에서 저는 헤이그에 가지 않을 것입니다. 리디아.

그래서 헤임스께르끄는 거절했고 카이퍼는 결코 그를 용서하지 않았다. 이후 헤임스께르끄가 총리가 되었을 때에도, 그가 무엇을 하든 그들의 관계는 회복되지 않았다. 어쨌든 그는 1901년 여름에 자신이 거절한 이유를 결코 설명할 수 없었다. 1909년에 그가 카이퍼의 자리를 빼앗아 총리가 되었을 때도 상황은 나아지지 않았다.

심한 진통 속 겸자를 사용한 분만

총리로 임명되었기 때문에, 카이퍼는 보주 산맥의 쁠롬비에르-레-방(Plombières-les-Bains)에서 계획했던 요양을 취소해야 했다. 대신 그는 8월 5일 월요일 저녁, 예정보다 한 달 늦게 작년에 머물렀던 오스트리아의 스파 타운인 밧 가슈타인(Bad Gastein)으로 갔다.

하지만 그곳에서도 그는 더이상 혼자 있을 수 없었다. 편지가 빗발치듯 쏟아졌고, 심지어 프랑스 신문 「르 피가로」의 편집자로부터 카이퍼가 네덜란드 학교에서 프랑스어를 금지하려 한다는 소문이 사실인지 알고 싶어 했다. 카이퍼는 이에 대해 반박하는 글을 기고하며 소문이 사실이 아님을 명확히 했다. 자신의 프랑스어는 네덜란드어만큼이나 뛰어나다고 답변했고 그것은 즉시 국제적인 뉴스가 되었다. 이런 경험은 그에게 중요한 교훈을 남겼다. 즉, 파리의 신문에 실린 기사는 즉시 전 세계로 퍼질 수 있다는 점이었다. 그는 총리 재임 기간 동안 여러 차례 이 경로를 활용하게 된다.

또 다른 새로운 경험은 그가 이제 많은 사람들이 알아보는 유명한 사람이 되었다는 것이었다. 카이퍼가 밧 가슈타인에 도착하자마자 한 스위스 부부가 저녁 식사 중 그에게 다가왔다. 그들이 주고받은 대화는 모두 기록되어, 그 다음 주에 「라 가제트 드 로잔」(*La Gazette de Lausanne*)이라는 신문에 자극적인 인터뷰 기사로 실렸고 이 기사는 다시 네덜란드 신문에도 게재

    아브라함 카이퍼의 일곱 가지 삶

되었다. 카이퍼가 그들에게 특별히 무언가를 말한 것은 아니었지만, 그것은 중요하지 않았다. 그것은 이제 뉴스의 가치에 영향을 주지 않았다.

그들이 대화를 나눈 사람이 정말로 카이퍼였다는 것은 핵심 단어들로부터 추론할 수 있었다. 글래드스톤, 매킨리, 존 몰리 같은 이름들이 언급되었고, 그는 평소처럼 하바나 시가를 피웠다. 그것만으로도 카이퍼라는 사실이 명백했다. 그들의 대화는 신문에 반 페이지를 채웠다. 이제 요양지와 알프스는 더이상 안전한 피난처가 아니라는 것을 그는 알게 되었다. 오스트리아 언론도 네덜란드의 새로운 총리를 주목했다. 비엔나 일간지 「노이어 프라이어 프레세」는 의심할 여지 없이 카이퍼의 신정적인 정권 하에서 나라가 분명히 억압당하게 될 것이라는 전망을 실었다.

그가 모든 일을 잘 처리할 수 있을지에 대한 불확실성은 카이퍼가 그의 딸 요한나에게 보낸 편지에서 드러났다. 그녀는 당시 멀리 떨어진 자바에서 간호사로 일하고 있었는데, 갑자기 총리가 된 아버지에 대한 소식을 듣지 못했다. 그녀에게 보낸 두 통의 편지는 이 격동의 몇 달 동안 카이퍼의 심정을 엿볼 수 있게 해준다. 그는 다른 누구의 눈치도 보지 않고 딸에게는 솔직하게 쓸 수 있었다.

그는 자신이 이 상황을 견딜 수 있을지, 아직 아무에게도 일을 넘겨줄 수 없는 상황에서 자신이 어떻게 모든 일을 처리해야 할지 모르겠다고 걱정했다. 그는 밧 가슈타인에서 다음과 같이 썼다.

그리고 무엇보다도, 나는 여기서도 숨어 살 수가 없구나. 왜냐하면 모든 종류의 사람들이 여기에 와서 나에게 말을 걸고, 언론이 지금 사방에서 기다리고 있기 때문이야. 심지어 「르 피가로」도 나에게 편지를 보냈단다. 사랑하는 딸아, 내가 이 상황을 감당할 수 있을지 모르겠다. 가끔은 두렵기도 해. 거기에 자유대학교, 「드 헤라우트」, 「드 스탄다르드」, 중앙위원회, 반혁명주의 의회까지 … 나는 때때로 모든 것이 어떻게 흘러가야 하는지에 대한 두려움 속에서 살고 있단다.

그때가 8월 말이었는데, 그는 내각 구성이 '심한 진통 속 겸자를 사용한 분만'과 같았다고 고백했다. 잠도 제대로 자지 못했다고 그는 딸에게 고백했다. 그 후 그는 12월 26일이 되어서야 다시 편지를 요한나에게 쓸 수 있게 되었는데, 그 사이에 그는 바쁜 일정으로 인해 편지 쓰기를 중단할 수 밖에 없었고, 그동안 모든 서신 업무를 그의 개인 비서 역할을 하고 있던 항리에뜨에게 맡겨둘 수밖에 없었다. 이제 삶은 매우 달라 보였고, 그는 새로운 일상이 자리잡았다.

나는 이제 매일 오후 1시까지 집에 머물고, 그 후 부서에 가서 4시에서 6시까지 각료 회의를 한다. 7시 30분에 저녁 식사를 한 다음 조금 쉬고 9시까지 일을 해. 그런 다음 차를 마시고, 잠자리에 들기 전에 한 시간 동안 산책을 하지. 까날스트라트에서 정확히 30분을 걸어 홀란드 기차역까지 갔다가 다시 돌아온다. 비가 오나 바람이 부나, 눈이 오나 상관없이 걸어. 그러고 나면 아침 5시까지 푹 자고 다시 하루가 시작된다.

그는 여전히 아침 시간에 글을 썼으며, 여기에는 「드 스탄다르드」에 실릴 글도 포함되었다. 하지만 외부 세계는 그것을 알 수 없었다. 무엇보다도 그는 이제 자기 자신의 신문에서보다 훨씬 더 다른 모든 신문에 등장하는 사람이 되었다.

앞뒤로 기병대

내각의 첫 번째 결정 중 하나는 카이퍼가 각료 회의의 상임 의장으로 활

  아브라함 카이퍼의 일곱 가지 삶

동하는 것이었다. 그때부터 그는 '총리(premier)'로 불렸고, 그렇게 불린 첫 번째 사람이었다. 수상(minister-president)이라는 표현으로도 불렸지만 그 명칭이 공식적인 직함이 아니었기에 카이퍼 자신도 이 칭호를 피하곤 했다. 이후 각료 회의는 트레브홀(Trêveszaal)에서 모이게 되었고, 회의 시간은 오전 12시에서 오후 2시로 변경되었다. 이는 카이퍼가 9시부터 1시까지 아침 시간에 글을 쓰고자 했기 때문이었다.

그는 또한 토르베케 이래로 내무부 장관의 전통적인 자리였던 또렌쳐(Torentje) 사무실을 떠나 트레브홀 근처에 있는 비넌호프의 더 큰 방으로 자리를 옮겼다. 카이퍼는 공무원들 사이에서 일하고 싶었지만, 커튼을 닫고 불을 켠 상태로 일하기를 선호했다. 항상 비판적인 헤이그의 자유주의 신문 「미들부르흐 신문」의 기자는 카이퍼가 개방적 태도와 업무에 대한 지식으로 공무원들을 즐겁고 놀라게 했다고 보도했다. 게다가 그는 작은 또렌쳐 사무실에서 다리를 충분히 뻗을 수 없었다.

> 또렌쳐의 방은 그에게 너무 작고 답답했다. 각하께서는 사무실 안에서 걸어다니며 일하시는 것을 좋아하셔서 산책을 할 수 있는 더 큰 사무실로 옮기셨다.

헤이그에서는 여러 면에서 새로운 정치 체제가 들어섰다는 것을 느낄 수 있었고 그 변화는 주로 그의 정부 프로그램을 통해 가장 분명하게 나타났다. 이것은 카이퍼의 첫 번째 의회 개원 연설을 통해 발표되었으며, 특히 문체와 긴 분량이 눈길을 끌었다. 겉보기에는 카이퍼가 자신의 역할에 빠르게 적응한 듯 보였으며, 의회 개원 연설과 같은 공식 행사에서는 화려한 장관 복장을 갖추고 장식 띠를 착용했다.

9월 초에 그는 딸 항리에뜨에게 편지를 써서 각료회의 업무를 마치는 토요일 오후에 자신을 보러 오라고 했다. "앞뒤로 기병대의 호위를 받으며 의

기사의 전당(Ridderzaal)에서 열린 상하원 합동 개회식
빌헬미나 여왕은 왕좌에서 카이퍼 총리가 작성한 개원 연설을 하고 있고, 장관 제복을 입은 총리 카이퍼는 'X'로 표시되어 있다.

전 마차를 타는 모습을 보는 것도 재미있을거야."

이 편지는 그가 당시 머물렀던 인데스 호텔의 편지지에 작성되었다. 그는 10월까지 그곳에 머물렀고, 함께 살던 두 딸은 암스테르담에 남아 있었다. 그는 헤이그에서의 새로운 집 선택에 대해 항리에뜨와 서신을 주고받았다. 그들이 고려한 후보지는 주로 포르하우트 주변에 있었고 최종적으로 까날스트라트로 결정되었다. 그들은 카이퍼가 세상을 떠날 때까지 그곳에서 계속 살았고, 그 후 꼴레인이 반혁명당의 당사무실로 이 '카이퍼 하우스'를 구입했다.

그는 새로운 역할에 빠르게 적응했다. 카이퍼는 총리로서의 4년 동안 자신의 역할을 유감없이 발휘했으며 더 여유로워 보였고 실제로도 그랬다. 의회 의원으로 점점 더 주도적인 위치에 올라선 그는 이 순간을 어느 정도 기대해 왔었다. 특히 그가 신문사와 같은 다른 일에 대해 일정한 타협점을 찾

   아브라함 카이퍼의 일곱 가지 삶

았을 때(후베르투스 드 빌드와 그의 충실한 편집자들이 그를 대신해 맡아주었다.), 그는 심지어 자신의 새로운 역할을 즐길 수 있었다.

그는 무엇보다도 하원에서 연설하는 것을 가장 선호했다. 총리로서의 카이퍼는 1874-1875년 초선의원 시절과는 정반대의 경험을 했다. 이제 더이상 외부인이 아니라, 의회에서도 국무회의에서도 토론의 중심 인물이 되었다. 카이퍼가 연설을 할 때면 방청석은 항상 꽉 찼고, 그는 이제 하나의 '현상(fenomeen)'으로 평가받고 있었다. 과거 자유대학교에서 그에게 문학 수업을 들었던 그의 세 딸도 청중과 방청석에 합류하곤 했다.

결혼 계획

그가 이제 다른 방식으로도 뉴스에 등장하고 있다는 사실은 11월에 바로 드러났다. 몇 년 동안 젊은 여왕에게 적합한 남편에 대해 많은 추측이 있었다. 카이퍼 자신도 1898년 볼티모어에서 기자들에게 훗날 알바니아의 왕이 된 빌헬름 추 비드 왕자가 적합한 후보가 될 것이라고 큰 소리로 제안함으로써 이러한 추측에 기여한 적이 있었다. 1901년 2월, 빌헬미나가 하인리히 폰 메클렌부르크-슈베린(Heinrich von Mecklenburg-Schwerin, 줄여서 헨드릭 왕자)과 결혼하면서 그 예측은 빗나갔다. 그리고 이제, 사별한 지 2년 된 총리의 구혼자에 대한 추측이 나오고 있는 독특한 상황이 발생했다.

이 소식은 믿을 만한 신문인 「드 옵레흐트 하를렘머」에 두 번이나 보도되었다. 처음에는 결혼 계획이 있다는 간단한 소식만 실렸다. 11월 24일 일요일, 더 구체적인 정보가 뒤따랐다. 암스테르담의 소식통은 그것이 누구인지도 알려져 있다고 확인했다. 그 결과 이례적인 신문 기사가 나왔는데, 총리에 대해 이런 기사를 매일 접할 수 있는 것은 아니었다.

내무부 장관 각하의 임박한 결혼에 대한 소문은 이미 며칠 동안 계속되어 왔는데, 지금은 그 대상이 고귀하고 오래된 귀족 가문의 영애라는 소문이 더해지고 있다.

많은 전국 및 지역 신문이 그 기사를 다루었고 헤드라인에는 '약혼'과 '결혼 준비'와 같은 단어가 포함되어 있었지만 사실 여부를 떠나 흥미로운 뉴스가 되었다. 하지만 카이퍼가 편집장으로 있던 「드 스탄다르드」는 사생활 관련 보도를 거의 하지 않았다. 이 신문은 두 번째 소문에서 고귀한 귀족 여성이 언급된 후, 수요일에 이를 부인하며 신랄한 반응을 보였다.

일부 신문에서 아브라함 카이퍼 박사의 결혼 계획에 관한 소문이 보도되고 있다. 우리는 이 소문을 단호히 부인한다. 이러한 신문들이 기본적인 품위를 더 고려하지 않고 보도한 것은 매우 유감스러운 일이다.

이것은 카이퍼가 직접 작성했거나 후베르투스 드 빌드를 통해 편집부에 전달했을 가능성이 있다. 어쨌든 유력한 일간지들이 이 소식을 보도했다는 사실은 많은 사람들이 적어도 「드 옵레흐트 하를레머」의 출처에 대한 믿음을 가지고 있었음을 시사한다. 한편, 새로운 풍자 주간지 「드 바르 야콥」(*De Ware Jacob*)은 창간호에서 즉시 다음과 같은 폭로를 내놓았다.

요즘 카이퍼 박사의 결혼 계획과 관련하여 언급되는 귀족 가문의 젊은 여성은 바로 『묻기조차 지친』(*Vragensmoede*)의 저자인 안나 드 사보리닌 로만(Anna de Savornin Lohman, 1868–1930) 양이다.

안나 드 사보르닌 로만은 단순한 이름이 아니었다. 당시에 그녀는 주목

아브라함 카이퍼의 일곱 가지 삶

받는 헤이그 출신의 여성으로 1906년 가장 용감한 네덜란드 남성과 여성을 뽑는 인기 투표에서 알레타 야콥스(Aletta Jacobs)에 이어, 그리고 항리에뜨 롤랑 홀스트(Henriette Roland Holst)보다 앞서 여성 부문에서 3위를 차지했다. (여왕이 1위였고 남성 부문에서는 카이퍼가 유력한 후보였다.) 이 여성은 소설을 썼고, 종종 두려움 없이 대중 앞에 모습을 드러내 끊임없이 뉴스에 나왔다.

게다가, 그녀는 드 사보르닌 로만 가문의 핵심 구성원이었다. 이 가문은 사인포스트 사건 이후 카이퍼에게 공개적으로 적대적이었다. 알렉산더 프레데릭 드 사보르닌 로만의 조카딸인 안나도 카이퍼에 대해 부정적으로 말했다. 1896년, 카이퍼와 신깔뱅주의자들을 공격한 것이 바로 그녀의 소설 『묻기조차 지친』이었다. 평론가 프란스 네쳐(Frans Netscher)는 이 작품은 '로만 가문이 카이퍼에 대해 가진 혐오감을 표출하기 위해' 쓴 것 외에 다른 이유는 없는 것으로 보인다고 평가했다.

드레스 코드

「드 바르 야콥」이 이 소식을 실은 칼럼의 제목은 '야콥의 엄지손가락에서 짜낸 이야기(Uit Jacob's duim gezogen)'였다. 또한 이 칼럼에는 산타클로즈(Sinterklaas)가 네덜란드 대법원에 하원 추천서를 제출했다는 사실적 가치가 거의 없는 농담도 실려 있었다. 대부분의 기사들이 암시적이고 풍자적인 어조를 띠었기에 모두 가짜 뉴스임을 암시했다. 그러므로 카이퍼의 신부로 언급된 이름 역시 실체가 없는 농담으로 보이며, 이는 그녀가 카이퍼에 대해 공개적으로 표현했던 적대감을 상기시키는 장난일 가능성이 크다. 그렇다면 안나 드 사보르닌 로만이 아닌, 또 다른 귀족 여성은 누구일까?

한 가지 이름을 언급할 수 있는데 다른 안나였다. 이 시기에 미국의 복음주의 참정권 운동가인 미스 벨르 키어니(Miss Belle Kearney, 1863-1939)는 유럼을 순회했는데, 톨스토이를 방문하기도 했다. 헤이그에서는 미국 대사가 그녀를 기사의 전당에서 열린 개원 연설에 데려갔다. 그 후, 그녀는 카이퍼의 집에 초대되었는데, 이 자리에서 무려 세 명의 백작 부인들이 그녀를 영접했다.

> 헤이그에서 그녀는 당시 네덜란드 총리였던 아브라함 카이퍼 박사의 집에서 환영을 받았으며, 네덜란드의 가장 유명한 애국자인 판 호헌도르프 백작의 손녀인 세 명의 백작 부인들의 환대를 받았다.

실제로, 판 호헌도르프 가문의 자매들은 부흥운동과 관련이 깊었으며, 그들 스스로도 활발히 활동했다. 이 자매들이 키어니의 방문 중에 동석한 것은 우연이 아니었을 것이다. 이 백작 부인들은 국제 여성 운동에도 깊이 관여하고 있었다.

특히 안나 판 호헌도르프(Anna van Hogendorp, 1841-1915)는 더욱 그러했다. 그녀는 여성의 권리에 관한 저술가로 알려져 있으며, *네덜란드 도덕 의식 고취를 위한 여성 연합*(Nederlandsche Vrouwenbond ter Verhooging van het Zedelijk Bewustzijn) 또는 줄여서 여성 연합의 회장으로 알려져 있다. 이 단체는 네덜란드에서 가장 큰 여성 단체였을 뿐 아니라, 그녀와 긴밀한 관계를 유지했던 흐룬 판 프린스터러 부부의 정신을 충실히 따랐다.

안나와 그녀의 언니들인 마리안느(1834-1909)와 빌헬미나(1838-1921)가 무엇 때문에 카이퍼의 집을 자주 찾았는지 이유는 명확히 밝혀지지 않았지만, 「드 옵레흐터 하를렘머」의 암스테르담 소식통이 이들을 지목한 것은 가능성이 있어 보인다. 당시 카이퍼와 연결될 수 있는 고귀한 여성들은 그리 많지 않았으며, 판 호헌도르프 자매는 흐룬 판 프린스터러의 정신에 공감하는 직계 라인을 유지하고 있었기 때문이다.

아브라함 카이퍼의 일곱 가지 삶

카이퍼가 총리로서 사교계 뉴스의 중심이 된 것은 그 후 몇 달간 다시 명백해졌다. 1902년 3월, 갑자기 그의 딸들이 주목을 받게 되었다. 심지어 「뉴욕 타임즈」마저 항리에뜨와 까또가 궁정 무도회에 참석하지 않은 이유를 보도했는데, 그 이유는 바로 엄격한 드레스 코드 때문이었다. 이 무도회는 여성에게 노출이 있는 드레스를 요구했는데, 개혁주의 여성들은 이를 따르지 않았다. 실제로, 카이퍼 아카이브에는 궁정의 초대장이 있는데, 남성은 정장이나 제복을 입고 여성은 '또와레뜨 데꼴레떼(toilette décolletée)'라는 노출 드레스를 착용해야 한다고 명시되어 있다.

부흥운동과 흐룬 판 프린스터러 부부 주변 서클 출신의 안나 판 호헌도르프 백작 부인(1841–1915)의 초상화
그녀는 네덜란드 최대의 여성 조직인 *여성 연합*의 회장이자 여성 인권 해방 옹호자였다.

그러나 전 세계 언론에 보도된 이 뉴스의 결말은 다행히도 긍적적이었다. 보도에 따르면, 빌헬미나 여왕이 자신의 동년배들을 옹호하고 나섰다는 것이다. 여왕은 무도회 전날 오후에 이 두 사람을 초대하여 차를 마시며 문제를 원만히 해결했다고 전해진다. 심지어 이 신데렐라 이야기는 예절 담당 궁중 여성이 대기실에 상주하며 손님들이 필요로하는 일이 있을 경우 돕기 위해 준비되어 있었다는 디테일로 완성되었다.

1900년경에는 모든 신문들이 이런 종류의 잡다한 이야기를 가득 실었지만, 카이퍼와 그의 가족에게는 이런 언론의 관심이 새로운 경험이었다. 이 경우, 아마도 카이퍼 본인이 일정부분 직접 의도했을 가능성도 있다. 결국 여왕에 대한 충성심을 작은 방식으로 보여주는 것은 총리로서 그에게 분명 도움이 되었을 것이기 때문이다.

런던에서의 사명

한편, 카이퍼는 더 명확하게 국제 뉴스의 중심에 서게 되었다. 수상한 런던 여행은 곳곳에서 2차 보어전쟁과 연관되었지만, 그 소식은 그가 네덜란드로 돌아온 후에야 알려졌다. 그리고 그의 사명이 명확히 밝혀진 것은 훨씬 뒤, 그가 사망한 이후였다.

분명한 것은 카이퍼가 그의 이 임무를 철저히 준비했다는 것이다. 1901년 12월, 그는 트란스바알의 대표 볼마란스(Wolmarans)와 2년 이상 계속되고 있던 2차 보어전쟁의 해결책에 대해 상의했다. 그는 초안을 작성하고 네덜란드 국제법 학자 아서(T. M. C. Asser) 및 외무장관 멜빌 판 린든과 논의했다. 장관이 소극적인 입장을 고수한 반면, 카이퍼는 적극적 중립 정책이라고 불렸던 정책을 옹호했다. 끊임없이 다양한 옵션을 모색하는 것이 그의 기본 전략이었다.

1902년 1월 4일 토요일에 그는 브뤼셀로 떠났고, 그곳에서 일요일을 보낸 후 파리로 갔다. 거기서 그는 멕케이 남작(별칭 레이 경)을 만나기로 약속했는데, 그는 그의 오랜 대학 친구이자 영국 정부 당국과의 주요 연결 고리였다. 그들은 아마도 함께 런던으로 함께 이동했을 것이며, 거기서 레이 경은 외교부 장관 랜스다운(Lansdowne) 경과 회담을 가졌을 것이다. 카이퍼는 이후 영국 언론과의 인터뷰에서 자신은 내셔널 갤러리에서 네덜란드 거장

아브라함 카이퍼의 일곱 가지 삶

들의 작품을 감상하기 위해 왔을 뿐이라고 말했다. 그러나 실제로 그는 영국 정부가 자신과 대화하고자 할 경우를 대비해 준비하고 있었던 것이다.

런던 방문은 그가 1881년에 이미 글래드스톤에게 시도했던 일의 연장선이었고, 1898년 12월 미국 방문 후 런던과 파리를 방문했던 것처럼 이번에도 다시 한번 런던에서 파리로 돌아가 프랑스 외교부 장관 델카세(Delcassé)를 만났다. 헤이그로 돌아온 후, 그는 영국 정부로부터 서면 답변을 받았다. (그는 트랜스바알 협상가들을 위한 안전 통행권을 요청했었다.) 비록 공식적으로는 거절하는 내용이었지만, 카이퍼의 눈에는 충분한 가능성이 엿보였다.

1월 말, 그는 네덜란드 정부를 대표하여 공식적인 중재안을 내놓았다. 2월 초, 「드 스탄다르드」는 양국 정부 간의 모든 서신을 '오란여북(Oranjeboek)'이라는 형태로 공개했다. 이는 그의 총리 재임 시절 그가 전통적으로 자신의 입장을 전달하는 플랫폼이었다. 공식적으로는 멜빌 판 린든 장관이 책임자였지만, 언론은 누가 주도했는지 잘 알고 있었다. 카이퍼의 중재 노력은 이미 세계적인 뉴스가 되었다. 런던과 뉴욕의 주식시장은 카이퍼의 중재 시도 소식이 전해지자 상승했다고 한다.

이 사건은 이후에도 계속해서 주목을 받았다. 「데일리 메일」(Daily Mail)의 헤이그 특파원은 영국 대중에게 그를 '뚱뚱하고 둥근 머리를 가진 깔뱅주의자 존 불'로 묘사했다. 영국 언론은 카이퍼에 관한 글과 사진을 실었으며, 그가 깔뱅주의자(그 단어 역시 당시에는 새로운 단어였다.)인 동시에 오페라 작곡가라는 소문까지 돌았다. 심지어 뉴욕에서는 이 소문이 얼마 지나지 않아 희극 오페라로 발전했고, 이 후 몇 년 동안 그가 오페라를 작곡했다는 이야기가 계속해서 퍼졌다. 그러나 카이퍼는 거의 모든 오페라를 혐오했던 사람이었으며, 단지 '아 라스코'의 전집(opera)을 출판했을 뿐이었다.

카이퍼의 딸 까또는 훗날 1903년 영국 교육부 장관이자 자유주의자인 어거스틴 비렐(Augustine Birrell)이 헤이그에 있는 카이퍼의 집에서 식사를 했던 일을 기억했다. 그는 카이퍼의 학문적 업적에 감탄하며 그가 어떻게 그 많은 학문적 활동 외에도 오페라를 작곡할 시간이 있었는지 궁금해했다. 비렐은 "나는 확신합니다. 그것은 분명 폴란드 오페라였어요"라고 놀라워했다. 카이퍼의 학문적 경력의 기초를 닦았던 폴란드 종교 개혁가는 오랫동안 그를 따라다녔다. 뉴질랜드에서는 네덜란드 총리를 '폰 카이퍼 박사(Dr. Von Kuyper)'로 소개하기도 했다.

적어도 그의 이름은 이제 세계적으로 알려졌다. 그러나 그는 당시 영국 민족주의적인 타블로이드 신문의 인기 있는 표적이었다. 이후 카이퍼는 한때 그가 사랑했던 영국 땅에 다시는 모습을 드러내지 않았다. 1902년 6월에 있을 에드워드 7세(Edward VII)의 즉위식과 같은 많은 초청이 들어왔지만, 카이퍼는 현명하게 거절했다. 그는 또한 같은 달에 게인즈버러(Gains-borough)에서 열린 청교도(Pilgrim Fathers) 300주년 기념 행사에도 참석하지 못했는데, 이는 그에게도 마음 아픈 일이었을 것이다.

1902년, 남아프리카에서는 협상이 진행되어 평화조약이 체결되었고, 이는 두 보어 공화국의 종말을 의미했지만 이전에 제안되었던 것보다 더 나은 조건 하에서 체결되었다. 카이퍼는 훌륭한 중재에 대해 트랜스바알로부터 감사 편지를 받았다. 그는 자신의 개입에 대한 찬사를 상세히 분석하여 드리스타에 게재했고, 마침내 그의 비판자들이 틀렸음을 증명하려 했다. (특히 샤를 보아스뱅이 이끄는 자유주의 언론의 주도로 일방적으로 비난받았다.) 한편 카이퍼는 이미 또 다른 해외 임무를 수행중이었고, 4월 초에는 독일을 방문하고 있었다.

황제

카이퍼가 독일 외교부 장관 폰 리히트호펜(Von Richthofen)과 만찬을 가

        아브라함 카이퍼의 일곱 가지 삶

진 것은 즉각 국제 언론의 주목을 끌었다. 이 초청은 독일 측에서 왔다. 만찬 시간은 오후 4시였고, 그 편지는 카이퍼 아카이브에 보관되어 있다.

공식적으로 카이퍼는 독일의 기술 교육을 연구하기 위한 탐방중이었고, 여러 학교와 관련 부처 장관들을 방문했다. 베를린에서 그는 샤를로텐부르크(Charlottenburg)에 있는 기술 고등학교를 방문했고 교육부와의 약속도 있었다. 그는 브란덴부르크 문(Brandenburger Tor) 근처에 있는 브리스톨 호텔(Hotel Bristol)에 머물렀는데, 제국 의회(Reichstag)와 가까와 정치적 중심지에 위치해 있었다. 「디 보허」(*Die Woche*)의 한 사진 작가가 호텔 문 바로 앞에서 그를 찍었는데 네덜란드 총리는 기꺼이 포즈를 취하는 것처럼 보였다.

폰 리히트호펜과의 만찬 다음 날, 카이퍼는 베를린 신문 「베를리너 로칼–안차이거」(*Berliner Lo-kal-Anzeiger*)와 긴 인터뷰를 가졌다. 그는 자신의 방문이 기술 교육에 관한 것임을 강조했지만, 보어전쟁에 대해 길게 언급하는 것을 잊지 않았다. 카이퍼는 국제 언론의 관심을 끌기 위해서라도 영국 정부에 지속적인 압력을 가하기 위해 프랑스와 독일 외무장관을 방문한 것으로 보인다. 그것은 마치 외교적 체스판에서 체스를 두는 것과 같았고, 그 결과가 무엇일지 확실히 알기는 어려웠지

카이퍼 총리가 베를린의 운터 덴 린덴(Unter den Linden)에 있는 브리스톨 호텔 앞에서 사진 작가를 위해 포즈를 취하는 모습
(1902년 4월 「디 보허」[*Die Woche*]에 실린 사진)

만 카이퍼가 확신을 가지고 그 경기를 치른 것은 확실하다.

그는 또한 카이저 빌헬름 2세와의 점심 식사에 초대받았고 이로 인해 다시 한번 뉴스가 터져 나왔다. 이번에는 「시카고 데일리 뉴스」(*Chicago Daily News*)의 베를린 특파원과 인터뷰를 가졌다. 그 인터뷰에서 그는 폰 리히트호펜 장관과 황제와 남아프리카에 대해 이야기했다고 확인했다. 그의 예상에 따르면 보어인들은 앞으로 10년 동안 게릴라전을 계속할 수 있을 것이라는 것이었다. 아마도 그는 미국 언론을 우회해 다시 영국 언론에 메시지를 전달하려 했을 것이다. 이 모든 것을 우연의 일치로 보기에는 카이퍼가 너무나도 전략가였다. 어쨌든 그는 대부분의 정치인들보다 국제 언론이 작동하는 방식을 더 잘 알고 있었다. 그는 인터뷰 대상을 신중하게 선택했다.

1월의 국제 언론 공세는 4월의 활동으로 거의 매끄럽게 이어졌다. 네덜란드 신문들도 그의 황제 방문과 인터뷰에 대한 소식으로 가득 찼는데, 둘 다 완전히 새로운 일이었다. 카이퍼는 네덜란드가 여전히 중재자로 나설 준비가 되어 있음을 선언했다. 그의 베를린 방문은 영국 정부를 겨냥한 다음 단계로 보였다. 빌헬름 2세는 카이퍼와의 점심 식사 후 폰 리히트호펜과 저녁 식사를 했고, 그 다음날에는 영국 대사관에서 함께 만찬을 가졌다고 「데일리 메일」의 특파원이 보도했다. 베를린에서는 보어전쟁에 관련해 많은 토론이 진행되고 있었음이 분명했다.

카이퍼는 베를린을 떠나 작센으로 향했다. 드레스덴에서는 폰 메취(von Metzsch) 장관과 회담을 가졌고, 켐니츠(Chemnitz)에서는 '왕립 국가직업학교(Königliche Staatslehranstalten)'를 방문했다. 카이퍼는 첫 해외 순방 때부터 직업 교육 시설을 방문해왔으며, 이러한 경험을 바탕으로 나중에 네덜란드의 직업 교육을 개혁했다. 드레스덴의 빌라 슈트렐렌(Villa Strehlen)에서 그는 작센 왕 알베르트(Albert)를 알현했는데, 이 왕은 얼마 지나지 않아 사망했다. 이제 카이퍼는 유럽 군주들을 방문하는 국가적 지도자가 되었다는

   아브라함 카이퍼의 일곱 가지 삶

것은 저의 자명한 사실이었는데, 이 마지막 방문은 단순한 의례적 방문에 불과했다.

황제와의 오찬 또한 의례적인 방문에 지나지 않았을지 모르지만, 국제 언론에서는 매우 다른 의미로 다루었다. 이후 카이퍼는 몇 차례 베를린을 다시 방문했으며, 그중에는 상당히 정치적 색채가 짙은 방문도 있었다.

황제 편지

1905년 1월 11일 목요일, 카이퍼는 다시 베를린으로 떠났다. 이번 방문은 그달 말까지 머물 예정이었으며, 심각해져 가는 그의 청력 문제를 해결하기 위해 유명한 이비인후과 전문의를 만나기 위함이었다. 이 전문의는 다름 아닌 정부 고위층과도 연관이 있는 의료계의 '고문관(Geheimrat)'으로 알려진 루카에(Lucae) 교수였다. 카이퍼의 청력 치료는 실제로 필요한 일이었지만, 외교부 장관 폰 리히트호펜과의 만남도 실제로 이루어졌다.

로테르담의 일간지 「뉴브 로테르담 꾸란트」의 베를린 특파원에 따르면 이 만남은 '특별한 정치적 의도 없는 단순한 예의의 표현'에 지나지 않았다고 했으나, 그것은 의구심을 자아냈다. 언제나 그랬듯이 카이퍼의 베를린 방문은 아마도 여러 목적을 내포했을 것이며, 어쨌든 이 몇 달 동안에는 특별한 이유가 있었다.

몇 년 후, 이 사건은 '황제의 편지'라는 이름으로 알려지게 되었다. 카이퍼 아카이브에는 '비밀 문서. 나의 사후에만 열 것. 카이퍼'라는 문구가 적힌 봉투가 보관되어 있다. 그 편지의 날짜는 1910년 3월 13일 일요일이다. 이 편지에서 카이퍼는 1904-1905년 겨울, 국제적 긴장이 고조되던 시기에 빌헬미나 여왕이 그에게 알현을 요청했다고 기록하고 있다. 당시 러일전쟁은 유럽으로 확산될 위험이 있었고, 영국이 일본의 편을 들 경우 독일과 프랑스가 러시아를 옹호할 것이 예상되었다.

빌헬미나는 카이퍼에게 그럴 경우 네덜란드 정부는 하루 안에 독일에 대한 태도를 결정해야 할 최후통첩을 받게 될 것이라는 말을 들었다고 말했다. 1904년 초에 이미 독일 황제는 그녀에게 네덜란드의 해안 방어가 제대로 되어 있지 않으면 독일이 네덜란드를 점령할 수밖에 없다는 경고를 통보했었다.

카이퍼는 빌헬미나가 독일 황실과의 관계를 통해 이 메시지를 받았을 것이라고 추측했다. 그러나 실제로는 이 두 번째 위협은 그녀의 남편 헨드릭 왕자의 독일 인맥을 통해 전달된 것이었다. 참고로 벨기에 국왕 레오폴드 2세 역시 이미 베를린에서 황제로부터 비슷한 메시지를 받아 돌아온 상태였다. 이러한 배경에서 카이퍼는 1월에 폰 리히트호펜과의 만남을 통해 상황을 확인하고자 했을 것이다. 그가 이번 방문과 관련해 언론에 침묵을 지킨 것(이번에는 인터뷰나 다른 성명이 없었다.)도 그가 신중하게 접근했음을 보여준다.

그것은 1908년과 1910년이 되어서야 비로소 국제적인 논란이 되었다. 1908년 11월, 네덜란드 외교관 판 헤케렌 판 켈(Van Heeckeren van Kell) 남작은 자유주의 신문 「헷 파더란트」에 폭로했다. 그는 황제 빌헬름 2세가 보어전쟁 중 영국과 충돌할 경우 네덜란드 항구를 점령하겠다고 이미 위협했다고 주장했다. 그때는 네덜란드가 해안 방어를 제대로 갖추지 못했을 때였다. 러일전쟁이 발발하자 그는 빌헬미나에게 보낸 편지에서 그 위협을 반복했다고 말했다.

국제 언론, 특히 프랑스 언론은 이를 크게 보도했다. 말 그대로 파리의 모든 신문은 '황제의 편지'라 불리는 이 사건을 대대적으로 다루었다. 런던의 「더 타임스」를 비롯해 전 세계 언론이 이 소식을 뒤따랐다. 그 메시지가 독일-네덜란드 관계에 대한 위협으로 여겨졌기 때문에, 헤이그 주재 독일

    아브라함 카이퍼의 일곱 가지 삶

대사는 해명을 요구했다. 빌헬미나 여왕과 상의한 카이퍼는 총리로서 성명을 발표했다. 그는 그런 편지를 본 적이 없으며, 그런 편지에 대해 여왕과 상의한 적도 없다고 말했다. 카이퍼는 깔뱅주의자였다. 그는 거짓말을 해서는 안된다고 믿었기에 거짓말은 하지 않았지만, 그 부인은 너무나 명백해서 소문은 계속되었다.

특히 판 헤커런 판 켈이 네덜란드로 돌아와 상원의원이 되었을 때 더욱 그랬다. 1910년 3월, 그는 상원에서 자신의 주장을 되풀이했고, 외무장관은 또다시 이를 전면 부인해야 했다. 그러나 그 부인은 큰 효과를 발휘하지 못했고, '황제의 편지'는 또 한번 국제적 언론의 관심을 받았다. 이런 맥락에서 카이퍼는 자신의 비밀 선언문을 작성했다. 이 문서는 비상 상황에서 그의 사후에 공개할 수 있도록 작성되었다. 연말에 카이퍼는 브뤼셀의 신문 「르 소아르」(Le Soir)와의 인터뷰에서 다시 한번 황제의 편지의 존재 자체를 부인했다. 모든 가능성을 대비하기 위함이었다.

외교 여행부 장관

카이퍼는 자신의 방식대로 정직하기를 원했고, 적어도 거짓말을 하거나 진실을 숨기지 않기를 원했다. 마지막 장에서 볼 수 있듯이, 이 후에도 새로운 일들이 뒤따랐다. 1908년 11월의 그의 공식적인 부인 직후, 그는 베를린으로 6주 이상 떠났다. 아마도 그의 청각 장애 때문이었을 수도 있지만, 그는 이제 정치적으로 한 발 물러선 상황에서 별다른 설명은 없었다. 카이퍼를 잘 아는 사람이라면, 그의 베를린 방문은 의료적 이유 외에 정치적 목적도 포함했으리라 추측할 수 있을 것이다. 특히 그는 나이가 들어서도 그러한 정치적 임무를 기꺼이 수행했다.

이제 모든 것은 베를린을 중심으로 돌아가고 있었다. 유럽의 정세도 변했으며, 카이퍼도 그 흐름에 맞춰 움직였다. 그는 다시는 런던을 방문하지 않았지만, 파리는 종종 방문했으며, 베를린은 더욱 더 자주 찾았다. 제1차 세계 대전이 발발했음에도 불구하고 그는 빌헬름 2세 황제와의 관계를 유지했다.

국제적인 모든 복잡한 상황은 빌헬미나 여왕이 책임자인 외교부 장관 멜빌 판 린든보다 총리와 더 자주 대화를 나누기를 선호하게 만들었고, 이는 결국 그의 조기 사임으로 이어졌다. 1902년부터 카이퍼는 외교 여행부 장관이라는 새로운 별명을 얻었다. 그의 적극적인 외교 활동이 너무나 이례적이었고 또한 담당 장관의 역할을 침해하는 모습이 노골적이어서 그는 자유주의 언론으로부터 끊임없이 비판을 받았다. 당시 대부분의 일간신문은 자유주의자들의 손에 있었기 때문이었다.

그러나 대중 신문에서 외교 여행부 장관은 강렬한 인상을 남겼고, 그의

Plechtige ontvangst van Minister Kuyper bij zijn terugkomst uit den vreemde, door zijn gehoorzame collegaas.

외교 여행부 카이퍼 장관이 동료들의 환영을 받으며 귀국하는 모습
(1902년 8월 요한 브라켄시크의 만평)

  아브라함 카이퍼의 일곱 가지 삶

대중적 인기는 큰 영향을 받지 않았다. 브라껀시끄 또한 「드 흐루너 암스테르담머」에서 그에게 영감을 받아 풍자만화를 그렸다.

이 그림은 1902년 8월, 카이퍼가 또 다른 긴 여행에서 돌아왔을 때 그린 것이다. 비엔나와 토리노를 경유하는 그의 여정은 그해 여름 국제 언론에서 네덜란드가 독일, 오스트리아-헝가리 제국, 이탈리아로 이루어진 삼국 동맹에 가입하려는 것이 아니냐는 추측을 불러일으켰다.

카이퍼가 이 몇 년 동안 실제로 그 옵션을 탐색했을 가능성은 적지 않아 보이며, 그럴 경우에는 아마도 벨기에와의 협의를 통해 가능했을 것이다. 그러나 그가 1902년 여름에 그와 같은 기회를 가질 가능성은 낮았다. 비엔나에서만 그런 가능성이 있었고, 그의 여행은 분명히 다른 목적을 위한 것이었다. 이에 대한 답은 독일, 오스트리아, 이탈리아, 그리고 아마도 벨기에의 자료 보관소에서 찾을 수 있을 것이다.

어쨌든, 카이퍼의 부인은 단호했다. 그는 세 나라의 어떤 장관과도 접촉하지 않았다고 했다. 토리노에서는 세계박람회의 네덜란드관을 방문하여 극찬을 아끼지 않았으며, 비엔나와 인스브루크에서는 기술 학교를 방문하였다. 물론, 그는 또한 그가 사랑하는 남부 티롤에서 몇 주를 보냈다. 즉, 토블라흐(Toblach)의 온천 마을에서, 그리고 인근 슐루더바흐(Schluderbach)에서 또 한 주를 보냈다.

이번에는 스위스의 직업 학교들도 방문했다. 베른에서 그는 몇몇 고위 관리들과 협의하고, 비엘(Biel)에서는 두 군데의 실습 학교를 방문했다. 직업 교육에 대한 카이퍼의 관심은 대단하고 진지했다. 그는 평생 동안 이 분야에 대한 애정을 품고 있었는데, 이는 그가 미들부르흐에서 어린 시절, 해양학교에 가고 싶어 했던 기억과 연결된다.

그 전해인 1901년 여름, 그는 내각 구성 때문에 마이링겐에 있는 요의 무덤에 가지 못했다. 하지만 이번에는 방문했고, 그 후 한 주 동안 진행된 스위스 신문 「데어 분트」와의 첫 번째 인터뷰에서 그는 사랑했던 아내 요가 빙하에서의 사고로 3년 전 세상을 떠난 이야기를 자연스럽게 언급했다. 그는 10년 후인 1909년에도 그녀의 무덤을 다시 방문했다. 요는 그의 위대한 사랑이었고, 그는 정말로 그녀를 그리워했다.

철도 파업

한편 외교 여행부 장관이었던 카이퍼는 내무부 장관도 겸임했다. 이 역시 광범위한 분야로 많은 발전이 있었다. 특히 그는 총리로서 내각 정책 전체에 대해 책임을 지게 되었다.

국제적으로, 카이퍼 내각 4년 동안 가장 큰 뉴스는 1903년 첫 몇 달 동안에 발생한 철도 파업이었다. 1월에 암스테르담 항구에서 파업이 시작되었고 이어 암스테르담 철도망으로 확산되었다. 당시 여러 철도 회사들이 운영되고 있었다. 1월 말, 암스테르담 주변의 철도가 모두 멈춰 섰고, 이는 우체국과 대중 교통이 철도에 의존하고 있을 때라 큰 혼란을 초래했다. 당시에 자동차는 아직 드물었다. 헤이그에서 각료는 까날스트라트에 있는 카이퍼의 집에 모여 고용주들과 협의했고, 결국 고용주들은 노동조합의 요구를 받아들이기로 결정했다. 암스테르담 노동조합은 인정되었고, 파업 노동자들은 계속해서 임금을 받았다.

한 달 후, 내각은 공무원과 철도를 포함한 특정 공공 서비스에 대한 파업을 처벌 대상으로 하는 3건의 법안을 하원에 제출했다. 동시에, 국가 위원회가 설치되어 철도 노동자들의 법적 지위를 조사하도록 했다. 사회주의 진영에서는 이를 '목 조르기 법(worgwetten)'이라고 불렀고, 카이퍼가 노동자를 목을 조르기 위해 손을 올리는 알베르트 한의 만평이 등장했다. 비록 법무부 장관 뢰프와 수자원 관리, 무역 및 산업부 장관 드 마레즈 오엔스가 최

    아브라함 카이퍼의 일곱 가지 삶

종 책임을 졌지만, 총리가 상징적인 인물이 되었다.

이 법은 도멜라 니우븐하위스와 트룰스트라의 목소리를 통해 무정부주의자들과 사회주의자들의 격렬한 항의시위로 이어졌다. 그러는 동안, 이 법에 반대하는 전국적인 파업을 촉구하기 위해 방어위원회(Comité van Verweer)가 구성되었다. 그러나 군대의 투입으로 파업은 별다른 성과가 없었고, 수천 명의 철도 노동자들이 일자리를 잃었다. 이 사건의 간접적인 결과로, 1906년 네덜란드 노동조합연맹(NVV: Nederlands Verbond van Vakverenigingen)과 1909년 기독교 전국 노동조합연맹(CNV: Christelijk Nationaal Vakverbond)이라는 두 개의 전국적인 노동조합이 설립되었다. 목 조르기 법은 하원에서 널리 지지를 받았으며, 1980년까지 유효했다.

카이퍼 자신도 나중에 철도 파업으로 인해 그의 사회적 입법이 1년 지연되었고, 그로 인해 더이상 하원에서 제때 통과시킬 수 없었다는 것을 알게 되었다. 그는 노동법과 의무보험법을 제출했지만, 그것들은 후속 내각에서 채택되지 않았고 따라서 잊혀졌다. 1870년부터 꿈꿔왔던 그의 이상, 즉 노동자에게 자본가와 동등한 권리를 부여하겠다는 그의 이상은 산산조각이 났다. 그리고 그로 인해 그의 내각은 실패했다고 그는 평가했다.

사회주의 진영에서 카이퍼는 이때부터 모든 자본주의적 억압의 화신이 되었고, 특히 트룰스트라가 이를 강하게 몰아붙였다. 이 시기에 그는 사회민주노동당의 지도력을 삐뜨 딱(Piet Tak)에게 넘겨주었으나 딱이 1907년 갑작스럽게 사망하면서 다시 지도력을 되찾았다. 오랜 기자 생활 동안 딱은 카이퍼에 대한 이해가 더 깊어졌고, 트룰스트라와 달리 선동보다는 토론과 야당 활동에 더 믿음을 두었다.

1905년, ‘카이퍼를 타도하라’는 구호가 선거의 초점이 되었는데, 철도 파업으로 인해 선거는 더욱 양극화되었다. 카이퍼는 알베르트 한 뿐만 아니라, 인기 있는 사회주의 인형극에서도 ‘브람머쳐(Brammetje)’로 조롱당했으

며 이는 수년 동안 계속되었다. 이와 같은 대중가요와 풍자 속에서, 노동운
동은 완벽한 악당을 찾아냈으며, 그 이미지를 쉽게 놓지 않았다.

정원의 폭탄

카이퍼 내각에 대한 그의 평가에서, 후베르투스 드 빌드는 트룰스트라
와 그의 동료들이 사회 문제에 대한 카이퍼의 노력을 고의적으로 숨겼다고
분개했다. 가령, 카이퍼 총리는 로테르담 항구 노동자와 암스테르담 다이아
몬드 노동자들의 노동 분쟁을 적극적으로 중재하고 관련된 노동자들의 권
리를 옹호했다. 드 빌드는 철도 파업에 관한 두 권짜리 문서, 일종의 백서를
통해 같은 주장을 하려고 했다.

그러나 이것은 별로 도움이 되지 않았는데, 특히 카이퍼가 점점 더 언론
의 공격 대상이 되었기 때문이었다. 자유주의 언론은 피 냄새를 맡았다고
드 빌드는 표현했다. 개인적인 협박 편지가 우편으로 도착했고, 4월부터 네
명의 경찰이 카이퍼의 집을 경비했다. 10월에는 장전된 권총을 소지한 한
무정부주의자가 체포되었는데, 그는 카이퍼를 죽이겠다고 말했다. 그는 떠
돌이 직공 야코부스 판 헤스텔(Jacobus van Gestel)로 암스테르담에서 권총
을 구입했으며, 「하를렘쉬 다흐블랏」(*Haarlemsch Dagblad*)에 따르면 레이든
으로 가는 전차에서 자신의 계획을 공개했다.

리스 근처에서, 이상한 행동으로 이미 주목을 끌고 있던 이 남자는 갑자기 권총
을 만지작거리기 시작했다. 차장이 그것이 무엇인지 묻자, 그 위험한 인물은 건
방진 태도로 대답했다. "나는 무정부주의자이고, 카이퍼 장관의 머리에 총을 쏘
기 위해 헤이그로 가고 있다." 왜 그러느냐고 차장은 여전히 권총을 가지고 놀고
있는 남자에게 침착하게 물었다. 그러자 그는 이렇게 자신있게 대답했다. "그 놈

    아브라함 카이퍼의 일곱 가지 삶

이 파업법으로 사람들을 가난으로 몰아 넣었기 때문이지. 나는 절대 실패하지 않을 거야."

그 당시의 사법 제도에 따라, 이 무장한 직조공은 협박이 아닌 부랑 행위에 대해서만 기소되었다.

카이퍼 아카이브에는 1905년에 작성된 것으로 보이는 두 통의 협박 편지가 보관되어 있는데, 이 시기에는 선거를 앞두고 긴장감이 다시 고조되고 있었다. 이 편지들은 모든 시대의 협박 편지가 그렇듯 비슷한 특성을 보여준다. 첫 번째 편지는 내무부 장관에게 보낸 것이었다. '유감스럽게도'라고 발신자는 말하며 자신이 다른 네 명과 함께 비밀 위원회에 의해 카이퍼

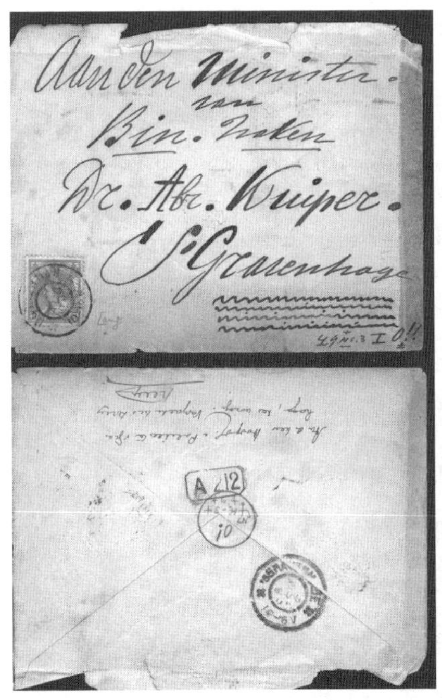
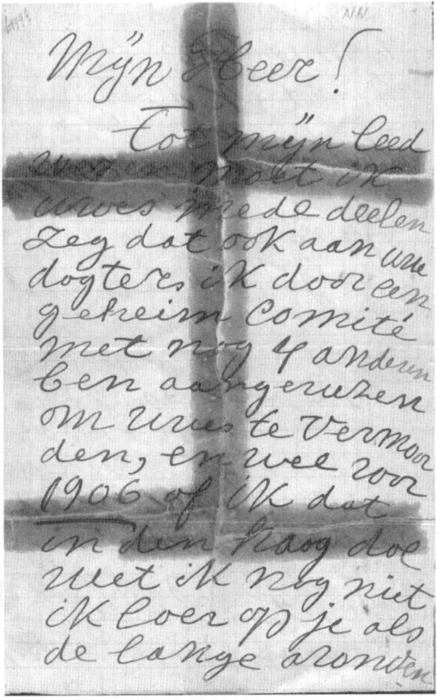

내무부 장관에게 보내는 협박 편지: '유감스럽게도', 익명의 발신자는 자신과 다른 네 명이 비밀 위원회에 의해 카이퍼를 암살하기 위해 임명되었다고 알렸다.

를 암살하도록 임명되었다고 밝혔다. 아마 저녁 산책 중, 적어도 9월 이전에 반드시 이루어질 것이라고 했다. "아브람, 물러가라, 네덜란드 사람들의 불행이여!"

두 번째 편지는 '당신을 증오하는 일부 이교도들'이라는 서명이 있었다.

우리는 당신에게 다시는 공직에 나서지 말고, 다시는 장관직을 맡지 말라는 마지막 경고를 합니다. 요컨대, 공직 생활에서 영원히 사라지라는 것이오. 네덜란드 전역에는 당신을 보호할 형사가 충분하지 않다는 것을 잘 기억하시오. 이것은 비겁한 겁주기가 아니며, 만약 겁주기였다면 이것은 엽서로 보냈을 것이오.

1907년 2월, 법무부 장관 판 랄테(Van Raalte)가 부처에서 집으로 걸어가고 있을 때 시몬 폴락(Simon Polak)이라는 사람이 그에게 네 발의 총을 쏘았다. 세 발의 총알은 빗나갔고, 한 발은 그의 기사 훈장을 맞고 튕겨 나갔다. 그 남자는 자기가 무작위로 희생자를 찾고 있었다고 말했다. "장관, 여왕, 혹은 카이퍼라도 상관없었다. 나는 공격을 하지 않으면 안 되었다!"

언론인 엘라우트는 까날스트라트에 있는 그의 집 맞은편 경찰서가 폐쇄된 지 한참 후에도 카이퍼를 보호하던 경호원이 계속 활동한 것은 실질적인 위협보다는 카이퍼의 허영심을 더 잘 보여준다고 평했다. 그러나 나중에 보고된 바에 따르면, 그 정원에서 특수 폭탄이 해체되었다고 한다. 이 이야기는 발신자 자신이 한 것이므로 완전히 믿을 수 없는 것은 아니다.

발신자이자 사건의 주인공은 고생물학자 유진 뒤부아(Eugène Dubois)였다. 그는 1900년경 '자바인'으로 더 잘 알려진 피테칸트로푸스 에렉투스(Pithecanthropus erectus)의 발견으로 세계적으로 유명해졌다. 그는 카이퍼 장관의 영접을 받았고, 네덜란드 동인도에서의 새로운 고생물학 연구에 대한 정부 지원을 제안했다고 한다.

 아브라함 카이퍼의 일곱 가지 삶

감사의 표시로 그는 자바인의 두개골을 석고 모형으로 만들어 카이퍼의 집 주소로 보냈다. 1903년 철도 파업 당시였고 물론 둥근 소포는 매우 의심스러워 보였다. 그는 경찰의 전화 조언에 따라 이것을 정원으로 가져가 물을 뿌렸다. 그제서야 경찰관이 도착했고, 그가 과감히 소포를 열어보았고, 그 안에서 석고로 된 두개골을 발견했다.

브뤼셀에서 전라(全裸)로

철도 파업이 주된 이유였지만, 1904년 카이퍼의 주류법(drankwet) 역시 사회주의 진영의 반감을 샀다. 일부 사회주의 의원들이 찬성하기는 했으나, 이 법은 주로 서민층 사이에서 인기가 있었던 불법 주류 판매를 단속하는 데 초점이 맞춰져 있었다. 브뤼셀의 테라스에서 카이퍼가 맥주 한 잔을 들고 있는 것을 두 명의 네덜란드인이 목격했을 때, 그 반응은 쉽게 예상할 수 있었다. 특히 그것이 일요일 저녁이었기 때문에 더욱 논란이 되었다. 심지어 다른 소식통은 이를 자정 직전인 11시 45분에 발생했다고 전하여, 이는 카이퍼가 장관으로서 주장했던 저녁 11시 주류 판매 제한 시간을 위반한 행위로 비쳤다.

사회주의 진영뿐 아니라 반혁명 진영 내부에서도 더 강력한 금주법을 만들도록 카이퍼를 압박하는 음주 반대 로비 단체가 있었다. 그러나 헛수고였다. 카이퍼는 자신도 술을 마셨을 뿐만 아니라, 한번은 그의 자유대학교의 개교식에서 술을 제공했다. 「드 헤라우트」에서 그는 다음과 같은 전설적인 말로 방어했다. "초콜릿 주전자와 물, 우유병으로는 용감한 깔뱅주의자 세대를 낳을 수 없다."

1880년 이후, 개혁주의 신도들 사이에서는 피로연에서 와인을 제공하는 그의 해석이 널리 인용되었다. 이것은 다른 분야에서 금욕주의적 태도가 부

카이퍼가 브뤼셀 중심지에서 자주 묵었던 메트로폴 호텔(Hotel Métropole), 반 데스 가족의 집 근처. 그의 3층 창문에 'X'표시가 되어 있다.

상하던 시대적 흐름 속에서도 술 사용을 옹호하는 유명한 발언으로 자리잡았다.

그러나 1911년 9월, 카이퍼가 일요일 저녁에 브뤼셀에서 맥주를 마신 사건보다 훨씬 더 큰 논란이 일어났다. 당시 로이터 통신의 보도로 여러 신문에 다음과 같은 뉴스가 실렸다.

브뤼셀, 9월 21일(로이터). 오늘 오전 11시 30분, 브뤼셀의 쁠라스 드 브루커르(Place de Brouckère)에는 많은 군중이 모였고 메트로폴 호텔의 창문 앞에서 완전히 나체인 한 남성이 걸어다니는 모습이 목격되었고, 이에 대중이 몰려들었다. 이 남성은 전 네덜란드 총리 아브라함 카이퍼 박사였다. 그는 경찰의 요청으로 루 드 라 피앙세(Rue de la Fiancée)에 있는 경찰서로 연행되었고 4번 부서로 이송되었다. 수많은 목격자들이 무슨 일이 있었는지를 확인해 주었다. 심문에서, 카이퍼 박사는 의학적 조언에 따라 행동한 것이며, 그가 광장에서 보일 수 있

    아브라함 카이퍼의 일곱 가지 삶

다는 것을 몰랐다고 말했다. 그에 대한 공식 보고서가 작성되었다.

거의 74세의 이 정치가는 「드 뉴브 꾸란트」와의 인터뷰에서 이러한 주장을 부인했다. 실제로, 드레스덴의 요양원 의사들의 지시에 따라 그는 실제로 하루에 두 번 신선한 공기 아래서 옷을 벗고 체조 운동을 하였다. 추위에 맞서 단련함으로써만 그의 만성적인 목 질환을 퇴치할 수 있었기 때문이었다. 단골 호텔인 메트로폴에서, 그는 3층에 있는 자기 방에서 자기가 밖으로 보일 것이라고는 생각하지 못했는데, 특히 호텔이 광장에 위치해 있었기 때문에 더욱 그랬다. 한 경찰관은 호텔 리셉션에 이를 알리고 커튼을 닫으라는 요청을 했을 뿐, 체포나 조사는 없었다고 강조했다.

자유주의 신문인 「헷 파더란트」는 현장에 기자를 보내 사건을 확인했으며, 카이퍼의 설명이 사실임을 확인했다. 기자는 로이터 통신의 보도가 과장되었다고 판단하며 "유감스럽게도 이 사건은 왜곡되었다"고 보도했다. 하지만 사회주의 신문인 「헷 폴끄」는 이를 놓치지 않았다. 그 신문의 일요판인 「드 노튼끄라커」는 거의 전적으로 이 사건을 다루었다. 알베르트 한은 두 개의 만평을 그렸다. 하나는 카이퍼가 오줌싸개 동상(Man-neken Pis)으로, 다른 하나는 성경으로 하반신을 가린 나체 상태로 묘사한 삽화가 표지에

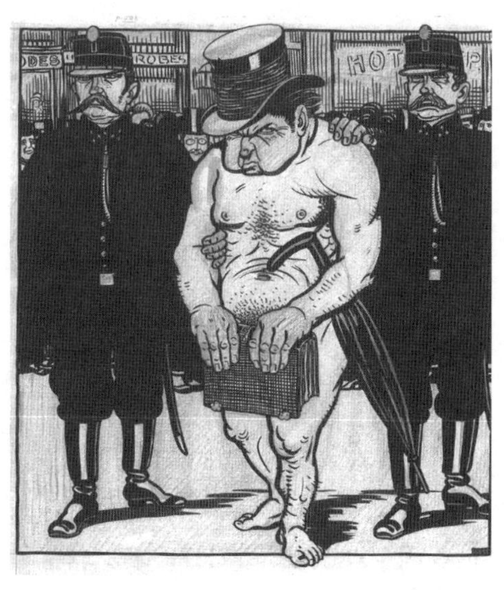

브뤼셀에서 나체로 구금된 카이퍼
(사회주의 주간지 「드 노튼끄라커」의 표지에 실린 알베르트 한의 상징적인 만평)

실렸다.

나체 사건은 「헷 폴끄」 편집진을 몇 주 동안 바쁘게 만들었고, 심지어 자신들의 기자를 브뤼셀에 보내 '진실된 경위'를 밝히려 했다. 기자는 10월 초 진실된 경과를 밝혔고, 카이퍼가 브루커르 광장에서 수십 명의 사람들에 의해 목격되었고, 실제로 그의 부재 중에 보고서가 작성되었다고 주장했다. 그러나 그 후 새로운 증거가 나오지 않자, 그 사건은 점차 잊혀졌다. 이 사건으로 카이퍼는 젊은 사회주의 운동가들에게 이상적인 악당으로 떠오르게 되었다.

국빈 방문

총리로 재임하던 시절에 카이퍼는 독일, 알프스, 파리를 여행할 때 브뤼셀을 자주 경유했다. 브뤼셀에는 판 데스 가족과 같은 친구들이 있었고, 거기서 그는 아무도 자신을 알아보지 못한 채 산책을 할 수 있었다. 더욱이 레오폴드 2세 시대에는 브뤼셀이 제 2의 파리처럼 거의 세계적인 도시로 변모하여 조용한 헤이그보다 더 많은 국제 신문들을 접할 수 있었다.

그는 하원 토론에서 브뤼셀을 종종 예로 들었다. 여러 교외 지역의 도시 계획을 언급하면서, 그것을 그가 네덜란드에서 보기 원했던 지방분권적인 행정 모델의 본보기로 보았다. 고등교육에 관련한 토론에서도 그는 벨기에의 상황을 영감의 원천으로 들었다. 젊은 의원 시절, 그는 이미 브뤼셀의 '자유대학교'를 자유주의자들에게 증거로 제시했다. 국경 너머의 자유주의자들은 자유대학교를 지지할 의향이 있었고, 실제로 그들이 직접 자유대학교를 세우기도 했다는 점을 강조했다.

1904년 그의 고등교육법(Hoger-Onderwijswet)을 둘러싼 격렬한 논쟁 속에서도 벨기에 사례는 강력한 논거가 되었다. 벨기에의 세 개의 국립대학교

    아브라함 카이퍼의 일곱 가지 삶

는 주로 가톨릭 성향을 띠고 있었다. 그리고 브뤼셀의 자유주의자들과 루벤의 가톨릭 신자들 모두 '자유' 대학교를 설립했는데, 이 대학교들은 정부에 의해 인정받고 재정적으로 지원되었다. 카이퍼는 상원을 강제로 해산한 후 새로 선출된 상원에서 고등교육법을 통과시켰다. 그 이유는 유럽의 다른 모든 곳에서는 자유주의자들이 무상 고등교육을 지지했음에도 오직 네덜란드에서만 독점을 포기하지 않으려 했기 때문이다.

카이퍼는 브뤼셀에서 유일한 공식 국가 방문을 했다. 당시에는 국빈 방문이라는 개념이 없었다. 1904년 1월, 카이퍼는 레오폴드 2세 국왕의 개인적인 초청으로 브뤼셀을 방문했다. 이 초청은 몇 주 동안 벨기에와 네덜란드 언론에서는 많은 소문이 돌았다. 어떤 의제가 있었을까? 카이퍼는 왕뿐만 아니라 그를 영접한 장관들과도 무엇을 논의했는가?

외교부 장관 멜빌 판 린덴 남작은 그 초청장이 11월로 거슬러 올라가며, 그것은 카이퍼 장관이나 총리에게 보낸 것이 아니라 카이퍼 개인에게 보낸 것임을 하원에 공식적으로 설명해야 했다. 단순히 벨기에 국왕의 개인적인 초대, 그게 전부였다.

1월 6일 수요일, 카이퍼는 브뤼셀 왕궁에서 저명한 손님들만 참석한 갈라 만찬에 초대되었다. 만찬 전에 레오폴드 2세는 카이퍼가 지금까지 받은 가장 높은 훈장인 레오폴드 대십자 훈장(het grootkruis van de Leopoldsorde)을 그의 호텔에서 수여했다. 비록 카이퍼는 딸들에게 집에서 며칠간 쉴 수 있었으면 더 좋았을 것이라고 편지를 썼지만, 벨기에 궁정에서는 그의 태도를 모범적으로 평가했다. 그는 옆자리에 앉은 공주와 맞은편에 있는 왕과 예의 바르게 대화를 나눴다.

만찬 후, 그들은 왕궁의 살롱에서 대화를 이어갔고 카이퍼는 왕과 긴 대화를 나눴는데, 「알허메인 한덜스블랏」의 특파원에 따르면 레오폴드 2세의 '많은 관심'을 끌었다고 했다. '레오폴드 2세를 아는 사람이라면 누구나 그

대화가 프리슬란트의 스케이팅 경기나 플랑드르의 주현절에 관한 것이 아
니라고 생각할 것이다'라고 플랑드르의 한 평론가는 말했다.

금요일 오후, 카이퍼는 다시 왕궁으로 초대되었으며, 그 다음 주에는 여
러 차례의 실무 방문과 벨기에 장관들이 주최한 새로운 갈라 만찬이 이어졌
다. 마지막으로 왕궁에서 다시 한번 왕과 만찬을 가졌는데 끝이 보이지 않
는 것 같았다. 벨기에 「뉴브 로테르담 꾸란트」 특파원은 다음과 같이 썼다.
"총리 각하, 카이퍼 장관은 현재 브뤼셀에서 영웅이다. 왕과 장관들 주변에
서, 오직 그에 대한 언급만이 있을 뿐이다." 사실, 네덜란드 신문들뿐 아니
라 벨기에 신문들도 이 특별한 방문에 대해 더 많이 보도했다.

이 방문은 국제적으로도 주목받았다. 몇 주 후, 「뉴욕 타임즈」는 이 방문
이 벨기에와 네덜란드간 협력을 강화하려는 움직임으로 보도했다. 평론가
들은 대체로 두 식민지 강대국 사이의 군사적 협력 외에도 콩고와 네덜란드

브뤼셀에서 레오폴드 2세 왕을 방문하는 카이퍼. 그는 전화를 걸고 있는 외무장관
반 린덴의 도움을 필요로 하지 않는다. (1904년 요한 브라켄시크의 만평)

                                   아브라함 카이퍼의 일곱 가지 삶

령 동인도는 영국과 프랑스 제국 다음으로 가장 부유한 식민지 영토로 여겨졌으며 경제적 협력 가능성이 제기되었다는 데 동의했다. 「뉴욕 타임즈」에 따르면, 카이퍼는 관세 동맹을 논의했고, 유럽의 나머지 국가들은 서부 해안에서 새로운 관계를 고려해야 한다고 보도했다.

카이퍼는 마치 침묵의 빌름(Willem de Zwijger)[1]처럼 호텔에서 그를 기다리고 있던 모든 기자들을 피했지만, 단 한 번의 인터뷰는 허락했다. 그는 네덜란드 파이프를 손에 들고 2층 방에서 「라 레포르메 레푸블리켄느 에 안티끌레리깔르」(*La Réforme républicaine et anticléricale*)의 기자를 영접했다. 다만 국빈 방문의 목적과 내용에 대해서는 한마디도 하지 않았다. 인터뷰 중간쯤에 그는 역할을 바꾸어 기자에게 질문을 하기 시작했으며, 벨기에 언론의 최신 동향에 대해 모두 알고 싶어했다. 오직 브뤼셀에 대해서만 카이퍼는 이렇게 언급했다. 그 도시는 그의 마음속에 특별한 도시였다.

나는 브뤼셀을 오랫동안 알고 있습니다. 벌써 50년째 이곳을 즐겁게 방문하고 있습니다. 나는 여전히 활기찬 대로가 없던 시절의 브뤼셀도 보았고, 센느(Senne)강이 두 개의 황량한 둑 사이를 흐르던 시절도 기억합니다. 브뤼셀은 도시를 아름답게 꾸미는 군주 덕분에 엄청나게 변했고 여전히 매일 변화하고 있습니다. 레오폴드 2세는 정말 훌륭한 건축가입니다. 나는 암스테르담에 살면서 대학에서 가르치던 시절보다 더 브뤼셀을 잘 알고 있습니다.

1906년 여름, 레오폴드 2세는 옛 바다를 항해한 후에 돌아온 카이퍼를

---

1   침묵의 빌름(Willem de Zwijger, 1533-1584)은 네덜란드에서 빌름 판 오란여(Willem van Oranje)로 더 잘 알려져 있으며, 스페인 합스부르크 왕가에 대한 네덜란드 독립 지도자로 80년 독립전쟁(1568-1648) 후 1648년에 네덜란드의 공식 독립이 이루어졌다. 그가 말이 적었기 때문에 이런 별명이 붙여졌다. (위키백과)

다시 초청했으나 이것은 아마도 마지막 초대였을 것이다. 1909년에 레오폴드 2세가 사망하면서 그의 개인 식민지였던 콩고는 벨기에 정부에 물려주었다.

께이 헙쉬(Kee Hupsch)를 위한 훈장

카이퍼의 장관 시절을 특징짓는 것 중 하나는 그의 현장 방문과 학자 및 발명가들을 만나는 일이었다. 가령, 1902년 그는 최초의 자동 기관총을 발명한 미국-영국 총기 제작자인 히람 맥심 경(Sir Hiram Maxim)의 예방을 받았다.

같은 해 3월, 카이퍼는 또한 네덜란드령 동인도(인도네시아)와의 대체 전신 연결망을 구축하는 법안을 하원에 제출했다. 그가 의도한 바는 더이상 영국 전신망에 의존하지 않는 것이었는데, 이는 뉴스 채널을 포함하여 남아프리카와의 모든 통신이 영국의 통제 하에 있던 보어전쟁에서 얻은 교훈이었다. 가을에 카이퍼는 같은 목적으로 네덜란드 동인도의 무선 전신, 즉 라디오의 가능성을 조사한 드 마란드 드 몽시(De Marande de Monchy) 백작을 접견했다. 그러나 네덜란드와 인도네시아 간의 무선 연결은 제1차 세계 대전 이후 라디오 꼬트베이끄(Radio Kootwijk)가 건설된 후에야 비로소 실현되었다.

카이퍼의 의도는 분명했다. 그는 적극적인 중립 정책을 채택하고 그것에 도움이 될 수 있는 기술 혁신을 모색했다. 이는 그가 설립을 도왔던 델프트 공과대학과 기술 교육에 대한 그의 적극적인 관심과도 일맥상통했다. 네덜란드는 이 점에서 뒤처진 부분을 따라잡아야 할 필요가 있었다. 그가 장관직을 맡은 4년 동안 정기적으로 현장 방문을 하였는데, 그 방문은 종종 토요일에 이루어졌다.

  아브라함 카이퍼의 일곱 가지 삶

1902년 한 해 동안에 그는 암스테르담의 기계공 양성 학교, 헤이그에 새로 문을 연 소녀들을 위한 직업 학교, 그리고 하를렘의 정신 병원을 방문했다. 그는 헬렌도른(Hellendoorn)에서 많은 호응 속에 연설을 하며 요양원(sanatorium)을 열었고, 브레다의 대교회(Grote Kerk) 복원 작업을 방문했으며 암스테르담에서 철갑 호위함 프린스 헨드릭(Prins Hendrik)호의 진수식에 참석했다.

여름에 그는 앤트워프(Antwerpen)에서 해군 함선 에버츤(Evertsen)의 환영 행사에 참석하여 연설했으며, 장교들과 함께 도시의 지리학 전시회를 방문했다. 카이퍼는 또한 많은 전시회를 방문했다. 즉, 그 다음 달에는 토리노에서 열린 세계 박람회의 네덜란드 파빌리온에서 공식 환영을 받았고, 이미 그해에 꼬르티나 담페초(Cortina d'Ampezzo)에서 열린 공예 전시회를 방문하기도 했다.

카이퍼의 전형적인 모습은 거의 모든 현장 방문에서 여러 가지 목적

벨기에 왕 레오폴드 2세가 카이퍼를 차에 태우기 위해 초대하는 모습
(「드 흐루너 암스테르담머」에 실린 요한 브라켄시크의 만평)

을 결합하고 사람들을 방문했다는 것이었다. 앤트워프처럼 시간이 많이 걸리는 여행은 반드시 여러 항목을 처리할 수 있을 때에만 떠났다. 가령, 1902년 10월 11일 토요일 오후의 덴 보쉬 방문은 다섯 가지 목적을 달성하기 위한 것이었다. 그는 새로 지은 지방 등기소 청사를 둘러보고, 의사들의 안내를 받아 라이니어 판 아르켈(Reinier van Arkel) 정신병원을 둘러보았으며, 현장의 가톨릭 사범 학교도 시찰했다. 중간에 건축가들이 그에게 고딕 양식의 성 요한 대성당 복원 작업 진행 상황을 보여주었다.

그러나 이날 가장 주목을 받은 것은 오란여-나사우(Orde van Oranje-Nassau) 훈장 수여식이었다. 주지사가 기차역에서 그를 영접한 자리에서 카이퍼는 께이 협쉬(Kee Hupsch)라는 이름으로 잘 알려진 꼬르넬리아 헤이사커스(Cornelia Heesakkers)에게 짧은 연설과 함께 훈장을 수여했다. 그녀는 50년 동안 협쉬 가문의 하인으로 충실하게 봉사한 공로로 이 상을 받았는데, 그녀는 심지어 그 가문의 이름을 빌려 사용했다.

그녀가 죽은 지 10년 후에도 이 훈장이 얼마나 특별했는지 여전히 회자되었다. 이전에는 노동자 계층에서 훈장을 받은 사람이 없었기 때문이었다. 카이퍼는 재임 중 더 많은 훈장을 수여했는데, 그가 언론인들에게 수여한 4개의 훈장 중 2개는 평범한 기자들에게 수여된 것이었다.

니체에 반대하여

이러한 방문은 그 후 몇 년 동안 계속되었다. 그의 부서가 다루는 범위가 넓었기 때문에, 가능한 현장 방문은 끝이 없었다. 학교와 기관 외에도 예를 들어 박물관들도 그의 관리 아래 있었다.

그는 1903년 5월, 해양화가 메스다흐(Mesdag)의 많은 그림 컬렉션을 기증 받으며 연설했다. 이는 메스다흐 컬렉션(Mesdag Collection) 박물관의 시

아브라함 카이퍼의 일곱 가지 삶

작이었다. 암스테르담에서는 국립미술관의 '야경의 방(Nachtwachtzaal)' 건설을 위한 자금을 지원했다. 1904년 로마에 네덜란드 역사연구소(het Nederlands Historisch Instituut)가 설립된 것도 카이퍼 장관의 성과였다. 그는 그의 동료인 헤르만 스헤입만의 마음을 담아 그 도시를 기렸다. 1903년 1월 스헤입만이 로마에서 사망 했을 때, 카이퍼는 즉시 교황에게 애도의 전보를 라틴어로 보냈다. "누가 울지 않겠습니까?(Quis non fleret)" 즉, "스타바트 마테르(Stabat Mater: 십자가에 못박히는 예수를 바라보는 성모 마리아의 슬픔을 노래한 중세 시대의 시)"의 인용문이었다.

카이퍼의 또 다른 특징은 그가 벽돌공장에서 노동자들의 작업 조건에 대해 직접 알아보기를 원했다는 것이다. 1903년 6월 말, 그는 일주일 동안 홀란드 에이슬(Ijssel)에 있는 벽돌공장을 시찰했다. 카이퍼다운 전형적인 방식으로, 경영진뿐 아니라 노동자들과도 직접 대화했다. "장관은 몇몇 남녀 노동자들과 대화를 나눴고, 그들의 집도 살펴봤다." 헬더란트(Gelderland)에서는 노동 감독관을 현장에 파견하였다. 그들은 어느 날 오후, 다섯 개의 공장에서 불법 여성 노동과 16세 미만 아동들을 대상으로 한 불법 노동을 발견했다. 또한 몇몇 여성들은 불법 야간 근무에 대해 불만을 제기했다.

그 다음 주에 카이퍼는 직접 펜로(Venlo)에서 마스트리히트(Maastricht)까지의 마스(Maas)강을 따라 있는 여러 벽돌공장들을 방문했는데, 그곳에서도 비슷한 위반 사례가 보고되었다. 역시 카이퍼는 노동 감독관에게 개인적으로 압력을 가해야 한다고 느꼈고, 또한 노동자들의 입을 통해 직접 그 이야기를 듣고 싶어 했다. 후자는 특히 새로웠다. 몇몇 공장 방문에서, 공장주인들은 자신들 외에도 다른 사람들이 총리와 대화할 것이라는 점을 미처 예상하지 못했다. 벽돌공장의 노동조건에 대해 강화된 규칙은 이미 가을에 「정부 관보」에 게재되었다. 같은 맥락에서 1905년 1월에는 국립인쇄국(Landsdrukkerij)에서 경영협회(ondernemingsraad)가 설립되었다.

카이퍼는 연설을 할 때 가장 자기다운 면모를 보였다. 총리로서 그는 전국을 돌며 연설을 했다. 림부르흐(Limburg)에 있는 롤두크(Rolduc) 가톨릭 신학교의 사제직 학생 400명은 그를 열정적으로 환영했으며(그는 이 방문을 벽돌공장 시찰과 결합했다.), 이튿날 델프트 대학의 학생들도 마찬가지였다. 그는 림부르흐 방문을 몇 가지 실무 방문과 함께 아헨으로 가는 짧은 여행과 결합했으며, 그곳에서 헨드릭 왕자를 알현했다.

연설가로서 총리는 관련 기관에 대해 심도 있게 연구했으며, 항상 자신의 메시지를 가지고 연설에 임했다. 흐로닝언 대학병원 개원식에서 그는 기사 작위를 수여하며 전성기 때처럼 연설을 했다. 그 병원은 니체가 주장한 초인 사상에 대한 살아있는 반론이라고 그는 강조했다.

연사는 이 병원이 니체의 가르침과는 정면으로 대립한다고 강조하고 싶습니다. 그의 이론에 따르면 강자와 약자간의 투쟁이 존재하며 약자는 이 투쟁에서 밀려나게 됩니다. 니체는 사람들이 약자에 대해 걱정할 필요가 없다고 말합니다. 그들은 멸망할 운명에 처해 있으며, 투쟁에서는 오직 강자, 권력자, 초인만이 남을 것이기 때문입니다.

카이퍼에게 병원은 사회 문제를 해결하기 위한 또 하나의 기여였으며, 그는 장관으로서 이 문제에 가장 적극적으로 헌신했다. 그러나 그는 전혀 다른 쟁점으로 선거에서 패배하고 말았다.

악당처럼 쫓겨났다

그의 죽음 한참 후에도, 카이퍼는 여전히 대립 개념인 '안티테제(antithese)'로 알려져 있다. 그러나 오히려 그 아이디어를 가장 많이 활용한 것은

 아브라함 카이퍼의 일곱 가지 삶

그의 정치적 반대자들이었다. 총리 자신도 1904년 12월 상원에서 열린 일반 토론에서 이 문제를 꺼냈다. 그는 자신의 원칙과 사상에 대해 뭔가를 설명할 필요성을 느꼈다. (그는 신학적인 용어로 생각하면서) 그 점에 있어서 기독교 정당과 다른 당들 사이에 차이점이 있다고 생각했다.

야당은 그 기회를 놓치지 않고 하나로 뭉쳤다. 특히 그들은 안티테제 개념을 총리가 그 전 해에 사용했던 다른 용어와 즉시 연결할 수 있었다. 카이퍼는 근대 세계에서 '이교도적 요소'가 나타나고 있다고 믿었고 그것은 즉시 이상적인 모욕의 용어이자 비아냥적인 영웅 이름(geuzennaam)이 되었다. 특히 트룰스트라는 카이퍼가 사회주의자들을 이교도라고 비난했다는 점을 끊임없이 강조했다.

이로 인해 카이퍼에 대한 찬반의 논란이 분열의 핵심이 되었고, 당시의 선거구 제도는 이 논란에 실제적인 영향을 미쳤다. 비록 기독정당이 전체 유권자 수에서 다른 당들과 비교해 우위를 점했지만(35만 표 대 28만 표, 총 인구 500만 명 기준), 카이퍼의 반혁명당은 9개의 선거구에서 패배했다. 이번 선거에서 사회주의자들과 자유주의자들은 서로를 지지하며 이례적인 연합을 형성했기 때문이었다. 결국 연정의석은 48석을 얻었고 이에 따라 카이퍼 정부의 존속은 불가능했다.

카이퍼는 7월 초에 사직서를 제출하고 건강 회복을 위해 8월 초에 여행을 떠날 수 있도록 휴가를 요청했다. 여왕의 허락을 받아 여전히 장관이라는 직함이 적힌 여권을 받은 카이퍼(그는 공식적으로 여전히 장관이었다.)는 8월 한 달 동안 치료를 받기 위해 쾰른을 경유하여 밧 키싱엔(Bad Kissingen)으로 요양을 떠났다. 1909년에 그는 쾰른 중심가에서 그를 알아보는 네덜란드 사람들에게 조롱을 받았다고 회상했다. 그는 악당처럼 쫓겨났다고, 그는 절친한 친구 이든부르흐에게 편지를 썼다.

밧 키싱엔은 그다지 마음에 들지 않았고, 시간을 보내기 위해 역사 소설을 읽었다. 거리에서 한 사진작가가 카이퍼를 알아보았고, 그는 몰락한 네덜란드 총리를 찍으려고 했다. 신문을 막 사서 들고 있던 카이퍼는 단호하게 자리를 떠났다.

요양 후에는 언제나 그랬듯이 알프스에서 후속 요양이 있었고, 이전 몇 년처럼 남부 티롤로 갔다. 그의 여행은 모두 딸들에게 보낸 편지와 엽서를 통해 알 수 있었으며, 딸들 역시 그해 여름에는 스위스 알프스에서 산행을 하며 마이링겐에 있는 어머니의 무덤을 방문했다. 퇴임한 총리도 여전히 산행을 했다. 브레너(Brenner), 고센사스(Gossensaß) 및 스테르징(Sterzing)에서 볼차노(Bolzano)까지 당일치기 여행이었다. 거기서 그는 기차를 타고 베로나를 거쳐 1888년에 방문했던 베네치아로 갔다. 그는 베네치아에서 비엔

독일의 온천 마을 밧 키싱엔에서 기자와 사진작가를 피해 떠나는 퇴임한 카이퍼 총리. 그는 갓 구입한 신문을 팔 아래에 끼고 있다(1905년 8월).

    아브라함 카이퍼의 일곱 가지 삶

나로 갔고 그곳에서 위대한 여행을 준비했다.

1904년 1월 브뤼셀을 국빈 방문했을 때, 그는 이미 사임 후 세계일주를 떠날 것이라고 발표했다. 시베리아 횡단 철도는 그에게 매력적으로 다가왔다. 러시아를 거쳐 극동으로 가는 여행은 그가 가장 먼저 떠올린 생각이었다. 하지만 러일 전쟁과 제정 러시아의 혼란으로 인해 카이퍼는 경로를 바꿔야 했고, 게다가 러시아에서는 콜레라가 발생했다.

결국 대체 목적지는 근동과 북아프리카로 정해졌고, 그는 기차와 배를 타고 이동했다. 짧은 거리는 말과 마차를 이용했고, 때로는 걷거나 알제리 산악지대에서는 자동차로 이동하였다. 카이퍼는 이 여행이 대략 오데사(Odesa)-하르툼(Khartoem)-탕헤르(Tanger)를 잇는 삼각형 경로를 따라갔다고 썼다. 1906년 4월 초에 그는 잠시 헤이그로 돌아왔는데, 장녀 항리에뜨가 수술을 받기 위해 미국에서 급히 돌아왔기 때문이었다.

전반적으로 그는 지구 둘레와 거의 맞먹는 거리를 여행했다. 그것은 세계일주 여행이라 불릴 만했으며, 그는 그의 9개월의 여행을 '옛 세계의 바다 여행'이라고 칭했다.

그 모험은 이 제목으로 두 권의 두꺼운 책으로 나왔는데, 이 책에서 그는 자신의 여행에 대해 보고했을 뿐만 아니라 무엇보다도 그의 발견을 세계사적 관점에서 분석했다. 서구 문명에 주로 관심을 두었던 그의 깔뱅주의는 이제 다양한 의미에서 동방으로 시선을 돌릴 때가 되었다고 주장했다. 러시아에서 수단, 유대교와 이슬람, 동방 정교회, 오스만 제국, 그리고 영국과 프랑스 식민지 제국까지. 카이퍼는 사임할 때 여행을 하며 배울 것이라고 발표했으며, 브라켄시크는 즉시 이를 소재로 또 다른 만평을 그렸다.

이 여행 기록은 거의 존재하지 못할 뻔했다. 항상 그랬듯이, 카이퍼는 여행 중에 철저히 문서를 기록했다. 1906년 10월, 그의 서류 모음이 책상 옆 봉투에 담겨 있었는데 하녀가 그것을 폐지로 착각했다. 헤이그의 시립 청소

부들이 문제의 폐지를 이미 기차에 실어 드렌테로 보냈다는 것이 밝혀졌다. 카이퍼의 딸 중 한 명은 시청 부서 직원과 함께 드렌테로 갔고, 거기서 그들은 폐지들 중에서 봉투의 약 4분의 3을 발견했다. 그것은 『옛 세계의 바다 여행』을 쓰기에 충분했고, 카이퍼는 거의 2년 동안 이 작업을 했다.

최고의 영예를 받다

1912년 그의 『자화상』에서, 카이퍼는 1910년 브뤼셀에서 두 권으로 출판된 프랑스어 번역본을 언급한다. 『옛 세계의 바다 여행』은 단순한 여행기가 아니었다. 사실, 그것은 카이퍼가 깔뱅주의의 의미에 대한 그의 발견을 보다 세계적인 차원에서 적용한 것이었다. 그의 원칙들 중 어떤 것이 이슬람의 세계인 움마(ummah)에서 온전히 남아 있는가? 그들은 유대인 및 동방 기독교인들과 어떤 관계를 맺었는가? 그는 '유대인 문제'와 '이슬람의 수수께끼'에 대한 별도의 논설을 썼으며, 그중 마지막 논설은 2018년 미국에서 책으로 출판되었다.

카이퍼는 특히 항상 당사자들의 이야기를 직접 듣고 싶어했다. 그의 저술에서 그는 자신이 학자임을 보여주었고, 여행 중에는 오히려 기자의 모습을 보였다. 그는 현지에서 뭔가를 조사할 때까지 결코 쉬지 않았고, 자신이 조사하고자 했던 모든 것에 접근했으며, 그것은 매우 많았다.

그는 주로 오데사에서 유대인들을 만났고, 그곳에서 유대인 학교를 방문하였으며 히브리어에 대한 지식으로 그들의 신뢰를 얻을 수 있었다. 그는 젊은 혁명가들이 여학교에서 학생들을 그들의 사상에 끌어들이려고 노력했지만 실패한 현장에 있었다. 성지에서 그는 히브리어를 사용하여 티베리아스(Tiberias)의 정통파 랍비들의 신뢰를 얻었는데, 당시 티베리아스는 이스라엘의 유대인 중심지 중 하나였지만 이곳에 사는 유대인들은 오데사에 거

     아브라함 카이퍼의 일곱 가지 삶

주하는 유대인 수의 절반에도 미치지 못했다.

앞서 두 번은 모두 그의 언어 능력이 도움이 되었지만, 카이퍼는 러시아어를 몰랐기 때문에 오데사와 크림 반도에서는 한계를 경험했다. 그는 이슬람 세계에서도 자신의 한계에 부딪혔다. 이스탄불의 아야 소피아(Aya Sophia)에서 그는 건물 자체에 관심이 있었을 뿐만 아니라 금요기도회에도 참석했는데, 이는 그에게 깊은 인상을 남겼다. 전형적인 카이퍼는 이맘의 설교에 대한 관심이었는데, 그는 통역을 통해 그 설교를 직접 들었다. 카이로에서 그는 알-아즈하르(Al-Azhar) 대학교를 열심히 돌아다녔으며, 그가 보기에 그 대학은 '자유대학교'였다. 그는 교육이 어떻게 이루어지는지 관찰할 수 있었지만 무슨 논의가 진행되고 있는지 이해할 수는 없었다.

어쨌든 이슬람 세계는 그를 사로잡았다고, 그는 『옛 세계의 바다 여행』의 2부 말미에 썼다. 그는 이슬람 세계의 고유한 특성을 배우고 평가하게 되었다. "우리에게는 사고력과 의지적인 삶이 전면에 나서고, 이를 통해 특별한 힘이 개발되었지만, 동양인의 사색적이고 깊이 있는 삶도 여전히 고유한 매력을 가지고 있다." 카이퍼는 어디를 가든 수단의 아프리카인부터 알제리의 베르베르인에 이르기까지 항상 그를 매료시키는 문화적 독특함을 발견했다. 카이퍼는 이론적으로 다양성을 좋아했을 뿐만 아니라, 그것이 그의 눈앞에서 이루어졌을 때, 그는 그것을 진정으로 즐겼다.

곧 카이퍼는 자신의 모든 여행을 즐기게 되었고, 그는 국가 원수급으로 어디에서나 환영을 받았다. 이 모든 것은 부쿠레슈티(Boekarest)에서 시작되었다. 정교회 대주교가 그를 맞았고, 수자원관리부 장관과 그의 외교부 동료도 공동 오찬을 주선했다. 게다가, 카이퍼는 카르파티아 산맥의 고지대에 있는 시나이아(Sinaia)에 있는 카롤 1세(Carol I)와 카르멘 실바(Carmen Sylva) 왕비의 궁전으로 초대받았다. 카이퍼는 바이에른 알프스의 노이슈반슈타인(Neuschwanstein)에 대한 추억을 불러일으키는 왕의 성을 사랑했는데, 시나이아 전체가 알프스 스타일의 샬레로 지어져 있어 전체적으로 그런 분위기를 띠고 있었다. 카이퍼는 루마니아 군주제의 아이콘이자 제 2의 시시(Sisi)로 알려져 있었던 카르멘 실바를 그녀의 네덜란드 방문을 통해 알고 있었을 것이다.

그의 지위는 그가 상상했던 것과는 다른 종류의 여행을 선사했는데, 이전에 그는 거의 익명으로 여행했기 때문이다. 이번에는 달랐는데, 그는 서머나(Smyrna, 이즈미르 Izmir)에서 항리에뜨에게 이런 편지를 썼다.

> 루마니아를 시작으로 나는 모든 곳에서 최고의 영예를 안고 도움을 받았어. 가령, 내일 여기에서 에베소로 가기 위해 추가 열차를 무료로 탈 수 있을 거야. 콘야(Konya, 이코니움[Iconium])에서 나는 두 명의 기병을 앞세워 왈리(Wāli 주지사)의 마차를 탔어. 어디에서나 경비병들이 내 앞에 소총을 들고 경호했지. 루마니아 왕과 카르멘 실바는 성에서 나를 맞았고, 거기에서 나에게 세단 차를 주었어. 그것이 모든 곳에서 진행되는 방식이야.

2014년 가을, 역사학자 조지 하링크와 다큐멘터리 영화 제작자 팀은 그의 여정을 다시 한번 따라갔다. 그 결과, 세 달간의 여행뿐만 아니라 이콘(IKON: De Interkerkelijke Omroep Nederland) 방송국을 통한 8편의 TV 방송, 풍부한 언론의 관심, 그리고 여행기가 출간되었다. 100년도 더 지난 후, 카이퍼의 세계일주 여행은 그 자신이 여행 중에 만났던 것만큼이나 많은 사고거리를 제공했다. 다큐멘터리 시리즈 '옛 세계의 바다 여행. 아브라함 카이퍼의 발자취를 따라(Om de oude wereldzee. In de voetsporen van Abraham Kuyper)'[2]는 카이퍼라는 특별한 네덜란드인에 대한 관심의 부활을 의미했

---

2 https://npo.nl/start/serie/om-de-oude-wereldzee/ (역자 주)

    아브라함 카이퍼의 일곱 가지 삶

으며, 그는 특이한 여행만으로도 많은 사람들의 상상력을 자극하기에 충분했다.

진정한 동방

1905년 가을, 네덜란드 신문에 카이퍼의 소식이 전해지기 시작했다. 카이퍼는 오데사와 크림 반도를 방문했다. 그리고 그는 두려워하지 않았다. 세바스토폴에서 그는 시위가 한창인 거리로 나가 두 번의 대규모 집회에 참여했다. 오데사에서는 그가 떠난 지 하루 반 만에 대량 학살이 일어나 수백 명이 죽었다.

긴장이 감도는 가운데에도 그는 어디에서나 당국의 환대를 받았다. 세바스토폴에서는 주지사가 그와 함께 마차를 타고 도시를 둘러보았다. 한편, 영국의 언론인 윌리엄 스테드는 같은 시기에 차르 제국을 여행하면서 1789년 프랑스 혁명만큼 큰 혁명이 곧 일어날 것이라고 보도했다. 그의 보고는 카이퍼의 모험담이 실린 같은 신문에 실렸다.

카이퍼는 항상 러시아를 여행하고 싶어 했고, 그 나라는 그의 기대를 저버리지 않았다. 정치적 혼란에도 불구하고 질서 정연하고 잘 조직된 국가였다. 하지만 그에게 진정한 동방은 이스탄불에서 시작되었다. 오스만 제국의 수도에서 카이퍼는 거의 모든 것에 매료되었다. 마치 새로운 세계가 그 앞에 펼쳐지는 듯했다. 「헷 파더란트」의 특파원은 카이퍼를 만나기 위해 그의 호텔을 방문했다.

어제 오후에 나는 브리스톨 호텔로 가서 한동안 이곳에 머물고 있는 전직 장관, 카이퍼 박사에게 짧은 인터뷰를 요청했다. 오늘 오후에 인터뷰가 이루어졌으며 카이퍼 씨는 자신의 객실에서 나를 매우 정중하게 맞아들였다. 그곳에서는 금각만(Gouden Hoorn)[3]과, 이스탄불의 서쪽 지역 언덕에 위치한 수많은 모스크들, 그리고 한때 투르크 제국의 초기 관리들이 활쏘기와 창 던지기를 즐기던 평지인 화살 평원을 한눈에 바라볼 수 있는 아름다운 전망이 펼쳐져 있었다.

카이퍼는 술탄 압뒬하미드 2세(Sultan Abdülhamid II)가 라마단 기간 동안 면담 요청을 거절하여 그 대신 대재상(Grand Vizier)을 직접 방문했고, 외교계에서 그는 환영받는 손님이었다. 총리 재임 기간 동안 그는 국제적으로 알려진 인물이 되었고, 그의 여행 기간 내내 그는 여러 나라에서 최고위급 환대를 받았다. 루마니아 외에도 그는 아테네, 마드리드, 리스본의 왕실을 방문했다. 이후에 그의 여행기가 프랑스어로 번역되어 출판되자, 그는 헤이그에 있는 각국 대사관을 통해, 또는 다른 방식으로 여러 왕실에 선물로 보냈다.

이스탄불을 떠난 카이퍼는 튀르키예 무슬림에게 성지로 여겨지는 고대 이코니움인 콘야로 향했다. 그곳에서 카이퍼는 이슬람 신비주의 운동인 데르비쉬(derwisjen)[4] 수도회를 알게 되었는데, 이는 그가 이슬람에서 특히 흥미롭게 여긴 부분이었다. 독일 영사는 튀르키예어와 그리스어 지식을 활용해 도움을 주었으며 현지 총독(Wāli)은 그를 극진히 대접했다. "모두가 나를 위해 봉사한다. 나는 콘스탄티노플에서 그랬던 것처럼 왕처럼 여행한

---

3 금각만(金角灣, 튀르키예어: Haliç 할리치, 영어: Golden Horn)은 튀르키예의 도시 이스탄불을 끼고도는 해협 어귀의 이름이다. 마르마라해와 함께 이스탄불 곶을 둘러싸고 있다. (위키백과)

4 데르비시(Dervish, 페르시아어: درویش)는 이슬람교에서 수피교 성직자로, 물질적 빈곤을 선택한 종교적인 탁발승을 지칭할 수 있다. 이 단어는 페르시아어로 '문'을 뜻하는 'dar'와 '앉다'를 뜻하는 페르시아 동사인 'vish'에서 유래되었다. 따라서 탁발승은 오직 하나의 문, 즉 신성한 사랑하는 분의 문에만 앉기를 원하는 사람이다. 이들의 초점은 사랑과 봉사라는 보편적 가치에 맞춰져 있으며, 하나님께 다가가기 위해 육체적 노력이나 종교적 실천을 통해 디크르(dhikr)를 수행하는 것으로 알려져 있다. (위키백과)

                    아브라함 카이퍼의 일곱 가지 삶

오스만 제국 총독과 그의 사촌인 사미 무스타파 베이(Samy Mustafa Bey)의 안내를 받으며, 기병대의 호위를 받던 카이퍼는 1905년 12월 성탄절을 베들레헴에서 축하하기 위해 예루살렘에서 베들레헴까지 빠르게 달렸다.

다"고 그는 가족에게 편지로 전했다.

카이퍼는 또한 사도 바울이 머물렀던 도시들을 둘러보는 데 큰 관심을 가졌다. 그러나 그는 이곳들에 초기 기독교의 흔적이 거의 남아 있지 않음을 보고 놀랐다. 그는 같은 이유로 서머나(이즈미르)에서 에베소로 여행했는데, 그 곳에서도 비슷한 실망감을 느꼈다. 거기에서 배를 타고 베이루트로 가서 바알벡(Baalbek)과 다마스쿠스를 거쳐 성지로 들어갔다. 그는 말을 타고 원뿔 모양의 타보르(Tabor) 산을 올랐는데, 좌골신경통과 악천후로 인해 이 여정은 과거 노르웨이 산악 지역에서 겪었던 고난을 떠올리게 할 만큼 힘들었다. 다행히도 그는 산 정상에 있는 수도원에서 하룻밤을 묵을 수 있었다.

카빌리(Kabylië)산맥

성지는 카이퍼에게 특별한 인상을 남겼다. 그는 가버나움(Kapernaüm), 나사렛(Nazareth)과 예루살렘(Jeruzalem)에서 가능한 한 문자 그대로 예수의 발자취를 따랐다. 베들레헴에서는 성탄절을 축하할 수 있었다.

> 그곳[베들레헴]은 산 능선에 아름답게 자리잡고 있다. 아름다운 아랍 도시인 그곳에는 거의 기독교인만 살고 있다. 깨끗하고 깔끔하며 모든 것이 친근한 인상을 준다. 그리고 우리 구주께서 태어나신 마구간과 구유가 놓여 있던 자리를 방문했다. 감동적이며 황홀했다. 나는 그 모든 것을 온전히 느꼈다. 마치 에프라타(Efrata)[5]에서 천사들이 노래하는 소리를 듣는 것 같았다. 나는 신성하고도 숭고한 실재를 마음껏 마셨다.

그는 겟세마네 동산에서 올리브 가지를 가져와 봄에 빌헬미나 여왕에게 바쳤는데, 그는 그녀의 영성이 자신과 비슷하다고 여겼다. 어디를 가든 그는 자신의 눈을 믿을 수 없었다. 이집트 전역이 이런 식으로 계속되었고, 나일강을 따라 남쪽으로 계속되었다.

카이퍼다운 면모가 드러난 것은, 단 이틀도 머물 수 없는데도 반드시 하르툼까지 가고싶어 했다는 것이었다. 1885년 고든(Gordon) 장군이 이끄는 영국군은 마흐디(Mahdi)의 지하디스트들에게 패배했는데, 이 전설적인 사건은 「드 스탄다르드」에게도 실렸다. 그는 고든의 무덤뿐만 아니라 나일강 건너편 옴두르만(Omdurman)에 있는 마흐디(Mahdi)의 무덤도 방문했다.

---

5   미가서 5장 2절에 베들레헴과 동일한 곳으로 장차 메시아가 탄생할 곳임을 예언한다. (역자주)

아브라함 카이퍼의 일곱 가지 삶

아프리카 전역을 보게 되어 그는 흡족했다. 그는 문화 인류학자의 눈으로 이 곳을 바라보았다. 그는 아이들이 노는 것을 보았고, 빠르게 성장하는 다양한 공동체를 지켜보며 놀랐다.

이 지역 주민들은 북아프리카와 중앙 아프리카의 동부에 거주하는 모든 부족의 진정한 표본이 될 정도로 점점 더 흥미로워지고 있다. 남수단에서 온 난쟁이들조차 옴두르만으로 온다. 하지만 대부분의 유색 인종들은 친절하거나 환영하지도 않는다. 그들이 마음속으로 나를 저주하고 있다는 것을 느낄 수 있다.

이집트를 떠난 카이퍼는 지중해를 건너 그리스와 이탈리아 남부로 향했다. 아테네(Athene)에서 네덜란드 기자들은 다시 그의 흔적을 추적했다. 삽화가 있는 잡지에 그가 네덜란드 외교관 판 레넙(Van Lennep)의 자녀들과

Onze Ex-Minister Dr. Kuyper nadert de 70, maar geeft op zijne reis in het Oosten blijk van een levenslust en een weerstandsvermogen, die menig jongmensch hem zal benijden. In Egypte, in Klein-Azië en het Heilige Land reisde hij afwisselend te paard, te voet en per as, soms in noodweer en niet zelden aan gevaren blootgesteld. In Athene logeerde hij in het hôtel „Grande Bretagne", werd hij met bijzondere onderscheiding door de autoriteiten bejegend en had hij zelfs de eer door den kroonprins van Griekenland in audiëntie te worden ontvangen. Hij bezoekt musea, oude en moderne instellingen van kunst en wetenschap, bestudeert het staatkundig leven en de toestanden in de landen, die hij bezoekt. Vermoedelijk gaat de reis over Micene, Nauplia, Korinthe, Patras naar Olympia en van daar naar het eiland Corfu. Bovenstaande foto's geven Dr Kuyper te zien, wandelende tusschen de ruïnen van den Akropolis bij Athene, in gezelschap van de jongste kinderen van den Nederlandschen zaakgelastigde te Athene, mejuffrouw Jolande van Lennep en Harold van Lennep.

1906년 2월, 아테네의 아크로폴리스에서 아테네의 주 그리스 네덜란드 대리공사 판 레넙의 자녀와 함께한 카이퍼

함께 아크로폴리스(Akropolis)를 방문했을 때 그의 사진이 실렸다. 이집트 때부터 그는 콧수염을 기르고 다녔다.

알제리에서 그는 카빌리(Kabylië)산맥을 꼭 방문하고 싶어 했다. 거의 스위스를 떠올리게 하는 산악 지대를 따라 운전기사와 함께 협곡을 지나 이틀 동안 340킬로미터를 여행했다. 그는 또한 수도의 아랍 문화와 프랑스 식민 통치에 맞서 자유로운 베르베르인들(Berbers)이 거의 독립적으로 살아가는 모습에 깊은 인상을 받았다. 카이퍼는 자치의 중요성을 항상 강조했으며, 그는 카빌리에서 그 증거를 보았다.

탕헤르(Tanger)에서는 독일 대사 프리드리히 로젠(Friedrich Rosen)의 환영을 받았는데, 로젠 대사 역시 네덜란드 외교 문제도 담당하고 있었다. 제 1차 세계대전 동안, 카이퍼는 다시 한번 그와 관계를 맺게 되었다. 페즈(Fez)에서 그는 중앙 모스크 뒤에 있는 7개의 서점을 찾아내었다. 그곳에서 판매되는 책과 신문들은 대부분 튀니스와 심지어 카이로에서 온 것이었다. 카이퍼는 아랍 세계가 유럽의 식민지 열강에 대항하여 연합할 것이라고 보았다. 그는 그것이 불가피하다고 느꼈다.

스페인과 포르투갈에서도 그는 특히 무어인(Moorse)의 과거에 매료되었지만, 에스코리알(Escorial) 도서관에서 깔뱅의 책을 찾아보는 것을 멈출 수 없었다. 그는 그것들을 발견했지만, 도서관 사서는 라틴어를 할 줄 몰라 설명을 할 수도 없었다. 마드리드(Madrid)에서 외교부 장관은 그를 궁정에 소개했고, 카이퍼는 그곳에서 알폰소 13세 국왕(Alfons XIII)과 마리아 크리스티나(Maria Christina) 왕비를 만났다.

스페인 총리는 카이퍼를 위해 투우경기장 근처에 숙소를 예약했다. 두 마리의 황소가 죽은 후, 카이퍼는 더이상 잔혹한 광경을 볼 수 없어 경기장을 떠났다. 물론, 그는 여행기에서 투우에 대해 깊은 고찰을 담았다. 그는 자신을 개인적으로 공포에 떨게 한 것을 포함하여 모든 것을 알고 싶었다.

 아브라함 카이퍼의 일곱 가지 삶

더욱 끔찍했던 것은 리스본에 머물던 때의 일이다. 일주일도 채 지나지 않아 젊은 스페인 왕에 대한 무정부주의자들의 공격이 있었다. 왕실의 결혼식 날, 마차에 폭탄이 던져졌다. 왕과 왕비는 다치지 않았지만 수십 명의 구경꾼이 다치거나 사망했다. 집으로 보낸 편지에서 카이퍼는 그 현장의 참상을 묘사했다. 리스본에서도 그는 왕 까를 1세(Karel I)와 왕비인 아말리아(Amalia)를 알현하였다. 거기서 그는 왕의 운명론에 깊은 인상을 받았으며, 이는 특히 진취적인 왕비와 대조를 이뤘다. 카이퍼가 이런 식으로 쓸 수 있었던 것은 까를 왕이 그의 여행기를 완성하기도 전에 두 명의 혁명가가 저지른 공격으로 죽었기 때문이다. 카이퍼는 또한 리스본에서 가장 높은 왕실 훈장을 받았다.

이제 귀국할 시간이 되었다. 카이퍼가 돌아오는 길에 파리에 도착했을 때, 네덜란드 대사는 프랑스 대통령을 무시할 수 없다고 그를 설득했다. 그래서 카이퍼는 프랑스령 북아프리카에서 그에게 제공된 모든 훌륭한 지원에 대해 팔리에르(Armand Fallières) 대통령과 사리앙(Sarrien) 총리에게 감사를 표했다. 프랑스 신문은 그의 방문을 대대적으로 보도했다. 그의 반대자들은 다시 한번 그에게 허영심이 있음을 의심했으나, 그 자신은 마지못해 자신의 의무를 다했을 뿐이었다. 그는 쫓겨난 악당처럼 여행을 떠났지만, 저명한 정치가가 되어 돌아왔다.

훈장 스캔들

카이퍼는 『옛 세계의 바다 여행』 두 권을 모두 완성한 후에 정계로 복귀했다. 1908년, 반혁명당의 지도자 테오 헤임스께르끄는 자유주의 드 메이스터(De Meester) 내각의 사임 후 총리가 되었다. 1909년, 헤임스께르끄는 기독교 연합의 선거 승리 이후 내각 구성의 임무를 맡았고, 카이퍼는 암묵적으로 배제되었다. 젊은 세대가 그 자리를 물려받았지만, 헤임스께르끄는 카이퍼를 배려하여 국무장관(minister van Staat)이라는 명예직함을 주었다. 그는 정치가로 남을 것이지만, 이제부터 그는 일상적인 정치에서 더 변두리로 밀려났다.

그의 정치적 은퇴를 확정지은 것은 '훈장 스캔들'이었다. 1909년 선거 운동 중에, 한 정적이 부정적인 편지를 입수하여 그 내용을 신문에 폭로했다. 그중에는 1903년, 총리였던 카이퍼는 허영심 많은 로테르담의 사업가 루돌프 레만(Rudolph Lehmann)을 훈장 수여 후보로 추천했다는 내용이 있었다. 하지만 그 사람은 국가에 별로 공헌한 것이 없었으며, 단지 반혁명당에 상당한 기부금을 낸 것으로 드러났다. 이로 인해 카이퍼가 총리로서 부패했을 가능성이 제기되었다.

이 사건은 대중적 스캔들이 되었고, 사회주의 지도자 트룰스트라와 그의 오랜 적수인 드 보포르트가 주도하여 하원에서 맹렬한 비난을 불러일으켰다. 카이퍼는 레만이 보어전쟁 동안 전쟁 포로들을 도운 이유로 훈장을 받을 자격이 있었다고 주장하며 자신을 변호했지만, 외관상 의심을 불러일으켰다는 점은 인정했다. 「드 스탄다르드」에 그는 '참회의 베옷은 사람을 흉하게 하지 않는다'라고 썼다.[6]

100년 후, 카이퍼 전문가인 얀 드 브라윈(Jan de Bruijn)은 이 모든 사건을 재구성했다. 그는 카이퍼가 예상보다 가벼운 판결을 받았다고 결론지었다. 1910년, 특별히 임명된 명예 위원회는 그에게 이해 상충에 대해서는 면

---

6 이를 좀 더 자연스럽게 번역하면, "자신의 잘못을 인정하고 반성하는 것이 사람의 품위를 떨어뜨리지는 않는다"라는 의미이다. 이 사건으로 카이퍼는 비난과 의심을 받았지만, 실수를 인정하고 반성하는 태도를 보이면서 스스로를 방어했다. 따라서 이 문장은 실수를 인정하고 책임을 지는 것이 부끄럽거나 수치스러운 일이 아니라 오히려 인간적인 품위를 지켜주는 것임을 강조하며 잘못을 숨기거나 회피하지 않고 솔직하게 반성하는 태도가 존중받을 수 있다는 뜻이다. (역자 주)

   아브라함 카이퍼의 일곱 가지 삶

죄부를 주었지만, 부주의에 대해서는 그렇지 않았다. 그러나 위원회는 사건의 진상을 파악하지는 못했다고 드 브라윈은 지적했다.

특히 논란을 더 키운 인물은 마틸드 베스트메이어(Mathilde Westmeijer)라는 여성이었는데 카이퍼와 레만 사이를 중재한 것으로 밝혀졌다는 점이다. 이 여성은 평판이 썩 좋지 않았다. 얼마 지나지 않아 그녀의 사진은 인기 주간지 「헷 레븐」의 1면을 가득 채웠다. 언론에 따르면, 그녀는 레만이 훈장을 받을 수 있도록 기금을 모아 반혁명당에 기부하도록 주선했다는 것이다. 더욱 의심스러웠던 점은, 둘 다 가톨릭 신자였고, 레만은 심지어 유대인이었다는 점이다. 그들이 아무런 대가를 받지 못한다면 왜 개혁 정당에 돈을 기부하겠는가?

베스트메이어는 수년 동안 카이퍼를 협박하며 비밀리에 만남을 가졌고, 하를렘의 카페와 브뤼셀의 호텔에서도 회동한 것으로 밝혀졌다. 이때 카이퍼는 증권 거래소 맞은 편 그랜드 호텔 센트럴(Grand Hôtel Central)에 판 오베르마(Van Oberma)라는 가명으로 머물렀음을 한 기자가 발견했다. 헨드릭 피어슨은 그의 친구 로만에게 카이퍼가 브뤼셀 코메디 극장에서 마틸드와 함께 있는 것을 보았다고 썼다. 로만은 "특히 브뤼셀에서 많은 신뢰할 수 있는 사람들이 그에게 불리한 말을 하고 있다. 나는 카이퍼에

카이퍼와 훈장 스캔들의 주인공 마틸드 베스트메이어
(1913년 3월 29일자 「드 뗄레흐라프」에 실린 만평)

대한 이야기에 끼어들고 싶지 않았는데, 그것들은 너무나 많아서 거의 믿을 수밖에 없겠지만"이라고 답했다.

특히 사회주의 언론은 이것을 어떻게 최대한 활용해야 할지 알고 있었다. 「헷 폴끄」의 편집부는 카이퍼를 공격하기 위해 그에게 불리한 자료가 담긴 파일을 보관하고 있었다. 1911년 3월 카이퍼가 하원에서 열린 도덕법(Zedelijkheidswet)에 대한 토론에서 표를 던졌을 때, 사회주의 분파에서는 조롱의 웃음이 터져 나왔다. 덧붙이자면, 드 브라윈은 37세의 연하 베스트 메이어와의 불륜 가능성은 희박하다고 생각한다.

이 모든 사건에서 두드러진 것은 카이퍼가 다른 사람들의 동기를 제대로 이해하지 못하고 상대적으로 순진했다는 점이다. 그것은 긍정적인 영향을 미칠 수 있었는데, 그것은 그가 사람들을 대하는 친절함과 유머러스한 온후함에서 볼 수 있었다. 그러나 또한 부정적인 면도 있다. 그는 심지어 가장 친한 친구들조차도 자신이 무엇을 촉발시키는지 항상 이해하지는 못했고, 만약 그가 그들의 감정을 더 잘 측정했더라면 훨씬 덜 소외되었을 것이다. 앞서 언급했듯이, 딸 항리에뜨는 그의 사후에 아버지 '성격에 어린아이 같은 면이 있었다'라고 썼다. 이 성격적 특성은 훈장 스캔들에서도 그의 판단력에 영향을 미친 것으로 보인다.

헤이그에서 내린 결론은 명확했다. 카이퍼는 더이상 정부에서 역할을 맡을 수 없었다. 국무장관으로서 카이퍼는 때때로 장관복을 입었지만, 그 빛은 사라졌다. 청각 장애가 심해지자 그는 1912년 9월 의원직을 사임했다. 그 해 10월에 자신의 자화상을 그렸다.

 아브라함 카이퍼의 일곱 가지 삶

제8장

노년의 카이퍼

갈라 제복을 입은 국무 장관 카이퍼가 헤이그의 기사의 전당 옆에 있는 왕실 군악대를 사열하는 모습 (1919년경 인기 주간지 「헷 레븐」에 실린 사진)

1917년 10월 29일 월요일은 축하의 날이었다. 자신의 80번째 생일을 기리기 위해, 카이퍼는 그날 오후 헤이그의 까날스트라트에 있는 집에서 리셉션을 열었다. 그의 『자화상』을 작성한 지 5년 후, 제1차 세계대전은 3년 동안 계속되어 온갖 물자 부족을 초래했다. 따라서 그의 70세 생일 축하 행사와 같은 축제 분위기의 대규모 모임을 가질 수는 없었다.

이튿날에는 루터의 종교 개혁 400주년(1517-1917) 기념식이 열렸다. 카이퍼는 이 중요한 기념일에 대해 광범위한 논평을 준비하기 위해 그의 에너지를 아끼고자 했다. 80세가 된 그는 논평에서 개혁자에게 경의를 표했고, 많은 독자들은 그 상징적 의미를 이해했을 것이다.

많은 노인들처럼, 카이퍼는 변화된 환경에 적응하는 데 어려움을 겪었다고 그의 딸은 썼다. 연료와 식품이 배급제로 운영되었으며, 그는 가스 조명과 난방을 포기하는 것을 견디기 힘들어했다. 저녁에는 촛불을 켜서 교정 작업을 해야 했다. 상황뿐만 아니라, 그날 오후에 리셉션에 온 사람들도 이전과는 달랐다.

황제의 꽃

까날스트라트에 있는 그의 집 응접실에서는 카이퍼가 손님들을 맞이했는데, 그곳은 그가 그토록 여러 번 손님을 맞았던 곳이다. 카이퍼는 가족들에게 둘러싸여 그곳에 앉아 모든 선물과 축하를 받았다(이제는 손주들도 여러 명 있었다.). 신문 보도에 따르면 그는 야자수 잎과 꽃 사이에서 쾌활하고 건강한 모습으로 밝고 상기된 표정을 지었다.

이번 행사에는 지지자들과 반대자들이 함께 참석했다는 점이 주목할 만했다. 지금까지 모든 축제와 기념행사는 개혁주의자들과 반혁명주의자들 내부에서만 진행되어 왔지만 그의 80세 생일에는 상황이 달라졌다.

물론 그의 지지자들은 대규모로 참석했다. 거의 모든 반혁명당 하원의원들이 참석했지만 전직 장관, 교육계 인사, 학자, 자유대학교 학생들도 방문했다. 그의 고향인 마스슬라위스에서는 유권자 단체가 그에게 마스슬라위스 대교회(Groote Kerk) 그림을 선물하러 왔다. 그의 절친한 친구인 알렉산더 이든부르흐가 연설했고, 카이퍼는 자신의 비유로 이렇게 답했다. "그의 삶은 마치 하나님의 손에 들린 악기, 즉 자신이 연주될 곡을 알지 못하는 치터(citer)와 같았다. 그는 신성한 손길의 도구에 불과하다"고 답했다.

더욱 두드러진 것은 다른 반대파들로부터의 축하였다. 빌헬미나 여왕은 축하 전보를 보냈고, 왕태후 엠마의 시녀가 직접 와서 축하 인사를 전했다. 19세기에 언론이 '대지의 여왕'이라고 불렀던 네덜란드 언론인 협회도 부대

코르스티안 빌름 스미스(Corstiaan Willem Smith, 1861~1954)의 마스슬라위스의 대교회 그림. 카이퍼의 아버지 얀 프레드릭 카이퍼는 1834년부터 여기서 목사로 사역했으며, 아들 브람도 이곳에서 세례를 받았다. 이 그림은 카이퍼의 80번째 생일에 지역 선거구 대표단이 선물한 것이다.

    아브라함 카이퍼의 일곱 가지 삶

표 두 한스(Doe Hans)와 대표단을 보내 축하를 전했다. 과거의 갈등은 모두 지나가고 잊혀졌으며, 관계는 다시 화기애애했다. 드 사보르닌 로만도 마찬가지였는데, '생일을 맞은 카이퍼와 잠시 동안 매우 다정한 태도로 대화를 나눴다.'

그리고 각계각층의 자유주의자들이 있었다. 자유연합당은 대표단을 이끌고 왔고, 트레우브(Treub)와 루돈(Loudon)과 같은 장관들, 시장들과 다른 자유주의 저명인사들이 있었다. 꼬르트 판 데어 린덴(Cort van der Linden) 총리도 참석했는데, 카이퍼는 항상 그와 좋은 관계를 유지했다. 당시 더욱 두드러진 것은 이전의 반대자들을 포함한 다른 모든 자유주의자들이 참석한 것이었다. 80세의 카이퍼는 더이상 두려워할 존재가 아니었으며, 그들은 오랜 적수를 향한 진정한 존경심을 표했다. 그는 이제 자발적인 존경을 받았다.

어쨌든 제1차 세계대전은 정당들을 더욱 가깝게 만들었고, 정확히 한 달 후 1917년 평화조약이 체결되어 학교투쟁이 종식되었다. 비록 상원에서 카이퍼는 이 법안의 표현 방식에 대해 지속적으로 반대했지만, 그의 동의 없이도 이것이 가능했다는 사실은 또한 정치적 관계가 변화되고 상호 이해가 증진되었다는 것을 보여준다.

그에 못지않게 눈에 띄는 것은 두 명의 대사가 참석한 것이었다. 세체니(László Széchenyi) 백작이 오스트리아-헝가리 제국을 대표하여 백발의 정치가를 축하하기 위해 오후에 모습을 드러냈다. 그는 카이퍼의 두 딸 항리에뜨와 요한나가 부다페스트에서 일했던 네덜란드 적십자 선교부와 관련이 있었다. 비엔나 궁정은 좋은 관계를 유지하고 싶어 했으며, 부다페스트와의 관계는 더욱 밀접했다.

그날 아침에는 다른 축하객들이 도착하기 전에 독일 대사 프리드리히 로젠이 먼저 방문했다. 카이퍼가 옛 세계 바다를 항해하던 중 탕헤르에서 만났던 사람으로, 지금은 헤이그 주재 대사였다. 그날 아침 그는 빌헬름 2세 황제를 대신해 축하의 꽃을 직접 전달했다. 축하 메시지에는 '독일 황제 폐하께서 80세 생신을 맞은 국무장관 카이퍼 박사에게 행운과 축복을 기원합니다(Seine Majestät der Deutsche Kaiser wünscht seiner Excellenz, Herrn Staatsminister Dr. Kuyper, Glück und Segen zum 80en Geburtstage)'라고 적혀 있었다. 황제의 이러한 축하는 단순한 인사가 아니었으며, 그 뒤에 깊은 사연이 숨겨져 있었다.

황제 폐하 만세!(Salve Princeps!)

실제로 황제 자신이 꽃다발 뒤에 있었을 가능성도 배제할 수 없다. 이는 제1차 세계 대전이 한창일 때 모든 동맹국이 중요했고 카이퍼가 그러한 동맹국으로 여겨졌기 때문만은 아니다. 그것은 그 전에 벌어진 일들과도 관련이 있었기 때문이다.

확실히 알 수는 없지만, 카이퍼는 1902년에 빌헬름 2세 황제와의 점심 식사 이후, 더 자주 황제를 직접 방문했을 수 있다. 세기가 바뀐 후, 그는 파리만큼이나 자주 베를린을 방문했고, 두 도시 모두에서 그는 보통 익명으로 머물렀으며, 심지어 총리로서도 그랬다. 어쨌든, 1913년에 그는 황제에게 경의를 표했다. 그 찬사는 변화된 국제 관계와 그리고 카이퍼 자신의 정치적 입장 변화를 보여준다.

제1차 세계 대전 동안 그는 독일 제국의 편에 섰다. 이는 과거에 그가 매료되었던 영국과는 반대되는 선택이었는데 이런 전환은 영국의 제국주의 때문이었다. 그는 영국이 트랜스바알에 가한 불의를 유죄로 보았을 뿐만 아니라, 멈출 줄 모르는 야망에서 나오는 제국으로서 네덜란드 식민지에 대한 직접적인 위협이라고 보았다.

   아브라함 카이퍼의 일곱 가지 삶

이 위협에 맞설 수 있는 것은 신흥 독일 제국밖에 없었다. 그편에는 네덜란드와 벨기에에 기회가 있었고, 영국 편에서는 제국주의가 글래드스톤 시대를 끝냈다고 할 수 있었다. 카이퍼는 영국으로부터 더이상 아무 것도 기대하지 않았고, 프랑스에게도 정치적으로 별로 기대한 바가 없었다. 따라서 그의 자연스러운 공감은 독일과 오스트리아 쪽에 있었다. 카이퍼는 이런 입장을 숨기지 않았고 공개적으로 밝히며, 때로는 세부적인 의견을 덧붙이기도 했다.

그 이전에 그는 독일의 주요일간지 중 하나인 「마그데부르크 차이퉁」(*Magdeburgische Zeitung*)의 '황제 특별판(Kaiser-Nummer)'에 참여했다. 1912년 11월에 편집장은 카이퍼에게 편지를 써서 1913년 독일 황제 즉위 25주년 기념 특별 기고 요청을 보냈다. 이 요청서에는 카이퍼가 '독일 황제와의 개인적 인연 덕분에' 그 주제에 깊은 공감을 가질 것이라고 명시되어 있었다.

카이퍼는 이 요청을 받아들였다. 1913년 6월 15일자 발행된 '황제 특별판' 2면에는 카이퍼의 기고문이 실려 있었다. 제목은 라틴어로 '*황제 폐하 만세!(Salve Princeps!)*'였다. 서두에서 카이퍼는 황제를 높이 평가하는 이유를 설명했다. 당시 군주제

'맙소사!'
여행에 대한 욕망에 있어 카이퍼는 황제 빌헬름 2세조차 능가한다. (풍자적인 잡지 「드 바르 야콥」에 실린 빈터[W. F. Winter]의 만평)

와 공화정 국가 원수들 중에서 독일 황제는 단연 최고라고 주장했다. 프랑스 제3공화국 대통령들은 대부분 의례적인 국가원수에 불과했고, 미국 대통령은 임기가 짧아 충분한 역할을 하지 못했다. 카이퍼는 유일하게 영국의 에드워드 7세와 비교할 수 있다고 했지만, 그조차도 독일 황제에 비하면 부족하다고 보았다.

이 기고문은 카이퍼의 펜에서 자주 나오는, 특유의 중립적이면서도 편파적인 논리였다. 그는 스스로 그것을 객관적이라고 불렀다. 객관적으로 보면 강력한 이웃 나라의 황제와 비교할 수 있는 현재의 국가 원수는 없었다. 당시 유럽을 위협하던 갈등은 논의에서 제외되었고, 그는 오직 독일 황제의 역사적 의미와 영향력만을 논했다. 이글은 독일 황제 본인에게도 만족스러웠을 것으로 보인다. 카이퍼의 기고문은 독일 황제 개인에게 직접 헌사를 보낸 것이나 다름없었기 때문이다. 황제가 이를 기쁘게 받아들였다는 사실은 나중에 드러나게 되었다.

네덜란드의 입장

카이퍼는 자신의 견해를 좀더 발전시켜, 독일의 주간지 「디 보허」(*Die Woche*)에 양국 관계에 대한 논설을 기고했다. 1916년 크리스마스 즈음에 발행된 「디 보허」 52호에는 '전 네덜란드 총리이자 현 국무장관'인 아브라함 카이퍼 박사의 논평이 실려 있었다. 당시는 제1차 세계대전이 한창이던 때였고 네덜란드의 중립 정책은 정치인뿐만 아니라 많은 언론인들에게 제약을 가하는 상황이었다. 그러나 카이퍼는 이에 굴하지 않고 자신의 의견을 피력하는 것을 주저하지 않았다.

'디 니더란드(Die Niederlande)'라는 제목으로 그는 다시 한번 같은 지정학적 평가를 내렸다. "네덜란드가 유럽의 중앙 강국보다 영국에 더 많은 것

    아브라함 카이퍼의 일곱 가지 삶

을 잃을 수 있다." 이런 이유로 그는 제1차 세계대전이 시작될 때부터 자신을 '친독일적'이라고 공공연히 선언했고, 영국이 승리할 경우 네덜란드가 가장 큰 위협을 받을 것이라고 결론지었다. 그의 글은 객관적이고 사실적인 어조를 띠었지만, 이러한 주장은 그를 네덜란드보다 독일 내에서 더 인기 있는 인물로 만들었다.

카이퍼는 이미 많은 독자들이 「드 스탄다르드」에서 자신의 입장을 읽은 것으로 보았다. 즉, 그는 친독일적이었으며, 두 개의 서방 연합국 강대국보다 독일 황제의 통치에 더 많은 가치를 두었다. 「드 흐루너 암스테르담머」와 같은 신문은 이 점을 대대적으로 보도했다. 네덜란드의 주요 여론 주도자들이 카이퍼처럼 이렇게 노골적으로 한쪽 편을 드는 것은 심각하게 재고해야 할 문제라고 지적했다. 이 신문은 독일의 승리가 네덜란드의 독립에 훨씬 더 큰 위협이 될 수 있다고 경고했다. 「드 뗄레흐라프」는 친영 성향을 띠고 있었으며, 그 신문에서 카이퍼는 비난의 대상이 되었다. 늙은 정치가 카이퍼는 거의 국가의 반역자에 가까운 존재로 간주되었다.

그러나 카이퍼 자신은 독일 주간지에 기고한 것을 전혀 부끄러워하지 않았다. 딸 항리에뜨가 네덜란드어로 번역한 이 논설은 1917년 깜뻔의 단골 출판사인 꼭(Kok)에서 『네덜란드의 입장』(*De positie van Nederland*)이라는 제목의 소책자로 출판했는데 원래 독일어로 썼으며 그는 독일어에 능통했다. 여기서 그는 중앙 강국을 지지한 자신의 입장을 다음과 같이 설명했다.

이런 상황에서, 네덜란드가 우리와 연관된 국가들인 동시에 우리의 운명을 좌지우지하는 중앙 강대국들이 한 치라도 뒤로 물러나는 것을 바라지 않는 것은 당연하다. 그들의 몰락은 곧 우리의 몰락을 의미하기 때문이다. 내가 전쟁 초기에 친독일적이라고 선언한 이유는 단지 이 한 가지를 말하는 것이었다. 이는 곧, 영국의 세계 지배권이 한층 더 강해지는 것은 세계 역사 전체의 흐름에서 매우 우려스러운 일이기 때문이다. 왜냐하면 그렇게 되면, 중앙 강대국은 약화되고 영국의 수로와 육지에서의 영향력이 상당히 증가할 것이기 때문이며, 특히 부유한 식민지를 가진 우리의 작은 네덜란드에 어쩌면 돌이킬 수 없는 치명적 위험을 초래할 수 있기 때문이다.

카이퍼가 독일어에 능숙한 것은 그의 학창 시절로 거슬러 올라간다. 그는 한때 레이든 김나지움에서 고트족 주교인 울필라에 관해 독일어로 연설한 적이 있다. 이후에도 그가 독일어를 꾸준히 유지할 수 있었던 것은 매년 독일어권 지역을 방문했기 때문이다.

심지어 전쟁 중에도 카이퍼는 독일 방문을 이어갔다. 베를린으로의 최소한 차례 방문은 정치적으로 매우 민감한 의미를 가지지 않을 수 없었다.

벨기에 분할

전쟁이 한창이던 1916년 4월, 카이퍼는 부다페스트의 적십자 사무소에서 부상병들을 돌보는 일을 하고 있던 장녀 항리에뜨와 요한나를 방문했다. 항리에뜨에게는 새로운 일이었지만, 요한나에게는 두 번째 적십자 활동이었다. 1912년에서 1913년 사이 그녀는 제1차 발칸 전쟁 당시 이스탄불에 있던 네덜란드 군 병원에서 일했다. 그들의 체류는 일부 개혁파 헝가리인들과의 관계를 새롭게 구축했고, 카이퍼 역시 방문 중 네트워크를 구축했다. 그러나 이번에는 카이퍼가 단지 딸들을 방문했을 뿐이었다.

그러나 왕복 여정에서 카이퍼는 베를린을 경유했는데, 이 방문은 극비리에 이루어졌으며, 그 이유는 그가 독일 정부와 중요한 만남을 가졌기 때문이다. 그는 전쟁 중 독일을 여행할때 헤이그 주재 독일 대사인 리하르드 폰 퀼만(Richard von Kühlmann)과 그의 후임자 프리드리히 로젠의 도움을 받

아브라함 카이퍼의 일곱 가지 삶

았다. 이번에는 베를린에서 그를 위한 회담과 만찬이 마련되었다. 카이퍼 아카이브에는 제국 총리 테오발트 폰 베트만 홀벡(Theobald von Bethmann Hollweg)의 초청장이 보존되어 있다. 1916년 4월 18일 화요일 5시 30분에 그를 초대했고, 그날 저녁, 그는 소수의 인원과 함께 제국 총리와의 저녁 만찬에 초대되었다. '물론 최대한의 비밀 유지가 보장되었다.'

그날 오후와 저녁에 그토록 비밀리에 다루어진 의제는 무엇이었을까? 그 답은 벨기에였다. 베트만 홀벡의 자료 보관소에 있는 메모에 따르면 그들의 대화는 주로 플랑드르의 미래에 관한 것이었다. 독일 최고 지도부는 벨기에 전문가인 카이퍼로부터 이 문제에 대한 그의 견해를 듣고 싶어 했다. 기록에 따르면, 카이퍼는 벨기에를 두 개의 행정 구역으로 나누고, 공동 군주를 통해 연결될 것을 제안했다. 카이퍼가 염두에 두었던 것은 오스트리아-헝가리 제국(Donaumonarchie) 모델이었다.

> 평화조약에서 모색해야 할 이상적인 해결책은 벨기에를 플랑드르 왕국과 왈룬 왕국으로 분할하고 개인 군주제로 연결하는 것이다. 플랑드르에서 자체 플랑드르 고등 교육을 받은 행정가를 양성할 수 있는 충분한 기회가 있다면 행정적 분할만으로 충분할 것이다. 그렇게 되면 절대적으로 반(反)플랑드르적인 고위 성직자들도 결국 동참할 수밖에 없을 것이다. 전쟁이 끝난 후에도 벨기에는 영국보다는 프랑스쪽으로 계속 기울게 될 것이다.

카이퍼는 2년 동안 지속된 독일의 벨기에 통치에 대한 독일 정부의 비밀 고문 역할을 했으며, 그의 베를린 방문에 대해 이렇게 비밀스럽게 처리해야 했던 이유는 분명하다. 언제나 그랬듯이 카이퍼는 여러 가지 의제를 가지고 여행을 떠났고, 며칠 후 그는 부다페스트에서 헝가리에 대한 자신의 견해에 대해 인터뷰를 가졌으며, 그의 중간 기착지는 딸들에게 가는 길에 잠시 들

'빌헬름 카이퍼 박사'
(1918년 5월, 사회주의 주간지 「드 노튼끄라커」 표지에
알베르트 한이 그린 만평)

리는 것에 불과한 것으로 보였다.

카이퍼는 또한 베를린에서 제국 총리와의 대화 중에 자신의 외교적 활동에 대해서도 말했다. 그는 장관으로서 덴마크와 '절대 중재 조약'을 체결한 경험이 있었다. 그러나 1904년 1월에 국빈 방문했었던 벨기에는 네덜란드와의 유사한 조약을 거부했었다. 헤임스께르끄 내각 시절, 전쟁부 장관 헨드리쿠스 꼴레인은 카이퍼의 제안에 따라 벨기에에 접근하여 양국의 중립성을 위반할 경우를 대비한 방어적 군사 조약을 체결했다. 카이퍼는 꼴레인이 그렇게 하도록 설득했다. 그러나 그 제안은 벨기에 측에서 단호하게 거부하였다.

황제의 신임을 얻어

카이퍼가 독일 황제의 신임을 얻은 것은 놀라운 일이 아니다. 1917년 초에 오랜 지인 한 사람도 헤이그에 도착했다. 프리드리히 로젠은 퀼만의 뒤를 이어 대사가 되었고, 퀼만은 베를린에서 외무장관으로 임명된 상태였다. 로젠은 과거 모로코에서 카이퍼를 만난 적이 있었고, 그는 카이퍼의 말년에 그의 저녁 식탁에서 자주볼 수 있는 환영받는 손님이 되었다. 하지만 남은 문서가 없어 만남의 이유를 추정하기 어렵지만, 그것은 단순히 사업적 혹은

아브라함 카이퍼의 일곱 가지 삶

외교적 동기만은 아니었을 것이다. 카이퍼의 반응으로 미루어 볼 때, 그는 로젠을 개인적인 친구로 여겼다는 것을 알 수 있다. 이러한 개인적 만남에도 불구하고, 몇몇 편지들은 카이퍼 아카이브에 보관되어 있다. 이 편지들은 로젠이 적어도 카이퍼와 독일 황제 사이를 중재했다는 것을 보여준다.

로젠의 사후에 출간된 로젠의 회고록 제3권(제1차 세계대전을 다룬 부분은 오랫동안 민감했던 것으로 보인다.)에서 그는 헤이그에 왔을 때 처음 받은 편지가 카이퍼의 초청장이었다고 설명한다. 그는 오랜 지인으로서 저녁 식탁에 초대받았는데, 두 사람은 실제로 1906년 탕헤르에서 처음 만났다. 그 식사 자리에는 카이퍼의 두 딸과 함께 사업상 좋은 관계를 유지했던 헨드리쿠스 꼴레인도 동참했다고 로젠은 언급했다.

남아 있는 편지에 따르면, 로젠은 얼마 지나지 않아 빌헬름 2세를 대신하여 카이퍼에게 안부를 전해야 했다. 첫 번째는 카이퍼가 주간지 「디 보허」에 기고한 전쟁 중 네덜란드의 입장에 관한 글에 대한 황제의 칭찬이었다. 두 번째는 황제 자신의 초상화와 함께 종교개혁 400주년을 기념하는 루터의 초상화를 선물로 보냈다. 세 번째는 카이퍼의 80세 생일을 축하하는 꽃 선물과 개인적인 축하 메시지였다.

황제가 카이퍼를 잊지 않았다는 것은 그가 네덜란드로 도피한 후에도 드러났다. 회고록에서 로젠은 1919년 도른(Doorn)에서 황제의 망명 중 그를 방문했던 일을 회상한다. 어느 정도 시간이 지난 후, 황제는 시간 보내기와 신체 운동으로 나무 베기를 시작했다. 그가 쓰러뜨린 첫 번째 나무 중 한 조각이 카이퍼에게 쪽지와 함께 보내졌다. 로젠이 직접 그것들을 카이퍼에게 전달한 것으로 보이는데, 그는 회고록에서 카이퍼가 그 의미를 전혀 이해하지 못했다고 언급했다. 1919년 6월이 되자, 카이퍼는 이미 눈에 띄게 쇠약해졌다. 그는 여전히 글을 쓰고 있었지만, 사회적으로 사람들을 종종 인식하지 못했고, 황제의 나무 조각의 의미도 파악하지 못한 듯했다.

덧붙이자면, 동봉된 쪽지는 사실 아머롱겐(Amerongen) 성에 살고 있던 알덴부르크 벤팅크 백작(graaf van Aldenburg Bentinck)이 쓴 것인데, 그는 네덜란드 정부를 대표하여 도피한 황제를 신중하게 맞이하는 임무를 수행하고 있었다. 그 편지는 1919년 6월 3일 화요일로 되어 있었고, 내용은 다음과 같다.

> 황제 폐하께서는 저에게 폐하께서 이곳에서 직접 베어낸 1,000번째 나무의 조각을 귀하께 보내라고 지시하셨습니다.

역사가 삐뜨 까스떼일(Piet Kasteel)은 1938년 루벤에서 논문으로 발표된 카이퍼 전기에서 이 내용을 언급했다. 그의 기록에 따르면, 그는 제1차 세계대전 동안의 카이퍼의 활동, 특히 벨기에의 운명과 관련된 활동에 주목했다. 그가 벤팅크 백작의 쪽지와 나무 조각을 너무 오랫동안 보유했던 것인지, 그 이후 카이퍼 아카이브에서 이 두 물건 모두 사라졌다.

휴양지 바이서 히르쉬(Weißer Hirsch)

카이퍼는 제1차 세계대전이 아무리 그의 이동을 방해했음에도 불구하고 여전히 여행을 멈추지 않았다. 1913년 1월 그는 '잠시 쉬기 위해' 브뤼셀과 파리를 방문했다. 파리에서 그는 청력이 악화되어 전문의를 찾아 갔다. 소르본 대학의 교수이기도 한 마라지(G. R. M. Marage)는 카이퍼가 이 시기에 사용했던 보청기의 발명가였다.

1911년부터 그는 드레스덴 근교의 언덕에 있는 바이서 히르쉬(Weißer Hirsch) 온천에서 매년 여름마다 요양하며 건강을 회복했다. 1917년 80번째 생일을 앞두고 그는 호텔 계단에서 넘어졌는데, 카이퍼는 「드 스탄다르드」

    아브라함 카이퍼의 일곱 가지 삶

의 드리스타에서 그 추락은 '거의 목숨을 앗아갈 뻔했다'고 담담하게 언급했다. 일간지 「드 네덜란더」에 의하면 그는 이 부상으로 다리를 다쳐 4주 동안 병원에 입원해 있었으며 거의 80번째 생일을 맞이하지 못할 뻔했다. 바이서 히르쉬 온천 마을은 이미 1894년에 두 번의 폐렴으로 거의 목숨을 잃을 뻔한 후부터 찾기 시작했다. 1899년부터는 그의 목 건강에 문제가 생겨 요양 치료가 권장되었고, 카이퍼는 1911년부터 매년 여름마다 전문가인 라만 박사(Dr. Lahmann)를 찾아 바이서 히르쉬에 있는 이 요양원으로 갔다.

카이퍼 아카이브에는 요양원의 치료 지침이 남아 있다. 이전에 피레네산맥 요양원에서 그랬던 것처럼, 치료법에는 냉온수 목욕, 마사지, 식이요법 및 다양한 신체 운동이 포함되었다. 브뤼셀에서 그가 벌거벗고 걷기 운동을 한 것 역시 드레스덴의 의사들이 처방한 것이었고, 카이퍼는 그의 평생 자신의 건강을 이러한 요양 방식에 의지했다.

1911년부터 1918년까지 카이퍼는 매년 7월에 이런 식으로 드레스덴 근처 엘베강 언덕에 있는 요양원에서 시간을 보냈다. 제1차 세계대전 중에도 매년 여름, 그는 두 명의 독일 대사의 도움을 받아 이곳에 왔다. 1914년 8월에 예기치 않게 전쟁이 발발했을 때, 그는 뮌헨에서 네덜란드 국경까지 돌아오는데 4일이 걸렸으며, 그 마지막 구간은 자동차로 이동해야만 했다.

그해 여름에 그는 오스트리아 알프스의 밧 가슈타인에서 요양을 이어갔고, 이후 몇 년간은 전쟁이 있든 없든 8월 한 달을 밧 가슈타인에서 보냈다. 밧 가슈타인에서 그는 해발 1,000미터에 있었고 다시 완전히 '내 산 속'에 있다고 느꼈다. 그는 여전히 그곳에서 산길을 걸었다. 1917년 바이서 히르쉬의 온천 마을에서의 계단 추락 사고로 오스트리아에서 후속 요양을 할 수 없었고, 이듬해인 1918년에 그는 자발적으로 드레스덴 근처에 머물렀다. 이곳 작센 스위스(Sächsische Schweiz)에서도 카이퍼는 더이상 걸을 수 없을 때까지 산책을 즐겼다.

1919년 여름, 독일로 가는 것은 더이상 불가능해졌는데, 그 주된 이유는 독일이 붕괴 이후 너무 불안정했기 때문이었다. 그래서 카이퍼는 처음으로 네덜란드에서 요양을 하게 되었다. 벨루브의 라흐-수런(Laag-Soeren)에 베데스다 의료요양 및 회복 시설(Geneeskundige Badinrichting en Herstellingsoord Bethesda)이라는 네덜란드 요양원이 문을 열었는데, 여기에서도 다양한 목욕, 마사지 및 체중 감량 프로그램을 제공했다. 1919년 8월 18일 화요일, 연합국의 평화조약 직후, 그의 체중이 91킬로그램이라고 기록했는데, 이는 그가 총리 시절보다 10킬로그램 이상 감량된 수치였다.

도나우(Donau)강에서 커피

카이퍼는 할 수 있는 한 오래 여행을 계속했는데, 그의 이동을 방해한 주요 원인은 전쟁이었다. 드레스덴에서의 요양과 알프스에서의 후속 요양을 제외하고, 부활절 2주 전후인 1916년 4월 부다페스트에 있는 딸들을 방문한 것이 그의 말년 중 가장 중요한 여행이었다.

베를린에서의 비밀 회담을 마치고 그는 바로 부다페스트로 와서 도나우 강변의 리츠 호텔에 머물렀다. 딸 항리에뜨와 요한나는 멕시코스트라트(Mexicostraat)의 네덜란드 '앰뷸런스(적십자의 당시 이름)'에서 일했는데, 항리에뜨는 가사 책임자로, 요한나는 간호사로 일했다. 부다페스트 외에 카이퍼는 동부 대학도시인 데브레첸(Debrecen)도 방문했다. 카이퍼는 그곳에서 본 네덜란드 해군제독 미힐 드 라위터(Michiel de Ruyter)[1]의 동상을 설명하곤 했는데, 그는 한때 나폴리의 스페인 총독에게 갤리선 노예로 넘겨진 헝가리

---

1   미힐 아드리안손 드 라위터(Michiel Adriaenszoon de Ruyter, 1607-1676)는 네덜란드의 해군제독으로 한국의 이순신 장군과 같은 분이다. (역자 주)

    아브라함 카이퍼의 일곱 가지 삶

설교자들을 해방시킨 인물이었다.

헝가리는 스코틀랜드와 스위스와 마찬가지로 그의 특별한 관심을 받았던 깔뱅주의 국가 중 하나였다. 귀국 후 그는 자신의 여행을 드리스타에 게재했다. 여기서 그는 헝가리와 네덜란드의 개혁주의자들 간의 수 세기에 걸친 유대 관계를 회상했는데, 그 유대 관계는 무엇보다도 데브레첸 대학교에서 유지되고 있었다고 했다. 그는 헝가리에서 네덜란드어로 초대되어 환영을 받았는데, 알고 보니 그의 헝가리 초청자들은 과거 네덜란드에서 공부하며 그 언어를 배웠는데, 이것은 헝가리 개혁주의 진영에서 수세기 동안 이어져 온 전통이었다. 카이퍼는 부다페스트의 적십자사에서 따뜻한 환영을 받은 것도 이러한 유대 관계 덕분이라고 말했다.

현재 250만 명의 마자르족이 아직도 개혁주의 신앙을 고백하고 있으며, 이는 헝가리 총리 티자(Tisza) 씨가 자신이 깔뱅주의자임을 숨기지 않고 자랑스럽게 여긴다는 점에서 더욱 돋보입니다. 이는 우리나라에서 종종 깔뱅주의를 숨기려고 하는 것과는 대조적입니다.

그는 당시 헝가리 정부 수반이자 헝가리 자유당의 지도자이며 합스부르크 왕실의 충신인 이슈트반 티자(István Tisza) 백작을 만났다. 카이퍼는 그에게서 정치적으로 동질감을 느꼈다. 그러나 1918년 8월, 티자는 헝가리 혁명 당시 술에 취한 군인들에게 살해당했는데, 그는 비참한 전쟁의 결과에 대한 책임이 있다고 여겨졌기 때문이었다.

1916년 4월 26일 수요일, 헝가리 총리는 카이퍼와 그의 두 딸을 저녁 식사에 초대했다. 항리에뜨는 적십자 임무에 관한 그녀의 책에서 부다 성 옆에 있는 티자의 궁전에서 있었던 모임을 묘사한다. 그녀는 그를 절제되고 균형 잡힌 깔뱅주의 영웅으로 묘사했다. 식사가 끝난 후, 그들은 도나우 강과 반대편에 있는 페스트 지구의 탁 트인 전망을 보기 위해 테라스로 나갔다. 그런 다음 두 깔뱅주의 정치가는 커피를 마시기 위해 앉았다.

> 경치를 즐긴 후에는 다시 안으로 들어가 커피를 마시고, 이제 티자 백작과 아버지는 마주 보고 앉아 유럽 정치에 대해 이야기를 나누었다. 나는 그 두 사람에게서 눈과 귀를 뗄 수가 없었다. 나는 이 두 깔뱅주의 정치가들의 대화를 영원히 간직할 수 있는 카메라가 있었더라면 얼마나 좋았을까, 그리고 가급적 축음기도 가지고 있었으면 얼마나 좋았을까 생각했다!

헝가리 방문은 카이퍼가 국제적인 주목을 받은 마지막 기회였다. 부다페스트에서 그는 세 번의 인터뷰를 가졌고, 독일을 경유하는 길에 두 번 더 인터뷰를 했다. 매번 주제는 제1차 세계대전과 네덜란드의 입장에 대한 그의 견해였다.

헝가리인을 향한 찬사

리츠 호텔에 도착한 다음 날, 카이퍼는 일간지 「알코트마니」(*Alkotmány*, 헌법)의 기자와 마주 앉았다. 당시 인터뷰 방식에 따라, 그는 먼저 자기 앞에 있는 남자를 면밀히 관찰하면서 이렇게 묘사했다.

> 아브라함 카이퍼는 중간 키에 백발이 성성한 중년 남성이다. 그의 선량하고 발그레한 얼굴에는 항상 친근한 미소가 번진다. 그는 여유롭게 움직이며, 활기차게 말한다. 매우 소탈하고, 꾸밈이나 격식이 없다. 검은 정장의 단추 구멍에 있는 색깔있는 훈장조차도 마치 한 송이 꽃봉오리처럼 보인다.

  아브라함 카이퍼의 일곱 가지 삶

인터뷰의 주제는 당연히 전쟁이었다. 카이퍼는 네덜란드의 모든 정당이 전쟁에 대해 의견 차이가 분명하며, 심지어 그의 반혁명당조차도 분열되어 있었다고 솔직하게 인정했다. 그는 '처음부터 친독일적'이었다고 말하며, 그에 대한 간단한 이유를 제시했다.

일찍이 17세기부터 영국은 바다에서 네덜란드의 경쟁자이자 적이었으며, 케이프와 실론과 같은 네덜란드 식민지를 빼앗았다. 게다가 대영 제국은 트랜스바알과 전쟁을 벌이기도 했다. 더욱이 현재의 전쟁 중 영국은 네덜란드 무역을 일방적으로 마비시켰고, 따라서 로테르담의 무역량은 10%도 남지 않았다. 그럼에도 불구하고 네덜란드는 철저히 중립을 유지해야 했다. 헤이그에서는 두 차례의 만국 평화 회담이 열렸고 그 한가운데에 새로운 평화궁을 보유한 곳으로, 전쟁이 끝난 후 평화 회담을 위한 적절한 장소였기 때문이었다.

카이퍼가 적십자 구급대장인 판 데어 뫼르(A. van der Moer) 대령과 헝가리 장교인 사기(L. Sági) 사이에 서 있다. 그 뒤로 딸 항리에뜨와 요한나가 있다.

이것은 이 기간 동안 카이퍼가 끊임없이 강조했던 주제였다. 즉, 적극적인 중립 정책을 가진 네덜란드는 다가오는 평화 협상을 위한 최고의 장소였다. 1908년부터 1913년까지 그 자신도 국제 평화 운동의 네덜란드 지부 회장이었으며, 이 점을 헝가리 인터뷰에서도 언급했다. 그러나 그는 항상 자신이 평화주의자가 될 수 없다는 점을 분명히 했는데, 네덜란드의 중립을 적극적으로 보호하기 위해서는 무장이 필요했기 때문이었다. 그 대신 그가 주장한 것은 지속 가능한 평화 정책이었다. 그것은 또한 1919년 그의 긴 정치 경력이 끝날 때 상원에서 한 그의 가장 중요한 연설의 주제가 되었다.

그는 또한 헝가리 독자들에게 위로의 말을 전했다. 기자가 마지막으로 물었다. "각하, 거의 의무적으로 해야 할 마지막 질문을 드리겠습니다. 각하께서는 헝가리인들에 대해 어떻게 생각하십니까?"

> 저는 헝가리를 아주 잘 알고 있으며, 그들에 대해 칭찬 외에는 할 말이 별로 없군요. 저는 타트라 산맥(Tátrafüred)과 트란실바니아에 자주 가곤 했습니다. 루마니아의 카롤왕을 만나러 시나이아에 가면서, 저는 헝가리 전역을 여행했지요. 거듭 말씀드리지만, 저는 헝가리 사람들에 대해 오직 좋은 말과 아름다운 점만 말할 수 있습니다.

카이퍼는 1919년 3월 상원에서 만원을 이룬 청중 앞에서 마지막 연설을 했다. 당시 베르사이유 협상은 여전히 진행 중이었지만, 카이퍼는 네덜란드 정부가 취해야 할 적절한 태도에 대해 미리 의견을 제시했다.

고립의 힘

그의 등장은 손꼽아 기다려져 왔다. 제1차 세계대전 중 카이퍼를 포함한 네덜란드 모든 정치 지도자들은 침묵을 지켰다. 몇 년 만에 처음이었다.

1919년 3월 12일 수요일, 카이퍼는 침묵을 깼다. 상원의 방청석에는 전체 의회 기자들과 사회당을 대표하여 선출된 최초의 여성의원 수즈 흐루너벡(Suze Groeneweg)을 포함한 일단의 하원의원들이 앉아 있었다. 그 외에, 카이퍼의 세 딸들도 예약된 좌석에 앉아 있었고, 여느 때와 다름없는 모습이었다. 전형적인 카이퍼의 오후가 이어졌다. 81세의 상원의 원로인 카이퍼는 한 시간 반 동안 원고 없이 즉석에서 연설했다.

연설 주제는 제안된 국제연맹(Volkenbond) 창설 계획에 관한 것이었다. 꼴레인과 하원의 반혁명 동료들과는 달리, 전 당 지도자는 네덜란드와 같은 중립 국가가 개입해서는 안 된다고 보았다. 국제연맹이라는 이름만으로도 모욕적이었다. 아직까지 어느 민족의 목소리도 반영되지 않았고, 모든 것은 지금까지 연합군의 승자들 사이에서만 결정되었기 때문이었다.

더 중요한 것은, 지금까지 합의된 모든 것이 이미 헤이그에서 확정된 것들, 즉 중재 재판소(Hof van Arbitrage), 평화궁 및 평화 회담을 무시했다는 점이다. 헤이그가 창설될 국제 연맹의 소재지로 언급조차 되지 않은 것은 우연이 아니었다. 그러나 그러한 상황이 바뀌지 않는 한, 네덜란드는 연합국이 강요한 조건에 맞서 싸워야 했으며, 그 조건에서는 오직 강대국들만이 발언권을 가졌고, 참가국들의 평등 원칙은 버려졌다.

반혁명주의자들에 대해 항상 비판적이었던 자유주의자의 「주트펜서 꾸란트」(*Zutphense Courant*)의 의회 기자는 카이퍼의 연설에 대해 독자적인 논평을 게재했다. 차분한 분위기의 상원에서 토론이 이토록 많은 주목을 받은 것은 오랜만임을 인정했다. 또한 이 노년의 반혁명 지도자가 하원에서 그의 당 동료들의 견해에 신경 쓰지 않았기 때문에 더 큰 구경거리였다. 기자는 카이퍼가 자신의 목고리를 더욱 뚜렷하게 내기 위해 의도적으로 고립을 선택했다고 생각했다.

이 연설이 의회의 반혁명주의자들의 입장을 대변하지 않는다는 점, 꼴레인과 바 빙크의 입장과도 다른 목소리를 냈다는 사실도, 이 위대한 노정치인의 발언의 중 요성을 조금도 손상시키지 않는다. 오히려 이것은 그에게 고립 속에서 다시 한번 자신을 보여줄 기회였고, 그는 이를 놓치지 않았다. 흐룬 판 프린스터러를 매료 시켰던 고립의 힘은, 카이퍼에게도 오늘날 여전히 특별한 매력을 가지고 있다.

카이퍼는 1874년 외로운 의회 의원으로 정치 경력을 시작했다. 그리고 45년 후, 그는 고립된 목소리로 정치 인생을 마무리했다. 그는 항상 독립적 이고 자신만의 신념을 지닌 정치인이었으며 당파적 논리에 얽매이지 않았 다. 그날의 연설에서도 그는 비록 여전히 고립된 상태였지만, 그의 목소리 는 의회 전체와 방청석을 가득 채운 청중들 모두의 귀를 사로잡았다.

정치적 유언

카이퍼는 단순히 대중 연설가로서만 두드러진 인물이 아니었다. 그의 사 회 문제에 대한 꾸준한 관심과 헌신은 생애 끝까지 이어졌다.

그의 상원에서의 연설 당시, 제2차 기독교 사회 대회가 암스테르담에서 동시에 열리고 있었다. 이는 1891년에 열린 제1차 대회와 동일하게 끌로프 니어스부르흐발의 노동자협회 건물에서 열렸다. 카이퍼는 그 전년도에 반 혁명당 의장직을 사임하여 참석할 수 없다는 통지를 보냈다. (그의 청각 장애 로 인해 그는 어쨌든 큰 모임에 참석하는 것을 피했다.) 아울러 그는 이미 수년간 의 견 차이로 대립했던 젊은 세대에게 이 대회의 주도권을 기꺼이 넘기고 싶었 을 수도 있다.

그럼에도 카이퍼에게 있어서 사회 문제는 그의 정치적 의제의 첫 번째 항목으로 남아 있었고, 그것은 그를 다음 세대의 반혁명주의자들과 구분

    아브라함 카이퍼의 일곱 가지 삶

짓는 요소였다. 따라서 그는 상원에서 자신의 목소리를 낼 필요성을 느꼈다. 국제 연맹에 대한 연설 말미에 그는 이 주제를 언급하였다. 이 문제에서도 네덜란드는 초강대국들의 주장에 귀를 기울여서는 안된다고 그는 주장했다. 다시 말해, 카이퍼는 서구 열강들이 취하고 있는 자본주의 방향을 신뢰하지 않았다. 그는 자신의 초기 비전, 즉 노동은 자본에 대한 대항 세력이 되어야 한다는 신념을 고수했다.

노동자들이 자본계급과 동등한 위치에 있을 수 있도록 하기 위해서는 다양한 개혁이 필요하다고 카이퍼는 상원에서 선언했다. 교육, 임금 인상, 근로시간 단축과 같은 개혁들은 하층계급이 하층계급으로 남지 않도록 하는 데 필요했다. 궁극적으로, '숙련된 노동자들'이 노동 조건을 개선하는 데 도움을 줄 수 있는 충분한 정치적 발언권을 가지게 될 것이다. 여전히 카이퍼는 다양한 형태의 노동 계층이 정치적으로 자신의 이익을 대변할 수 있는 '이익 대변 상원(Eerste Kamer van Belangen)'을 주장했으며, 노동 계층의 하원에 대한 참정권 또한 강조했다.

이는 또한 그가 당수로서 한 마지막 연설의 주제였다 깔뱅주의자로서 그는 끝까지 활동가로 남았다. 그것은 1917년 11월, 그의 80번째 생일 3주 후에도 확인되었다. 위트레흐트의 티볼리 콩그레스 건물에서 카이퍼는 그의 당이 지지하는 '서민들(De kleine luyden)'을 위해 열정적인 연설로 전당대회를 시작했다. 반혁명당이 철저하게 아래로부터 조직되어야만 사회문제가 최우선 과제로 유지될 수 있을 것이라고 그는 주장했다. 그렇지 않으면 자유정당들이 그랬던 것처럼 위에서 지배되는 하향식 정당이 등장할 것이고, 그것은 운동의 종말을 의미할 것이다.

의장직을 사임하기 전 당을 위한 그의 마지막 연설은 그의 측근인 이든부르흐가 대독해야 했다. 카이퍼 자신은 오랜 기간 만성적인 후두 질환으로 인해 직접 연설할 수 없었다. 게다가 그는 최근 바이서 히르쉬 요양지에 있

오랫동안 '작은 브람(브람머쳐, 카이퍼를 지칭함)'은 대중적인 사회주의 인형극에서 전형적으로 위선적인 부르주아로 등장했다. 인형은 알베르트 한이 제작한 것으로, 약 1916년경 작품이다.

는 계단에서 너무 심하게 넘어져 드레스덴 병원에서 4주 동안 치료를 받아야 했다.

그런데 카이퍼가 죽음을 면한 것은 이번이 다섯 번째였다. 1917년 1월에 폐렴을 앓았던 것도 포함하면 아마 여섯 번째였을 것이다. 이보다 앞선 1883년 여름 요툰하이멘 산악 지역에서 폐혈증으로부터 회복되었고, 1884년 여름 마티니로 가는 길에 추락 사고를 가까스로 피했으며, 1894년 늦여름에 브뤼셀에서 폐렴과 폐수막염으로 거의 목숨을 잃을 뻔했다. 그리고 1909년 12월에 그의 침실이 밤에 일산화탄소로 가득 차는 사고를 당했다. 이 여섯 차례 동안 그의 생명은 위태로웠고, 카이퍼는 문자 그대로 일곱 개의 생명이 필요했다.

그의 마지막 연설은 1918년 5월 위트레흐트의 티볼리 공원 의회 건물에서 이든부르흐에 의해 대독되었다. 제1차 세계대전은 여전히 진행 중이었

　　　　　　　　　　아브라함 카이퍼의 일곱 가지 삶

지만, 네덜란드에서는 평화조약이 체결되었다. 그 결과 학교투쟁과 참정권 문제는 해결 되었고, 이제 남은 것은 사회 문제였으며 그것이 바로 '이제 무엇을 할 것인가?'라는 카이퍼의 정치적 유언의 주제였다.

회고록에 가까운

카이퍼는 당시의 정세가 러시아 혁명과 레닌의 볼셰비키가 일으킨 쿠데타에 의해 지배되고 있었다고 믿었다. 그는 이 혁명이 프랑스 혁명보다 더 파괴적인 결과를 초래할 것이라고 우려했다. 왜냐하면 이는 단순히 정치적 질서뿐만 아니라 사회 질서 전체를 뒤집어 놓으려는 움직임이었기 때문이다. 이러한 위기와 전쟁 후 몇 년 동안 예상되는 혼란을 고려했을 때, 사회 문제는 '*시대적 명령(Gebot der Stunde)*'이며 가장 중요한 정치적 과제라고 그는 주장했다.

반혁명당의 가까운 미래는 노동자 운동과의 연대를 유지할 수 있느냐에 달려 있었다. 오직 노동의 해방만이 정당의 '고귀한 소명'을 실현할 수 있었다. 이것이 바로 사회 문제였고, 지금도 여전히 중요한 과제라고 주장했다. 다른 문제들은 평화조약을 통해 해결되었지만, 유럽에서의 혁명의 위협, 그리고 전쟁 직후의 불가피한 빈곤으로 긴장이 고조될 것이기 때문이었다. "우리 반혁명당은 다시 긴밀하게 하나가 되어야 한다. 단순한 사회적 이익 집단이 아니라, 사회적 과제와 정치적 과제가 확고하게 연결되어야 한다" 고 강조했다.

그것은 그의 정치적 유언과 같았으며, 그는 1916년과 1917년에 출판된 두 권의 두꺼운 책인 『반혁명 국가학』에서 그것을 정리했다. 그의 정치 경력이 『우리의 강령』과 네덜란드 최초의 정당을 창당하면서 시작되었던 것처럼, 그는 미래를 위한 유산을 기록하는 것으로 끝을 맺었다. 전쟁 기간 중에 집필한 반혁명 국가학은, 거의 자신의 회고록에 가까운 것처럼 보인다. 첫 번째 부분은 원칙을 다루었고, 두 번째 부분은 실제적 적용을 다루었다. 이를 위해 그는 반세기에 걸친 자신의 경험을 충분히 활용했다. (우리가 카이퍼의 국내외 경험에 대해 알고 있는 많은 것은 격동의 시대 그의 기억으로 가득 찬 이 표준적인 저작 덕분이다.)

두 권으로 나누어진 『반혁명 국가학』은 「드 스탄다르드」에 연재한 것이 아니라, 신문과 주간 잡지에 대한 일상 업무 외에 독립적으로 집필했다. 1915년 봄에 그는 1907년 이래 그의 고정 출판사였던 얀 헨드리쿠스 꼭(Jan Hendrikus Kok)과 그의 계획을 논의하였다. 카이퍼는 문자 그대로 그가 일주일에 몇 시간을 집필에 할애할 수 있는지, 그리고 그 작업이 언제 끝날지 계산해 주었다. 그의 빠른 계산에 따르면, 작업은 1916년 12월에 끝날 예정이었다. 예상대로, 1916년 12월에, 카이퍼는 두 번째 권의 교정 작업을 마무리했다. 그는 나이가 들어서도 여전히 '시계처럼' 일하며 작업을 거의 2년 전에 미리 계획할 수 있었다.

제1차 세계대전이 일어나기 직전, 카이퍼는 그의 출판업자를 업무차 브뤼셀에 있는 그의 호텔로 초대했다. 꼭은 '뒤쪽에 위치해 있고 넓은 공원의 아름다운 전망을 볼 수 있는 크고 조용한 방'에서 그를 만났다. 이 장소는 의심할 여지 없이 카이퍼가 1911년 그의 나체 스캔들에서 배운 교훈을 반영한 것이었다.

꼭에 의하면 카이퍼는 호텔 방에서도 책상에 앉아 글을 썼다고 했다. 그리하여 그는 여행 내내 「드 스탄다르드」와 「드 헤라우트」를 위해 계속 집필하여 이를 매번 우편으로 암스테르담에 보냈다. 또한 카이퍼는 출판업자 꼭이 일하는 동안 몇 시간씩 산책을 했다. 이것이 카이퍼가 자주 브뤼셀로 며칠씩 떠났던 이유 중 하나였다. 그는 그곳에서 방해받지 않고 산책을 하며 생각을 정리할 수 있었고, 그런 다음 매일 아침 호텔 방에서 그것을 글로 옮

아브라함 카이퍼의 일곱 가지 삶

겼다. 여행은 카이퍼에게 집중하는 방법이었고, 80대의 나이에도 그랬다. 헤이그에서 그는 너무 많은 일이 밀려왔지만, 해외에서는 자유로웠다.

묵시록적 시대

카이퍼가 자신이 처한 격동의 시기를 이해한 또 다른 방식이 있었다. 1911년부터 그는 주간지 「드 헤라우트」에 기사를 연재했는데, 이 기사들은 나중에 그의 고정 출판사에서 4권의 두꺼운 책으로 출판되었다. 이 책들은 그의 사후에 출판되었으며, 총 222회에 걸쳐 연재된 기사를 포함하고 있다.

이 책들은 그의 후계자인 장남이자 자유대학교의 신학교수였던 헤르만이 편집하고 소개하였다. 그는 거의 100개에 달하는 기사를 제외했다고 밝혔다. 그렇지 않으면 책이 너무 두꺼웠기 때문이고, 일부 원고들은 전체 주제와 조화를 이루지 못했기 때문이었다. 그의 아버지는 나이가 들어가며 명확하지 않거나, 주제에 대한 이해력을 잃은 것이 일부 기사에서 눈에 띄었다고 그는 지적했다. 그러나 남아 있는 본문에 대해서는 수정 없이 출판되었다.

이 시리즈를 집필하는 과정에 영향을 미친 것은 당시 발발한 제1차 세계대전이었다. 이 전쟁은 카이퍼가 (때로는 촛불를 켜고) 글을 쓸 때 그의 글에 영향을 미쳤다. 이 시리즈는 『완성에 관하여』(*Van de voleinding*)라는 제목으로 출판되었으며 종말에 대한 개념을 다룬 것이었다. 항상 그렇듯이 학문적 관점으로 접근한 카이퍼는 다양한 문화권에서 나타나는 종말론적 기대를 탐구했으며, 이슬람 세계의 종말론에 대한 연구는 자신의 여행 경험에서 나온 것이었다.

카이퍼는 서두에서 자신의 삶이 진보에 대한 낙관적인 믿음으로 가득 찬 시대에 이루어졌음을 회고했다. 많은 분야에서의 진보가 이루어진 것은 사실이며, 과거의 어떤 시대보다 큰 발전이 있었다. 그러나 그것이 진보에 대한 맹목적인 믿음을 정당화할 수는 없다고 그는 지적했다.

그는 한 세대를 대표하는 아이콘인 미국의 낭만주의 시인 롱펠로우를 언급했다. 그의 기억에 남아 있던 것은 그의 후반기 시인 "생명의 시편(A Psalm of Life)"이 아니라 그의 초기작 "엑셀시오르"였다. 당시 한 세대 전체가 그 시의 주인공과 동일시되었는데, 그가 산 정상에서 산 정상으로 오르며 점점 더 높이 올라갔을 때, 그리고 빙하의 눈 속에서 죽어가는 순간에도 그의 깃발을 영광스럽게 똑바로 세울 수 있었다. 카이퍼는 이 시야말로 당대 시대의 진보에 대한 신념을 가장 잘 나타내는 이미지로 보았다. 그 이미지는 끊임없이 최고를 향해 나아가는 낭만적인 영웅의 모습이었다.

그러나 1차 세계대전이 발발하면서 유럽을 휘감은 전쟁을 어떻게 설명할지에 대해 많은 사람들이 머리를 싸매고 있었다. 이 시기는 거의 묵시록적인 시기라고 카이퍼는 표현했다. 당시에 1억 명이 전쟁에 동원되었는데, 이는 인류 역사상 전례 없는 규모였다. 이러한 실제적인 묵시록적 배경 속에서, 카이퍼는 성경의 묵시록을 깊이 탐구했다. 그는 고대의 묵시적 서술이 놀라울 정도로 시사적이고 현실적이라고 여겼다.

그것은 자신이 알고 있던 세계의 끝이었다. 그러나 그 속에서도 자신의 유한함을 인식하는 감정이 스며들었다. 언제나 그랬듯이 카이퍼는 그의 주제를 신중하게 선택했다. 1917년 초에 그는 폐렴을 앓았는데, 이는 1894년에 거의 죽을 뻔했던 폐렴을 생각나게 하는 질병이었다. 이번에도 그는 간신히 극복하고 있었다. 모든 것의 끝이 가까웠고, 그의 삶도 서서히 끝나가고 있었으며, 언제나 그랬듯이 카이퍼는 종말에 대한 자신의 경험으로 독자들의 공감을 불러일으켰다.

"아버지는 더이상 전쟁과 그 모든 공포를 견디지 못하셨다. 그것은 아버지를 두렵게하고 짓눌렀다. 그는 만족스러운 결말도, 해결책도 보지 못했

　　　　　　　　　　　　아브라함 카이퍼의 일곱 가지 삶

다”라고 딸 항리에뜨는 아버지가 죽은 후 썼다.

15초 분량의 영상

　카이퍼는「드 스탄다르드」의 편집장으로서 50주년 기념식을 금혼식처럼 기념하는 것을 목표로 삼았다고 그의 사후에 그의 딸이 회상했다. 그가 끈질기게 요양하고 매일 운동을 계속한 것은 그 희망과 관련이 있었다. 카이퍼는 1922년, 50주년 기념일에 맞춰 편집장직에서 물러나기를 원했다.

　1869년 언론 활동으로 시작된 그의 공직 경력은, 결국 그의 일곱 생애 중 마지막으로 놓아버린 삶의 부분이 되었다. 말년에도 그는 매일 아침「드 스탄다르드」와 주간 신문에 글을 썼고 아플 때만 중단했다. 그의 오래된 목 질환은 만성적이었고 때로는 그를 많이 괴롭혔다.

카이퍼가 반혁명주의자들의 수장인 스히믈뻬닝크 판 데어 오이여 남작(Baron J. E. N. Schimmelpenninck van der Oye)의 장례식에서 연설하고 있다.
(1914년, 후블라켄[Hoevelaken])

카이퍼의 생애 마지막 3년 동안 그를 돌봐준 하녀 리카(Rika, 29년 동안 가족을 섬긴 그녀의 전임자가 리카라고 불렸기 때문에 그녀의 허락을 받아 '미나(Mina)'라고 불렀다.)는 매일 아침 7시에 그를 깨워야 했다. 단 1분도 빠르거나 늦어서는 안되었다. "선생님은 시계를 가슴 위에 올려 놓고 누워 계셨고, 내가 들어오면 '아니야, 애야, 늦었어, 벌써 7시 5분이야'라고 말하곤 했다."

그 후에는 아침 체조가 이어졌고, 링을 잡고 흔드는 운동을 좋아했다. 카이퍼는 책상에 앉기 전에 실내 온도가 적당한지 확인했다. 그는 몇 번이고 그것을 점검했다. 매일 저녁 그녀는 포도주 한 병과 비스킷 한 통을 준비해야 했다. 그리고 잠자리에 들기 전에 손주들의 초상화를 하나씩 보면서 모든 이름과 얼굴을 외우는 습관도 있었다.

헤이그의 거리를 거니는 그의 모습은 익숙한 광경으로 많은 사람들에게 알려져 있었다. 그는 하루에 두 번씩 홀로 산책을 했다. 자유주의 신문 「주트펜서 꾸란트」의 헤이그 특파원은 그가 매일 홀란즈 스포어를 오르내리며 비넌호프를 지나는 것을 보았다.

> 매일 오후 4시경, 비넌호프 근처 랑어 포튼(Lange Poten)의 집들을 따라 걷는 늙은 지도자의 작은 모습을 볼 때, 사람들은 항상 그를 이렇게 느낀다. "한겨울의 혹독한 추위에도 여름옷을 입고, 외투도 없이, 혹은 외투를 열어 입고 다니는 저 노신사, 그는 그 자체로 네덜란드 정치사의 한 조각이다."

제1차 세계대전 당시, 주간지 「드 스피헐」의 사진작가는 코트를 입고 탑햇을 쓴 그를 보았는데, 그는 코르트 판 데르 린덴 총리의 70세 생일을 축하한 후 돌아오는 길이었다. 그날은 1916년 5월 14일 일요일이었고, 그날 헤이그 거리에는 멋지게 차려입은 사람들이 많았다.

1918년 6월 8일 토요일, 헤이그의 기자들은 축하 파티를 열었다. 헤이그

    아브라함 카이퍼의 일곱 가지 삶

기자 협회가 전국 언론인 모임 산하로 설립된 지 25주년을 기념하는 자리였다. 그들은 실제로 카이퍼 집에서 모퉁이를 돌면 있는 풀크리(Pulchri)에서 전시회와 리셉션으로 축하했다. 폴리곤 뉴스(Polygoonjournaal)가 이 행사를 보도했다. 15초 분량의 영상은 80세의 카이퍼가 헤이그 시장인 판 까르너베이끄(Van Karnebeek)와 활발히 대화를 나누는 모습을 보여준다.

베누아를 따뜻이 환영함

카이퍼는 결국 목표를 달성하지 못했다. 또다시 건강이 악화되어 그는 1919년 12월 「드 스탄다르드」에서 펜을 내려놓아야 했다. (의사의 지시에 따라 그는 다른 어떤 일도 할 수 없었다.) 그는 마지막 보루인 주간지 「드 헤라우트」로 은퇴하여 거기서 매주 명상록을 기고하면서 활동을 이어나갔다. 그는 전통적으로 일요일 아침에 글을 작성했으며, 이제는 시간이 더 걸렸지만 여전히 일요일에만 글을 쓸 수 있었다. 그의 딸 항리에뜨는 이후 이 명상록과 신문에 실을 드리스타 칼럼이 아버지가 그가 가장 좋아하는 두 가지였다고 나중에 회고했다.

카이퍼는 마지막 병상에 누울 때까지 그 일을 계속 했다. 그는 이미 이전에 심하게 넘어진 적이 있었다. 1920년 2월 1일 일요일, 카이퍼는 오후 산책 중에 어지럼증으로 심하게 넘어졌다. 그의 집 맞은편 프레데릭 거리(Frederikstraat)에 있던 딜(Dil)의 생선 가게 창턱이 그를 지탱해 주었지만, 머리의 큰 부상으로 그는 병원으로 이송되었다.

모든 목격자들은 같은 상황, 즉 카이퍼는 반복되는 병으로 쇠약해졌을 뿐만 아니라, 혼란스러워 보였다고 묘사했다. 때로는 몇 문장을 쓰고 나서도 자신이 쓴 내용을 기억하지 못할 때도 있었다. 그는 평생 동안 몇 시간 동안 쉬지 않고 글을 쓸 수 있었지만, 이제는 몇 분도 지속하지 못했다. 당

시에는 이를 동맥경화라고 불렀지만, 100년 후에는 혈관성 치매라고 불렀
다. 생의 마지막 해에 그는 펜을 다른 사람들에게 넘겨주어야 했고 더이상
연설도 하지 않았다.

그의 마지막 연설 중 하나는 까날스트라트에 있는 그의 집 앞에서 즉석
으로 행해졌다. 1918년 11월 18일 월요일, 프리슬란트 군인들은 말리펠드
(Malieveld)에서 시위를 벌인 후 카이퍼의 집 근처에서 자발적으로 그에게
경의를 표하러 왔다. 이 행사는 전국적인 혁명을 시도하다 실패한 '트룰스
트라의 실수' 이후, 오란여 왕가에 대한 충성을 강조하기 위해 국가적으로
조직된 시위였다. 이 행사에서 여왕과 어린 공주 율리아나(Juliana)[2]가 군
인들이 끄는 개방형 마차를 타고 말리펠트를 가로질러 달렸다.

행사장은 카이퍼 집과 가까운 곳에 있었다. 그날 저녁, 카이퍼는 충성의
표현 속에 함께 하게 되었다. 그는 그날 저녁에 뽐쁘블레든 프리슬란트 깃
발(pompeblêdenvlag)을 들고 노래하는 프리슬란트 사람들에게 그의 집 현
관에서 연설했다. 마찬가지로, 1919년 6월의 어느 여름 저녁에 헤이그 지
역에서 모인 기독 교사들이 그를 깜짝 방문해 찬사를 보냈고, 카이퍼는 그
들에게 연설했다. 이것이 그의 마지막 연설이 되었고, 그 후 가족들은 더이
상 그가 연설하는 것을 허락하지 않았다.

이를 상징적으로 보여주는 일화는 독일 대사 프리드리히 로젠의 회고록
에 등장한다. 로젠은 제1차 세계대전 중 리하르트 폰 퀼만의 후임으로 네덜
란드에 부임했는데, 퀼만 역시 카이퍼의 가까운 지인이었다. 베르사이유 조
약이 체결된 후, 프랑스 정부는 카이퍼의 세 번째 오랜 지인을 헤이그로 보
냈는데, 그는 이미 1890년에 암스테르담에 있는 카이퍼의 집에서 그를 인
터뷰하러 왔던 샤를 베누아였다. 기자로 경력을 쌓고 나중에 의회 의원으로

2　율리아나(네덜란드어: Juliana, 1909-2004)는 네덜란드의 여왕(1948-1980)이다. (위키백과)

　　　　　　　　　　　아브라함 카이퍼의 일곱 가지 삶

일한 후, 베누아는 이제 외교관이 되었다. 그는 베르사이유 이후 헤이그에서 프랑스의 이익을 확고하게 대변하는 임무를 맡았다.

카이퍼는 드리스타에서 그를 열정적으로 환영했다. 베누아는 이전에 네덜란드를 방문한 적이 있었기 때문에 네덜란드의 역사를 알고 있었고, 카이퍼를 개인적으로도 잘 알고 있었다. 카이퍼는 거의 흥분에 차서 그의 기대를 다음과 같이 표현했다.

> 그는 우리의 과거와 현재를 진심으로 공감하는 외교관이 될 것이며, 많은 네덜란드 정치가들에게 부끄러움을 안겨줄 정도로, 우리의 민족성과 역사를 깊이 이해하고 존경할 것이다.

뜻밖에도, 카이퍼는 두 주요 교전국의 외교 대표들 즉, 두 명의 오랜 친구인 로젠과 옛 동료 베누아 사이에서 자신의 충성심을 나누어야 했다. 그의 충성심은 곧 시험대에 오르게 되었다.

로젠에게 작별을 고하며

일주일 후, 분위기가 바뀌었다. 이번에는 카이퍼는 다시 헤드라인을 달았다. '설명할 수 없는 실수'. 베누아가 기자회견에서 독일 황제의 인도를 요구한 것이었다. 그는 주저하지 않았다.

카이퍼는 말을 잃었다. 그의 오랜 지인이 어떻게 네덜란드의 환대 전통에 대해 따뜻한 말을 하면서 동시에 정반대되는 것을 요구할 수 있단 말인가? 카이퍼는 정말로 이해할 수 없었다.

> 네덜란드 역사에 대해 그토록 해박한 사람이 어떻게 우리 정부에 그토록 완전히

반(反)네덜란드적인 요구를 할 수 있는지 이해하기 어렵다. 베누아가 어떻게 그런 낯설고 반국가적인 견해를 네덜란드의 역사에 대한 자신의 지식과 조화시킬 수 있는지 이해할 수 없다.

베누아는 회고록에서 헤이그에서 만난 오래된 지인이 더이상 예전의 모습이 아니었다고 회고한다. 말 그대로 "나는 그의 불투명하고 변형된 그림자만을 발견했다(je ne retrouvai plus que son ombre opaque et déformée)", 그가 다시 본 것은 이전의 카이퍼의 그림자에 지나지 않았다. 거의 닫힌 고치 속에서 카이퍼는 세상을 관찰하고 신문에 글을 쓸 수 있었지만, 사회적 의미에서 그는 더이상 많은 교류를 할 수 없었다.

로젠은 회고록에서 카이퍼가 그를 한 번 더 찾아온 일을 언급했다. 카이퍼가 죽기 얼마 전의 마지막 만남이었다. 카이퍼는 무언가 그를 움직이는 것이 없으면 방문을 하지 않는 사람이었기 때문에, 그는 방문의 이유를 물었다.

카이퍼는 로젠에게 1906년 자신이 알폰소 13세 국왕을 알현했을 때 이야기 한 것을 기억할 수 있는지 물었다. 로젠은 그것을 기억했다. 카이퍼는 1905-1906년의 제1차 모로코 위기 동안, 네덜란드 대사가 참석한 자리에서, 젊은 스페인 왕이 런던에서 들었다고 말했던 내용을 여러 번 언급한 적이 있었다. 즉, 유럽의 열강들이 독일 제국을 파괴하기로 결정했다는 것이었다.

모로코의 점령은 프랑스에게 다가올 유럽의 전쟁을 위한 대규모 병력을 제공하기 위함이었고, 그것이 모로코를 점령한 숨겨진 동기였다. 로젠은 이 이야기를 기록하겠다고 약속해야 했다. 그 유명한 명령적인 손가락을 들어 "어쨌든, 그것을 기록하고 잊지 말라!(schreiben Sie sich das jedenfalls auf und vergessen Sie es nicht)"고 했다. 카이퍼는 자신만의 방식으로 후세를 위

    아브라함 카이퍼의 일곱 가지 삶

1916년 5월 14일 일요일, 카이퍼가 꼬르트 판 데어 린덴 총리의 70번째 생일을 축하한 후 돌아오는 길에 찍힌 사진으로 「드 스피헐」에 실렸다.

해 세계대전의 진실을 남기기를 원했다. 의심할 여지 없이, 그는 이렇게 자신의 일곱 번째이자 마지막 삶, 즉 정치가의 삶에도 작별을 고했다고 생각했다.

병상

카이퍼는 그의 마지막 여름을 벨프(Velp)에서 보냈다. 빌라 마리엔 호프(Villa Mariënhof)에는 그의 브뤼셀 친구들이 제1차 세계 대전 기간 동안 머물고 있었다. 이 빌라는 이전에 양차 대전 중간기에 총리로서 카이퍼의 후계자 중 한 명인 디르크 얀 드 히어(Dirk Jan de Geer) 경의 부모님의 집이었지만 그것은 순전히 우연의 일치였다.

카이퍼는 판 데스의 2세대인 빌름과 넬리의 집에 초대받아 머물렀는데, 이 가족은 그가 브뤼셀 방문시 가끔 묵기도 했고, 1894년 병중에는 간호를 받기도 했던 가정이었다. 아투르 판 데스 시니어의 사망 이후에도 카이퍼는 브뤼셀에서 빌름과 넬리의 집에서 자주 머물렀다. 그들은 카이퍼가 그들의 신혼여행으로 샤모니를 추천한 부부였다. 넬리는 나중에 카이퍼가 그들의 자녀들과 함께 브뤼셀 남부(Brussels-Midi)의 깡브르 숲(Bois de la Cambre)에서 함께 뛰어놀았던 일을 회상했다.

그의 마지막 여름을 벨프에서 보낼 때, 카이퍼는 지속적인 간호를 받았지만 여전히 자신의 일정을 유지하며 매일 산책을 하고, 일요일마다 명상을 썼다. 그는 집에 화재가 나서 사다리를 통해 위층으로 탈출해야 했다는 뉴스에 등장하기도 했다. 그의 혼란스러운 정신을 잘 보여주는 것은 그가 그 화재에 대해 마치 헤이그에서 일어난 일인 것처럼 이야기했다는 점이다. 9월이 되자 더이상 아무것도 쓸 수 없게 되어 결국 펜을 내려놓아야 했다. 그달 말, 그는 상원의원직을 사임했다.

그의 생일인 10월 29일, 그는 이미 몇 주째 병상에 누워 있었다. 바로 이 시기에 '아널렌(Annelèn)'이라는 공동 필명으로 활동한 안나 자위커베르흐(Anna Zuikerberg)와 헬렌 판 메이끄런(Hélène van Meekren)이 암스테르담의 상점 점원들을 대상으로 유명 정치인들에 대한 생각을 묻는 인터뷰를 했다. 이것은 새로운 형태의 저널리즘으로, 특히 「알허메인 한덜스블랏」과 같은 전통적인 언론사에서 대중의 목소리(vox populi)가 거의 처음으로 울려 퍼진 셈이었다. 인터뷰 대상자들은 트룰스트라와 카이퍼에 대해 다양한 이미지를 가지고 있는 것으로 보였는데, 카이퍼에 대해서는 무엇보다도 브뤼셀에서의 그의 누드가 기억되어 있었다.

  아브라함 카이퍼의 일곱 가지 삶

대중 중 일부는, 아브라함 카이퍼 박사라는 이름이 그의 삶에서 논란이 되었고 강하게 비판받았던 특정한 사건들과 즉각적이고 불가분리적으로 연결되는 것으로 보았다. 심지어 그를 브뤼셀의 정치가로 생각하는 사람들도 있었다. '작은 체구의, 매우 기독교적인 신사였다'라고 창고 수석 관리인은 말했다.

그 시기에 카이퍼는 인기 주간지 「헷 레븐」으로부터 한 통의 편지를 받았다. 그 편지에는 병상에 누워 있는 그리스 정치인 베니젤로스(Venizelos)의 행복한 초상화가 실린 페이지가 첨부되어 있었다. 편지 내용은 카이퍼가 비슷한 사진 촬영에 응할 수 있는지에 관한 것이었다. 빠른 쾌유와 완전한 회복을 기원하며, 사진기자 펠레만(A. Velleman). 이는 당시 저널리즘이 새로운 시대를 맞이했음을 보여주는 것이었다.

그의 83번째 생일이 지난 지 일주일이 채 되지 않아, 11월 8일 월요일 늦은 오후, 카이퍼는 첫 산책 시간이었던 그 시각에 숨을 거두었다. 그 곁에는 그의 자녀들과 말년의 가장 가까운 친구였던 이든부르흐가 함께 있었다.

태어날 때부터 예술가

11월 12일 금요일의 장례식은 거의 국장에 가까웠고, 뽈리혼 뉴스는 헤이그 전역에서 수만 명이 장례 행렬을 따라 모인 모습을 보여주었다. 장례식의 목적지는 아우드 에이끄 엔 다위는(Oud Eik en Duinen) 묘지였고, (다시 등장한) 헨드리쿠스 꼴레인과 떼오 헤임스께르끄가 당과 정부를 대표하여 추도사를 하고 알렉산더 이든부르흐가 친구의 자격으로 발언을 했다. 약 1만 명으로 추산되는 사람들이 묘지에서 작별 인사를 했다.

모든 조문객들이 방문하는 가운데, 그 주 수요일에 당시 가장 유명한 조각가인 똔 뒤쁘위도 다녀갔다. 그는 총리 시절 카이퍼의 흉상을 만든 사람

1920년 11월 12일 금요일, 헤이그에서 열린 장례 행렬

이었으며, 카이퍼가 1913년에 그것을 직접 구입하여 자유대학교에 기증했다. 대리석 흉상은 오늘날까지 강당 옆에 전시되어 있다. 이 흉상 속 카이퍼는 장관 복장을 하고 있다.

뒤뿌이는 이제 데스마스크[3]를 제작하기 위해 찾아왔고, 그는 이것을 카이퍼에 대한 적절한 경의로 여겼다. 카이퍼의 데스마스크 사본은 여전히 위트레흐트의 카타리너수녀원(Catharijneconvent) 박물관과 암스테르담의 자유대학교에 보관되어 있다. 이 마스크는 많은 예술가들이 소중히 여겼던 카이퍼의 이미지(네덜란드의 정치가, 비범한 풍모를 가진 사람)를 담고 있다. 일찍이 네덜란드의 자부심인 화가 요제프 이스라엘스 역시 세계 박람회에서 유

---

3 죽은 사람의 얼굴을 본뜬 석고 마스크 (역자 주)

                              아브라함 카이퍼의 일곱 가지 삶

사한 방식으로 카이퍼에게 경의를 표했다. 그 역시 뒤푸이가 그랬던 것처럼 카이퍼와의 특별한 유대를 소중히 여겼다.

흥미로운 점은 그로부터 정확히 반세기 전, 기자로 활동하던 카이퍼 자신이 익명으로 모든 인간의 삶은 곧 예술가의 삶이라고 역설했다는 사실이다.

> 사람은 태어날 때부터 예술가다. 그렇기 때문에 그가 만들어내는 작품은 항상 완전한 전체, 올바르게 그려져 즉시 인식할 수 있는 이미지를 보여주어야 한다. 그래야 그의 작품은 영원할 수 있고, 그는 광대한 바다 속으로 사라지지 않으며, 개개인의 작품은 다른 모든 사람의 작품과 결합하여 아름답게 질서 정연한 전체를 이룬다.

후기

100세 기념

카이퍼가 총리이자 언론인으로서 헤이그의 서재에서 늘 입던 다채로운 가운을 입고
있는 모습

1937년 10월 30일 토요일, 수백 명의 젊은 반혁명주의자들이 헤이그의 아우드 에이끄 엔 다위는 묘지에 모였다. 그들은 카이퍼의 무덤에 종려나무 가지를 올려 놓았다. 이 행사에는 내무부 장관인 반혁명주의자 야콥 아드리안 드 빌드(Jacob Adriaan de Wilde)가 참석했다. 그는 카이퍼의 오른팔이자 그의 총리 재임 기간 동안 막후에서 신뢰를 받던 절친한 친구인 후베르투스 드 빌드의 아들이었다. 후베르투스 드 빌드는 그 시절의 많은 개인 정보를 알고 있었다. 그는 1929년 그의 죽음과 함께 그것들을 자신의 무덤에 묻었는데, 그 무덤은 카이퍼 묘지에서 조금 떨어진 곳에 있었다.

콘세르트허바우와 암스테르담 국립미술관

그 전날, 드 빌드 장관은 암스테르담을 방문했다. 1937년 10월 29일 금요일 아침, 그와 내각 전체는 콘세르트허바우에서 열린 카이퍼 탄생 100주년 기념식에 참석했다. 거기서 드 빌드는 카이퍼의 후계자이자 현재 내각 의장인 반혁명당 동료 헨드리쿠스 꼴레인 총리 옆자리에 앉았다. 가톨릭 목사 4명과 자유당 장관 4명도 참석했는데, 2명은 자유연맹 대표였고, 재무장관 삐떠 아우드(Pieter Oud)를 포함한 자유민주당원 2명도 참석했다.

카이퍼의 『자화상』이 나온지 25년이 지난 지금, 그는 그의 생전 어느 때보다도 많은 주목을 받았다. 그는 이제 전국적인 인물로 간주되었다. 총리는 그것을 주장했고, 그토록 많은 이전의 반대자들이 참석한 것이 그것을 증명했다. 거의 모든 정당의 의원들이 콘세르트허바우에 왔다. 꼴레인은 1906년 카이퍼가 시인 빌더데이크를 국가적 인물로 묘사했던 바로 그 무대에서, 이번에는 카이퍼가 국가에 미친 중요성과 의미에 대해 연설을 했다.

100세의 카이퍼라면 분명히 그것을 더 아름답게 표현했을 것이지만 내용면에서 크게 다르지 않았다.

정신적·정치적 삶의 모든 영역에서 획일성을 최고의 이상으로 여기는 사람은, 마땅히 우리를 혐오할 것입니다. 그러나 우리는 오히려 다양성 속에서 우리 민족적 개성의 표현이자 힘의 원천을 봅니다. 국민 생활 안에 본질적인 힘을 일깨우거나 보존할 줄 아는 사람은, 그로써 언제나 국가 전체의 역량을 드높이며, 따라서 탁월한 의미를 지닌 국가적 인물이라 할 것입니다.

국립미술관에는 카이퍼에게 헌정된 전시회가 마련되어 있었고, 콘세르트허바우를 찾은 관람객들은 공연이 끝난 뒤 그곳으로 발걸음을 옮겼다. 무엇보다도 카이퍼의 전설적인 서재가 실제 집기와 함께 완벽하게 재현되어 있었다. 두 주 동안, 호기심 많은 방문객들은 그 서재에서 작성된 수많은 작품과 사상을 떠올리며 그 현상의 내면에 경탄했다. (여전히 지금도 기독민주연합당[CDA : Christen-Democratisch Appèl][1]의 본부 사무실에 보관되어 있는) 그 책상에서 그는 많은 것을 직접 썼다.

「드 스탄다르드」는 기념호를 발행했고, 다른 다섯 개의 신문들도 특별 추모판을 발행했다. 대부분의 다른 신문들도

1916년, 78세의 카이퍼 인물 사진
(그의 마지막 출판물에 사용되었다.)

---

1 기독민주연합당(Christen-Democratisch Appèl)는 네덜란드의 기독 민주주의 및 보수 정당으로 1975년 가톨릭 국민당, 반혁명당, 기독교 역사 연합이 연합하여 결성하여 1977년 총선에 처음 참여했고 1980년 단일 정당으로 통합되었다. (위키백과)

    아브라함 카이퍼의 일곱 가지 삶

그들 나름의 회고 기사를 실었다. 한 개인에 대해 그토록 많은 글이 쓰여진 적은 없었다. 두 개의 기념 특집호에서는 마치 전기처럼 그의 풍부하고 다채로운 삶의 모든 측면을 상세히 다루었다. 그것들은 거의 전기에 가까웠는데, 그 다음 해에 실제로 한 권이 출간되었다. 가톨릭 언론인이자 정치학자인 뻬뜨 까스떼일이 쓴 루벤대 논문은 한 세기 동안 계속된 카이퍼 연구의 기준을 높였다.

하위징하(Huizinga)와 로메인(Romein)

당대 네덜란드의 저명한 역사학자들도 카이퍼의 100년을 회고했다. 레이든의 역사가 요한 하위징하(Johan Huizinga)와 부부 역사가인 얀(Jan)과 아니 로메인(Annie Romein)은 각자의 관점에서 카이퍼를 조명했다. 그들의 공통점은 아웃사이더의 관점이었고, 정치적, 철학적 스펙트럼의 다른 면에서 카이퍼를 다루었다. 레이든에서 카이퍼의 스승이었던 그의 전임자 로버트 프롸인의 자유주의 전통에 하위징하가 서 있었다면, 로메인 부부는 확고한 마르크스주의자들이었다. 그러나 이 부부 모두 카이퍼의 독창성을 존중했으며, 심지어 하위징하보다 더 높이 평가했다.

1938년, 하위징하는 빌헬미나 여왕 치하에서 네덜란드가 겪은 40년을 평가했다. 그것은 복합적인 평가였다. 1900년경, 네덜란드는 평온한 자유주의 시대가 막을 내렸다. 그녀의 즉위부터 제1차 세계대전이 발발할 때까지의 첫 16년 동안 국가 운영은 새로운 요구와 변화에 직면하게 되었다.

하위징하에게 중요한 이정표는 1905년 카이퍼의 교육법으로 사립 교육을 인정한 것이었지만, 교육의 자유는 1917년 평화조약을 통해서 비로소 확립되었다. 이러한 '국가의 전능함에 대항하는 자유의 원칙에 대한 인식'은 귀중한 유산이 되었다. 유럽의 다른 곳에서는 1938년에 국가가 국민의 교육을 독점한다는 것이 무엇을 의미하는지 드러났었다. 자유주의자들은 시민의 자유와 모순되는 나폴레옹식 교육 제도를 유지하고자 했다.

카이퍼는 사실 자유주의자들보다 더 자유주의적이었다고 하위징하는 말했다. 카이퍼는 잘못된 학설을 허용하거나 사회주의자들에게 동등한 권리를 인정하는 것과 같이 자유주의자들이 결코 감히 시도하지 못했던 자유를 실현했다. 카이퍼는 모든 시민 자유의 기초인 양심의 자유를 믿었다.

혁신가

로메인 부부는 하위징하보다 훨씬 더 긍정적으로 판단했다. 얀 로메인과 아니 로메인-페르스호어(Annie Romein-Verschoor)는 『우리 문명의 계승자들』(*Erflaters van onze beschaving*)이라는 시리즈에서 19세기의 인물들 중 카이퍼를 위한 자리를 마련했다. 카이퍼는 무엇보다도, 혁신가(Vernieuwer)로서 도멜라 니우븐하위스보다 더 빠르고 근본적이었다. 얀 로메인이 쓴 카이퍼에 관한 에세이 '서민들의 종치기(De klokkenist der kleine luyden)'라는 제목은 사실 까를 엘라우트로부터 빌려온 것이다. 엘라우트는 1920년 「알허메인 한덜스블랏」에 실린 카이퍼의 사망 기사를 보고 이 이미지를 떠올렸는데, 이는 전설적인 추모였다.

로메인 내외는 카이퍼의 수많은 혁신에 대해 존경을 표했고, 그렇게 함으로써 그들은 또한 그를 국가적 인물, 심지어 국제적으로 중요한 인물로 묘사했다. 그들에 따르면, 비록 1903년의 철도 파업으로 인해 이런 사고의 본질이 흐려지긴 했지만 그의 사회적 사고는 새롭고 급진적이었다. 카이퍼는 사회문제가 '생존의 문제'가 된다는 것을 깨달았다. 카이퍼의 민주주의적 신념의 진정성 역시 의심할 여지가 없었다. 그가 트룰스트라에게 한 외침("나는 항상 민주주의자였고 기독교 민주주의자로서 죽기를 희망한다.")은 사실과

　　　　　아브라함 카이퍼의 일곱 가지 삶

일치했다.

학문에 대한 카이퍼의 시각 역시 새로웠고, 심지어 놀랄 만큼 새로웠다. 적어도 세 가지 이유가 있었다. 카이퍼는 경험적 관찰과 그에 대한 해석을 구별했는데, 그의 언어로 '순간들(momenten)'과 '관계들(relaties)'을 구분했다. 로메인 부부는 그의 신학백과전서를 인용하였다.

> 순간은 감각에 의해, 관계는 생각에 의해 감지된다. 그 둘은 매우 밀접하게 연결되어 있으며, 그 둘, 즉 힘과 물질의 가장 단순한 대조를 통해 그 관계에 대한 인상이 너무나 압도적이어서, 사람들은 물질의 실체를 부정하고 오직 그 관계만 실제로 존재하는 것으로 간주하는 경향이 있을 것이다.

과학에 대한 유물론적 개념에 대한 그의 비판은 그의 시대에 독창적이었으며, 정확한 자연과학의 방법론을 인문학에 적용하는 것에 대한 비판이었다. 더욱이 카이퍼는 모든 학문에서 주관적 요소를 인정했다. 학문에서 '세계관'의 역할에 대한 그의 옹호는 그야말로 대단했다.

> 그리고 카이퍼의 견해가 그 시대의 평균적인 학자들의 견해보다 현재에 더 가깝다는 것은 또한 사실이다. 그리고 이것은 훨씬 더 중요하다. 19세기에 이런 식으로 글을 썼던 사람들은 자신의 의식을 되돌아 보았을지 모르지만, 사실 그들은 어떤 면에서 20세기를 미리 내다보았다.

급진적 민주주의자, 사회 혁신가, 그리고 놀라울 정도로 현대적인 과학 철학자. 카이퍼 자신도 이런 평가를 수긍했을 것이며, 또한 그렇게 되어야만 했을 것이다.

2008년 11월, 카이퍼의 정치적 후계자였던 네덜란드 기독교민주당 총리 얀 뻬떠 발커넨드(Jan Peter Balkenende)의 참석 하에 마스슬라위스에서 카이퍼의 동상이 제막되었다.

카이퍼 생애 연표

1837   10월 29일, 마스슬라위스에서 출생

1841   미들부르흐로 이사

1849   레이든으로 이사, 김나지움으로 진학

1855   레이든 대학교에 학생으로 입학

1860   10월 11일, 흐로닝언 대학교에서 금메달 수상

1861   12월 6일, 신학부 졸업, 최우수상

1862   9월 20일, 신학 박사, 최우수상

1863   7월 1일, 요한나 스하이와 결혼

1863   8월 9일, 베이스드 목사 취임

1867   11월 10일, 위트레흐트 목사 취임

1869   「드 헤라우트」 주간지에 글을 쓰기 시작함

1870   8월 10일, 암스테르담 목사 취임

1871   1월 6일, 「드 헤라우트」 주간지 편집장

1872   4월 1일, 일간지 「드 스탄다르드」 편집장

1873   이탈리아 여름 여행

1874   1월 21일, 하우다 지역구의 하원의원 당선, 헤이그로 이사

1875   5-6월, 브라이튼의 부흥 집회 방문

1876   2월, 과로, 가족과 함께 스위스와 니스로 이사

1876   알프스와 다른 곳에서 30년간의 등반 시작

1877   2월 헤이그로 돌아와, 7월 1일 의회 의원직 사퇴

1878   8월 3일, 빌름 3세 국왕에게 국민 청원서 제출

          12월 5일, 고등교육협회(Vereniging voor Hoger Onderwijs) 설립

1879   4월 3일, 반혁명당 설립, 암스테르담으로 이사

          9월 6일, 암스테르담 자유대학교 교수 취임

1880   10월 20일, 암스테르담 신교회에서 자유대학교 개교기념식

1881   스코틀랜드 여름 여행

1883   노르웨이 여름 여행

1886   1월 4일, 암스테르담에서 교회적 갈등, 12월 16일 돌레안치

1887   타트라 산맥 여름 여행

1891   11월, 첫 번째 사회 대회

1892   6월 16일, 개혁교회(Gereformeerde Kerken) 창립

          7월 27일, 빌리 사망

1894   4월, 슬리드레흐트 지역구 하원의원으로 선출

          8월-12월 31일, 이중 폐 질환이 발생하여 브뤼셀에 체류함

1895   6월, 헤이그의 사인포스트에서 로만과 결별

1897   4월 1일, 「드 스탄다르드」 편집장으로서 25주년 기념 축하

1898   9월, 빌헬미나 여왕 즉위식

          8월-12월 30일, 프린스턴에서 스톤 강연과 함께 미국 여행

          12월 26일-1901년 7월, 네덜란드 언론인 모임 회장

1899   8월 25일, 스위스에서 요 카이퍼-스하이 사망

                                        아브라함 카이퍼의 일곱 가지 삶

1901   8월 1일, 카이퍼 내각 취임, 헤이그로 이사

1903   1월과 4월, 철도 파업

1905   8월, 카이퍼 내각 사임

       8월 1일–1906년 5월 16일, 『옛 세계의 바다 여행』

1906   10월 2일, 빌더데이크 연설

1908   8월 27일, 국무장관

       10월 15일, 옴멘(Ommen) 지역구 의회의원

1909   6월–1910년 8월, 훈장 스캔들

1912   9월 14일, 하원의원 사임

1913   7월 8일, 상원의원

1916   4월, 헝가리 여행

1919   12월, 「드 스탄다르드」 편집장 사임

1920   9월 21일, 상원의원 사임

       11월 8일, 사망

1912년 자전적 스케치

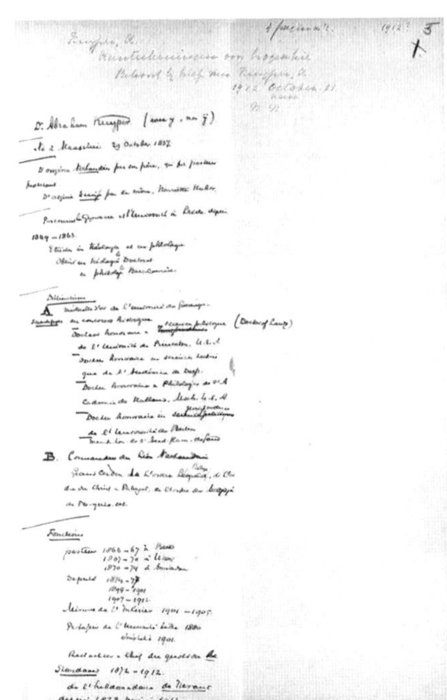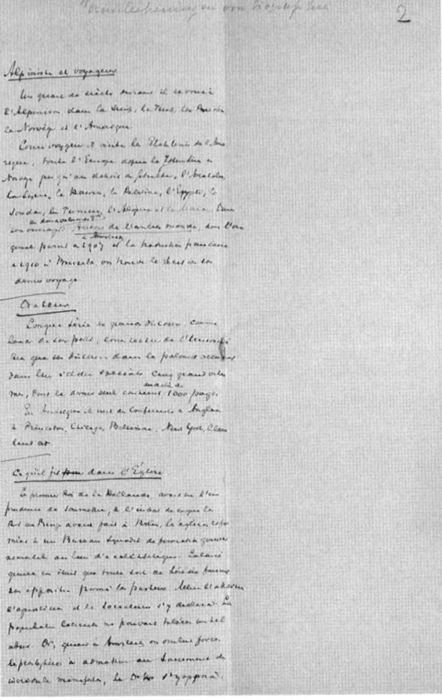

카이퍼의 『자화상』 초안 4장, 1912년 10월 21일 월요일 날짜 (카이퍼 아카이브 311)

편지 21 X 1912, 까날스트라트(Kanaalstraat) 5

친애하는 분께,

이 편지와 함께 다음 내용을 보내드립니다.

1. 제 전기적 메모 네 장입니다. 프랑스어로 작성하였으며, 제 필체를 해독하실 수 있기를 바랍니다. 필요한 모든 것을 찾으실 수 있을 것입니다.

만약 더 필요한 내용이 있다면, 저의 『옛 세계의 바다 여행』(*Autour de l'ancienne Mer du Monde*)을 2권으로 편집한 「레뷔 데 뒤 몽드」(*Revue des Deux Mondes*)의 편집자인 파리의 샤를 베누아 씨에게 말씀하시면 됩니다. 그에게 편지를 보내셔서 리뷰가 언제 나오는지 물어보셔도 좋습니다.

그는 저를 매우 잘 알고 있습니다. 그는 제게 1900년에 「레뷔 데 뒤 몽드」에 *남아프리카의 위기*에 관해 글을 써달라고 요청했으며, 이 글은 심지어 스웨덴어로도 번역되었습니다.

2. 제가 서문을 작성한 이 작품집에 수록된 흥미로운 풍자화 모음집입니다.

- 아브라함 카이퍼 박사(Kuijper가 아니라 Kuyper로 적습니다.)
- 1837년 10월 29일 마스슬라위스 출생
- 아버지는 네덜란드 개신교 목사이며, 어머니 항리에뜨 후버는 스위스 출신
- 1849년부터 1863년까지 레이든에서 김나지움과 대학교에서 학업
- 신학 및 언어학(filologie) 연구
- 신학에서 박사 학위를, 언어학에서 학사 학위를 취득함

수상 경력

A. 학술적 업적

흐로닝언 국립대학교에서 역사 논문 공모에서 금메달 수상

미국 프린스턴대학교 명예 법학박사 수여

델프트 공과대학에서 명예 공학박사 수여

미국 미시간주 홀랜드 아카데미에서 명예 언어학 박사 수여

루벤 대학교 명예 정치학 박사 수여

겐트 플랑드르 학술원 명예 회원

B. 훈장 및 기타 명예

네덜란드 사자 훈장

벨기에 레오폴드 훈장

포르투갈 크리스토 훈장

튀르키예 메지디예 훈장 등

직책

목회자	1863-1867년 베이스드
	1867-1870년 위트레흐트
	1870-1874년 암스테르담
의회 의원	1874-1877년
	1894-1901년
	1907-1912년
총리/내무부 장관	1901-1905년

자유대학교 교수   1880년 취임   1901년 명예교수

일간지 「드 스탄다르드」 편집장   1872-1912년

주간지 「드 헤라우트」 편집장   1878-1912년

등산가 및 여행자

그는 25년 동안 스위스, 티롤, 피레네, 노르웨이, 그리고 미국에서 등산에 헌신했다. 여행자로서 그는 미합중국을 방문했고, 노르웨이의 요툰헤이멘에서 거의 지브롤터에 이르기까지 유럽 전역을 여행했으며, 아나톨리아, 시리아, 하마, 팔레스타인, 이집트, 수단, 튀니지, 알제리, 모로코도 찾았다. 1907년 암스테르담에서 원서가 출간되고 1910년 브뤼셀에서 프랑스어 번역본이 나온 두 권짜리 저서 『옛 세계의 바다 여행』(*Autour de l'ancien monde*)에는 그의 마지막 여행기가 수록되어 있다.

연설가

정당 지도자, 대학 총장, 그리고 의회 의원 등으로 다수의 주요 연설을 진행. 다섯 권으로 출판되었으며, 그중 마지막 권은 1,000페이지에 달한다. 미국에서는 프린스턴, 시카고, 볼티모어, 뉴욕, 클리블랜드 등지에서 영어로 강연을 진행했다.

교회 활동

네덜란드의 최초의 왕은 프로이센 왕이 베를린에서 한 일을 본받아, 개혁교회들을 교회 내 직분이 아닌 정부가 주도하는 총회 권위에 종속시키려는 무

례한 시도를 했다.

그 결과, 모든 형태의 이단이 설교자들 사이에 나타났으며, 심지어는 무신론, 불가지론, 사회주의를 고백하는 이들도 있었다. 깔뱅주의 교회 신자들은 이러한 상황을 용납할 수 없었다. 그래서 그들은 암스테르담에서 교회 회의가 명백한 불신자들을 성찬에 참여시키려 할 때, 카이퍼 박사는 그것을 반대했다.

이러한 입장은 전국적으로 지지를 받았고, 이에 총회 운영위원회는 동조하기보다는 카이퍼 박사와 그의 동료들을 교회에서 제명했다.

그 결과, 오늘날 700개 이상의 개혁교회들이 완전한 자유를 되찾았으며, 이들은 다시 1618년 도르트 총회 당시 교회 상태를 대표하게 되었다.

그의 정치

그의 정치사상은 근본적으로 깔뱅주의적이다. 이는 세르베투스 시대의 깔뱅주의가 가진 배타적이고 해로운 의미가 아니라, 스코틀랜드, 네덜란드, 그리고 미국의 청교도들 사이에서 자유롭게 발전했던 것과 같다.

이러한 깔뱅주의는 현대의 정치, 식민지, 사회적, 정부적 이슈들과 관련되어 있다. 이 때문에 독일에서는 이를 신깔뱅주의라고 부른다. 그것은 뉴욕에서 스톤 강연이라는 제목으로 발표된 여섯 개의 강연에서 자세히 설명되었다. 카이퍼 박사는 뉴저지 프린스턴에서 이 강연을 하도록 초대되었다.

신깔뱅주의의 위대한 원칙은 다음과 같다.

> 1. 인간은 인간에게 복종하지 않는다.
> 2. 인간은 완전히 하나님께 복종한다.

아브라함 카이퍼의 일곱 가지 삶

3. 왕과 공화국의 대통령은 하나님에 의해 주어진 권위를 가지며, 가정과 사회적
   영역들도 하나님의 은총으로 동일한 주권을 가진다.

4. 가장 및 모든 종류의 노동자는 최소한 자신의 수입을 통해 가계를 부양할 수
   있다면 투표권을 가진다.

5. 종교의 자유. 종교에 대한 모든 강요를 완전히 배제한다. 가능한 한 교회들은
   자립해야 한다.

6. 초등, 중등 및 고등 교육에서 완전한 교육의 자유. 학부모가 설립하고 국가 재
   정 지원을 받는 학교. 공립학교는 보조적인 역할만 한다.

만평 작가들은 1874년부터 그를 주제로 작업을 해왔다. 그의 만평 모음
집은 1909년 판 홀끄마와 바른도르프(Van Holkema & Warendorf)에 의해 출
판되었다. 카이퍼 자신도 이 책에 대한 풍자적인 서문을 썼다.

저술가(언론인)

1863년 이후로 그는 총 130권의 책을 출판했으며, 그중 많은 책들이 3권으
로 나뉘어 출판되었다. 이 출판물 중 많은 저서들이 영어, 독일어, 프랑스어
로 번역되었다. 일부는 외국어로 작성되었다. 가령, 프랑스어로 된 *남아프
리카 위기*, 영어로 된 *스톤 강연*, 영어로 된 *상징주의* 등이 있다.

그가 총리로서 한 일

그는 대규모 철도 파업을 매우 효과적으로 처리하여, 두 번째 파업이 선언
된 후 3일 후에 철도 노동자들이 스스로 패배를 선언했으며, 1903년 이후
로는 파업을 재개하려는 시도조차 없었다.

그는 영국 정부와 협상을 시작하여 *트랜스바알 전쟁*을 종결시키는 데 성공했으며, 랜스다운 경이 동의하게 되었다. 또한 평화회의가 페레니힝에서 개최되었고, 거기서 평화조약이 체결되었다.

그는 알코올 중독 퇴치를 위한 법을 제정하기 위해 노력하였다.

초등교육의 *자유*와 자유대학교의 양도할 수 없는 권리를 위한 대대적인 투쟁에서 승리를 거두었다.

델프트에 기술공과대학교를 설립하였다.

특별한 설립

1. 1880년 암스테르담에 자유대학교를 설립하였다.
2. 반혁명당을 창당하여 1873년 이래 대표를 맡고 있다.
3. 자유개혁교회(GKN)를 설립하였다.
4. 일간지 「드 스탄다르드」와 신학 주간지 「드 헤라우트」를 창간하였다.

하원 의석 분포 1871-1923

	18 71	73	75	77	79	81	83		84	86	87	88	91	94	97	19 01	05	09	13	17	18	23
보수당	15	14	9	9	6	5	4		5	1		1										
자유당 / 자유연합	44	42	43	46	51	49	45		44	47	48	46	53	29	35	18	24	20	19	21	6	
자유 및 구 자유당														28	13	8	10	4	10	10	5	1
자유 리그																					4	10
급진 리그 & VDB													1	3	4	9	11	9	8	8	5	5
가톨릭당 / RKSP	16	16	16	16	17	17	18		18	19	19	25	25	25	22	25	25	25	25	24	30	32
반혁명당	5	8	12	9	12	15	19		19	19	19	27	21	7	16	23	15	23	11	12	13	16
자유 반혁명, 기독교역사당														8	7	10	8	12	9	10	7	11
CSP																					2	
SGP																						1
사회당															2	6	6	7	18	15	22	20
공산당												1									2	2
자유 & 기독사회당															1	1	1					
기타																					3	2
	80				86							100									%남	%여

1888년 이후 선거와 중간 선거에 따른 제2의회 구성, 100개 선거구, 1894년까지는 선거세가 적용된 선거구, 1897년부터는 제한된 보통 참정권, 1918년부터는 남성 보통 참정권 및 비례대표제 (%남), 1923년부터는 여성 포함 (%여)

후기

지난 세기 동안 카이퍼에 관한 전기는 열두 권 이상 출간되었다. 다른 연구들도 종종 전기적 정보를 포함하고 있다. 그렇다면 추가적인 전기가 필요하지 않을 것 같기도 하다.

하지만 여전히 새롭게 이야기할 내용이 많다. 그 이유는 최근 새롭게 공개된 자료들 덕분이다. 특히 그의 편지들과 신문 및 잡지의 급속한 디지털화가 주요 원인이다. 카이퍼는 반세기 이상 신문과 주간지에 글을 기고했으며, 그가 작성한 글의 양은 정확히 알 수는 없지만 그 양은 엄청났다.

그가 쓴 기사는 13,000편이 넘을 것으로 추정되며, 16,800개의 짧은 뉴스 해설, 즉 정확히 세어 본 '드리스타 칼럼'도 포함된다. 정치, 신학, 과학 등 다양한 주제를 다룬 이 방대한 양의 글 중 극히 일부만이 200권이 넘는 그의 책들에 포함되었다. 대다수의 글은 신문과 주간지가 배달되던 당시 이후로는 읽히지 않았으며, 전기 작가들조차 거의 다루지 않았다. 그러나 바로 이 글들에서 카이퍼는 달 아래 상상 가능한 모든 주제를 논의했다.

카이퍼에 관한 글도 국제적으로 상당히 많이 작성되었다. 그는 오랫동안 거의 매일 뉴스에 등장하던 인물이었으며, 젊은 여왕과 함께 한때 가장 잘 알려진 네덜란드인이었다. 그는 네덜란드인으로서 뉴욕 타임스의 1면을 장식한 유일한 사람이었다. 카이퍼가 방문했던 중동에서부터 미국까지, 그에 관한 인터뷰가 80건 이상 각국 잡지에 실렸다. 그 자신도 프랑스 잡지에 글

 아브라함 카이퍼의 일곱 가지 삶

을 기고했는데, 당시 파리가 국제 언론 중심지였기 때문에 그의 글은 전 세계로 바로 전파되었다.

이 모든 새로운 자료들은 미래의 전기 작가에게 중요한 토대를 제공한다. 그의 개인 아카이브에는 다양한 국가와의 연락을 담은 수천 통의 편지가 남아 있으며, 이를 연구하려면 시간과 인내, 그리고 그의 거의 알아보기 어려운 필체를 해독할 인공지능의 도움이 필요하다. 이 『자화상』에 기초한 초상화는 아직 탐구되지 않은 세계로의 시선을 제공하며, 이미 많은 전기적 비밀을 담고 있다. 일곱 개의 중심 장에서는 그의 가장 중요한 역할 중 일곱 가지를 하나씩 풀어낸다.

2020년에 출간된 네덜란드어 초판의 계기는 명확하다. 1920년 11월에 카이퍼는 세상을 떠났으며, 2020-2021학년도에는 그의 유산에 대한 관심이 높아졌다. 이 새로운 개정판은 완전히 수정되고 확장되었으며, 새로운 이미지 자료도 포함하고 있다.

요한 스넬

역자 후기

　본서를 한국어로 번역하여 출판하게 된 것을 매우 기쁘게 생각한다.

　저자 요한 스넬 교수는 이 책을 기독교인이 아니라 비기독교인들을 주된 독자로 염두에 두었다고 말했다. 나아가 기존의 카이퍼에 대한 책들은 주로 신학자와 정치가로서 카이퍼의 사상을 다룬 반면 저자는 언론인 카이퍼에 대해 깊이 연구하여 박사 학위 논문을 썼고 본서도 그 부분에 대해 자세히 다루고 있다.

　그 외에도 등산가와 여행자로서의 카이퍼를 읽으면 그가 얼마나 등반과 여행에 심취했는지를 새삼 느낄 수 있을 것이다. 또한 그가 겪은 아내의 갑작스러운 죽음과 자신의 육체적 질병들, 기타 인간적인 여러 가지 고통들도 공감하는 동시에 그가 깔뱅주의를 민주주의와 연결시켜 서민들의 보편 선거권을 주장하고, 기독 사립교육에 대한 정부 지원, 노동자들의 생활 수준 향상 및 실업교육의 중요성을 강조한 것을 서술함으로써 저자는 독자들이 카이퍼를 좀더 종합적이고 입체적으로 이해할 수 있도록 돕고 있다.

　본서를 번역하면서 네덜란드어는 최대한 발음나는대로 적었다. 참고로 네덜란드어는 프랑스어와 같이 격음(ㅋ, ㅌ, ㅍ)보다 경음(ㄲ, ㄸ, ㅃ)으로 발음한다. 그러므로 '카이퍼'도 원래는 '까위뻐'라고 하는 것이 더 정확하지만 이미 통용된 한글명이라 그대로 사용했다. 이것은 '파리'보다 '빠리'가 더 프랑스 발음에 가까운 것과 같다. 하지만 '칼빈'은 프랑스 발음으로 '깔뱅'

아브라함 카이퍼의 일곱 가지 삶

으로 통일했다. 그리고 외국인명, 지명, 신문명 등이 처음 나올 때에는 괄호를 열어 원어를 적은 후 이후부터는 한글로만 적었다. 동시에 독자들이 내용을 좀더 잘 이해할 수 있도록 필요하다고 생각되는 인물이나 사건 등의 경우에는 보충 설명을 각주에 추가했다. 아울러 역서의 분량이 방대하여 한글 번역본에서는 카이퍼의 저서들 및 소책자들, 참고문헌 및 미주와 색인은 생략했음을 양해를 구하며 원전을 참고해 주기 바란다.

본서를 기꺼이 출판해주신 예영커뮤니케이션에 깊이 감사드리며 번역을 하는데 옆에서 가장 헌신적으로 도와준 아내에게 진심으로 감사한다. 본 역서가 카이퍼에 관심 있는 모든 분들에게 조금이나마 도움이 되고 그의 유산이 올바르게 계승되어 한국 사회에 귀한 열매로 맺히길 기원한다.

역자